AUTOSAR 多核操作系统及其应用

同济大学出版社
TONGJI UNIVERSITY PRESS
·上海·

图书在版编目(CIP)数据

AUTOSAR 多核操作系统及其应用/朱元等编著.—上海:同济大学出版社,2021.4(2023.8 重印)
ISBN 978-7-5608-9808-7

Ⅰ.①A… Ⅱ.①朱… Ⅲ.①汽车—电子系统—应用软件 Ⅳ.①U463.6

中国版本图书馆 CIP 数据核字(2021)第 038724 号

AUTOSAR 多核操作系统及其应用

朱 元 陆 科 吴志红 陈树星 钱贾敏 编著

责任编辑：朱 勇
责任校对：徐逢乔
封面设计：张 微

出版发行 同济大学出版社 www.tongjipress.com.cn
(地址:上海市四平路 1239 号 邮编:200092 电话:021-65985622)
经 销 全国各地新华书店、网络书店
印 刷 常熟市华顺印刷有限公司
开 本 787mm×1092mm 1/16
印 张 15
字 数 374 000
版 次 2021 年 4 月第 1 版
印 次 2023 年 8 月第 3 次印刷
书 号 ISBN 978-7-5608-9808-7
定 价 68.00 元

序一
Foreword

Dear Readers,

No matter you are OEM, ECU supplier or semiconductor manufacture you will probably find out that using a Multicore controller is a must-have for your next generation products. And this is independent whether you are working with AUTOASR or not.

Complexity and the sheer amount of embedded software is increasing. More and more ECUs have to fulfill safety and extended security requirements. All this leads to the need of larger performance which in many cases cannot be fulfilled with a single core controller solution. We are happy to see AUTOSAR specification supports multicore solutions by allowing the distribution of Basic Software and Application Software to different cores and partitions. Hence with such technology, we are able to support our customers with higher calculation power, more reasonable workload distribution and improved system responsiveness.

It is fascinating that in China, Multicore architecture has been introduced into more and more embedded engineers' mind. This means the need of guidance of how to realize it in your products is a topic of high relevance for many engineers. At the beginning there are some obstacles to overcome when using Multicore architectures — as always when getting in touch with a new technology and not much of a difference compared to the introduction of AUTOASR. I am sure with the information and guidelines provided by this book, you would find a lot of support and a great deal of know-how being very valuable for everybody entering the field of Multicore — be it on in-depth engineering level or even on management level. So I really appreciate the effort by Dr. ZHU Yuan, Dr. LU Ke, Dr. WU Zhihong, Mr.

CHEN Shuxing and Mr. QIAN Jiamin to compile this huge amount of valuable information. In this book you can find how to work with Multicore controller, how to build up from scratch an AUTOASR Multicore system, also how to monitor, simulate and inspect an AUTOSAR Multicore system. I give my thanks also to Infineon technology and Mr. Henry Zhang for their support and effort contributing to this book.

I wish you all enjoyable time during the reading and finding the pieces of knowledge you need. Let's walk together into the Multicore world and make more and more successes by implementing Multicore technology.

Dr. Günther Heling

Director for Embedded Software and Systems

Vector Informatik GmbH

序二

Foreword

汽车行业正经历有史以来最剧烈的变革。随着新能源、智能驾驶、软件定义汽车等概念的提出与落地，时下主流的分布式汽车电气/电子架构正向由上而下分层式的“域控制”或“区控制”的架构转变，这意味着对汽车电子控制单元性能要求的不断提高。英飞凌全新的32位多核架构微控制器AURIX™自2015年面世以来，广泛应用于汽车电子控制单元中，满足现在及未来汽车电子所需要的应用要求。

2016年，英飞凌宣布推出第二代AURIX™ TC3xx系列微控制器，其拥有最多6个处理器内核，每个内核具有300 MHz的时钟频率，最多支持其中4个处理器拥有附加的锁步内核。凭借大约2 400个DMIPS，AURIX™为支持安全微控制器获得ASIL D认证的功能安全计算能力树立了标杆。

新的电气/电子架构需要功能更加强大的控制系统，在功能安全和信息安全方面也提出了更高的要求。一方面，为了满足这些需求，单片机的复杂度越来越高。另一方面，系统开发的时间需要缩短，以满足整车厂把新车型快速推向市场的需求。基于AUTOSAR架构进行软件开发可以解决这一矛盾。

同济大学—英飞凌汽车电子联合实验室已有十多年的合作历史，在英飞凌AURIX™系列单片机多核应用方面拥有丰富的经验。在此感谢同济大学吴志红博士、朱元博士、陆科博士及科研人员和各位老师，结合其丰富的应用经验，通过本书将英飞凌先进的多核控制器的内核架构、外设模块配合软件和应用经验分享给更多读者。

英飞凌科技和维克多(Vector)公司均为AUTOSAR联盟的高级成员。作为英飞凌长期合作伙伴，维克多公司开发了基于英飞凌AURIX™系列单片机的AUTOSAR多核操作系统，使得工程技术人员及用户深受其益，可以大幅降低软件开发的复杂度，缩短软件开发的周期。

衷心地希望读者们可以通过本书的学习，学好用好英飞凌强大的AURIX™系列单片机，助力汽车电子行业的快速发展。

曹彦飞

英飞凌科技大中华区高级副总裁兼汽车电子事业部负责人

前言 Preface

随着诸如域控制器等汽车电子产品的推陈出新，其对软硬件功能的需求不断增多，对控制性能的要求也不断提升。在这一背景下，英飞凌科技公司于 2012 年推出引领全球车用微处理器技术的 32 位多核微处理器 AURIX，并在 2016 年推出搭载六核的 32 位微处理器 AURIX™ 2G，使得多核微处理器逐渐成为汽车电子领域的主流处理器。然而，受限于微处理器内部资源（存储器、内部总线等）的竞争、多核任务分配与调度策略等因素，多核微处理器的实际运行性能并不能随着 CPU 核数量的增加而线性提升，对多核操作系统进行合理的优化成为充分发挥多核微处理器性能的关键技术。

Vector 是 AUTOSAR 联盟的高级成员，在汽车电子开发工具、嵌入式软件组件和相关技术服务等方面处于国际领先地位。Vector 率先推出适用于 AURIX 及 AURIX™ 2G 多核微处理器的 AUTOSAR 多核操作系统——MICROSAR OS，对操作系统中的任务调度、中断处理以及核间通信给出了标准化的处理方法，在确保可靠性的同时，有利于代码移植，提高软件复用性，尤其适合主机厂和供应商之间的分工协作。此外，MICROSAR OS 因其运行的稳定性、配置的灵活性以及工具链的完备性等诸多技术优势备受主机厂和供应商的青睐。

2016—2017 年，在上海汽车工业科技发展基金会的资助下，笔者有幸与联创汽车电子有限公司就“基于三核 CPU 的多核嵌入式操作系统应用”课题开展合作，分析单核操作系统与多核操作系统的技术差异，探索 MICROSAR OS 中任务分配、调度、CPU 负载率监控等方法，并研究多核操作系统任务中可运行实体的分解与并行运算，以及多核之间共享资源的安全访问机制。

2018—2019 年，在联合汽车电子有限公司产学研合作课题“针对多核系统性能优化方法的研究”中，双方基于 Gliwa T1 监控工具共同研究多核操作系统中精确测算时间参数的方法，重点分析自旋锁

(Spin-Lock)对多核操作系统整体性能的影响、测量自旋锁造成的额外时间消耗。在 Vector 及其专家高路博士、张光忠经理、阮玉博商业开发经理的大力支持下,采用 TA 工具套件探索多核操作系统建模仿真的方法,并重点研究在多约束条件下的多核操作系统性能优化方法。

值得一提的是,通过与一汽解放汽车有限公司在多核操作系统领域的校企合作课题,专注于多核操作系统的负载优化,实现多核操作系统任务的优化设计,让笔者在帮助主机厂解决实际问题的同时,也能深入了解产品开发过程中一线软件工程师们在多核操作系统应用中所面临的技术难题。

在 Vector 的殷切鼓励和全力支持下,笔者基于上述产学研课题的研发经历及研发成果,抽除掉客户特有的项目信息,提炼出 AUTOSAR 多核操作系统应用技术的入门知识、应用技巧和共性规律而编著此书,旨在利于国内推广和普及 AUTOSAR 多核操作系统的应用与开发技术。

本书共 5 章,其中:

第 1 章介绍嵌入式多核微处理器、多核操作系统以及传统汽车电子软件开发方法面临的挑战,进而引出 AUTOSAR 产生的背景、核心思想及其发展现状。之后,详细分析了 AUTOSAR 软件架构,并针对不同模块的开发进行详细描述,最后介绍了 AUTOSAR 方法论、软件接口和 Vector 针对 AUTOSAR 软件开发所设计的工具链。

第 2 章主要介绍 AURIX™ 2G 系列多核处理器架构并详细分析内核的结构与特点,以及 AURIX™ 2G 的几个常用片上外设。

第 3 章从嵌入式实时操作系统出发介绍 OSEK OS 的特性,并分析 AUTOSAR 多核操作系统在 OSEK OS 基础上的扩展特性及其相互之间的差异性。随后,介绍 AUTOSAR 架构下的软件开发过程,详细介绍应用层、RTE、OS、微控制器抽象层之间的关系,并以 MICROSAR OS 为例,重点介绍多核操作系统的设计过程、软件集成环境和文件结构。

第 4 章以车用永磁同步电机控制器为例,介绍其软件架构的开发过程,并在此基础上,阐述 AUTOSAR 多核操作系统监控的相关概念。随后,重点介绍 Gliwa 公司 T1 监控工具的集成和相关的软件功能模块,简单描述并对比分析几种操作系统监控方法。

第 5 章针对嵌入式系统对于程序执行实时性要求和程序执行时间在 AUTOSAR 多核操作系统中难以预估的矛盾，借助 TA 工具套件设计一套针对多核操作系统程序的优化方案，在真实车载域控制器上成功地实现了预期的优化目标，并总结归纳出多核操作系统编程的规律和应用技巧。

本书由同济大学—维克多汽车技术联合实验室、同济大学—英飞凌汽车电子联合实验室组织编写，一汽解放汽车有限公司陈树星、联合汽车电子有限公司钱贾敏参与部分章节的编写和全书的校正。其中，第 1 章由朱元、陈树星编写，第 2—3 章由朱元、吴志红编写，第 4—5 章由陆科、钱贾敏编写。全书由朱元组织统稿，Vector 高路博士、英飞凌科技公司张立红先生审阅。感谢实验室张弛、郑凯、马志远、赵靖、葛纹材等同学的资料整理和录入工作。同时真挚地感谢 Gliwa 公司及其中国代理商北京西能电子科技发展有限公司在 Gliwa T1 软件授权、T1-TARGET-SW 代码集成等方面的大力支持。最后，真诚地感谢一汽解放汽车有限公司刘时珍、王恩东结合他们在多核操作系统的应用经验给予的宝贵建议和启发。

本书适合具有一定嵌入式软件开发基础的读者阅读，可作为高等院校本科生、研究生学习和开发多核操作系统的参考书，也可供汽车电子行业软件工程师学习参考。

本书内容源自不同课题成果，其中所用微处理器不尽相同，但对理解和掌握 AUTOSAR 多核操作系统影响不大。在编写过程中力求内容准确，书中内容经过 Vector 和英飞凌科技专家审阅。但由于笔者水平有限，编写时间紧促，遗漏和错误之处在所难免，敬请读者原谅并欢迎指正。

朱　元

2020 年 10 月

目录 Contents

1

第 1 章 AUTOSAR 的发展和简介

1.1 嵌入式操作系统的发展

1.1.1 嵌入式操作系统的发展历程

自 20 世纪 80 年代起，商业化嵌入式操作系统蓬勃发展，国外嵌入式操作系统已日渐成熟，如 Vx Works，QNX，Plam OS，Windows CE 等。国内的嵌入式操作系统大体分为两类：一类是基于国外嵌入式操作系统进行二次开发，此类大多以 Linux 为主，比如中软 Linux、红旗 Linux 等；另一类嵌入式操作系统则是中国自主研发，比如女娲 Hopen、夏桑 2000 和 Delta OS 等。由于操作系统开发相对复杂，且自主研发成本较高，因此，就目前而言，大多数厂商在开发其产品时，首先还是考虑选用开源的 Linux 系统，因为 Linux 相对成熟、稳定而且节约了自主研发的时间和成本，同时，众多 Linux 开发者又能给予技术支持。

各厂商对操作系统的修改和定制未能整齐划一，造成市面上嵌入式系统种类繁多，在复用应用代码时，由于接口不统一而给开发者带来难题。美国 IEEE 协会在 Unix 的基础上，制定了可移植的操作系统接口协议（Portable Operating System Interface of Unix，POSIX），其目的是提高在 Unix 操作系统环境下应用程序的可移植性。德国汽车工业界于 1993 年提出了一个用于汽车控制器的开放式系统及其相应的接口体系 OESK。与此同时，法国汽车工业 PSA 和 Renaul 也着手一个类似的汽车分布式运行系统 VDX，即 Vehicle Distributede Xecutive。两个社团于 1994 年合并成 OSEK/VDX 协会，并于 1995 年达成共识，发布其规范 OSEK/VDX 标准，通过标准化 API 提高了软件的重用性，同时也规范了汽车嵌入式操作系统标准，降低了软件开发难度。实时操作系统是嵌入式系统发展的产物，纵观嵌入式系统的发展历程，大致经历了下面四个阶段。

（1）无操作系统阶段。在嵌入式系统早期阶段，通常通过简单微型计算机或单片机实现嵌入式产品设计，其产品具有简单的伺服、监测和控制功能。

（2）简单操作系统阶段。在这一阶段，工程师已经开始基于简单的“操作系统”进行软件开发，虽然此时的操作系统比较简单，但其内核精巧且已具备一定的兼容性和扩展能力。

（3）嵌入式实时操作系统阶段。传统的嵌入式程序设计中，通常根据控制算法流程图设计一个无限循环的控制程序，在系统运行时依次对每种条件进行判断。当发生中断时，则由中断服务程序（Interrupt Service Routine，ISR）负责处理。但随着应用的复杂化，系统可能要同时处理多个响应并管理多个外设。如果采用传统设计方法，就会出现两个比较突出的问题：一是为了确保任务的实时性，就必须通过 ISR 保证，这样就在无形中延长了 ISR 的执行时间；二是由于应用较多时，多个应用同时访问设备，若资源调度不当，则会造成死锁，降低系统可靠性。实时操作系统根据任务优先级，对任务和资源进行合理调度，保证了系统的可靠性，降低了系统开发的复杂度。

在嵌入式系统得到蓬勃发展后，操作系统已经能够运行在各种不同类型的微处理器上。操作系统通过向工程师提供大量的 API，降低了开发难度，同时提供了图形用户界面(Graphic User Interface，GUI)，使用户体验进一步提升。

(4) 面向 Internet 和可定制阶段。在面向特定应用领域时，可定制嵌入式操作系统(Customized Embedded Operating System，CEOS)，不仅能满足基本性能和指标要求，并可通过网络以及云计算等手段使得整个系统达到最优。

1.1.2　嵌入式多核处理器及操作系统简介

随着实时应用研究的飞速发展，对操作系统提出了更高的要求，单处理器已经不能很好地满足某些复杂实时应用系统的需要，采用多处理器结构的实时操作系统和分布式实时操作系统势在必行。嵌入式系统经历了由单核向多核的发展历程，目前，处理器的多核架构种类繁多，主要分为同构多核架构、同构锁步多核架构和异构多核架构，如图 1.1 所示。同构多核架构是多个核上运行同一操作系统的架构；同构锁步多核架构是在同构多核的基础上增加锁步核，锁步核与主核执行相同的指令，二者进行执行结果的比较，对指令执行错误进行有效监控，从而获得较高的安全性能；异构多核架构是运行不同操作系统的多核架构，由系统程序管理器(Hypervisor)协调不同的操作系统在共享物理硬件上的工作。嵌入式多核处理器已成为车用 ECU 的主流处理器。

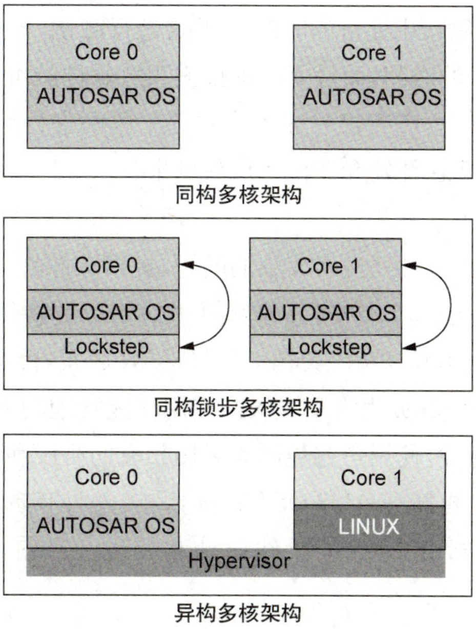

图 1.1　三种多核架构示意图

在多核嵌入式操作系统领域，国内主机厂和供应商多采用国外发达国家的多核嵌入式操作系统，如 μC-OS，OSEK OS，AUTOSAR OS 等。国外的一些汽车零部件公司如 BOSCH 对多核 OS 的任务调度已经有了非常深入的研究，国内的供应商如联合汽车电子、上汽捷能等对多核 OS 的任务调度研究处于消化吸收再创新阶段。我国对嵌入式软件的发展非常重视，2017 年，成立国家级项目“智能电动汽车电子电气架构研发”，决定对汽车嵌入式的多核架构、信息安全等领域展开研究。

随着互联网、物联网、云计算等热门技术的日益普及，Internet 将与嵌入式技术融合，再一次推动嵌入式技术的快速发展。届时，网络、云计算等将结合嵌入式操作系统，成为汽车电子的新亮点。

1.2 AUTOSAR 的发展

1.2.1 AUTOSAR 的产生背景

1. 传统开发方法面临的挑战

随着汽车电子的不断发展，客户对汽车的舒适性、安全性、智能化和个性化的要求越来越高，ECU 执行的功能越来越复杂，软件代码量急速上升，软件复杂度急剧增加，而软件的更新速度也在不断加快。汽车电子系统设计复杂化造成的可靠性隐患导致汽车因安全隐患被“召回”的现象频繁发生，一些国际顶级汽车制造商已经因此倍感痛苦；同时，处理器的种类也在不断增多，大学和企业很难培养出熟悉各类处理器的工程师。传统的嵌入式开发方式不支持硬件抽象，需要嵌入式工程师根据需求在不同的处理器上编写驱动程序，根据不同的 ECU 编写不同的功能函数，用大量的时间对函数进行测试，再按照严格的逻辑集成应用软件，这一过程将花费大量的时间，而且无法保证嵌入式软件的可靠性和可移植性。德国和法国的整车制造商和零部件生产商曾对嵌入式软件工程师进行调查，发现嵌入式软件工程师将大部分的工作时间耗费在开发和调试底层软件上。

2. 解决办法

为了解决行业内嵌入式软件开发所面临的问题，提高软件的开发效率和可重用性，降低软件的开发成本，全球主流的汽车整车厂、零部件供应商以及软件、半导体和电子工业的企业于 2003 年联合成立了汽车开放系统架构 AUTOSAR 联盟，旨在推动建立汽车电气/电子(E/E)架构的开放式标准，使其成为汽车嵌入式应用功能管理的基础架构，并规范汽车电子产品、软件和元器件的互通性，使用户避免因为采用私有的协议和解决方案而导致开发成本日益增长。目前，该规范已更新到 AUTOSAR4.4 版本，并且有越来越多的成员加入该联盟中，开展基于 AUTOSAR 规范的汽车软件设计和开发。目前，AUTOSAR 联盟成员如图 1.2所示。

AUTOSAR 定义了一套支持分布式的、功能驱动的汽车电子软件开发方法和电子控制单元上的软件架构标准化方案。从结构化概念设计阶段设计 AUTOSAR 软件组件及其在 ECU 间的分配，到定义通信和 ECU 间的配置，通过工具为软件开发流程提供通用的支持，采用成熟的工具实现需求的结构化并进行相应的管理，同时建立相应的配置。

AUTOSAR 的核心思想是“统一标准、分散实现、集中配置”，即提供统一、开放的软件

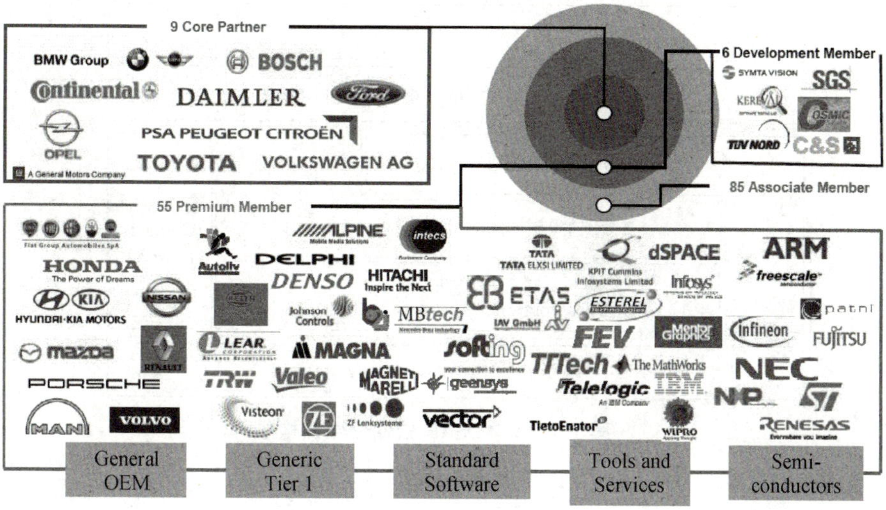

图 1.2　AUTOSAR 联盟成员

架构标准和平台，软件构建在不同的汽车平台上复用，应用软件整合到 ECU 中，建立独立于硬件的、分层的软件架构；分散实现要求软件系统层次化、模块化，并且降低应用与平台之间的耦合度；将所有模块的配置信息以统一的格式集中管理起来，集中配置生成系统。

与传统汽车电子开发方法相比，AUTOSAR 通过模块化、标准化，使硬件和软件的相互独立性大大提高，如图 1.3 所示。同时，软件代码可以重复使用和移植，缩短了开发周期，也降低了开发成本。

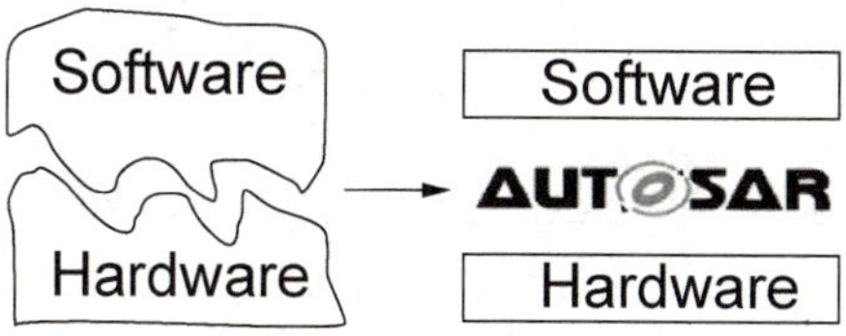

图 1.3　AUTOSAR 对传统 ECU 开发方式的改变

基于以上思想，AUTSOAR 软件架构分为应用层(Application Layer)、运行时环境层(RTE，Runtime Environment)和基础软件层(BSW，Basic Software Layer)，如图 1.4 所示。应用层侧重于应用软件的开发，由软件组件(SWC，Software Component)组成，各个软件组件内部可以包含一个或多个运行实体(Runnable Entity)，软件组件之间通过 Port 端口形成逻辑连接。运行时环境层为软件组件之间及软件组件与基础软件之间提供虚拟总线功能(VFB，Virtual Function Bus)，即软件组件与其他软件组件或基础软件的数据交互需要通过运行环境层提供的标准软件接口实现。运行环境层与微控制器之间为基础软件层。这种分层架构优势在于：一方面，OEM 可以专注于开发特定的、有竞争力的应用层软件(在运行环境层之上)；另一方面，它使 OEM 所不关心的基础软件层(在运行环境层之下)得到标准化。

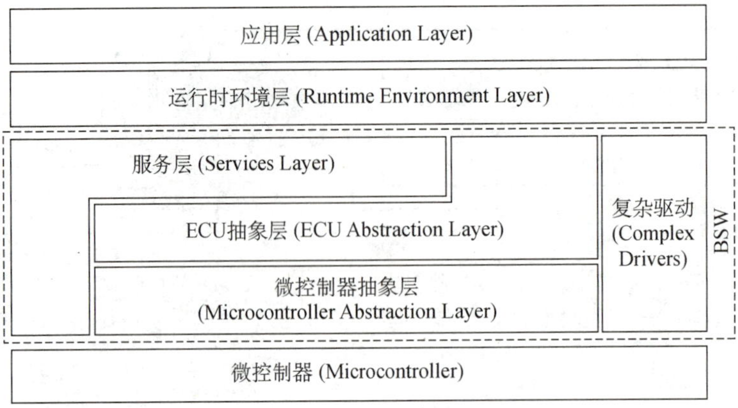

图 1.4　AUTOSAR 软件分层架构

1.2.2　AUTOSAR 的发展及应用

AUTOSAR 自面世以来，从半导体工业、工具和软件厂商、零部件供应商到汽车制造商本身，整个汽车领域内的价值体系都给予了该规范积极地推动。其发展历程如图 1.5 所示。

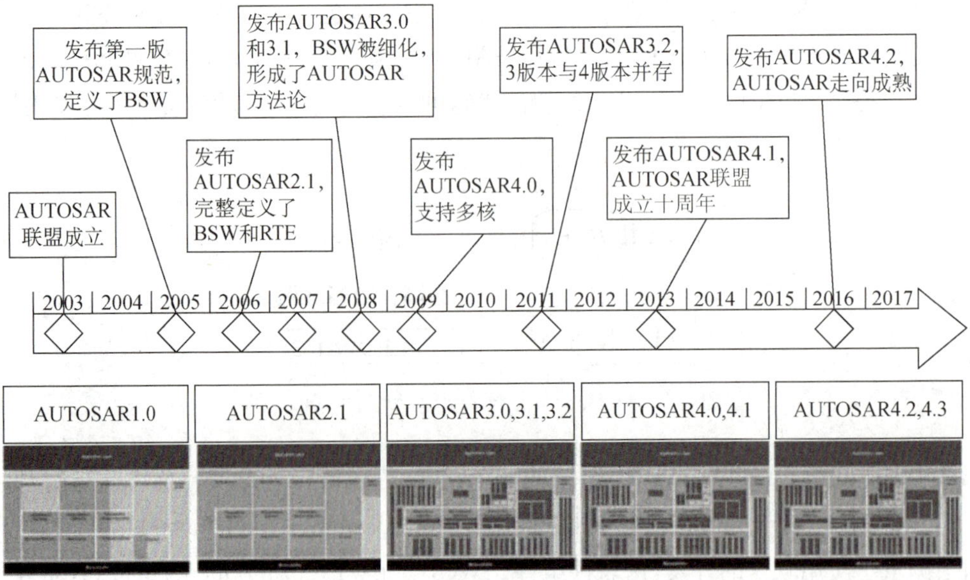

图 1.5　AUTOSAR 的发展历程

根据图 1.5，可将 AUTOSAR 的发展分为三个阶段。

第一阶段：AUTOSAR 的诞生。成立 AUTOSAR 联盟，发布第一版 AUTOSAR 规范，明确提出了基础软件（BSW，Basic Software）的概念；初步划分并定义了模块化/标准化的基础软件，对 ECU 内部软件架构进行了划分，明确了应用程序和基础软件的分工；发布了 AUTOSAR2.1，提出了运行时环境（Runtime Environment，RTE）的概念。第一阶段的 AUTOSAR 规范并未成熟，软件架构比较模糊，因此并没被行业广泛接受，也没有在实际中得到应用。

第二阶段：AUTOSAR 的成熟阶段。细化了 BSW 和 RTE 的定义，使之成为可以实现的规范，是 AUTOSAR 从概念走向应用的阶段。该阶段对 ECU 和网络唤醒进行定义，增加了系统的模式管理，增加了对于 FlexRay 总线和以太网（AUTOSAR 3.2）的支持，增加了应用程序接口（Application Interface）的定义。

AUTOSAR 的第二阶段是 AUTOSAR 发展历史中最关键的阶段，该阶段发布的 AUTOSAR 3.x（包括 AUTOSAR 3.0，3.1 以及第三阶段出现的 3.2）被行业广泛认可，多家整车厂如宝马、大众、戴姆勒和沃尔沃卡车等开始使用 AUTOSAR 规范进行 ECU 的开发，为 AUTOSAR 在汽车行业的应用做了铺垫。

第三阶段：AUTOSAR 的扩展阶段。从这一阶段开始，AUTOSAR 支持多核操作系统，更加详细地定义了以太网和 TCP/IP 的相关规范，增加对于 CAN FD（CAN with Flexible Data rate）和 SAE J1939 的支持。此外，随着功能安全正成为汽车最重要的主题之一，AUTOSAR 在 4.0 版本中引入了功能安全的概念，根据 ISO 26262，在其体系中嵌入了多个安全相关的功能。

与 AUTOSAR 的第二阶段相比，AUTOSAR 的第三阶段有了较大变动，主要原因有二：一是很多新技术的出现和发布，如多核微控制器的出现、CAN FD 的发明、ISO 26262 的颁布等，因此，AUTOSAR 必须更新规范从而将这些新技术包容进来；二是在 AUTOSAR 3.x 的使用过程中，积累了很多经验，也发现了不少问题，因此，需要对一些规范做出较大修改，如 RTE、数据文件的交换格式（ARXML，即 AUTOSAR XML）、部分 BSW 模块（如 DCM，Diagnostic Communication Manager）等。

目前，AUTOSAR 规范的最新发展方向是信息娱乐系统，包括驾驶员辅助系统（ADAS，Advanced Driver Assistance Systems）、车联网（Car2X）和云计算等。为了满足这些系统的特殊要求，AUTOSAR 联盟宣布，现有的 AUTOSAR 规范更名为 AUTOSAR Classic Platform，目前的最新版本是 4.4.0。为信息娱乐系统量身定制了一整套新的规范，命名为 AUTOSAR Adaptive Platform，该阶段的 OS 将支持多核异构架构。本书使用的是 AUTOSAR Classic Platform 的 4.3 版本，该版本已包含 214 个规范文档和 26 000 多个需求规范，共计 19 600 多页，涵盖了操作系统、通信、诊断、内存管理等各方面的内容。AUTOSAR 强调分工与合作，是基于同一平台的软件开发，这有利于软件的可重复利用率的提升，便于软件的更新和维护，因此，国内外越来越多的整车厂和供应商加入了 AUTOSAR 联盟。

AUTOSAR 规范越来越多地被应用于汽车软件开发中。2007 年，德国大众汽车公司联合 MathWorks 等公司开发了符合 AUTOSAR 规范的汽车车身舒适性控制系统，并将该技术应用于大众旗下的帕萨特车型。玛涅蒂 · 玛瑞利公司将 AUTOSAR 应用于菲亚特汽油发动机平台，并进行了硬件在环测试和不同工况下 20 000 km 行程的实车测试。此外，他们还将 AUTOSAR 运用于车灯控制、动力总成控制等电控系统。博世集团已将 AUTOSAR 架构应用于自适应巡航系统 ECU、动力总成系统 ECU、底盘控制系统 ECU 和车身控制模块

(BCM, Body Control Module)的开发，并且，今后还将运用于更多的 ECU 开发过程。

1.3 AUTOSAR 基础软件层

AUTOSAR 基础软件层的结构主要由四部分组成，即微控制器抽象层(Microcontroller Abstraction Layer,MCAL)、ECU 抽象层(ECU Abstraction Layer)、服务层(Services Layer)以及复杂驱动(Complex Drivers)。各部分在 AUTOSAR 基础软件层的位置如图1.6 所示。

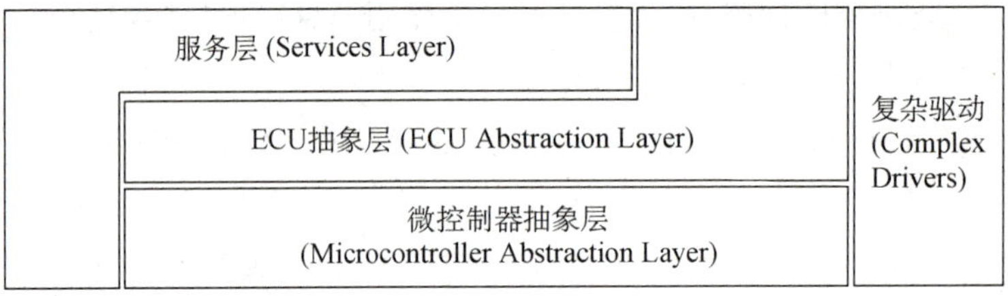

图 1.6　AUTOSAR 基础软件层

其中，MCAL 包含了与硬件相关的驱动程序，可以用来访问内存、通信和 I/O 等；ECU 抽象层负责提供统一的访问接口实现对通信、内存或者 I/O 的访问，从而无须考虑这些资源由微处理器提供还是由外部设备提供；服务层提供各种类型的后台服务，例如网络服务、内存管理和总线通信服务等，操作系统就位于这一层。

AUTOSAR 基础软件层主要用于提供基础软件服务，它主要包括标准化的系统功能以及功能接口，并且由一系列的基础服务软件组件构成，包括系统服务(System Services)、存储器服务(Memory Services)、通信服务(Comminication Services)等，如图 1.7 所示。

图 1.7　AUTOSAR 基础软件层的结构

基础软件层的组件及其功能对应如下：

- 系统(System)：提供标准化的规定(针对操作系统、定时器以及错误存储器)、ECU 特定的服务(ECU 状态管理、看门狗管理)和库函数；
- 内存(Memory)：对内部和外部的内存(非易失性存储器)的访问入口进行标准化；
- 通信(Communication)：对汽车网络系统、ECU 通信系统以及 ECU 内部软件的访问入口进行标准化；

- 输入/输出(I/O)：对传感器、执行器以及 ECU 外设的访问入口进行标准化。

同时，基础软件层模块按照类型可以分为驱动模块、接口模块、处理模块以及管理器。下面对各模块进行详细介绍。

(1) 驱动模块(Driver)

驱动模块包含了控制和使用内部或者外部器件的功能，分为内部驱动和外部驱动。

① 内部驱动(internal driver)。内部器件位于微控制器(单片机)的内部，比如内部 EEPROM、内部 CAN 控制器、内部 ADC 模块等。内部驱动程序就是针对单片机内部器件资源的驱动程序，这部分驱动程序属于微控制器抽象层(MCAL)。

② 外部驱动(external driver)。外部器件是指单片机外部的 ECU 硬件，比如外部 EEPROM、外部看门狗、外部 Flash 等。外部驱动程序就是针对单片机外部硬件资源的驱动程序，属于 ECU 抽象层。外部驱动程序需要通过微控制器抽象层(MCAL)驱动程序来实现对外部器件的驱动。这种方式下，AUTOSAR 也支持嵌入在系统基础芯片(SBCs)中的组件，如收发器以及看门狗等。举个例子，使用 SPI 通信接口的外部 EEPROM 驱动程序是通过 SPI 总线处理程序来驱动外部 EEPROM 的。但是有一种例外情况，对于与内存映射相关的外部器件(比如外部 Flash 存储器)，其驱动程序是可以直接对微控制器进行存取访问的，因此，这部分驱动程序属于微控制器抽象层(MCAL)。

(2) 接口模块(Interface)

接口模块包含了对其次级模块进行抽象的功能，比如对一个特定功能的硬件进行抽象。它提供一个通用的接口(API)函数来访问一种特定的器件类型，且与该类型器件的数目无关，同时也与器件的具体硬件实现无关。

接口模块不会改变数据的内容。一般来说，接口属于 ECU 抽象层。举个例子，CAN 通信系统的接口模块提供了一个通用的接口函数来访问 CAN 通信网络，并且与 ECU 上 CAN 控制器的数目以及具体硬件实现无关。

(3) 处理模块(Handler)

处理模块是一个专用的接口，它控制着一个或者多个客户端对一个或者多个驱动程序的并行、多重以及异步等访问。也就是说，它起着缓冲、队列、仲裁以及多路复用的功能。同样的，处理程序也不会改变数据本身的内容。

处理模块通常会并入驱动程序或接口模块中(比如 SPIHandlerDriver，ADC Driver 等)。

(4) 管理器(Manager)

管理器为多重的客户端提供特定的服务。当单纯的处理程序不能满足对多重的客户端进行抽象时，就需要用到管理器来进行处理。除了处理功能外，管理器还可以对数据内容进行评估、改变，或是适应数据内容。

一般而言，管理器属于服务层(Services Layer)。举个例子，非易失性随机存储器(NVRAM)的管理器负责对内部或是外部存储设备进行并行的访问，如 Flash，EEPROM 存储器。同时，它也可以完成分布式并且可靠的数据存储、数据校验以及默认值的规定等。

1.3.1 微控制器抽象层

微控制器抽象层(MCAL),位于 AUTOSAR 分层模型中 BSW 的最底层。MCAL 包含内部驱动,可以直接访问微控制器和片内外设。更进一步地,MCAL 又可分为微控制器驱动(Microcontroller Drivers)、存储器驱动(Memory Drivers)、通信驱动(Communication Drivers)和 I/O 驱动(I/O Drivers)四个部分,如图 1.8 所示,各部分又由具体的与微控制器硬件相对应的驱动模块组成。

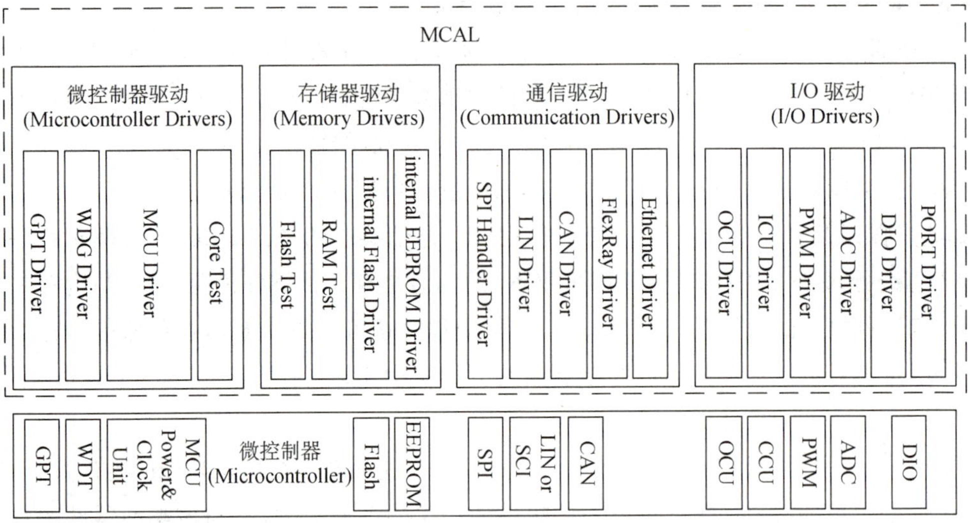

图 1.8 微控制器抽象层

1. 微控制器驱动

微控制器驱动由通用定时器驱动(General Purpose Driver, GPT Driver)、看门狗驱动(Watchdog Driver, WDG Driver)、微控制器单元驱动(Microcontroller Unit Driver, MCU Driver)和内核测试(Core Test)四个部分组成。

(1) GPT Driver

在 AUTOSAR 中有两类定时器:操作系统定时器和硬件定时器。该模块使用通用定时器单元的硬件定时器通道,为操作系统或者其他基础软件模块提供计时功能,一个典型的时间周期范围是 50 μs~5 ms。

GPT Driver 的作用是:

- 启动和停止硬件定时器;
- 得到定时器数值;
- 控制时间触发的中断;
- 控制时间触发的中断唤醒。

GPT Driver 通过调用 Gpt_StartTimer 和 Gpt_StopTimer 函数来启动和停止定时器通道。目标时间视作 Gpt_StartTimer 的一个参数,可以为每个定时器通道单独设置。

定时器通道可以设为单次模式或连续模式。在单次模式下，定时器到达目标时间(即定时器数值)时会自动停止，保持定时器数值不变并且通道状态从“运行”变为“超时”；在连续模式下，定时器到达目标时间会清零并继续运行。

(2) WDG Driver

WDG Driver 的功能主要是初始化和触发看门狗。

WDG Driver 有内部 WDG Driver 和外部 WDG Driver。内部 WDG Driver 控制 MCU 的内部看门狗定时器，提供触发功能和模式选择服务；外部 WDG Driver 控制外部硬件看门狗，与内部 WDG Driver 一样，提供触发功能和模式选择服务。

(3) MCU Driver

MCU Driver 位于 MCAL 层，可以直接访问微控制器硬件，它的主要功能是初始化、休眠、复位微控制器以及提供其他 MCAL 软件模块所需的与微控制器相关的特殊功能。

MCU Driver 能为硬件复位提供软件触发服务，但是只有被授权的用户才可以调用这个复位服务函数。在 ECU 中有很多不同的原因可以造成复位，如果硬件允许，MCU 模块可以获取复位的原因。此外，MCU Driver 还能够使能并设置 MCU 时钟，例如 CPU 时钟、外围器件时钟、预分频器等参数。

注意：所有的外设时钟必须通过 McuClockReferencePoint 与其他 BSW 模块联系起来。

MCU Driver 可以激活 MCU 的低功耗模式，但是，MCU 低功耗模式的激活可能会影响锁相环、内部振荡器、CPU 时钟、微控制器外设时钟、内核以及外设的供电电源等。如果 MCU 在运行过程中需要频繁地进出低功耗模式，那么，在这种情况下，唤醒操作可以在 MCAL 的某个模块中被激活并执行。在一些 MCU 工作模式下，MCU 只能通过硬件复位来唤醒。

(4) Core Test

Core Test 模块包含周期性测试和启动测试。

Core Test 可以对 CPU 的所有寄存器进行测试，提供中断控制和异常检测。该模块还对算术逻辑单元、存储保护单元和缓存控制器等进行检测。

Core Test 可以运行在后台模式或前台模式。

在后台模式中，Core Test 会被调度机(Scheduler)周期性调用，在当前的原子型序列(Atomic Sequence)中是可中断的，一个完整的测试由很多原子型序列组成，以测试内核功能。而在前台模式中，Core Test 会被用来测试整个内核或者所选模块的功能。

取消后台模式并启动前台模式是允许的，但是两种模式不能被同时执行。如果在某个后台任务运行中有前台任务被请求，那么，在调用前台任务前，后台任务应当被取消。

2. 存储器驱动

存储器驱动由内部 EEPROM 驱动、内部 Flash 驱动、RAM 测试和 Flash 测试四部分组成。

(1) 内部 EEPROM 驱动

内部 EEPROM 驱动提供初始化服务，以及对内部 EEPROM 的读、写、擦除等操作。该驱动模块一次只能接受一个任务。

(2) 内部 Flash 驱动

内部 Flash 驱动提供内部 Flash 初始化服务，以及对内部 Flash 的读、写、擦除等操作。该驱动还可以将 Flash 访问代码下载到 RAM 中；如果需要的话，也可以执行写、擦除操作。

(3) RAM 测试

RAM 测试模块通过软件对 RAM 存储进行测试。该模块包含后台测试和前台测试。其中，后台测试(Background RAM Test)是异步服务，前台测试(Foreground RAM Test)是同步服务。

(4) Flash 测试

Flash 测试模块提供算法来测试诸如数据/程序闪存、程序 SRAM 等非易失性存储器，这些存储器可以是集成在微控制器内部的，也可以是外部映射到微控制器的。

测试服务可以在 MCU 初始化完成后的任意时间被执行，用户可以选择合适的测试算法。同样，Flash 测试可以在前台模式和后台模式下运行，被测试的模块在前台和后台都可单独配置。

3. 通信驱动

通信驱动由以太网(Ethernet)驱动、FlexRay 驱动、CAN 驱动、LIN 驱动和 SPI 驱动五部分组成。

(1) 以太网(Ethernet)驱动

Ethernet 驱动模块为以太网提供统一的接口。该驱动模块对所使用的以太网控制器的硬件特性进行了抽象。

以太网接口(Ethernet Interface)模块使用以太网驱动层访问某些控制器。以太网驱动层由若干个以太网驱动模块组成，如图 1.9 所示。

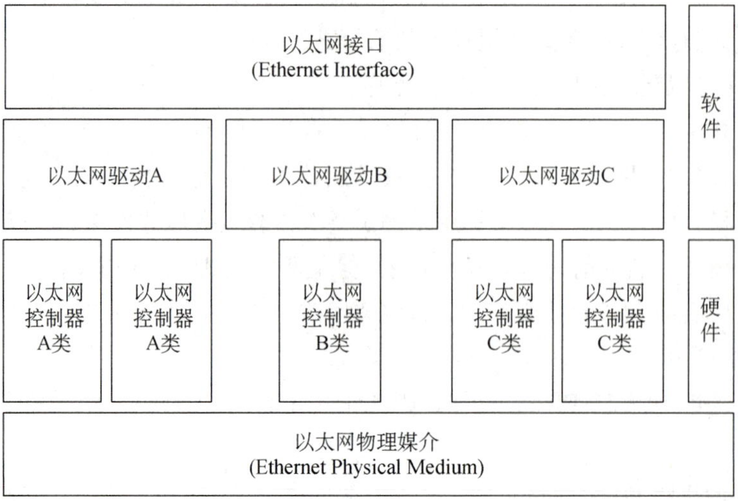

图 1.9　以太网基础软件层的基本结构

(2) FlexRay 驱动

FlexRay 驱动用来抽象不同的 FlexRay 通信控制器及其硬件相关的特性。通信控制器的 FlexRay 协议强制特性经过封装之后只能通过统一的 API 进行访问。API 提供了映射到基于实际通信控制器的硬件访问序列的抽象功能操作，因此，使用 FlexRay 驱动可以保证 FlexRay 接口独立于下层硬件。

FlexRay 驱动只支持相同类型的 FlexRay 通信控制器。一个 FlexRay 接口可以使用一个或多个 FlexRay 驱动访问若干个通信控制器，某个驱动用来访问某个特定的通信控制器必须在配置 FlexRay 接口时进行分配。

如果一个通信控制器在 FlexRay 规范中提供了更多可选择的特性(例如硬件 FIFO)，这些特性被封装在 FlexRay 驱动里面，配置工具需要支持该通信控制器，从而生成合适的配置。

此外，FlexRay 驱动的配置应当在系统配置时完成，其 API 函数在 FlexRay 接口或操作系统中断服务的上下文中被执行。配置工具可以将 ECU 配置描述所给的通信矩阵输入转化为运行时所使用的数据结构。

对内部或外部 FlexRay 通信控制器的驱动来说，需要进行以下处理：

- FlexRay 控制器的初始化；
- 配置数据处理单元；
- 控制指令向通信控制器的传递；
- 从协议引擎到控制器主接口状态数据的规定；
- 通信控制器和主处理机之间信息数据的传输。

(3) CAN 驱动

CAN 驱动针对的是微控制器内部的 CAN 控制器，它可以实现以下功能：

- 对 CAN 控制器进行初始化；
- 发送和接收报文；
- 对报文的数据和功能进行通知(对接收报文的指示、对发送报文的确认)；
- 溢出和错误处理；
- 唤醒检测。

此外，CAN 驱动还具有以下特性：

- 单个或多个 CAN 通道；
- CAN 驱动的多重实例化；
- 对接收报文的中断/轮询模式。

CAN 驱动是 MCAL 的一部分，可以执行硬件访问、向上层提供独立于硬件的 API，而仅有的能够访问 CAN 驱动的上层是 CAN 接口(CAN interface)。CAN 驱动也可以为数据传输的初始化和通知接收事件的回调函数提供服务，该服务也是独立于硬件的。除此之外，CAN 驱动也可以控制从属于同一个 CAN 硬件单元的 CAN 控制器的行为和状态。

(4) LIN 驱动

LIN 驱动使用标准的通用异步收发器(Universal Asynchronous Receiver Transmitter,

UART)或者串行通信接口(Serial Communication Interface, SCI)进行通信。该模块可以完成下列任务:

- LIN 硬件的初始化;
- 调度表的处理;
- LIN 报文的发送(通过标志位和函数接口确认);
- LIN 报文的接收(通过标志位和函数接口指示);
- 睡眠和唤醒;
- 协议差错的处理;
- 报文的超时监测。

注意: LIN 驱动的基础是 LIN2.1 规范。本书假定读者已熟悉此规范,因此,对其不再赘述。

LIN 驱动只适用于 LIN2.1 的主节点,而不能作为从节点进行操作。LIN 主控制器在 AUTOSAR 中和 LIN2.1 规范中有所不同,但在 LIN 总线上的行为并没有改变,这是为了能够继续使用已有的 LIN 从设备。

LIN 驱动支持从简单的 SCI/UART 到复杂的 LIN 硬件控制器的整个范围,但不可以使用软件通用异步收发器。

LIN 驱动也是 MCAL 的一部分,可以执行硬件访问、向上层提供独立于硬件的 API。仅有的能够访问 LIN 驱动的上层是 LIN 接口(LIN interface)。一个 LIN 驱动可以支持多个通道,但是,这些通道要属于同一个 LIN 硬件单元。

(5) SPI 驱动

SPI 驱动模块是微控制器内部同步通信串行接口的驱动。SPI 驱动为 SPI 总线上不同的设备(例如 EEPROM, Watchdog 等)提供读写访问服务。一个 SPI 设备可以被所使用的 SPI 硬件和相关的片选信号识别。该模块可以在主、从或者主-从模式下运行。

SPI 驱动模块定义了可选择的功能级别和可配置的功能特性,提升了自身的可扩展性。其主要目的是利用好微控制器的每个特性并且允许基于静态配置的最优化实现,以尽可能满足 ECU 的需求。根据所选的功能级别,SPI 驱动一般可以以同步或异步方式运行。

配置 SPI 驱动应遵循以下步骤:

- 选择 SPI 驱动的功能级别,配置可选择的功能特性;
- 根据数据用途来定义 SPI 通道,它们可以是 SPI 驱动的内部缓冲器(internal Buffer, IB),或者是由用户提供的外部缓冲器(external Buffer, EB);
- 根据硬件属性来定义 SPI 任务,它们会包含一列使用这些属性的通道(channels);
- 最后定义任务序列,以优先级排序的方式来传送数据。

4. I/O 驱动

I/O 驱动由 PORT 驱动、DIO 驱动、ADC 驱动、PWM 驱动、ICU 驱动和 OCU 驱动六部分组成。

（1）PORT 驱动

PORT 驱动初始化就是对微控制器的整个 PORT 模块进行初始化配置。

很多端口和管脚被分配有多种不同的功能，即可以进行引脚功能复用，比如通用 I/O（General Purpose I/O）、模数转换（ADC）、脉宽调制（PWM）等功能。因此，对 PORT 必须有一个整体的配置和初始化，对各管脚的具体配置和使用取决于微控制器和 ECU 的引脚功能分配。

PORT 初始化数据应当尽可能高效地写到每个端口。DIO 驱动中所用到的端口的配置和初始化都是在 PORT 驱动模块中完成的。因此，在使用 DIO 功能之前，应先进行 PORT 的初始化。

（2）DIO 驱动

DIO 驱动对微控制器硬件管脚的访问进行了抽象，除此之外，还可以对管脚进行分组。该模块通过 DIO 通道（DIO channel）、DIO 端口（DIO port）以及 DIO 通道组（DIO channelgroup）来读写数据，而且这类操作是同步的。

在 DIO 驱动中，可以把若干个 DIO 通道通过硬件分组来表示一个 DIO 端口。PORT 中的每一位（bit）都代表一个 DIO 通道，而 DIO 通道组是 DIO 端口中相邻的几个 DIO 通道的逻辑组合，如图 1.10 所示。

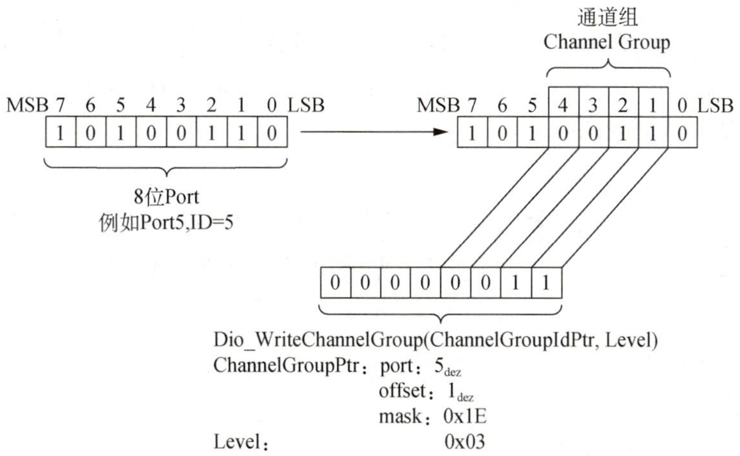

图 1.10　DIO 通道组

（3）ADC 驱动

ADC 驱动对微控制器内部模数转换单元（Analog Digital Converter unit）进行初始化和控制。它可以提供启动和停止模数转换的服务，分别用来开启和禁用模数转换的触发源。

ADC 驱动在 ADC 通道（ADC Channel）的基础上进行运作。ADC 通道把模拟信号输入管脚、所需的 ADC 电路以及转换结果寄存器三部分联系成为一个整体，使其能够被 ADC 驱动所控制和访问。此外，一个或多个 ADC 通道可以被划分为一个 ADC 通道组（ADC Channelgroup），而 ADC 模块允许为每个通道组分配优先级。

ADC 驱动模块支持以下两种转换模式：

- 单次转换（One-shot Conversion），是指被转换的通道组中每个通道只执行一次转换；
- 连续转换（Continuous Conversion），是指在转换完成后，整个通道组的转换将会重复，而不需要另外的触发事件。

同时，ADC 模块有以下两种触发源：

- 软件触发（Software API Call），指的是 ADC 通道组通过 ADC 模块提供的服务来启动或停止转换，它可以在所有转换模式下使用；
- 硬件触发（Hardware Event），是指 ADC 通道组通过硬件事件（如定时器和边沿触发）来启动转换，但它只能在单次转换模式下进行。

ADC 模块有以下两种转换结果访问模式：

- 调用 API 函数 Adc_GetStreamLastPointer；
- 调用 API 函数 Adc_ReadGroup。

ADC 模块通过以下两种方式保证转换结果的一致性，但无论怎样，转换结果必须在被覆盖之前从 buffer 中读取出来：

- 使用通道组通知机制保证转换结果一致；
- 通过 API 函数 Adc_GetGroupStatus 轮询来实现转换结果一致。

（4）PWM 驱动

PWM 驱动为微控制器 PWM 模块提供初始化和控制服务，可生成周期和占空比都可变的脉冲。其中，除了 Pwm_Init、Pwm_DeInit 以及 Pwm_GetVersionInfo 之外的所有函数都是对 PWM 通道（PWM channel）可再进入的。

（5）ICU 驱动

ICU 驱动控制的是微控制器的输入捕获单元（Input Capture Unit），有正常模式（ICU_MODE_NORMAL）和休眠模式（ICU_MODE_SLEEP）两种模式。ICU 驱动可以提供以下服务：

- 信号边沿检测及通知；
- 中断唤醒；
- 周期性信号时间的测量；
- 边沿时间戳捕获；
- 边沿/脉冲计数。

（6）OCU 驱动

OCU 驱动的作用是对微控制器内部的输出比较单元（Output Compare Unit）进行初始化和控制。当计数器的值到达某个阈值时，OCU 模块会自动开始比较并执行相应操作。

OCU 通道主要由自由运行计数器（Free Running Counter）和比较阈值（Compare Threshold）两个部分组成。自由运行计数器可以是由硬件或是软件提供的，每当计数器的值增加一个单位，该值就会与设定的阈值进行比较。若两个值相等，则有两种操作可以执行：一种是通过通知函数将信息报告给上层软件；另一种是修改输出管脚的状态。除此之外，OCU 驱动还可以为下列功能提供服务：

- 启动或停止输出通道；
- 设定某个阈值；
- 启用或禁用某个通道的通知函数；
- 获取计数器数值。

OCU 通道状态配置如图 1.11 所示。OCU 驱动所有的通道都会在调用 Ocu_Init()函数时进行初始化，但是不能通过某个 API 来单独初始化某个通道。

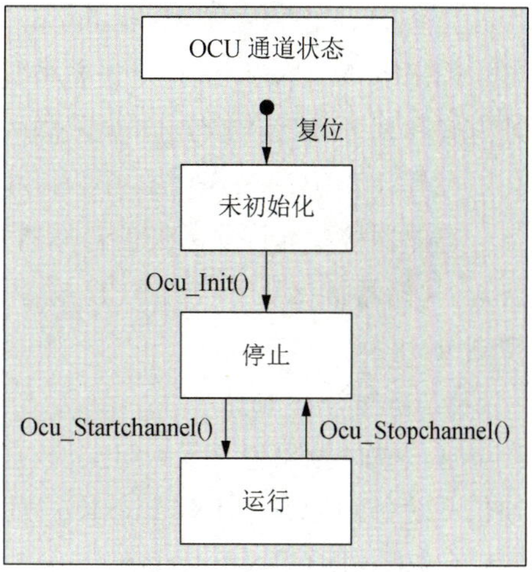

图 1.11　OCU 通道状态配置

1.3.2　ECU 抽象层

ECU 抽象层负责提供统一的访问接口，实现对通信、内存或者 I/O 的访问，从而无须考虑这些资源是由微处理器提供的还是由外部设备提供的。外部设备的驱动就位于这一层。

ECU 抽象层主要包括板载设备抽象(Onboard Device Abstraction)、存储器硬件抽象(Memory Hardware Abstraction)、通信硬件抽象(Communication Hardware Abstraction)和 I/O 硬件抽象(I/O Hardware Abstraction)四个部分。

1. 板载设备抽象

板载设备抽象包含 ECU 板载设备的驱动，这些设备不能被视作传感器或者执行器，比如外部看门狗。这些驱动通过微控制器抽象层(MCAL)对 ECU 板载设备进行访问。

- 任务：对特定的 ECU 板载设备进行抽象；
- 实现：不依赖于微控制器，依赖于外部设备；
- 上层接口：不依赖于微控制器，部分依赖于 ECU 硬件。

对于看门狗而言，如果在 ECU 上使用超过一个看门狗和看门狗驱动(如内部软件看门狗和外部硬件看门狗)，板载设备抽象模块会允许看门狗管理机在保留 API 和下层驱动功能的同时，选择合适的看门狗。看门狗驱动有不同的工作模式(同步、异步、定时)。看门狗驱动接口对下层的看门狗驱动提供了统一的访问入口，比如模式转换和触发。

2. 存储器硬件抽象

存储器硬件抽象包含了一组模块，它能够从外围存储器所在的位置以及 ECU 硬件层进行抽象。用户可以通过存储器特性抽象/仿真模块访问存储器驱动。

- 任务：提供相同的机制以访问内部和外部存储器；
- 实现：不依赖于微控制器，依赖于外部设备；
- 上层接口：不依赖于微控制器、ECU 硬件和存储器。

(1) FEE(Flash EEPROM Emulation)

该模块使用 Flash 存储器来仿真 EEPROM 功能。FEE 对设备特定的寻址方案和划分进行抽象，并且向上层提供虚拟寻址方案和划分，以及“事实上”无限制的擦除循环。

(2) EA(EEPROM Abstraction)

EEPROM 抽象同样也对设备特定的寻址方案和划分进行抽象，并且向上层提供虚拟寻址方案和划分，以及“事实上”无限制的擦除循环。

(3) MemIf(Memory Abstraction Interface)

存储器接口允许非易失性存储器管理机访问若干个存储器抽象模块(FEE 或者 EA 模块)。存储器接口从下层的 FEE 或者 EA 模块进行抽象，并给上层提供线性地址空间的虚拟划分。

3. 通信硬件抽象

通信硬件抽象包含了一组模块，它能从通信控制器和 ECU 硬件层进行抽象。对于所有通信系统(如 CAN, LIN, FlexRay)而言，相应的通信硬件抽象是必不可少的。

(1) CanIf(CAN Interface)

CAN 接口位于底层 CAN 设备驱动(CAN 控制器驱动和收发器驱动)和上层的通信服务层(例如网络管理、传输协议等)之间。它是底层设备连接上层通信服务的接口。

CAN 接口从 ECU 硬件层抽象了诸如 CAN 控制器和 CAN 收发器的所有 CAN 硬件设备的位置，因此，下层的多个内部或外部 CAN 控制器/收发器被抽象并连接到上层的通信模块。CAN 接口由所有独立于 CAN 硬件的任务组成，这些任务属于相应 ECU 的 CAN 通信驱动内容。这些功能一旦在 CAN 接口中实现，下层的 CAN 设备驱动就只负责相应的 CAN 硬件的访问和控制即可。

CAN 接口通过连接 PDU(Protocol Data Unit)路由和上层 AUTOSAR 通信栈的通信模块，可以满足以下需求：

- 传输请求处理；
- 传输确认/接收指示/错误通知；
- CAN 网络的启动/停止。

在传输时，需要 CAN 接口使用相应的参数完成 L-PDU 传输，并通过合适的 CAN 控制器驱动来延迟 CAN L-PDU；在接收时，CAN 接口把收到的 L-PDU 分配给上层。接收的 L-PDU和上层之间的分配是静态配置的，在传输确认时，CAN 接口负责对上层的成功传输进行通知。

总的来说，CAN 接口向 CAN 通信模块提供对 CAN 控制器驱动和 CAN 收发器驱动的抽象访问，以实现对 CAN 网络的控制和管理。CAN 接口会将状态变化请求向下层发送，如从 COM 管理机向下层 CAN 设备驱动的请求；或者向上发送，将 CAN 控制器/收发器驱动事件发送到相应的网络管理模块(Network Management, NM)。

(2) LinIf(LIN Interface)

该模块规范了 AUTOSAR 基础软件模块中的 LIN 接口(LinIf)和 LIN 传输协议(LIN Transport Protocol, LinTp)的功能、API 以及配置。LIN 传输协议是 LIN 接口的一部分。

LIN 接口独立于硬件，并且也定义了对上层模块(PDU 路由)和下层模块(LIN 驱动)的接口。一个 LIN 接口可以处理多个 LIN 驱动，一个 LIN 驱动可以处理一个或多个通道。

LIN 接口向上层提供 LIN2.1 主节点的功能，这意味着：

- 可以执行 ECU 连接的每个 LIN 总线的当前所选进程；
- 当上层需要时，可以切换进程表；
- 从上层获取帧传输请求，并作为响应传输数据；
- 当相应的响应被接收时，向上层提供帧接收通知；
- 提供睡眠和唤醒服务；
- 进行错误处理；
- 提供传输层诊断服务。

4. I/O 硬件抽象

I/O 硬件抽象包含了一组模块，它能够对外围 I/O 设备（板载或板级）的位置和 ECU 硬件层（例如微控制器的管脚等）进行抽象。但 I/O 硬件抽象无法对传感器或执行器进行抽象。

- 任务：传递 I/O 信号，向更高的软件层隐藏 ECU 硬件及布线的属性；
- 实现：不依赖于微控制器，依赖于 ECU 硬件；
- 上层接口：不依赖于微控制器和 ECU 硬件，依赖于根据 AUTOSAR 规定的信号类型。

I/O 硬件抽象模块的目标是数据可以通过 RTE 传输，完全不依赖于 ECU 硬件。这意味着软件组件（Software Component，SWC）的开发人员不需要知道信号是怎样在物理层面上产生影响的。这些主要是通过 ECU 信号映射到 I/O 硬件抽象接口上来实现的。

1.3.3　服务层

服务层是基础软件层的最高层，它可以实现与应用层软件的关联。I/O 信号可以通过 ECU 抽象层进行获取，此外，服务层还提供操作系统功能、汽车网络通信以及管理服务、内存服务、诊断服务[包含统一诊断服务（Unified Diagnostic Services，UDS）、错误记忆和故障处理]、ECU 状态和模式管理、逻辑与暂时程序流程监管（Watchdog 管理）、加密服务等。

服务层的主要任务是为应用程序、RTE 以及基础软件模块提供最基本的服务。服务层的上层接口保证了微控制器和 ECU 硬件层的独立。

按照服务对象的不同，服务层又可以分成三部分，即通信服务（Communication Services）、存储器服务（Memory Services）和系统服务（System Servieces）。下面对这三部分进行详细介绍。

1. 通信服务（Communication Services）

通信服务是一组用于车辆网络通信（CAN，LIN，FlexRay 以及 Ethernet）的模块。如图 1.12 所示，通信服务通过通信硬件抽象（COM HW Abstr.）来与通信驱动（Communication Drivers）进行交互。其主要任务是为车辆通信网络和车载网络的诊断通信提供一个统一的接口，为网络管理提供统一的服务，以及从应用程序中隐藏相关协议和消息属性。从图 1.13 可以看出，通信服务的实现与单片机和 ECU 硬件无关，但是有一部分需要取决于总线的类型。其上层接口与单片机、ECU 硬件以及总线类型也无关。

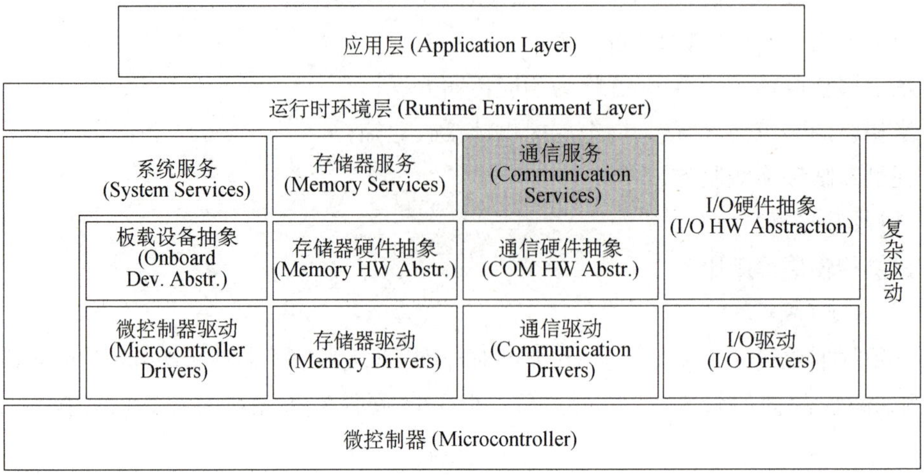

图 1.12　通信服务模块

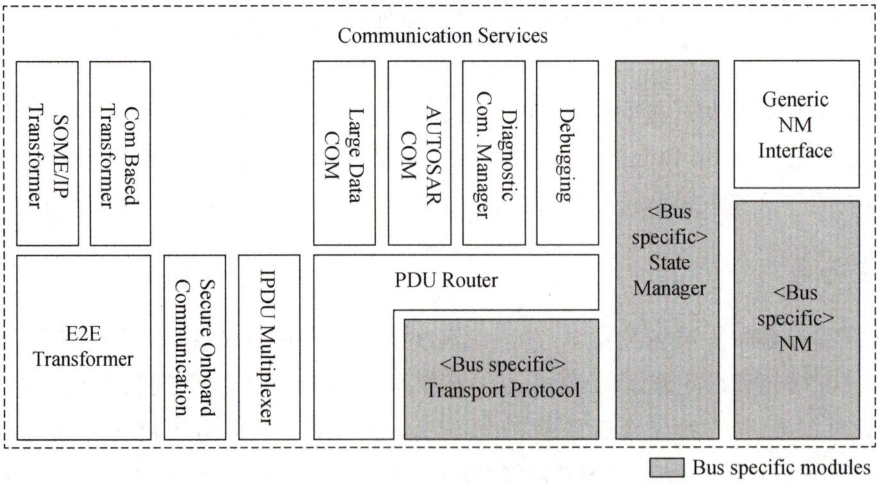

图 1.13　通信服务示例

下面将详细介绍与车辆网络系统相关的通信服务。

(1) 通信协议栈——CAN

CAN 通信服务是一组用于车辆 CAN 通信系统的模块。其主要任务是为 CAN 通信网络提供一套统一的接口，同时从应用程序中隐藏相关的协议和消息属性。CAN 通信协议栈支持传统的 CAN 通信(CAN 2.0)以及 CAN FD 通信(前提是硬件上支持 CAN FD)。图 1.14 显示了 CAN 通信所涉及的各个模块。

CAN 通信服务具有以下属性：

- CAN 通信服务的实施与单片机和 ECU 硬件无关，但部分依赖于 CAN 通信本身；
- AUTOSAR COM、通用网络管理接口(Generic NM Interface)以及诊断通信管理器

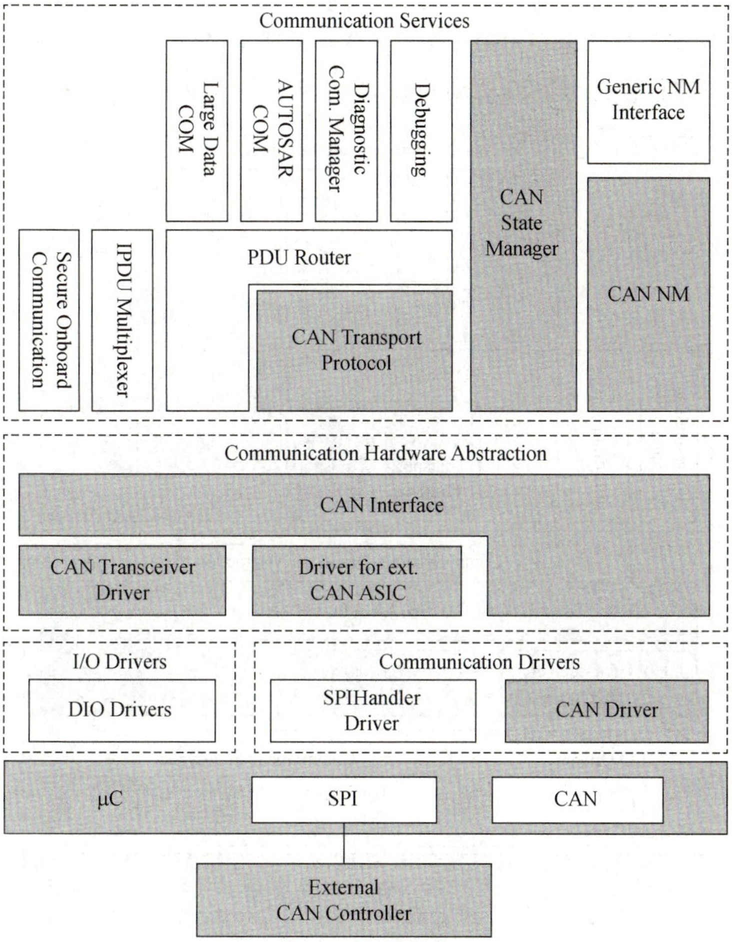

图 1.14　CAN 通信

(Diagnostic Com. Manager)对所有的车辆网络系统都是通用的，并且作为每个 ECU 的一个实例而存在；

- 通用网络管理(Network Management, NM)接口只包含一个调度程序，但在网关 ECU(Gateway ECU)中，它也可以实现 NM 协调器的功能，即允许同步多个不同的网络(具有相同或不同的类型)，对它们进行同步唤醒或者关闭；
- CAN NM 是针对特定 CAN 网络的，并且通过车辆 CAN 网络系统进行具体实现；
- 通信系统特定的 CAN 状态管理器能够管控与通信系统相关的启动和关闭功能，此外，它还可以通过控制 COM 的不同选项来实现发送 PDU 以及监控信号超时的功能。

(2) 通信协议栈扩展——J1939

图 1.15 显示了 J1939 所包含的模块。J1939 通信服务是对普通 CAN 通信协议栈的拓展，主要应用在商用车上。其主要任务是提供 J1939 通信所需的协议服务，同时从应用程序中隐藏不需要的协议和消息属性。需要注意的是，在 CAN 通信协议栈中有两个传输协议模

块(CanTp 和 J1939Tp),它们可以交替地使用,或者是在不同的通道中并行使用。一般而言,CanTp 主要用于 ISO 诊断(DCM)、标准 CAN 总线上的大型 PDU 传输等;而 J1939Tp 主要用于 J1939 诊断以及受 J1939 驱动的 CAN 总线上的大型 PDU 传输。

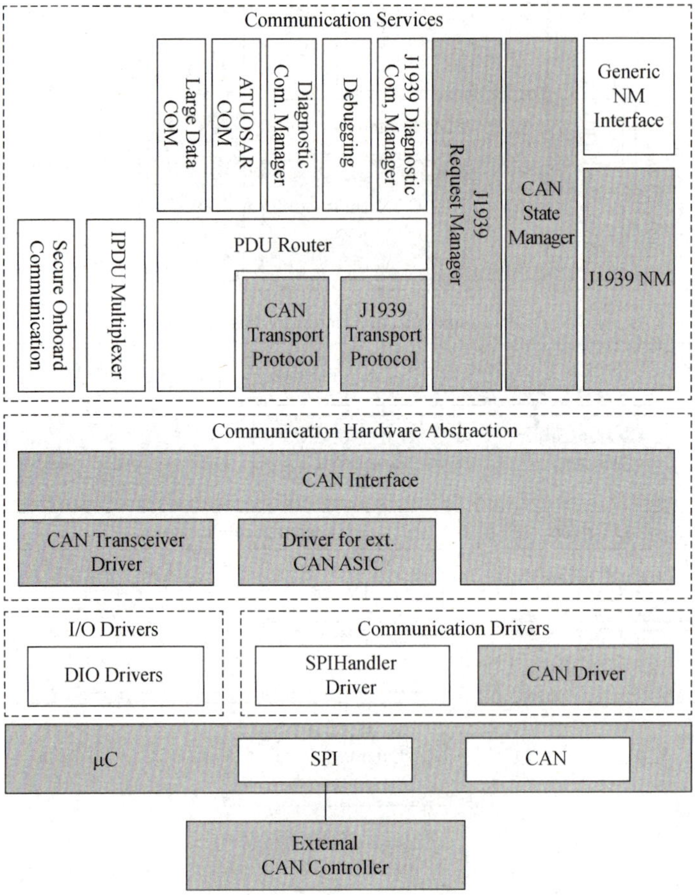

图 1.15　J1939

J1939 通信服务具有以下属性:

- J1939 通信服务的实施与单片机和 ECU 硬件无关,它是基于 CAN 通信的;
- AUTOSAR COM、通用网络管理接口(Generic NM Interface)以及诊断通信管理器(Diagnostic Com. Manager)对所有的车辆网络系统都是通用的,并且作为每个 ECU 的一个实例而存在;
- 支持在配置阶段未知的动态帧标识符(dynamic frame identifiers);
- J1939 网络管理器管控每一个 ECU 的特定地址分配,但它不支持休眠/唤醒处理以及其他相关的概念,如局部网络等;
- 提供 J1939 诊断和请求处理。

(3) 通信协议栈——LIN

图 1.16 显示了 LIN 通信所涉及的各个模块。LIN 通信服务是一组用于车辆 LIN 通信

系统的模块。其主要任务是为 LIN 通信网络提供一套统一的接口，同时从应用程序中隐藏协议内容和消息属性。

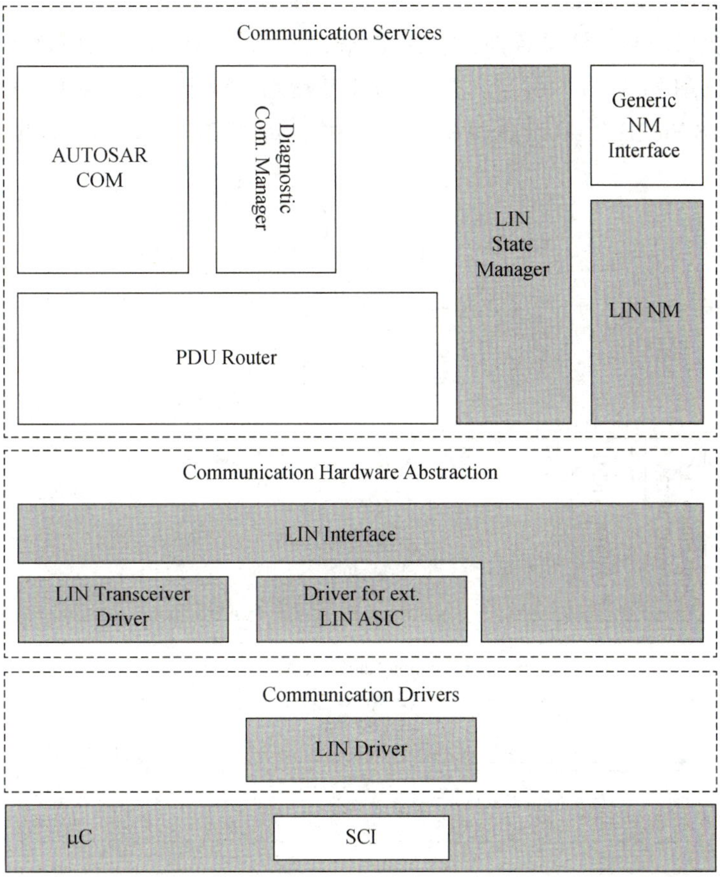

图 1.16　LIN 通信

LIN 通信服务包括以下两部分：

- 兼容 LIN 2.1 的通信协议栈：拥有用于 LIN 通信帧传输的调度表、用于诊断的传输协议以及唤醒和睡眠接口；
- 底层 LIN 驱动程序：用于实施 LIN 通信协议以及适应特定的硬件，支持简单的 UART 通信硬件，同时也支持基于复杂帧的 LIN 通信硬件。

注意： 将 LIN 通信模块集成到 AUTOSAR 中，需要注意以下几点：

① LIN 接口控制着唤醒/睡眠的 API。

② 通信系统特定的 LIN 状态管理器掌控着通信所依赖的启动和关闭功能。此外，它还控制着来自通信管理器的通信模式请求以及通过 COM 接口控制着 I-PDU 组。

③ 当发送 LIN 信息帧的时候，如果需要数据的话，LIN 接口会在这个时间点从 PDU 路由器为帧(I-PDU)请求这些数据(即在发送 LIN 数据帧之前)。

（4）通信协议栈——FlexRay

FlexRay 通信服务是一组用于车辆 FlexRay 通信系统的模块。图 1.17 显示了 FlexRay 通信涉及的所有模块。其主要任务是为 FlexRay 通信网络提供一套统一的接口，同时从应用程序中隐藏协议内容和消息属性。需要注意的是，在 FlexRay 通信协议栈中，有两种传输协议模块（FrTp 和 FrArTp），并且，它们可以交替使用。其中，FrTp 对应 FlexRay ISO 传输层；FrArTp 对应 FlexRay AUTOSAR 传输层，并且对 AUTOSAR 3.x 提供总线兼容。

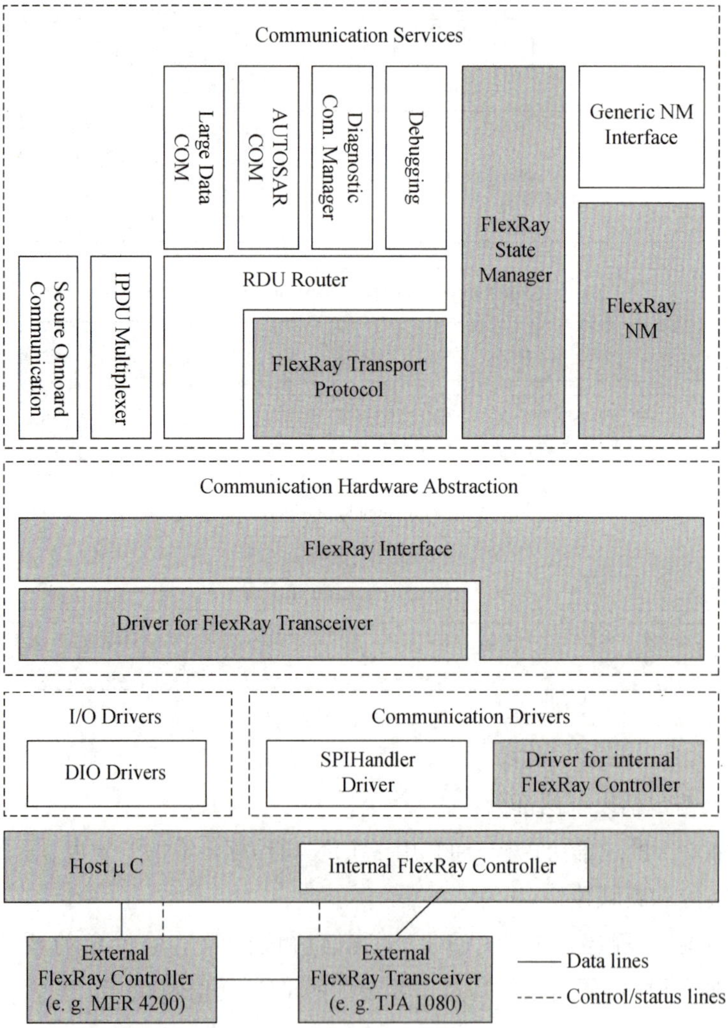

图 1.17　FlexRay 通信

FlexRay 通信服务具有以下属性：

- FlexRay 通信服务的实施与单片机和 ECU 硬件无关，但部分依赖于 FlexRay 通信本身。
- AUTOSAR COM、通用网络管理接口（Generic NM Interface）以及诊断通信管理器（Diagnostic Com. Manager）对所有的车辆网络系统都是通用的，并且作为每个 ECU

的一个实例而存在。

- 通用网络管理接口只包含一个调度程序，并没有进一步的功能包括在内。在网关 ECU 中，通用网络管理接口被网络管理协调器所替代，网络管理协调器具有对多个不同网络（具有相同或不同的类型）进行同步的功能，从而同步唤醒或者关闭它们。
- FlexRay NM 是特定针对 FlexRay 网络的，并且通过车辆 FlexRay 网络系统进行具体实现。
- 通信系统特定的 FlexRay 状态管理器能够管控与通信系统相关的启动和关闭功能。此外，它还可以通过控制 COM 的不同选项来发送 PDU 以及监控信号的超时设定。

(5) 通信协议栈——TCP/IP

TCP/IP 通信服务是一组用于车辆 TCP/IP 通信系统的模块。图 1.18 包含了 TCP/IP 所涉及的所有模块。其主要任务是为 Ethernet 通信网络提供一套统一的接口，同时从应用程序中隐藏协议内容和消息属性。

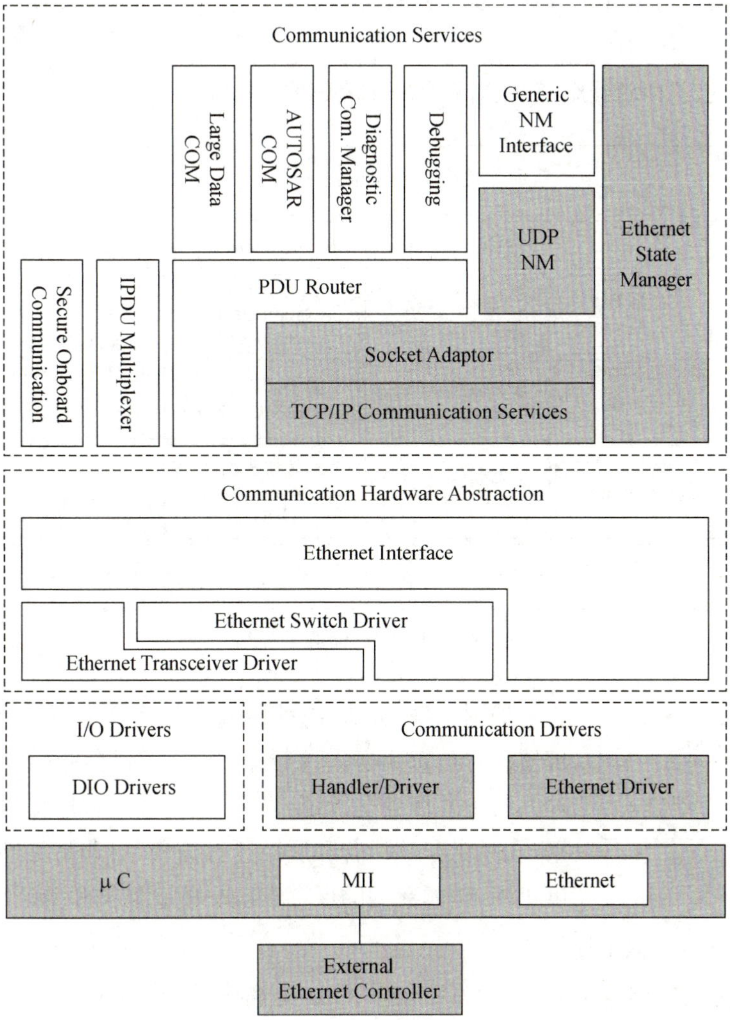

图 1.18　TCP/IP 通信

TCP/IP 通信服务具有以下属性：

- TCP/IP 模块实现 TCP/IP 协议家族(TCP，UDP，IPv4，IPv6，ARP，ICMP，DHCP)的主要协议，并通过以太网(Ethernet)提供动态的、基于 Socket 的通信；
- Socket 适配器模块(Socket Adoptor，SoAd)是 TCP/IP 模块中的唯一上层模块。

以上简单介绍了几种与车辆网络系统相关的通信服务，对于一般的通信协议栈，其具有以下特性：

- 信号网关是 AUTOSAR COM 传递信号过程中的一部分；
- 基于 PDU 的网关是 PDU 路由器的一部分；
- PDU 多路复用技术提供了通过添加信息来使能 I-PDU(总线上内容不同但 ID 相同)多路复用的可能性；
- MultiI-PDU 到容器映射(container mapping)提供了一种将几个 I-PDU 合并成一个更大的 I-PDU 并通过一个总线专用帧进行传输的可能性；
- 其上层接口与单片机、ECU 硬件和网络类型无关。

2. 存储器服务(Memory Services)

图 1.19 显示了存储器服务在 AUTOSAR 架构下所在的位置。

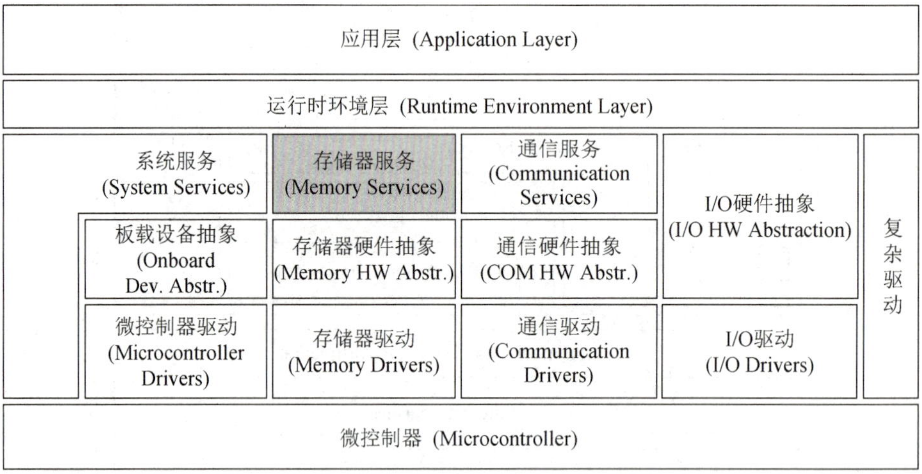

图 1.19 存储器服务模块

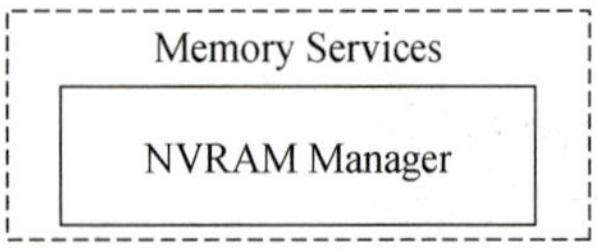

图 1.20 存储器服务

如图 1.20 所示，内存服务只包括一个模块，即 NVRAM 管理器。它负责非易失性数据(来自不同存储驱动器读/写)的管理。其主要任务是以统一的方式为应用程序提供非易失性的数据，同时对存储位置和属性进行抽象，对非易失性数据的管理提供机制，比如数据的保存、读取、校验保护和验证、可靠存储等。

存储器服务具有以下属性：

- 内存服务的实施与单片机和 ECU 硬件无关，是高度可配置的；
- 其上层接口与单片机和 ECU 硬件无关，根据 AUTOSAR 实施，即 AUTOSAR 接口。

3. 系统服务(System Services)

系统服务在 AUTOSAR 架构下的具体位置如图 1.21 所示。

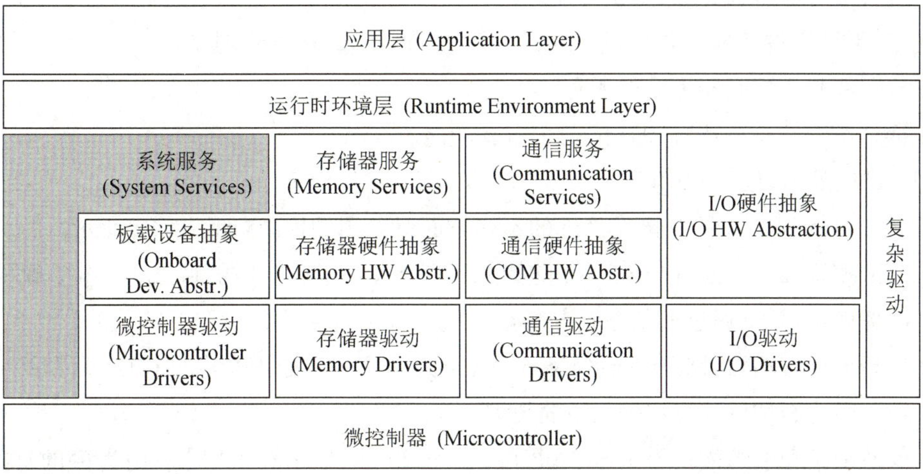

图 1.21　系统服务模块

系统服务是一组模块和函数,这些模块和函数可以被所有软件层模块使用,如实时操作系统(包括定时器服务)和错误管理(Error Manager)。系统服务的实现与单片机、ECU 硬件以及应用程序有部分关联,其上层接口与单片机和 ECU 硬件无关。图 1.22 显示了系统服务包含的所有模块。

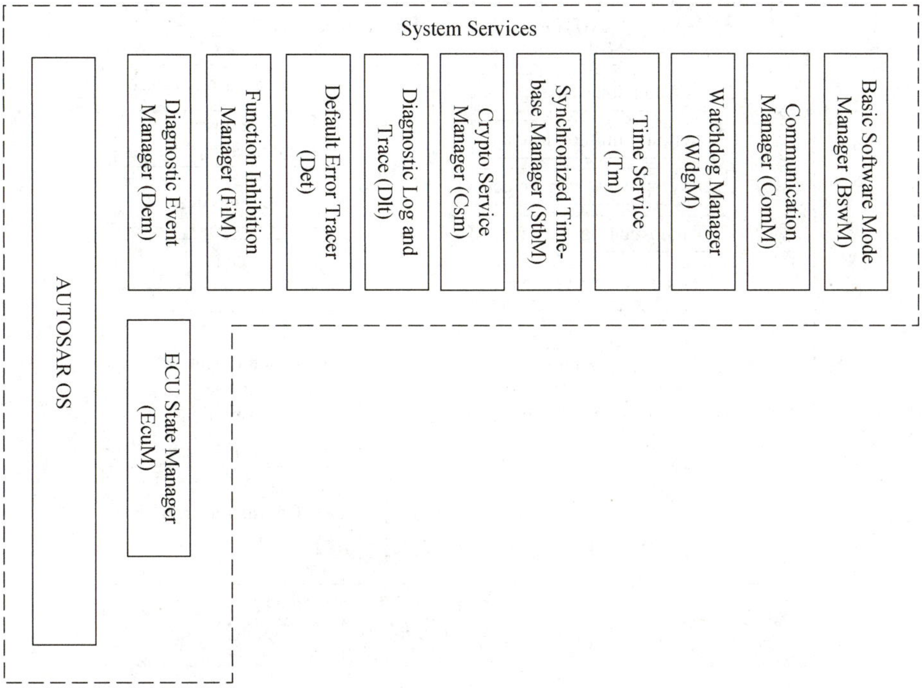

图 1.22　系统服务的结构

系统服务的任务是为应用程序和基础软件模块提供基础的服务。如：

- 依赖于微控制器的服务(如操作系统),以及可以支持特殊微控制器功能的服务[如加密服务管理器(Crypto Service Manager)];
- 与 ECU 硬件和应用程序部分相关的服务(如 ECU 状态管理器);
- 与硬件和微控制器无关的服务。

下面详细介绍系统服务模块的两个重要功能。

(1) 错误处理、报告和诊断

在 AUTOSAR 中,针对错误处理的不同方面有专用的模块,如图 1.23 所示。

- 调试模块(Debugging module)支持 AUTOSAR 基础软件的调试,它连接到了 ECU 内部模块,并且通过通信系统与外部主机系统进行交流;
- 诊断事件管理器(Diagnostic Event Manager)是负责处理和存储诊断事件(Event)以及关联冻结帧(Freeze Frame)的数据;
- 诊断记录和追踪模块(Diagnostic Log and Trace Module)支持应用程序的日志记录和跟踪,它收集用户定义的日志消息,并把它们转换成标准的格式;
- 在基础软件中所有检测到的开发错误都会报告给开发错误追踪器(Development Error Tracer);
- 诊断通信管理器(Diagnostic Communication Manager)为诊断服务提供共同的 API。

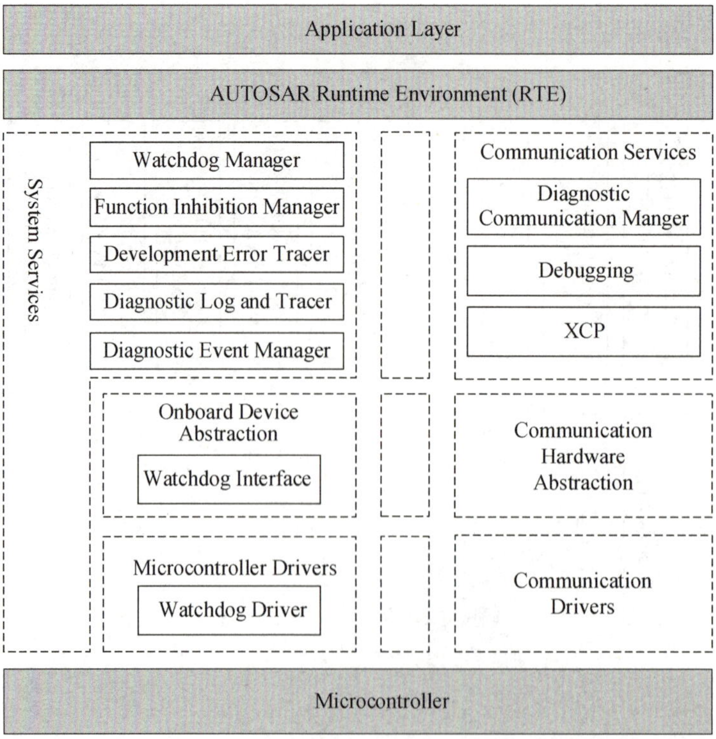

图 1.23　错误处理、报告和诊断模块

(2) 多核系统服务

如图 1.24 所示，IOC(Inter-OS-Application-Communicator)提供了一种通信服务，当客户端需要在同一个 ECU 的不同操作系统应用程序(OS Application)之间进行通信时，这种通信服务就可以被客户端访问。基础软件模块可以在多个内核上执行，如图 1.24 中的 Communication Manager 模块。从图中也可以看出，IOC 也是 AUTOSAR 操作系统(AUTOSAR OS)的一部分(关于 AUTOSAR 操作系统，将在第 3 章详细介绍)。

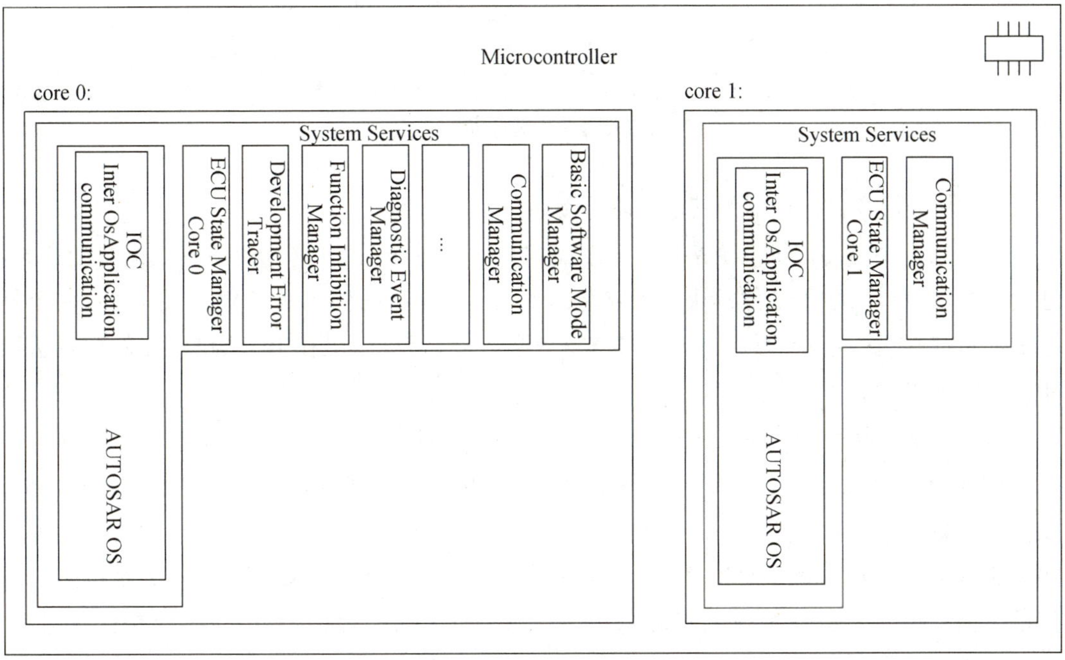

图 1.24　多核系统服务

1.3.4　复杂驱动

复杂驱动(CDD)层跨于微控制器硬件和 RTE 之间，其主要任务是整合具有特殊目的且不能用 MCAL 进行配置的非标准功能模块，将该部分功能嵌入 AUTOSAR 基础软件层中，从而实现处理复杂传感器以及执行器的特定功能和时间要求。比如 AUTOSAR 中未指定的功能部分、有较高执行时间要求限制的或是需要移植的部分等。因此，复杂驱动程序跟单片机和 ECU 硬件紧密相关。其上层程序接口是根据 AUTOSAR 指定并且实施的；其下层程序接口受标准接口程序的限制。

如图 1.25 所示，复杂驱动可以使用特定的中断或是复杂的微控制器外设(如 PCP，TPU)来直接访问微控制器，从而实现对复杂传感器的评估和执行器控制，比如喷油控制、电磁阀控制、增量位置检测等。

复杂驱动可能需要访问分层软件架构下的其他模块，或者是分层软件架构下的其他模块需要访问复杂驱动。如果遇到这种情况，那么需要应用以下规则。

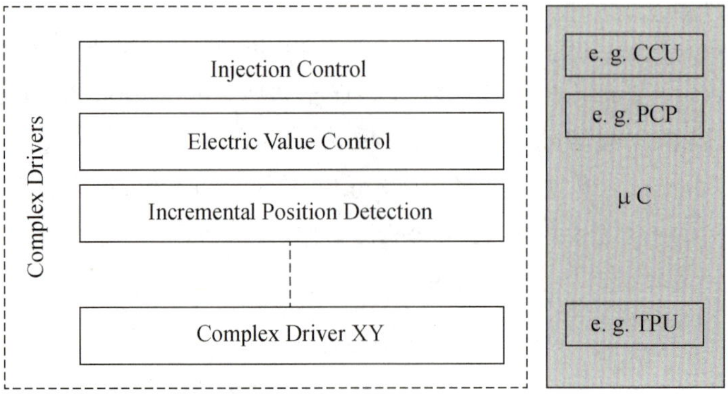

图 1.25　复杂驱动应用示例

(1) 从分层软件架构下的其他模块到复杂驱动的访问

只有当复杂驱动提供一个接口并且该接口可以通过访问 AUTOSAR 模块进行配置时，才允许分层软件架构下其他模块访问复杂驱动。一个典型的例子就是 PDU 路由器，一个复杂驱动可能执行一个新的总线系统的接口模块，因此，这种情况在 PDU 路由器的配置选项中已经有所考虑。

(2) 从复杂驱动到分层软件架构下其他模块的访问

同样的，只有当分层软件架构的各个模块提供接口并且准备好被复杂驱动访问时，复杂驱动才能访问分层软件架构下其他模块。通常，这就意味着这些各自的接口被定义为可以再次进入的(re-entrant)，如果使用了回调例程(Call Back routines)，那么，其名称也是可配置的。需要说明的是，不存在对模块状态进行管理的上层模块(并行访问将会改变状态，同时不会被上层模块注意到)。一般情况下，可能会访问以下模块：

- SPI 驱动；
- GPT 驱动；
- 具有重入限制的 I/O 驱动通常存在单独的组或通道等(对相同的组或通道的并行访问大多情况下是不允许的，这点在配置过程中要顾及)；
- NVRAM 管理器(NVRAM Manager)，作为存储器堆栈的独占访问点；
- 看门狗管理器(Watchdog Manager)，作为看门狗堆栈的独占访问点；
- PDU 路由器，作为通信堆栈的专用的访问点，其总线和协议独立；
- 总线专用接口模块，作为通信堆栈的独有总线特定访问点；
- NM 接口模块，作为网络管理堆栈的独占访问点；
- 通信管理器(仅来源于上层的)和基础软件模式管理器，作为状态管理的独占访问点；
- Det(Development Error Trace)，Dem(Dignostic Event Manager)以及 Dlt(Dignostic Log and Trace)；
- 操作系统，前提是被访问的操作系统对象(OS Object)没有被分层软件架构下的模块所使用。

尽管如此，依旧有必要对每个模块进行检查，以确定各自的功能被标记为可重入(re-entrant)。例如，“初始化”的函数功能通常是不可重入的，并且应该只能由 ECU 状态管理器(ECU State Manager)来调用。

此外，在多核架构的情况下，复杂驱动模块还有以下规则：

- 基础软件(BSW)可以跨越多个核分布。基础软件操作调用(BswOperationInvokedEvent)的任务映射决定了由哪个核来调用 BSW 服务。
- 对于跨越分区和内核边界的操作，只允许进行模块内部的通信，使用主机/辅助模式进行实现。
- 如果 CDD 需要访问基础软件(BSW)的标准化接口，那么，它需要位于相同的内核中。
- 如果 CDD 位于不同的内核中，那么，它可以使用正常的端口机制来访问 AUTOSAR 接口和标准化的 AUTOSAR 接口。这将会调用 RTE，从而使用操作系统的 IOC 机制来把请求传递到其他内核中。
- 如果 CDD 需要访问基础软件的标准化接口，但又不在相同的内核中时，那么，以下两种情况是可行的：①提供标准化接口的辅助器可以在 CDD 所在的内核上运行，并且能向其他内核传递调用请求；②CDD 的存根部分(stub part)需要在其他内核上执行，并且通信系统需要使用操作系统的 IOC 机制来组织本地 CDD(CDD-local)，就像 RTE 那种操作方式一样。在这种情况中，CDD 的初始化部分需要存在于不同的内核的存根部分(stub part)。

1.4　AUTOSAR 运行时环境层

虚拟功能总线(Virtual Function Bus, VFB)是 AUTOSAR 中的另一个重要概念。虚拟功能总线是对 AUTOSAR 提供的所有通信机制的一种抽象，是所有软件组件进行交互的桥梁，如图 1.26 所示。通过虚拟功能总线，软件组件之间的通信细节被抽象出来，软件组件通过 AUTOSAR 定义的接口对通信进行描述，即可最大限度地独立于具体的通信机制，实现与其他软件组件和硬件的交互。

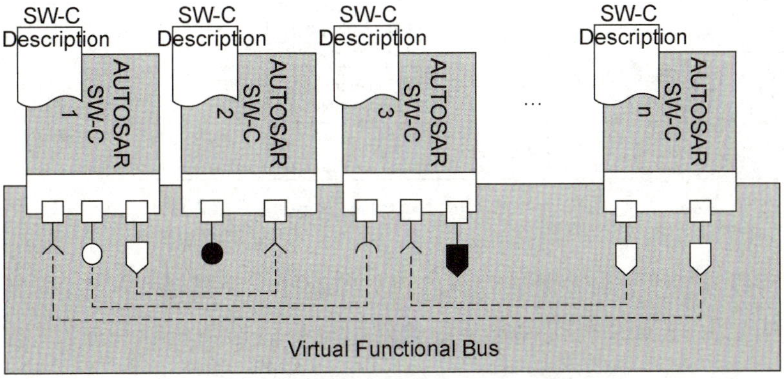

图 1.26　虚拟功能总线

通过虚拟功能总线，无论软件组件使用的是单 ECU 的内部通信还是 ECU 间的外部通信，对于应用软件的设计者来说，没有本质区别。内部通信与外部通信的区别只有等到系统配置阶段将软件组件分配到不同的 ECU 之后，才能体现出来。而在这种情况下，虚拟功能总线的真实通信实现可以由运行时环境和基础软件来保证。因此，在虚拟功能总线的帮助下，应用软件的各个软件组件不需要关注通信的区别，从而可以在独立的情况下设计开发软件组件，使得应用软件的开发可以独立于具体的 ECU，开发人员可以将精力集中在应用软件及其软件组件的开发上。

作为 AUTOSAR 虚拟功能总线（VFB）的具体实现，RTE 位于 AUTOSAR 软件架构的中间层，介于应用层和基础软件层之间，如图 1.27 所示，它实现了特定 ECU 上的虚拟功能总线，支持 AUTOSAR 的软件组件间、基础软件间、软件组件与基础软件之间的通信。RTE 封装了基础软件层的通信和服务，为应用层的软件组件提供标准化的基础软件和通信接口，使得应用层可以通过 API 函数调用基础软件的服务，如操作系统的任务激活、等待等功能，基础软件模块管理、ECU 状态管理等服务，实现了对软件生命周期的控制。除此之外，RTE 还抽象了 ECU 之间的通信，使用标准化的接口将其统一为软件组件间的通信，使得 ECU 间的通信如同 ECU 内部的通信。但在实现上，它需要调用基础软件中的通信部分的功能以实现各种不同总线的通信。

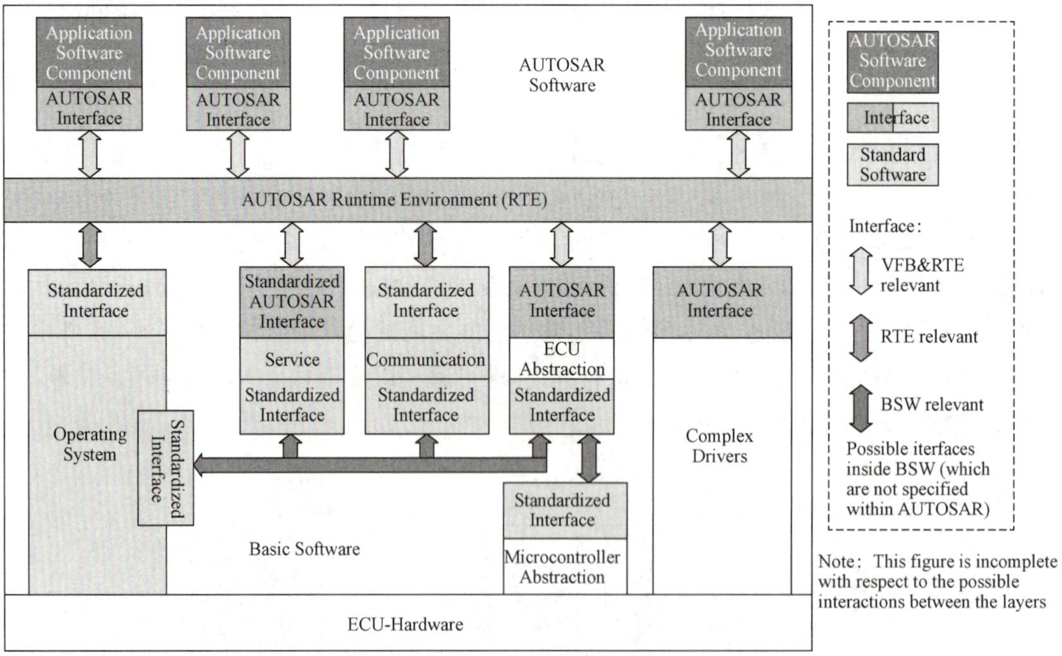

图 1.27　AUTOSAR 架构

RTE 软件设计的主要对象是软件组件和基础软件。为满足实时性、可靠性以及数据的一致性等要求，RTE 向软件组件和基础软件组件提供通信机制和并发机制，如图 1.28 所示。

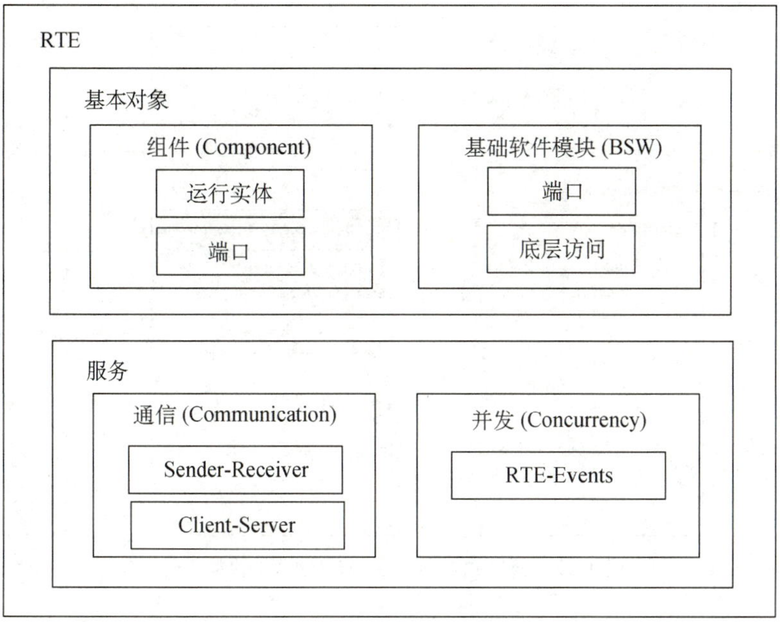

图 1.28 RTE 的基本对象和服务

RTE 是 AUTOSAR 的核心，它衔接了应用层和基础软件层，为应用层提供标准接口来调用底层的资源，使得 ECU 软件的开发与具体的硬件相脱离，上层应用策略开发的人员可以更加专注于软件功能的开发，而不用纠缠于软件底层的细节。

1.5 AUTOSAR 应用层

1.5.1 AUTOSAR 软件组件

在 AUTOSAR 中，应用软件包含许多独立的单元，即 AUTOSAR 软件组件(Software Component，SWC)。

一个 AUTOSAR 软件组件通过定义好的端口与其他 AUTOSAR 软件组件进行访问。如图 1.29 所示，五个 SWC 通过相应的端口进行连接。

软件组件的行为通过一个或多个可运行体(Runnable)实现。在 Simulink 里面，通过一个模型表示 AUTOSAR 软件组件。图 1.30 表示一个 AUTOSAR 软件组件，三个函数调用子系统(Function-Call)代表三个可运行体，分别标识为 Runnable1_subsystem，Runnable2_subsystem 和 Runnable3_subsystem。信号 irv1，irv2，irv3，irv4 代表 AUTOSAR 内部可运行体间变量(Inter-Runnable Variable，IRV)。

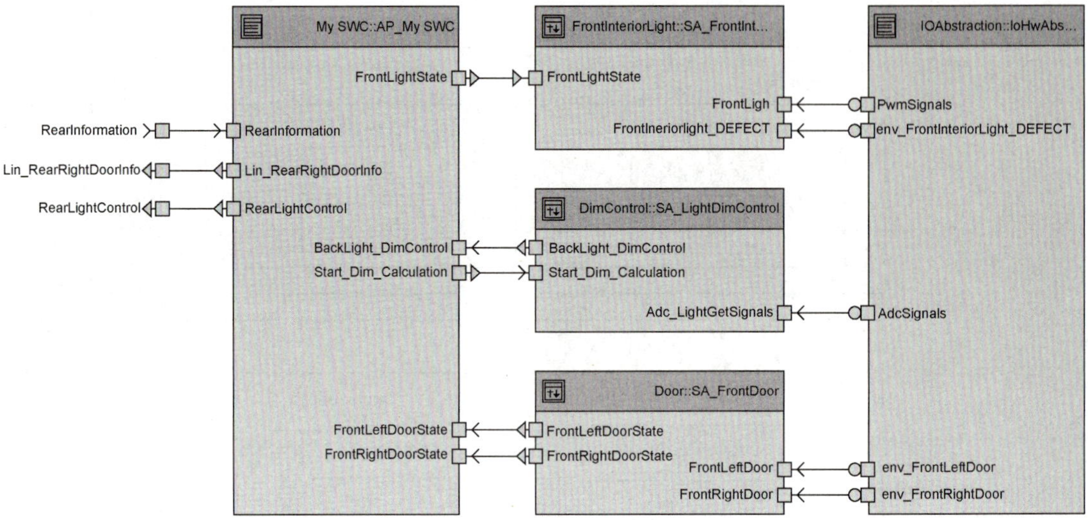

图 1.29　通过端口相连的 AUTOSAR 软件组件

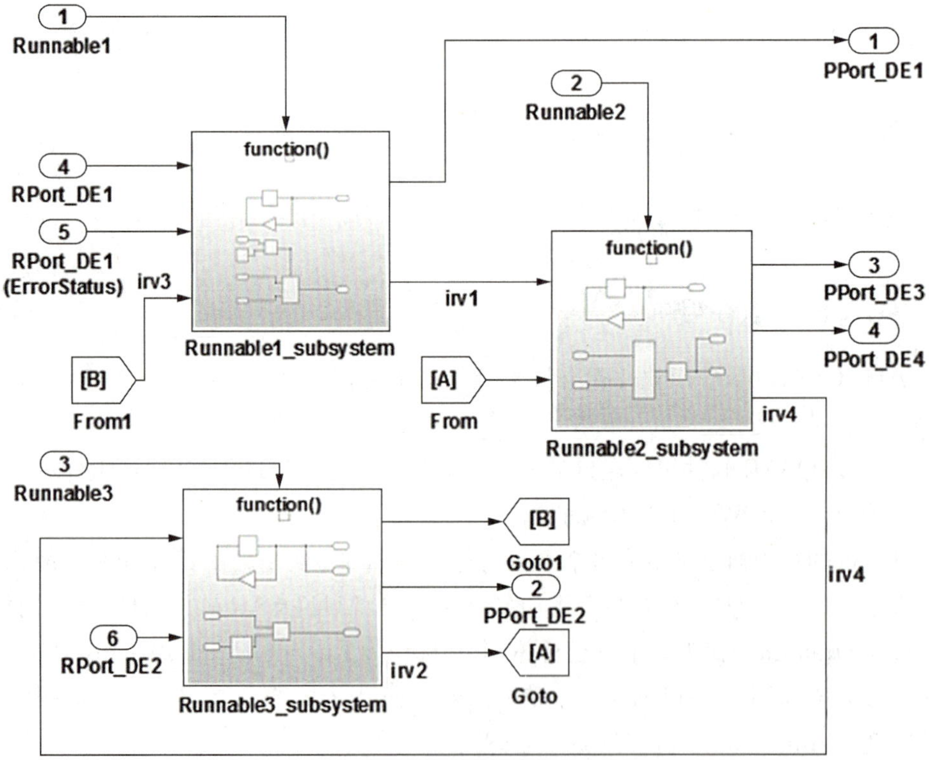

图 1.30　多可运行体软件组件

1.5.2　AUTOSAR 通信

AUTOSAR 软件组件提供了定义明确的连接点，即端口。有以下三种类型的 AUTOSAR 端口：

- 需求端口（Require-In）；
- 供给端口（Provide-Out）；
- 组合的供给需求端口（Provide-Require InOut）（AUTOSAR4.1 版本引入）。

AUTOSAR 端口可引用下列类型的接口：

- 发送—接收接口（Sender-Receiver）；
- 客户—服务器接口（Client-Server）；
- 模式—切换接口（Mode-Switch）；
- 非易失数据接口（Nonvolatile Data）；
- 参数接口（Parameter）；
- 触发接口（Trigger）。

图 1.31 所示的 AUTOSAR 软件组件含有以下四个端口：

- 需求端口，发送—接收接口；
- 供给端口，发送—接收接口；
- 需求端口，客户—服务器接口；
- 供给端口，客户—服务器接口。

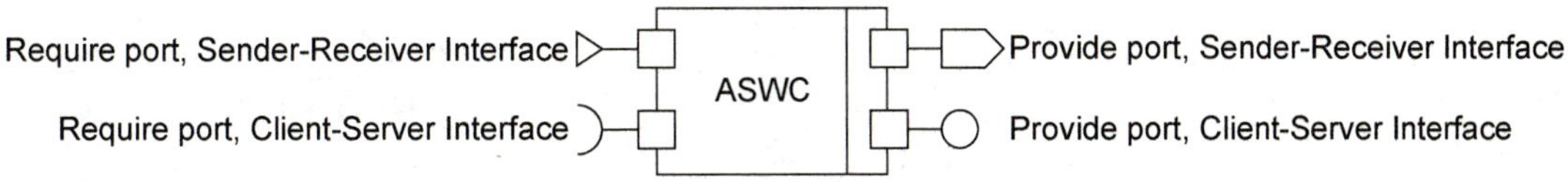

图 1.31　含有四个端口的 AUTOSAR 软件组件

下面详细介绍发送—接收接口以及客户—服务器接口。

1. 发送—接收接口

发送—接收接口包含一个或多个数据元素。虽然一个需求口、供给口或者供给—需求口可能引用一个发送—接收接口，但是，AUTOSAR 软件组件不必访问所有的数据元素，例如图 1.32 所示的情况。AUTOSAR 软件组件含有需求口和供给口，它们引用了同样的发送—接收接口 Interface1。虽然接口含有数据元素 DE1，DE2，DE3，DE4 和 DE5，但软件组件没有利用所有的数据元素。

图 1.33 中，软件组件访问数据元素 DE1 和 DE2。模型数据元素访问按照如下方式：对于需求端口，使用 Simulink 输入端口，例如 RPort1_DE1 和 RPort1_DE2；对于供给端口，使用 Simulink 输出端口，例如 PPort1 _ DE1 和 PPort1 _ DE2；对于供给—需求端口

(AUTOSAR4.1 版本或更高),利用 Simulink 输入端口和输出端口(数据类型、维数和信号类型一致)。

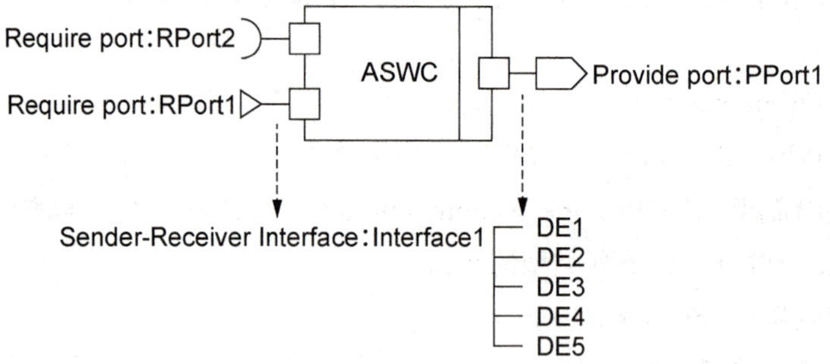

图 1.32　需求口和供给口引用同一个发送—接收接口的 AUTOSAR 组件

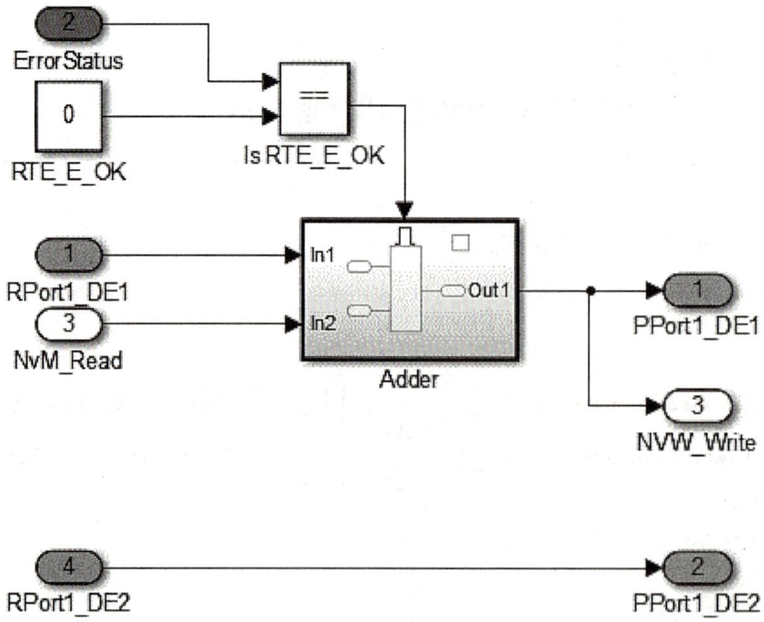

图 1.33　软件组件访问的数据元素少于接口元素个数的 AUTOSAR 组件

ErrorStatus 是 AUTOSAR 运行时 RTE 的返回值,指示数据元素通信错误的信息。可以利用 Simulink 输入端口来建模通信错误状态,例如 RPort1_DE1(ErrorStatus)。

2. 客户—服务器接口

AUTOSAR 允许在应用软件组件之间、应用软件组件和基础软件之间进行客户—服务器通信。

AUTOSAR 客户—服务器接口定义了提供这个接口的软件组件以及需求这个接口的软件组件之间的交互。提供这个接口的软件组件是服务器,需要这个接口的软件组件是客户端。

在 Simulink 里面利用 Simulink Function 来对 AUTOSAR 服务器进行建模，利用 Function Caller 建模 AUTOSAR 客户端。

图 1.34 展示的是利用 Simulink Function 创建的两个服务器函数，Simulink 数据传输线表示 AUTOSAR 内部可运行体间变量。利用 Simulink 开发 AUTOSAR 客户端以及服务器的工作流程，后续章节会有更详细的介绍。

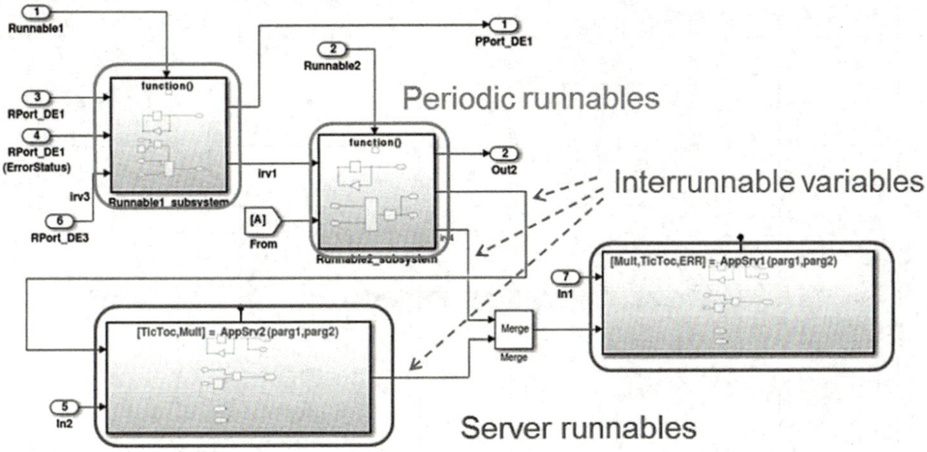

图 1.34　客户—服务器软件组件

1.6　AUTOSAR 软件接口

AUTOSAR 对软件的接口(Interface)进行了合理的分类和定义，在标准化的前提下实现了最大限度的可扩展性和可移植性，从而为 AUTOSAR 应用于汽车系统提供了基础。AUTOSAR 定义了三种接口，即 AUTOSAR 接口(AUTOSAR Interface)、标准化的 AUTOSAR 接口(Standardized AUTOSAR Interface)和标准化接口(Standardized Interface)。AUTOSAR 各组件之间的接口如图 1.35 所示。

由图 1.35 可知，在 AUTOSAR 软件架构中，基础软件模块之间的接口为标准接口，应用软件组件与 RTE 层之间的接口为 AUTOSAR 接口，OS 与 RTE、通信服务与 RTE 之间的交互接口为标准接口，服务层其他服务与 RTE 之间的交互接口为标准化 AUTOSAR 接口，IO 抽象层与 RTE、复杂驱动与 RTE 的交互接口为 AUTOSAR 接口。三种接口的特性如下。

(1) AUTOSAR 接口

AUTOSAR 接口定义了软件模块和 BSW 模块(仅仅是 IO 抽象和复杂驱动)之间交互的方式，AUTOSAR 接口是以 port 的形式出现的，包括信息的发送与接收和服务的调用(send or receive information or invoke services)。AUTOSAR 将 ECU 内部的通信和网络通信使用的接口进行了统一。AUTOSAR 接口的 C 语言的表现形式为：Rte_Write_〈p〉_

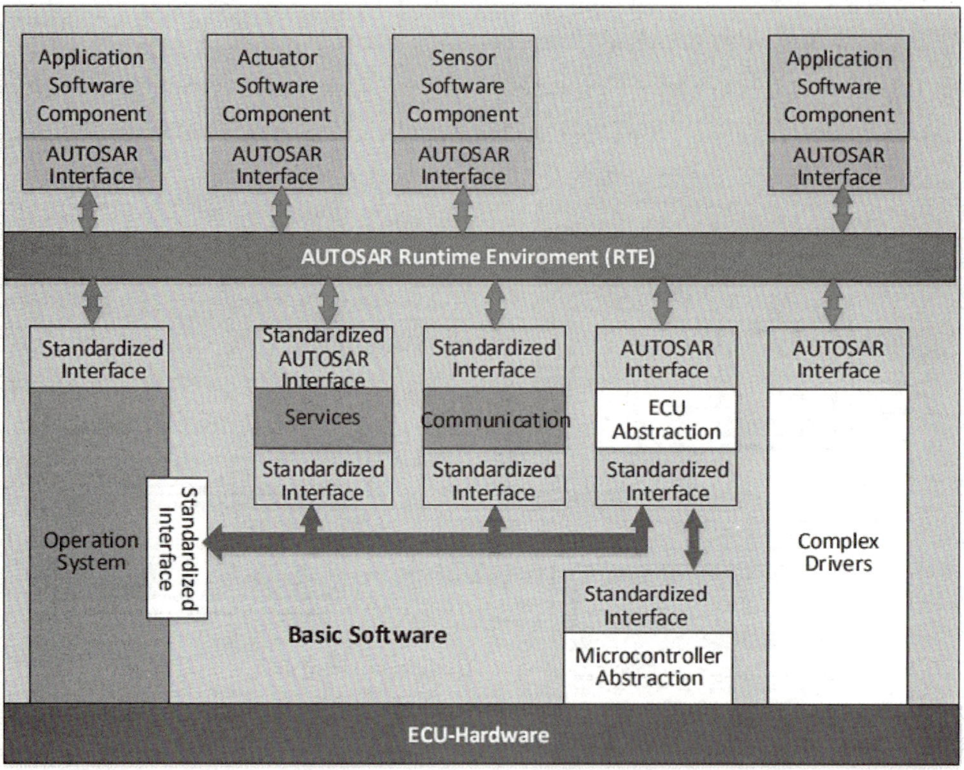

图 1.35　AUTOSAR 组件及其接口

〈d〉(),Rte_Read_〈p〉_〈d〉(),Rte_Call_〈p〉_〈d〉()。

(2) 标准化的 AUTOSAR 接口

标准化的 AUTOSAR 接口是语义和语法均使用 AUTOSAR 接口技术标准化的接口,该类接口通常使用在 AUTOSAR 基础件模块通过 RTE 提供给应用层软件组件的标准化服务中。如服务端口(Service Port),格式为 Rte_Call_〈PortPrototype〉_〈operation〉_〈operation〉();服务层的一些 API 接口,如 SetEventStatus(In Dem_EventStatusType)。

(3) 标准化接口

标准化接口是 AUTOSAR 中一种标准化的应用编程接口(Application Programming Interface, API),但是并没有使用 AUTOSAR 接口技术,标准化接口通常被用在某个 ECU 内部的软件模块之间的通信,不能用于网络通信。形如 OS 中 Schedule(), WaitEvent()均为标准化接口。

1.7　AUTOSAR 方法论

AUTOSAR 为汽车电子软件系统开发过程定义了一套通用的技术方法,即 AUTOSAR 方法论。该方法描述了从系统底层配置到 ECU 可执行代码产生过程的设计步骤。AUTOSAR

设计和开发流程分为系统配置阶段、ECU 设计与配置阶段以及代码生成阶段。

第一阶段:定义系统配置文件,这是系统设计者或架构师的任务。包括选择硬件和软件组件,定义整个系统的约束条件。AUTOSAR 通过使用信息交换格式和模板描述文件来减少初始系统设计时的工作量。系统配置的输入是 XML 类型的文件,输出是系统配置描述文件,系统配置的主要作用是把软件组件的需求映射到 ECU 上,如图 1.36 所示。

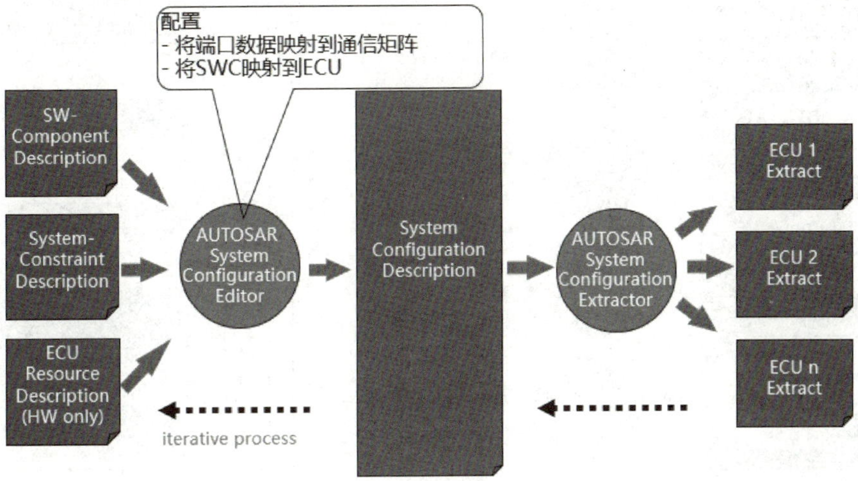

图 1.36　系统配置

第二阶段:根据系统配置描述文件提取单个 ECU 资源相关的信息,提取出来的信息生成 ECU 提取文件。根据这个提取文件对 ECU 进行配置,例如操作系统任务调度、必要的 BSW 模块及其配置以及运行实体到任务的分配等,从而生成 ECU 配置描述文件,如图 1.37 所示。该描述文件包含了特定 ECU 的所有信息。

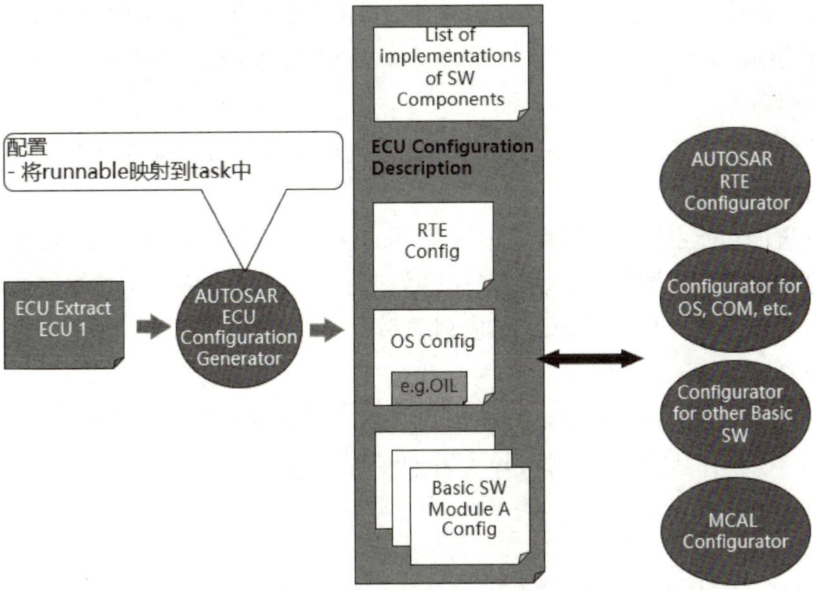

图 1.37　ECU 配置

第三阶段：生成代码，是基于 ECU 配置描述文件指定的配置来产生代码、编译代码，并把相关代码链接起来形成可执行文件，如图 1.38 所示。

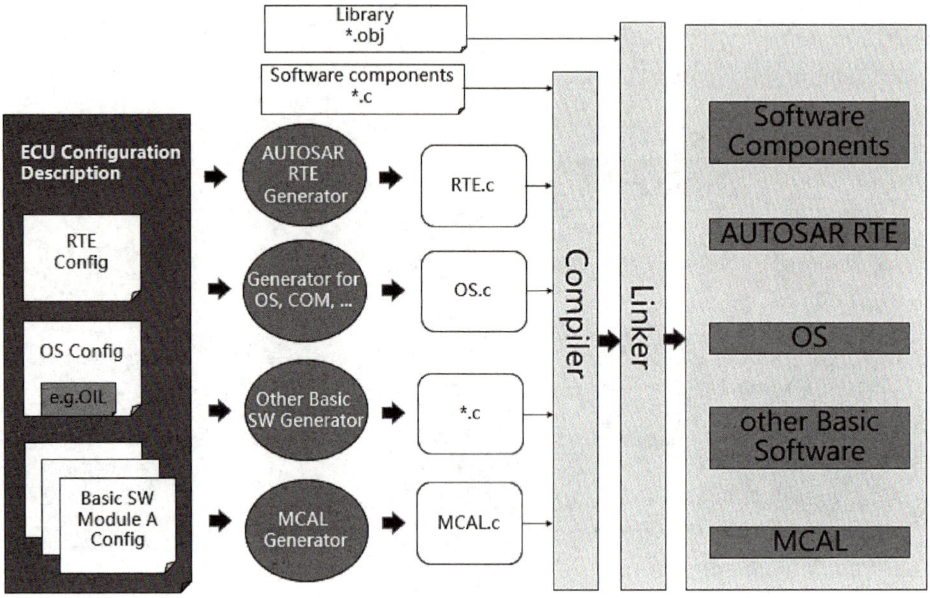

图 1.38　生成代码

具体的开发流程如下：

(1) 编写系统配置输入描述文件

在 AUTOSAR 中，所有的描述文件都是 XML 类型的文件。系统配置输入文件包括以下三部分内容：

- 软件组件描述，定义了每个涉及的软件组件的接口内容，如数据类型、端口、接口等；
- ECU 资源描述，定义了每个 ECU 的资源需求，如处理器、存储器、外围设备、传感器和执行器等；
- 系统约束描述，定义了总线信号、软件组件间的拓扑结构和映射关系。

(2) 系统配置

系统配置的功能主要是在资源和时序关系的前提下，把软件组件映射到各个 ECU 上，然后借助系统配置生成器生成系统配置描述文件。这个描述文件包括总线映射之类的所有系统信息以及软件组件与某个 ECU 的映射关系。

(3) 提取特定 ECU 的描述

从系统配置描述文件中提取出与各个 ECU 相关的系统配置描述信息，提取的信息包括 ECU 通信矩阵、拓扑结构、映射到该 ECU 上的所有软件组件，并将这些信息放在各个 ECU 的提取文件中。

(4) ECU 配置

ECU 配置主要是为该 ECU 添加必要的信息和数据，如任务调度、必要的基础软件模块及其配置、运行实体及任务分配等，并将结果保存在 ECU 配置描述文件中，该文件包含了属于特定 ECU 的所有信息。换言之，ECU 上运行的软件可根据这些信息构造出来。

(5) 生成可执行文件

根据 ECU 配置描述文件中的配置信息，生成 RTE 和基础软件配置代码，完成基础软件和软件组件的集成，最终生成 ECU 的可执行代码。

Vector 作为全球领先的汽车电子嵌入式软件和汽车总线开发工具供应商、AUTOSAR 联盟主要成员之一，成功地开发出了符合 AUTOSAR 规范的 ECU 软件解决方案，为 AUTOSAR 开发提供了完整的工具链。包括：PREEvision，用于系统机构和通信设计；CANdelasStudio，用于诊断数据文件的设计和生成；vVIRTUALtarget pro，用于软件虚拟化设计和测试；DaVinci Developer，用于软件组件的具体设计并更新 PREEvinsion 中的系统架构；DaVinci Configurator Pro，用于配置并生成 ECU 中的 BSW，能保证在配置各底层软件模块的过程中各配置参数的一致性，如果出现配置数据错误或缺失，能及早发现并提出警告；CANoe，用于系统监控、在线仿真和测试；CANape，用于标定。MICROSAR 是 Vector 的 AUTOSAR 解决方案，MICROSAR 包括 MICROSAR.RTE 和 MICROSAR.BSW，涵盖了所有的 AUTOSAR 规范并对其进行了扩展。Vector 根据用户个性化的需求发布软件集成代码包 SIP(Software Integration Packages)，Vector AUTOSAR 开发流程中使用的工具如图 1.39 所示。

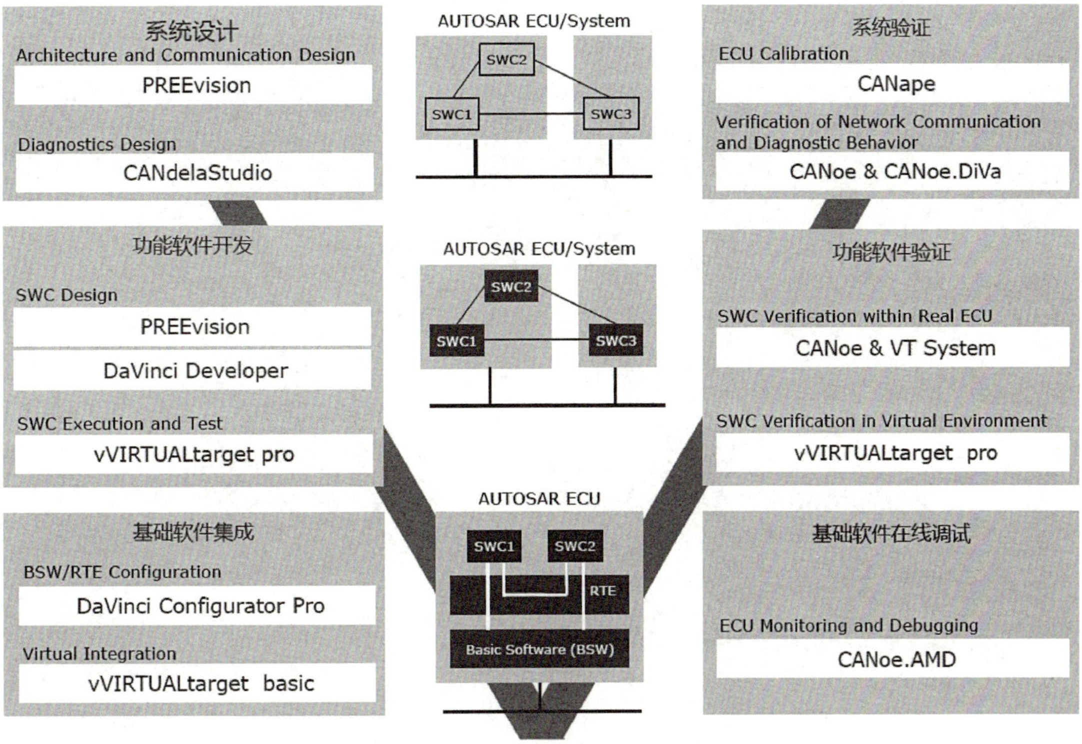

图 1.39　Vector AUTOSAR 工具链

本章小结

本章首先回顾了嵌入式操作系统的发展历程，介绍了嵌入式多核处理器及多核操作系统。在此基础上，介绍了传统汽车电子软件开发方法面临的挑战，进而引出了 AUTOSAR 产生的背景、核心思想及其发展现状，之后详细分析了 AUTOSAR 软件架构，并针对不同模块的开发作了详细描述，最后介绍了 AUTOSAR 软件接口、方法论和 Vector 针对 AUTOSAR 软件开发所开发的工具链。通过本章的介绍，可以较为系统地学习到 AUTOSAR 的基本概念，掌握其软件开发方法及流程，为进一步研究 AUTOSAR 规范打下基础。

2

第 2 章 AURIX 多核处理器

2.1 英飞凌 AURIX™ 2G 简介

英飞凌的 AURIX™第一代产品于 2012 年首次在全球面世，现已经广泛装载和运用在世界主流的车厂平台上。但是，随着汽车电动化、网联化、智能化和共享化的进程推进，为了应对汽车电子发展和智能汽车对车载单片机的要求，英飞凌的 AURIX™系列单片机也进行了更新换代。在 2018 年 11 月 2 日的第七届英飞凌汽车电子开发者大会(IADC)上，英飞凌发布了新一代的 AURIX™系列单片机，取名为 AURIX™ 2G，该单片机是 32 位多核微控制器 AURIX™产品家族的第二代产品。

相比第一代产品，英飞凌全新 AURIX™ 2G 系列单片机在性能、扩展性、存储、安全性和应用场景等几个方面有进一步地提升。该产品具备多达六核的高性能架构，每个内核的时钟频率最高可达 300 MHz，可实现更高速的计算能力；为了使开发者更便捷地切换，AURIX™家族内不同代产品的硬件引脚兼容、软件指令兼容，同代产品在同封装下，可实现高、中、低端引脚 90%以上相兼容，便于其功能和性能的扩展；在存储能力方面，该产品可达 16 MB Flash，并具有 A/B 切换功能，可帮助车厂便捷地实现空中下载软件更新(SOTA)；此外，AURIX™ 2G 还完美结合了功能安全和信息安全，配备了多达 4 个锁步核，能满足集成的器件符合 ISO 26262 功能安全所要求的最高等级。其内置的硬件加密模块(HSM)可满足最高等级的 EVITA 标准，适用于驾驶辅助系统、自动驾驶功能等领域，是各类汽车软件应用的理想控制元件。

AURIX™ 2G 系列单片机按照需求分为不同内存和功能组合的单片机系列，全系都满足最高的 ASIL D 的功能安全要求。其中，功能最强大的是 TC39x 系列，具有 6 个 CPU 以及 4 个锁步核，程序闪存高达 16 MB，基本能满足车载级 ECU 的所有要求。具体每个系列的参数如表 2.1 所示。

表 2.1 AURIX™ 2G 家族单片机系列参数

Feature Set		9xSeries eXtension	8x Series (10 MB)	7x Series eXtended	7x Series (6 MB)	6x Series (4 MB)	5x Series (4 MB)	3x Series eXtended	3x Series (2 MB)	2x Series (1 MB)
TriCore 1.6	Core/ Checker	6/4	4/2	3/3	3/2	2/2	3/2	2/1	1/1	1/1
	Frequency	300 MHz	300 MHz	300 MHz	300 MHz	300 MHz	300 MHz	200 MHz	200 MHz	160 MHz
Accelerator	SPU	2xSPU					2xSPU	1xSPU		
Flash	PFlash	16 MB	10 MB	9 MB	6 MB	4 MB	4 MB	2 MB	2 MB	1 MB
	DFlash	1 024 KB	512 KB	256 KB	256 KB	128 KB	128 KB	128 KB	128 KB	96 KB
SRAM	Total	6 912 KB	1 568 KB	4 208 KB	1 136 KB	672 KB	2 837 KB	1 456 KB	248 KB	152 KB
DMA	Channels	128	128	128	128	64	64	16	16	16

(续表)

Feature Set		9xSeries eXtension	8x Series (10 MB)	7x Series eXtended	7x Series (6 MB)	6x Series (4 MB)	5x Series (4 MB)	3x Series eXtended	3x Series (2 MB)	2x Series (1 MB)
Timer	TIM/(A) TOM/ MCS	94/192/10	56/152/7	40/88/5	40/88/5	24/64/3	—	16/32/0	16/32/0	16/32/0
	CAN-FD/ TT	12/1	12/1	8/1	8/1	8/1	6/0	8/0	8/0	6/0
	QSPI/ ASCLIN/ I2C	6/12/2	5/24/2	5/12/1	5/12/1	4/12/1	4/4/0	4/12/0	4/12/0	4/6/0
	Ethernet 100 Mbps	1	1	1	1	1	1	1	—/—	—/—
	eMMC/ SDIO	1/1		1/1				1/1		

2.2　AURIX™ 2G 的多核架构

2.2.1　多核架构介绍

AURIX™ 2G 是一个高性能微控制器，具有多个 TriCore CPU、程序和数据存储器、总线、总线仲裁、中断系统、DMA 控制器以及功能强大的片上外围设备。AURIX™ 2G 旨在满足最苛刻的嵌入式控制系统应用的需求，在这些应用中，综合考量性价比、实时响应性、计算能力、数据带宽和功耗等重要问题。

AURIX™ 2G 提供了多种通用的片上外围设备，例如串行控制器、定时器单元和模数转换器。在 AURIX™ 2G 内，所有这些外围设备均通过系统外围总线(System Peripheral Bus, SPB)和共享资源互连(Shared Resource Interconnect, SRI)连接到 TriCore CPU 系统中。AURIX™ 2G 还提供了多种 I/O 端口，由此连接各种外设以满足应用需求。

AURIX™ 2G 平台产品的其他特点包括：

- 采用多核架构；
- 具有有效的内存组织：指令和数据暂存，高速缓存和本地闪存库；
- 串行通信接口：灵活的同步和异步模式；
- 多通道 DMA 控制器；
- 灵活的中断系统：可配置的中断优先级和目标；
- 硬件安全模块；
- 灵活的 CRC 引擎；
- 高性能片上总线；
- 片上调试和仿真功能；

● 灵活的电源管理。

此外，AURIX™ 2G 系列的某些产品还提供以下高级驾驶辅助系统功能：

● 摄像头界面；

● 雷达接口；

● 扩展内存；

● ADAS 信号处理单元。

图 2.1 所示的为 AURIX™ 2G 系列的 TC39x 多核架构，具有 6 个 TC 1.6P 内核，其中 4 个核中具有锁步功能，为高标准功能安全的实现提供保障。相比于上一代的 AURIX™ 产品，AURIX™ 2G 系列针对系统外设也进行了更新和升级，更适合于汽车电子控制系统的设计开发。

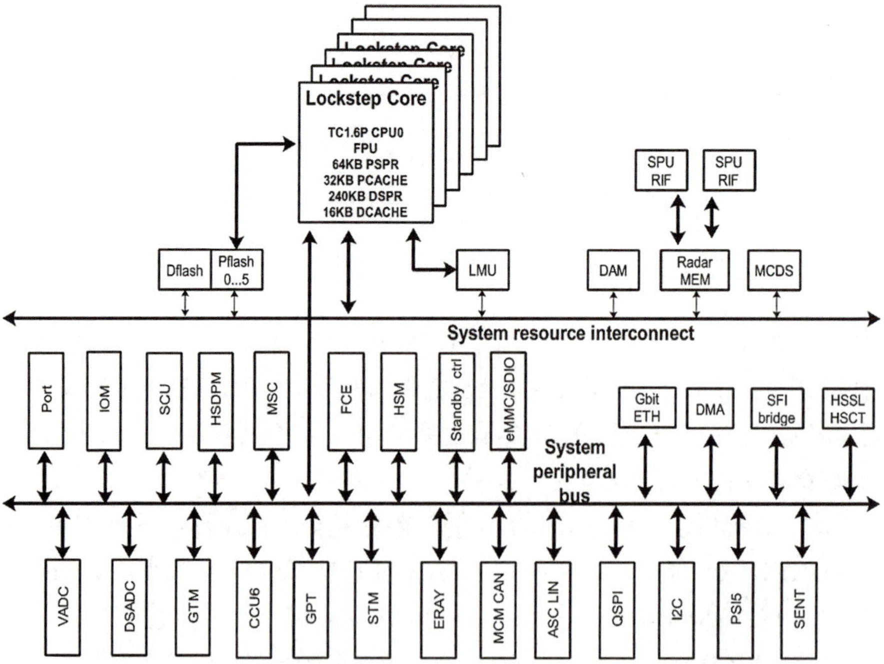

图 2.1　TC39x 多核架构

内核性能的升级：

● 最新的 TriCore 1.6.2P 处理器；

● 6 个独立的 CPU，处理速度高达 300 MHz；

● 新的直接访问 Flash 的通道。

为 ADAS 的升级：

● 设计了新的 SPU 模块。

安全方面的升级：

● 升级了逻辑内建测试单元(Logistic Built-In-Self-Test，LBIST)；

● 升级了内存内建测试单元(Memory Built-In-Self-Test，MBIST)。

内存方面的升级：

- 采用了更大的 SRAM，高达 4M；
- SRAM/Flash 的比例增加，使存储更加快速；
- 升级内存保护单元模块(Memory Protect Unit，MPU)。

硬件安全模块(Hardware Security Module，HSM)的升级：

- 完全符合 Evita；
- 采用新型加速器 ECC256/SHA256；
- 在所有设备上可用。

以太网模块(Ethernet)的升级：

- 速度提升至 1 GBit/s；
- 提供 QoS(Quality of Service)服务。

AURIX™ 2G 系列中部分型号具有 ED(Emulation Device)芯片，如图 2.2 所示的 TC39xED，ED 芯片的加持使得开发者对单片机运行的监测和仿真更精准。仿真芯片中既有未做变动产品芯片部分(SoC)，也有仿真扩展芯片(Emulation Extension Chip，EEC)部分，二者处于同一硅片上。ED 与相关的 PD 具有相似的封装形式，可用于单个 PCB，以减少设计和制造上的开销。

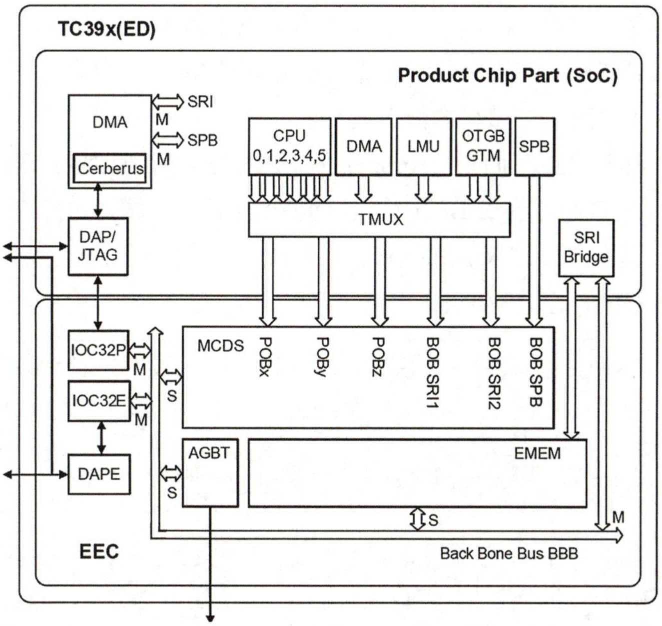

图 2.2　TC39xED 架构

EEC 上的扩展内存(EMEM，Extension Memory)最大为 4 112 KB，可以用作 trace 的缓存或者内存的覆盖，两个部分的内存大小分配均可以在 EMEM 模块中设置。为了进行校准，RAM 分区被映射到 CPU 的地址范围，可以选择替换 TC3xx 本地闪存的一部分。trace 作为一种非侵入性工具，可以获取单片机中各任务的运行状况，有助于调试和优化。EEC 上提供了与片上 MCDS(Multi-Core Debug Solution)模块的匹配的接口，用来将从 CPU 和其他来源的信号路由到 EMEM 中，从而使得 trace 信息被缓存，进而可以被工具读取，例如通过 DAP 工具获取任务的运行状况。

相比于上一代 AURIX 单片机，新一代的 ED 芯片通过 TMUX-Tracemultiplexer 以及 CPU 子系统中的 TCMUX-Local trace source multiplexer 两个复用器的配合，最多可并行跟踪三个 CPU 运行的程序。多达 2 MB 的 trace 缓存区可以并行跟踪多达五个 CPU(或四个 CPU 加一路 DMA）的数据，以进行基于 trace 的测量。

2.2.2 片上总线通信

AURIX™ 2G 系列单片机的片上通信使用 Xbar（Cross Bar Interconnect）系统，基于 SRI 结构发展而来，具有以下三个独立的片上通信方式：

- 系统资源互连结构（SRI，System Resource Interconnect Fabric）；
- 系统外设总线（SPB，System Peripheral Bus）；
- 系统骨干总线（BBB，Back Bone Bus）。

SRI 结构将 TriCore CPUs、DMA 模块和其他高带宽请求者连接到高带宽存储器和其他资源，以进行指令提取和数据访问。SRI 结构由一个或多个 Crossbar 组成，它可将一个 SRI 域中的所有访问者（Agent）连接起来，承载着域中 SRI 主机和 SRI 从机之间的数据交换的任务。这些 Crossbar 支持单次和突发的数据传输，如果有多个 Crossbar，则它们通过 S2S 桥接器连接。SRI Crossbar 支持不同 SRI-Master 和 SRI-Slave 代理之间的并行处理以及从 SRI 主机到 SRI 从机的流水线请求。

那些连接到同一 Crossbar 的 SRI 代理（主机、从机）构成一个 SRI 域。图 2.3 所示为 TC39X-B 芯片的 X-BAR 总线示意图，具有三个域，包含四个 CPU 的域 0、两个 CPU 的域 1 以及具有 ADAS 和调试功能的 ED 域。S2S 桥的特殊之处在于它们存在于两个域中，由于 S2S 桥的存在，所有 SRI 主机都可以直接寻址（访问）大多数 SRI 从机，不管主机和从机是否

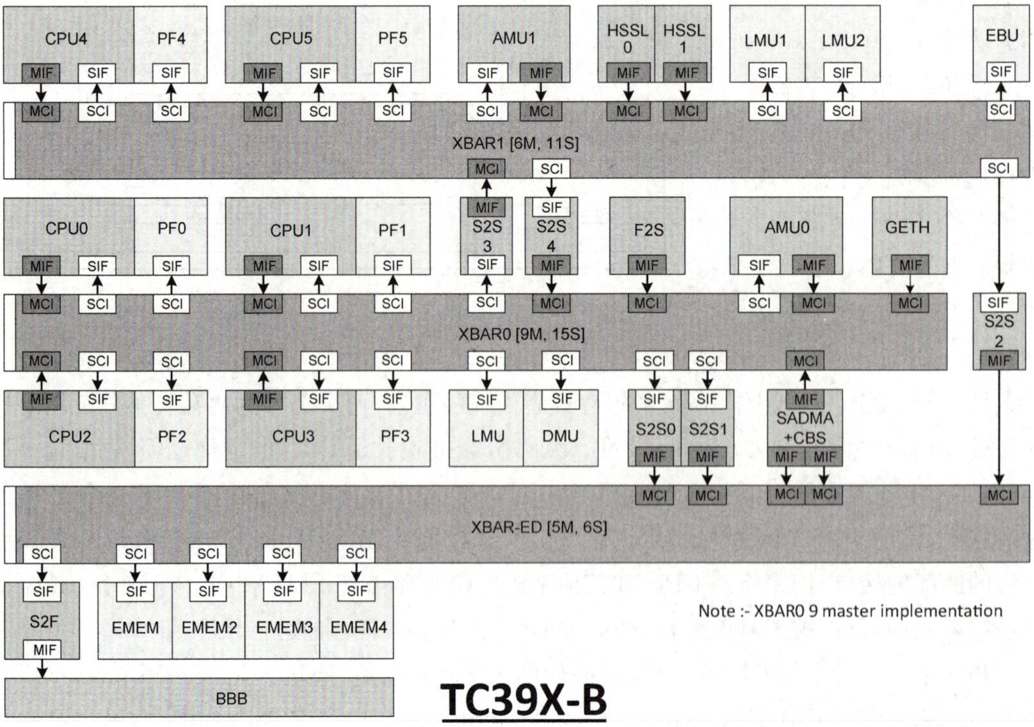

图 2.3 TC39X-B 芯片的 X-BAR 总线示意图

在同一 SRI 域上。S2S 桥是单向的，因此需要在两个 SRI 域之间以相反的方向放置两个 S2S 桥来实现双向功能。它们透明地传输所有 SRI 事件类型（无须更改主标记或地址），旨在降低引入网桥连接后两个域之间传输的延迟。

SRI 结构相比于前一代产品主要有两点改变：一是现在的总线可以包含一个或多个独立的 Crossbar；二是将 SRI Crossbar 仲裁方案简化为两级的轮询。

图 2.4 示意了 SRI Crossbar 的通信机制，其中，MCI（Master Connection Interface）表示主机接口用来连接主机，SCI（Slave Connection Interface）从机接口用来连接从机。SRI 结构包含控制和状态寄存器，它们影响 MCI 优先级和 SCI 的控制信息并提供相关的错误消息。每个连接的 SRI 从机模块和启用的读/写数据通道的基础结构都各自有一个仲裁器，SRI 结构将始终至少包括一个提供管理功能的从机，该管理从机允许访问 SRI 结构控制和状态寄存器，也可以在没有从机处理时进行错误响应。SRI 结构提供的仲裁功能允许每个 SRI 从机对应的 SRI 主机优先级配置都不同。

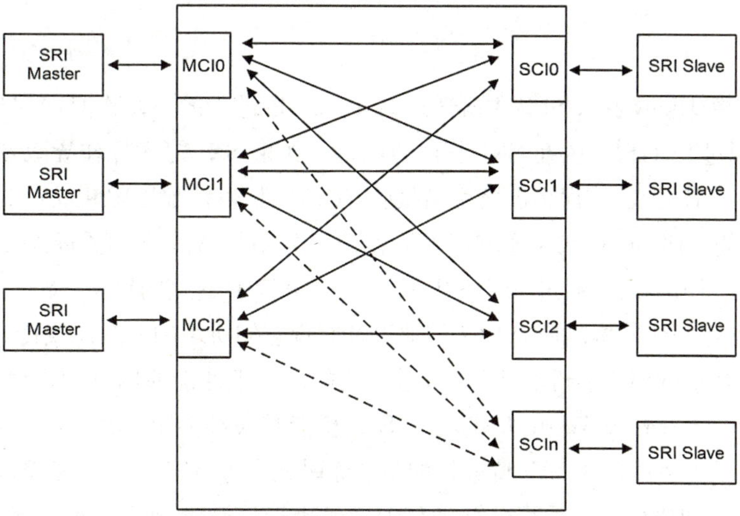

图 2.4　SRI Crossbar 点对点连接机制

图 2.5 示例说明了一个 SRI 的主机可以同时连接不同的 SRI 从机，通过优先级和仲裁器进行控制。每个 SCI 都有一个关联的仲裁器，除了仲裁多个请求外，还可以进行错误捕获，在设备检测到的错误（某些错误由主机检测到）的情况下捕获事务信息，并通过中断路由器（INT）将状态通知系统，出于系统级诊断和安全考量，错误情况下的 SRI 错误 ID 和 TransactionID 将被记录。

SPB 总线将中、低带宽外围设备连接到 TriCore CPUs、DMA 模块和其他 SPB 主机上。SPB 主机不会直接连接到 SRI 结构，而是将通过 SFI_F2S 桥接器访问 SRI 相关的资源。SFI_F2S 桥以 FPI 协议总线为基础，实现了转发到 SRI 结构的单向总线桥，该桥支持 SPB 上的所有 FPI 传输以及实现它们所需的 SRI Fabric 传输，对于传输对象的地址和 SPB 主机的 TAG 都是透明的。出于性能原因，从 SPB 主机到 SRI 资源的写入操作将设置为 Post

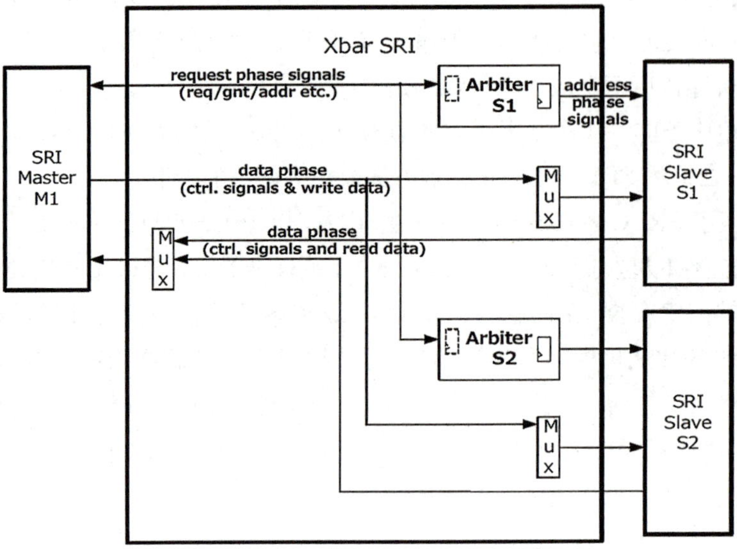

图 2.5　SRI 主机与 SRI 从机的连接

Write 模式，该模式意味着从 SPB 主机通过 SFI_F2S 桥进行的写操作时，先在 SPB 上完成，稍后，其结果通过 SFI_F2S 桥在 SRI 上自动执行。如果 SRI 写入操作导致错误，则错误信息不会传递回 SPB 总线，错误情况将留给接收 SRI 从机，以按配置中断或发出警报。

BBB 总线将 TriCore CPUs、DMA 模块和 SPB 主站与 ADAS 相关资源相连。SRI 主机不会直接连接到 BBB，而是通过 SFI_S2F 桥接器访问 BBB 连接的资源。SFI_S2F 桥是一种单向总线桥，支持 SRI 结构的所有 SRI 传输以及实现它们所需的 FPI 总线传输配置，该桥对于传输对象的地址和 SRI 主机的 TAG 都是透明的。出于性能原因，由 SRI 向 BBB 传输的资源的写操作设置为 Post Write 模式，SFI_S2F 桥能够缓冲多个 Post Write 结果。该模式意味着从 SRI 主机通过 SFI_S2F 桥进行的写操作时先在 SRI Fabric 上完成，并稍后由 SFI_S2F 在 BBB 上自动执行。如果写操作在 BBB 总线上导致错误，则错误信息不会传递回 SRI 结构，错误状态由 BBB 的控制逻辑(BBB 上的 BCU)检测到并按配置中断或发出警报。

2.3　AURIX™ 2G 的内核

AURIX™ 2G 系列单片机使用的基于 SRI 结构片上通信系统 Xbar 为片上的高速安全通信提供了基础。为了实现更快的处理速度和更强的性能，对 CPU 内核的升级也至关重要。

如图 2.6 所示，英飞凌单片机从早期的单核 8 位经过产品迭代一直发展到目前的多核 32 位，TriCore 内核也从 1.2 版本发展到现在的 1.6E 和 1.6P 的版本。最新一代的 AURIX™ 2G 系列单片机也采用的是 TriCore V1.6E 和 TriCore V1.6P 的核心组合。随着 TriCore 版本的提升，其核心的制造工艺也从原先的 250 nm 提高到现在的 65 nm 精度，大大提升了运算能力，单核处理速度从原先的 80 MHz 提升到最新的 300 MHz。

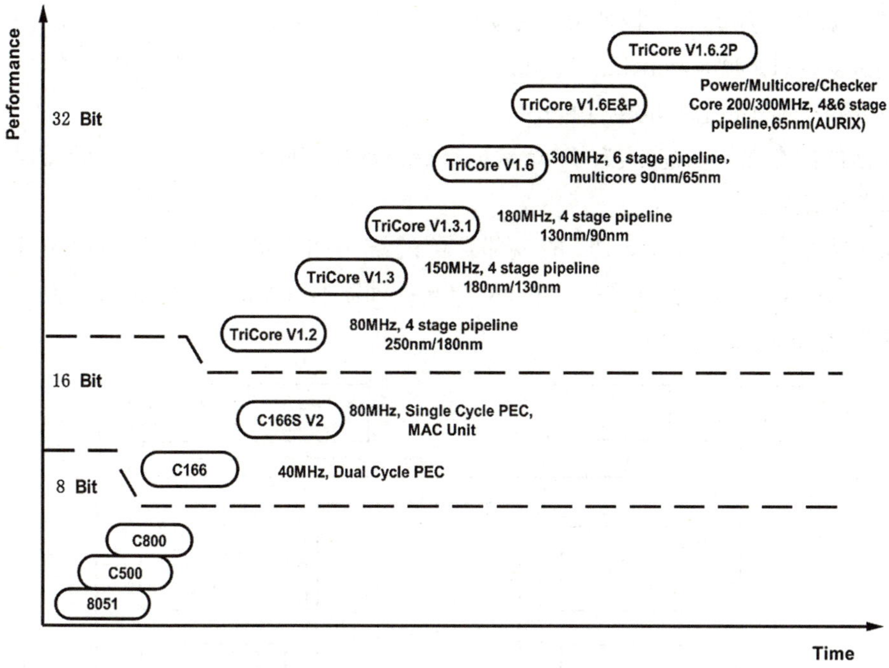

图 2.6　英飞凌单片机内核发展

2.3.1　内核架构

TriCore 是 32 位微控制器，专门为实时嵌入式系统进行优化，如图 2.7 所示，在一个处理单元中结合了三项强大的技术，从而为嵌入式应用程序实现了更高水平的功率、速度和经济性：

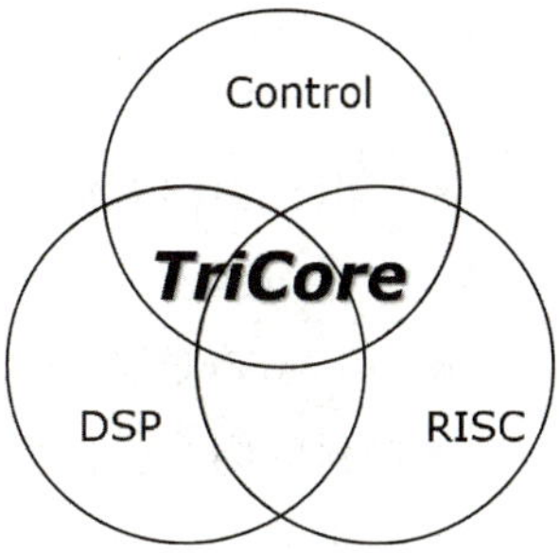

图 2.7　TriCore 架构

- 精简指令集计算(RISC)处理器体系结构；
- 数字信号处理(DSP)结构及寻址模式；
- 具有片上存储器和外设的微控制器的实时功能。

AURIX™ 2G 系列单片机使用的 TC1.6.2P CPU 是 32 位哈佛架构，将程序指令存储和数据存储分开。具有以下主要特点：

- 地址范围达到 4 GB(2^{32})，分为了 16 段，每一段 256 MB；
- 使用的 16 位和 32 位指令可减少代码大小，大多数指令能够在 1 个周期内执行；
- 数据、内存以及 CPU 寄存器在单片机中是小端对齐方式；
- 具有多种寻址方式：绝对、循环、位反转、长＋短、基＋偏移量；
- 多种指令类型：算术、地址算术、比较、地址比较、逻辑、MAC、移位、协处理器、位逻辑等；
- 通用寄存器组(GPRS)包括 16 个 32 位数据寄存器、16 个 32 位地址寄存器以及 3 个 32 位状态和程序计数器寄存器(PSW，PC，PCXI)；

- 具有宽内存接口，用于快速上下文切换；
- 调试支持(OCDS, On Chip Debug Support)：Level 1 需要 CPS 模块支持，Level 3 则仅支持带有 ED 芯片的单片机；
- 灵活的内存保护系统：具有 18 个数据存储器保护范围及 10 个代码存储器保护范围，分为 6 组。

图 2.8 示意了 TC1.6.2P CPU 的内部存储的结构和连接，虽然 2G 系列中 TC1.6.2P CPU 与上一代 AURIX™系列中使用的 TC1.6P 处理器拥有相同的核心处理硬件，但也做出了很大的改进和性能的提升：

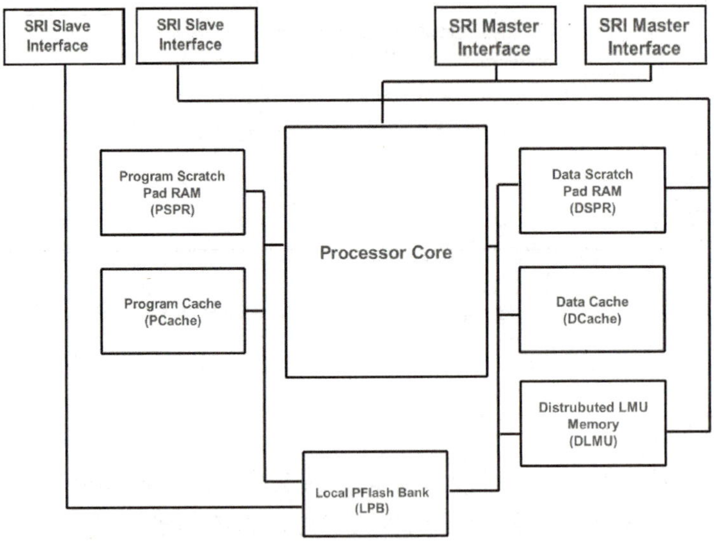

图 2.8　TC1.6.2P CPU 示意图

- LMU 存储器的一部分(称为 DLMU)分布在处理器之间，以提供对全局 SRAM 的高性能访问；
- PFlash 存储器分布在处理器之间，以提供对本地 PFlash 库(LPB)的高性能访问；
- 增强的内存保护：保护集数量增加到 6 个(原为 4 个)PSW，代码保护范围的数量增加到 10(原为 8)，数据保护范围数增加到 18(原为 16)；
- 临时保护系统得到扩展，以提供专用的异常计时器；
- 实现了独立的内核重置，可以根据需要独立重置单个内核；
- 存储缓冲区数据合并功能得到扩展，可以将连续的半字合并为字，将连续的字合并为双字；
- 安全保护系统已扩展到涵盖对本地 DSPR/PSPR 和 DLMU 的读取和写入访问，以及对 LPB 的读取访问；
- CPUID 已更改为 0x00C0C020。

中央处理单元 CPU 内部结构中包括指令提取单元、执行单元、通用寄存器文件(GPR)、CPU 从机接口(CPS)和浮点单元(FPU)，如图 2.9 所示。

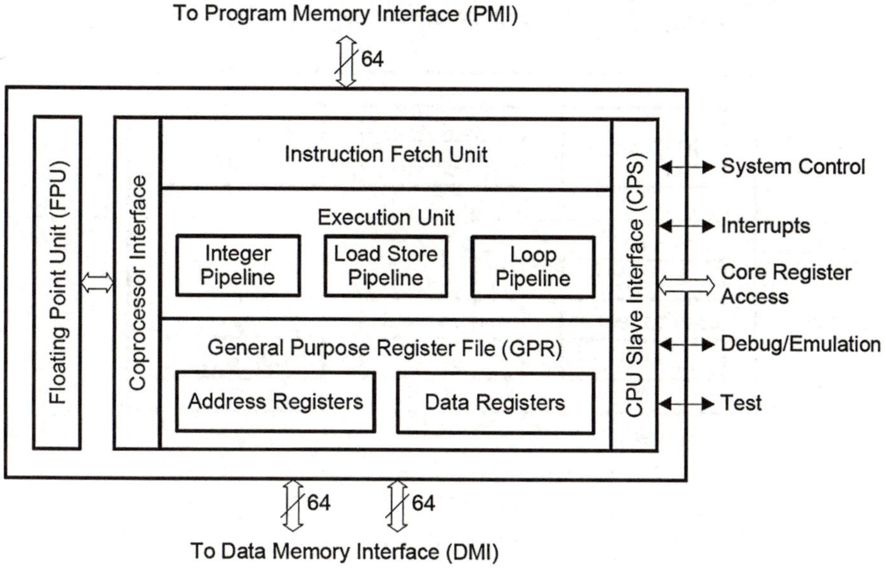

图 2.9　CPU 系统框图

上方是程序存储器接口，具有指令缓存区，通过 64 位宽度的总线将指令传送到取指单元。取指单元根据指令的特点，分别把指令传送给整型流水线、循环流水线以及装载存储流水线。经过各个流水线处理后的结果分别传送至通用地址寄存器和数据寄存器中。下面详细描述各个单元的工作原理。

图 2.10 所示为取指单元工作的流程。首先取指单元从 64 位宽的程序存储器接口(PMI)传入的指令进行预取指操作并对齐。指令在处理单元的 fifo 中按预测的程序顺序放置，处理单元 fifo 最多缓冲 6 条指令，并将指令分发到不同的流水线中。指令保护单元检查是针对 PMI 的访问有效性以及从 PMI 提取的传入指令的完整性。分支单元检查提取的指令的分支条件，并根据先前的分支行为预测最可能的执行通道。程序计数器单元(PC)负责更新程序计数器。

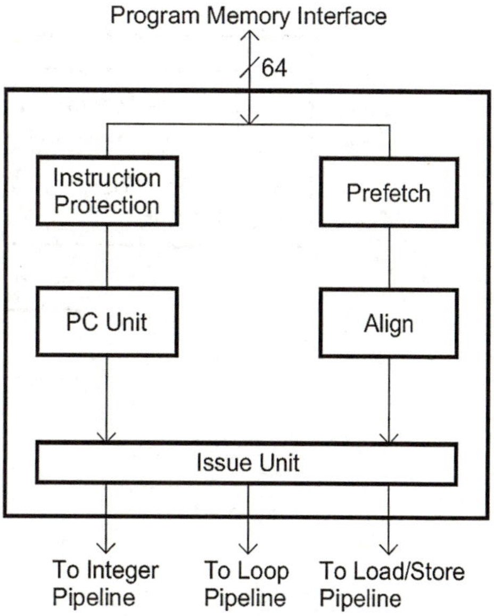

图 2.10　取指单元

图 2.11 所示为 CPU 子系统中的执行单元流程。执行单元包含整数流水线、加载/存储流水线和循环流水线。三个流水线并行运行，允许在一个时钟周期内执行多达三条指令。在执行单元中，所有指令都要经过一个解码阶段，然后是执行与写回操作。通过在流水线之间使用转发路径，可以将流水线危害(停滞)降到最低，从而使一条指令的结果在结果可用时立即被下一条指令使用。

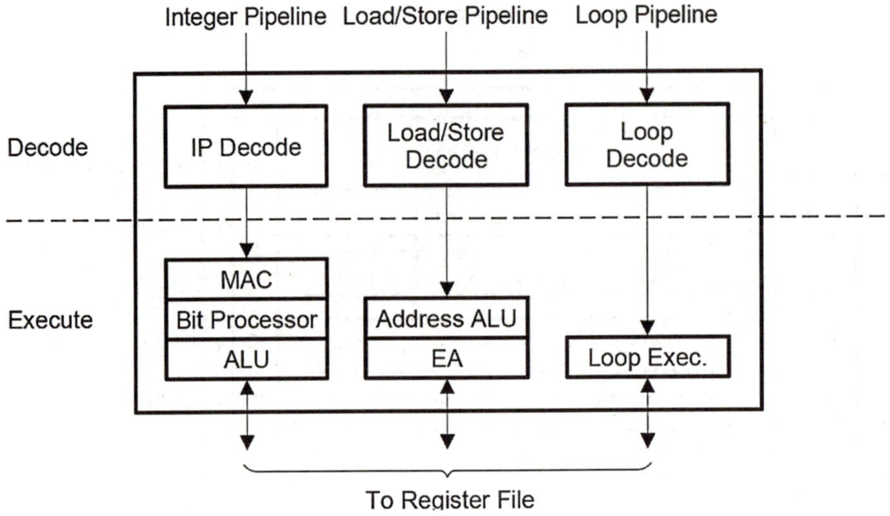

图 2.11　执行单元

如图 2.12 所示，CPU 具有通用寄存器（GPR）文件，该文件分为地址寄存器文件（寄存器 A0—A15）和数据寄存器文件（寄存器 D0—D15）。通过地址寄存器文件控制发布到加载/存储流水线的指令的数据流，通过数据寄存器文件控制向整数流水线发出的指令或从整数流水线发出的指令以及向装载/存储流水线发出的数据加载/存储指令的数据流。

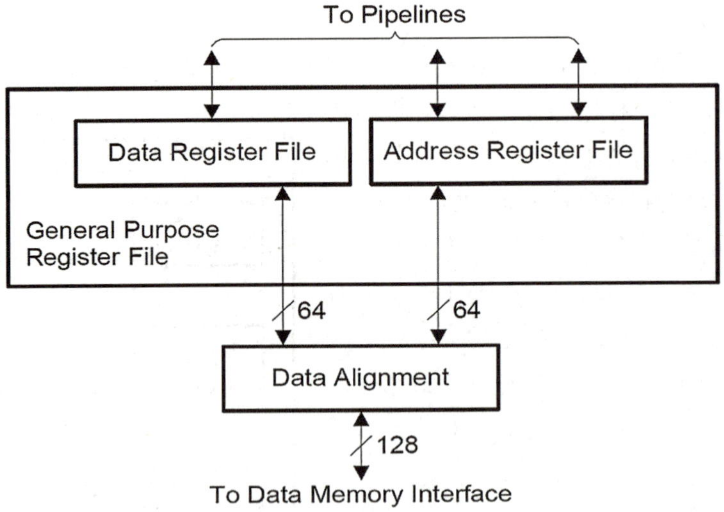

图 2.12　通用寄存器（一）

2.3.2　内核寄存器

AURIX™ 2G 系列单片机的内核寄存器有通用寄存器（General Purpose Registers, GPR）和核心特殊功能寄存器（Core Special Function Registers, CSFR）两种类型。如表 2.2 所示，内核寄存器按功能可分为通用寄存器、系统寄存器、上下文管理寄存器、CPU 中断与陷阱寄存器、内存保护寄存器以及堆栈管理寄存器几种类型。

表 2.2　内核寄存器分类

General Purpose Registers		CPU Interrupt and Trap Control	
D0-D15	Data Registers	ICR	Interrupt Control Register
A0-A15	Address Registers	BIV	Base Address of Trap Vect. Table
System Registers		BTV	Base Address of Interrupt Vect. Table
PC	Program Counter	Memory Protection	
PSW	Program Status Word	DPRx_0..3	Data Segment Protection Registers
SYSCON	System Control Registers	DPMx	Data Protection Mode Reg. x
PCXI	Previous Context Information	CPRx_0..3	Code Segment Protection Registers
Context Management		CPMx	Code Protection Mode Reg. x
FCX	Free CSA List Head Pointer	Stack management	
LCX	Free CSA List Limit Pointer	ISP	Interrupt Stack Pointer

通用寄存器(GPR)被均分为 16 个数据寄存器(DGPR)D[0]—D[15]以及 16 个地址寄存器(AGPRS)A[0]—A[15]。数据寄存器和地址寄存器的分离可以并行执行算术和存储器操作,使得指令执行更加高效。如图 2.13 所示,GPR 也支持将 2 个连续的数据寄存器连接起来,从而使得 16 个数据寄存器形成 8 个扩展的寄存器 E[0],E[2],E[4],E[6],E[8],E[10],E[12]和 E[14],以支持 64 位值的存储。16 个地址寄存器可以以相同的方式形成 8 个扩展的地址寄存器 P[0],P[2],P[4],P[6],P[8],P[10],P[12]和 P[14]。

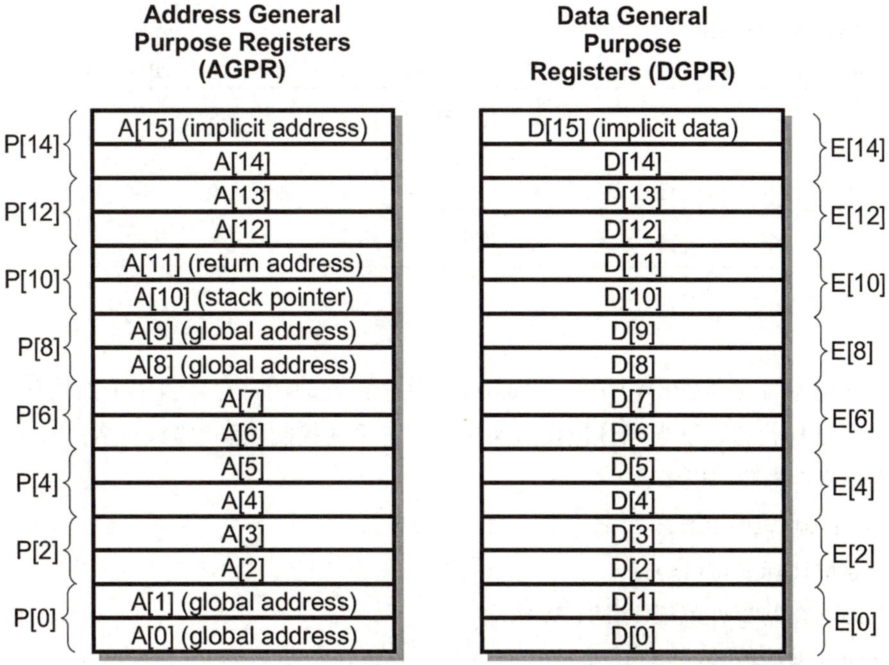

图 2.13　通用寄存器(二)

地址寄存器 A[0]，A[1]，A[8]和 A[9]被定义为系统全局寄存器，它们的内容不会在调用、陷阱或中断之间保存或恢复。地址寄存器 A[10]被用作堆栈指针(Stack Pointer，SP)，地址寄存器 A[11]被用于存储调用和链接跳转的返回地址(Return Address，RA)，并存储中断和陷阱的返回程序计数器(Program Counter，PC)。

通用寄存器(GPR)是任务上下文的重要组成部分。将任务的上下文保存到内存或从内存还原任务时，上下文分为上层上下文和下层上下文：

- 寄存器 A[2]—A[7]和 D[0]—D[7]是下层上下文的一部分；
- 寄存器 A[10]—A[15]和 D[8]—D[15]是上层上下文的一部分。

系统寄存器包括程序计数器(Program Counter，PC)、程序状态字(Program Status Word，PSW)、系统控制寄存器(System Control Registers，SYSCON)以及先前上下文信息程序计数器(Previous Context Information Program Counter，PCXI)，这些寄存器保存并反映程序状态信息。

程序计数器(PC)用来保留当前获取并转发到 CPU 流水线的指令的地址，CPU 自动处理 PC 指针的更新。任务在执行过程中通过软件可以获取 PC 的当前值，可用于执行代码地址计算。通过 CPU 执行的软件读取 PC 只能使用 MFCR(move to core special function register)指令来完成，这样的读取将返回 PC 的 MFCR 指令本身。由于 CPU 可能发生意外行为，因此不得通过 MTCR(move to core register)指令对 PC 进行显式写入，仅当 CPU 暂停时才可以写入 PC。CPU 不得在内存段 15(对于内存段的介绍将在下一节详细展开)中对 PC 的映射地址执行加载/存储指令，这将生成 MEM 陷阱。

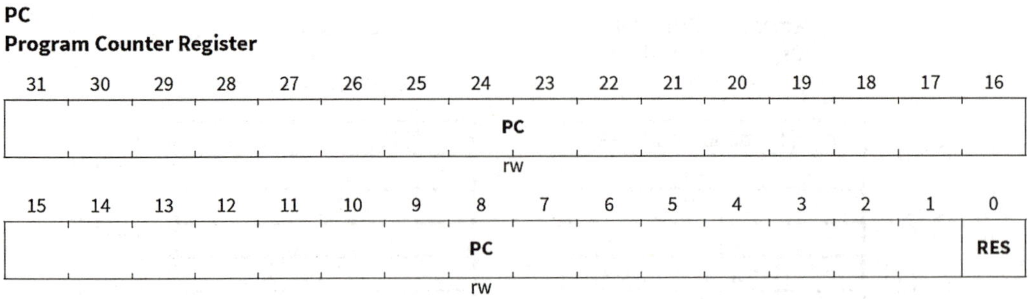

图 2.14　PC 寄存器

程序状态字寄存器(PSW)是 32 位寄存器，其中包含通用寄存器值中未能捕获的特定于任务的体系结构状态。下半部分包含与保护系统有关的控制值和参数，包括：

- 保护寄存器集(PRS)；
- I/O 控制等级(IO)；
- 中断堆栈标志位(IS)；
- 全局寄存器写许可标志位(GW)；
- 呼叫深度计数器(CDC)；
- 呼叫深度计数使能位(CDE)。

PSW
Program Status Word

31	30	29	28	27	26	25	24	23	22	21	20	19	18	17	16
USB								RES							
rw															

15	14	13	12	11	10	9	8	7	6	5	4	3	2	1	0
PRS	S	PRS		IO		IS	GW	CDE	CDC						
-	rw	rw		rw		rw	rw	rw	rw						

图 2.15　PSW 寄存器

顾名思义，系统控制寄存器（SYSCON）即是控制系统状态，对各个子系统进行管理，其各个控制位如图 2.16 所示，可通过位操作方式设置该寄存器。系统配置寄存器提供以下功能：

- 使能或禁用临时保护系统；
- 使能或禁用内存保护系统；
- 设置中断处理程序中位 PSW.S 的初始状态；
- 设置陷阱处理程序中位 PSW.S 的初始状态；
- 控制 User-1 模式下对外围设备的访问；
- 控制 User-1 模式对中断系统的使用；
- Boot 状态下系统保持和释放位控制；
- 指示空闲上下文列表 FCD(Free Context List Depleted)是否耗尽。

SYSCON
System Configuration Register　　**Reset Value: 0000 0000$_H$**

31	30	29	28	27	26	25	24	23	22	21	20	19	18	17	16
RES							BHALT	RES						U1_IOS	U1_IED
-							rwh	-						rw	rw

15	14	13	12	11	10	9	8	7	6	5	4	3	2	1	0
RES							ESDIS	RES			TS	IS	TPROTEN	PROTEN	FCDSF
-							rw	-			rw	rw	rw	rw	rwh

图 2.16　系统控制寄存器(SYSCON)

先前上下文信息寄存器(PCXI)包含到先前执行上下文的链接信息，支持中断和自动上下文切换，如图 2.17 所示。PCXI 是任务状态信息的一部分，先前上下文指针(PCX)保留先前任务的 CSA 地址。

Tricore 体系架构中的堆栈管理适用于用户堆栈和中断堆栈，使用地址寄存器 A[10]、中断堆栈指针(Interrupt Stack Pointer, ISP)和 PSW 寄存器共同管理堆栈(图 2.18)。

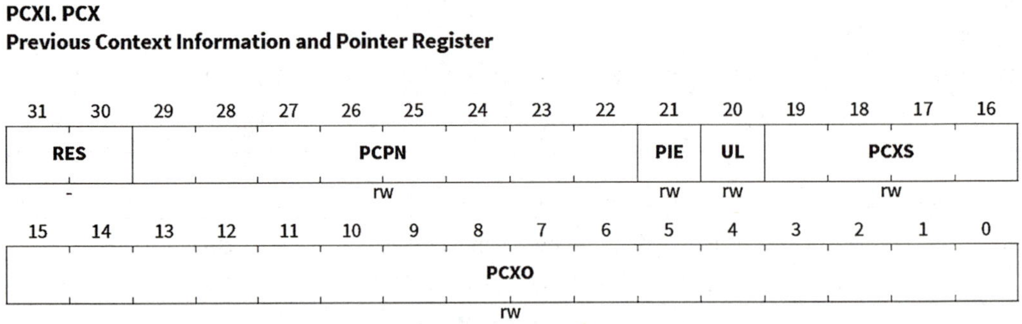

图 2.17　先前上下文信息寄存器(PCXI)

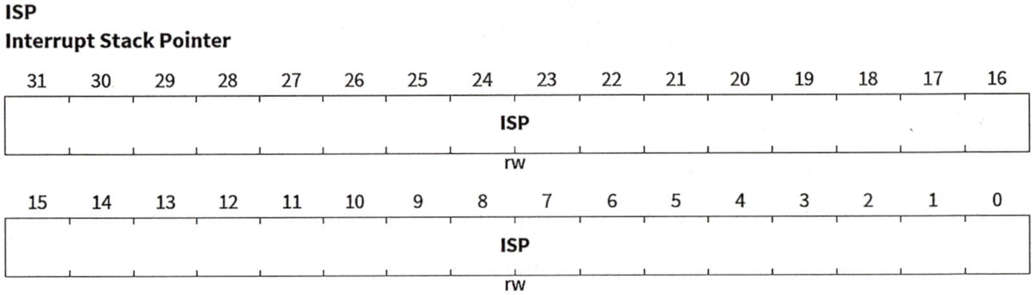

图 2.18　中断堆栈寄存器

使用 A[10]用作堆栈指针时,该寄存器的初始内容通常由实时操作系统设置,这允许将私有堆栈区分配给各个任务。使用 ISP 用作堆栈指针,可以防止中断服务例程(ISR)访问私有堆栈区域,并防止其干扰任务的上下文信息。在内核架构中,可以在 ISP 和专用的堆栈指针之间自动切换并用 PSW.IS 位指示哪个堆栈指针有效。

当一个中断发生时,如果被中断的任务正在使用它的私有堆栈(PSW.IS=0),内容与中断任务的上层上下文一起保存,A[10](SP)与 ISP 的当前内容一起加载。当中断或陷阱发生时,如果中断的任务已经在使用中断堆栈(PSW.IS=1),则不执行 A[10](SP)的预加载,中断服务例程(ISR)在中断离开的地方继续使用中断堆栈。通常,在初始化过程中初始化 ISP 一次,但是,根据应用程序的需要,也可以在执行过程中修改 ISP。详细的中断处理过程在下一小节加以说明。

2.3.3　中断处理

在 TriCore 体系架构中,允许有多个中断源包括片上外设以及外部中断事件产生中断请求,以打断中断服务提供者,通常为 CPU 或 DMA 通道。

每个中断源都有一个唯一的中断优先级编号,称为服务请求优先级编号(Service Request Priority Number, SRPN)。收到来自中断源的中断请求后,中断控制单元(Interrupt Control Unit, ICU)使用 SRPN 在多个并发中断请求之间确定优先级。获胜请求的 SRPN 与请求的触发一起作为待处理中断优先级编号(Pending Interrupt Priority

Number，PIPN)提供给 CPU。CPU 通过将 PIPN 与它的当前 CPU 优先级编号(CCPN)进行比较来决定是否接受请求的中断。如果 CPU 决定接受所请求的中断，则它会以一个中断应答来响应，并返回所采用中断的优先级编号，随后，ICU 将清除请求的中断源。

中断处理主要由以下两个 CSFR 控制：

- ICR(Interrupt Control Register)：中断控制寄存器；
- BIV(Base Interrupt Vector Table Pointer)：基本中断向量表指针。

如图 2.19 所示，ICR 中可以保存当前 CPU 优先级编号(CCPN)、中断系统(IE)的启用/禁用位、待处理的中断优先级编号(PIPN)以及针对中断仲裁方案的控制位。

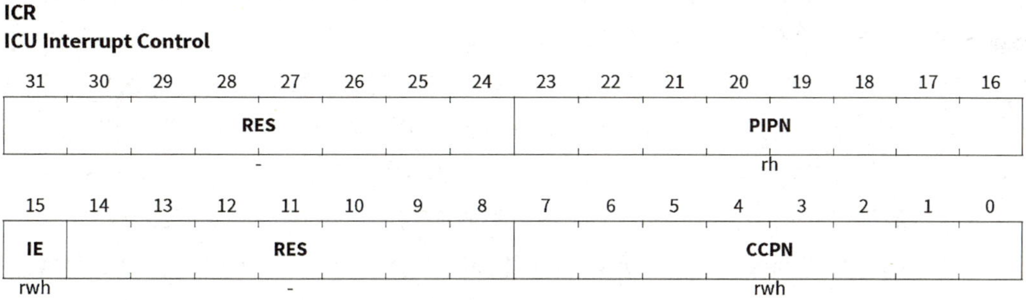

图 2.19　ICR 寄存器

基址寄存器 BIV 存储中断向量表的基址，中断向量按照优先级递增的方式在中断向量表中排序(图 2.20)。在中断使能之前，系统初始化阶段中可以使用 MTCR 指令修改 BIV 寄存器。这样，就可以通过更改 BIV 寄存器的内容来在多个中断向量表之间进行切换。BIV 寄存器中的 VSS 位用来设置两个中断向量之间的间隔，可以设置间隔为 32 字节或者 8 字节。为了生成指向中断向量表的指针，PIPN 左移五位(VSS=0)或三位(VSS=1)，并与 BIV 寄存器中的地址进行“或”运算以生成指向中断向量的指针表。

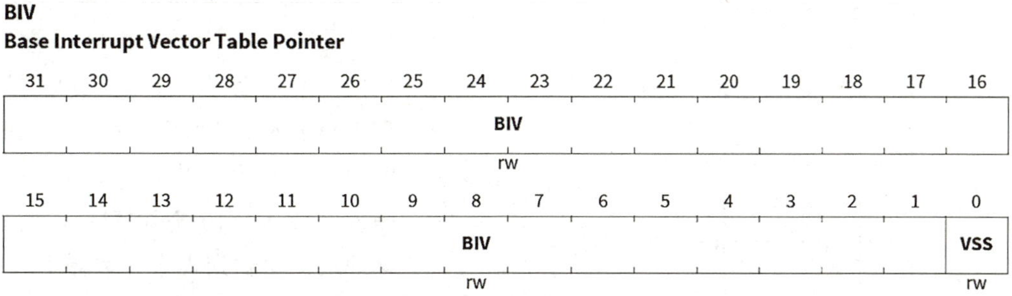

图 2.20　BIV 寄存器

一般，中断产生时，CPU 会立即响应，但是，在以下情况下，中断不能得到即时响应：

- 中断系统被全局禁用，中断控制寄存器的 IE 位置 0(ICR.IE=0)
- 当前的 CPU 优先级(CCPN)等于或高于“挂起中断优先级编号(PIPN)”；
- CPU 正在进入中断或陷阱服务程序；

- CPU 在运行不能被中断的陷阱服务；
- CPU 正在执行多周期指令；
- CPU 正在执行的指令涉及修改 ICR 寄存器。

当上述情况都清除后，CPU 即可处理中断请求，通过一系列操作最终进入中断服务程序(ISR)。其详细过程如下：首先保存当前任务的高级上下文已保存，将当前的 PC 值更新到返回地址寄存器 A[11]用当前的 PC 更新。如果处理器之前未使用中断堆栈即 PSW.IS=0，则将 A[10]堆栈指针设置为中断堆栈指针(ISP)并同时将 PSW.IS 设置为 1。将当前保护寄存器集设置为 0，即 PSW.PRS=000，并清除呼叫深度计数器 PSW.CDC，将呼叫限制设置为 64，即 PSW.CDC=0000000，随后启用呼叫深度计数器。将 PSW 安全位 PSW.S 设置为 SYSCON 寄存器中定义的 SYSCON.IS 位，关闭全局寄存器的写权限并关闭全局中断，随后把当前 CPU 优先级编号 ICR.CCPN 保存到先前的 CPU 优先级编号 PCXI.PCPN 中，之后，将待处理的中断优先级编号 ICR.PIPN 被保存到当前 CPU 优先级编号 ICR.CCPN 中。最后进入中断向量表，取出 ISR 的第一条指令并开始执行中断服务程序。

要注意的是，每当进入中断服务程序或陷阱处理程序时，全局寄存器写许可都是禁用的 PSW.GW=0，这样可确保所有陷阱和中断在处理时不会对 PSW.GW 位控制的寄存器进行写操作。进入中断服务程序时，全局中断处于关闭状态，并且，当前 CPU 优先级 CCPN 被设置为要服务的中断的优先级 PIPN，因此，由用户在中断服务程序中决定是否再次启用中断系统，并可以选择修改优先级编号 CCPN 以实现中断优先级或处理特殊情况。使能全局中断可以使用 ENABLE 指令，即可将 ICR.IE 设置为 1。开始中断服务程序(Begin Interrupt Service Routine, BISR)指令也可以使能中断系统，同时更新 ICR.CCPN 并保存被中断任务的下层的上下文。

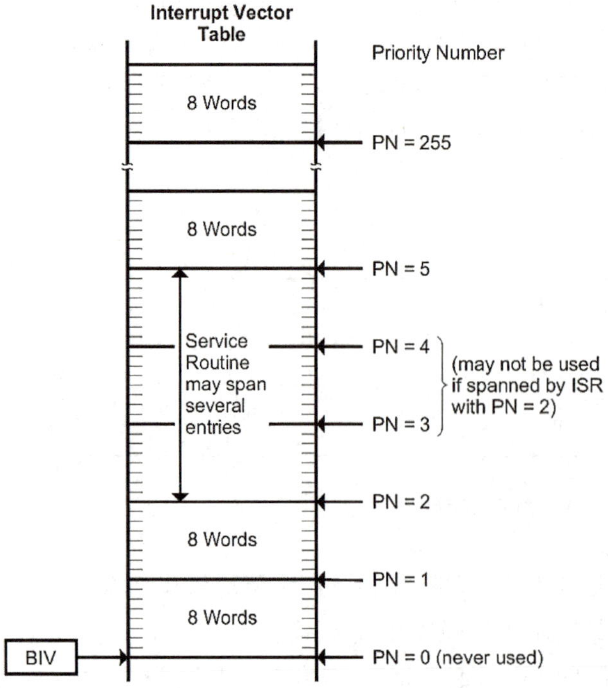

图 2.21　中断向量表

中断服务程序通过中断向量表与特定优先级的中断相关联，中断向量表是所有中断服务程序(ISR)入口地址的集合(图 2.21)。当 CPU 处理中断进入中断服务程序时，将在中断向量表中计算得出一个与当前中断优先级 ICR.PIPN 相对应的地址，该地址被加载到程序计数器 PC 中。CPU 在中断向量表中的该地址处开始执行指令即该地址开始的代码是处理的中断服务程序 ISR。由于 ISR 的代码量不确定，中断向量表仅仅存储中断服务程序 ISR 的初始部分，例如，使用跳转指令将 CPU 引导至存储器中其他位置继续执行 ISR 的其余部分。

当中断服务程序发出 RFE(异常返回)指令退出时,硬件会自动恢复其上层上下文,其中包括 PCXI 寄存器,该寄存器保存了先前的 CPU 优先级编号 PCPN 和先前的全局中断使能位 PIE 状态。把 PCXI.PCPN 写入 ICR.CCPN, PCXI.PIE 写入 ICR.IE,将 CPU 优先级值设置为中断前的值,随后回到被中断的程序中继续执行。

2.4　AURIX™ 2G 的内存

2.4.1　内存介绍

图 2.22 所示为 AURIX™ 2G 单片机内存分布,这一代单片机采用的是哈佛(Harvard)架构,即将程序存储器空间和数据存储器空间分开,使得程序存储器和数据存储器各有自己的寻址方式、寻址空间和控制系统。AURIX™ 2G 系列单片机中的 Tricore 内核结构具有 32 位的寻址能力,将 4 GB 的物理地址空间分为 16 个大小相等的 256 MB 的段。这些段的编号为 0_H—F_H,并由地址的高 4 位标识,不同的段空间可以被配置成具有不同的访问特性的内存空间。

升级后的 AURIX™ 2G 系列单片机在内存系统设计相对复杂,采用了多种存储器和存储单元设计,并通过三种不同的总线进行数据交互,使得数据读写的速度和安全性得到了保

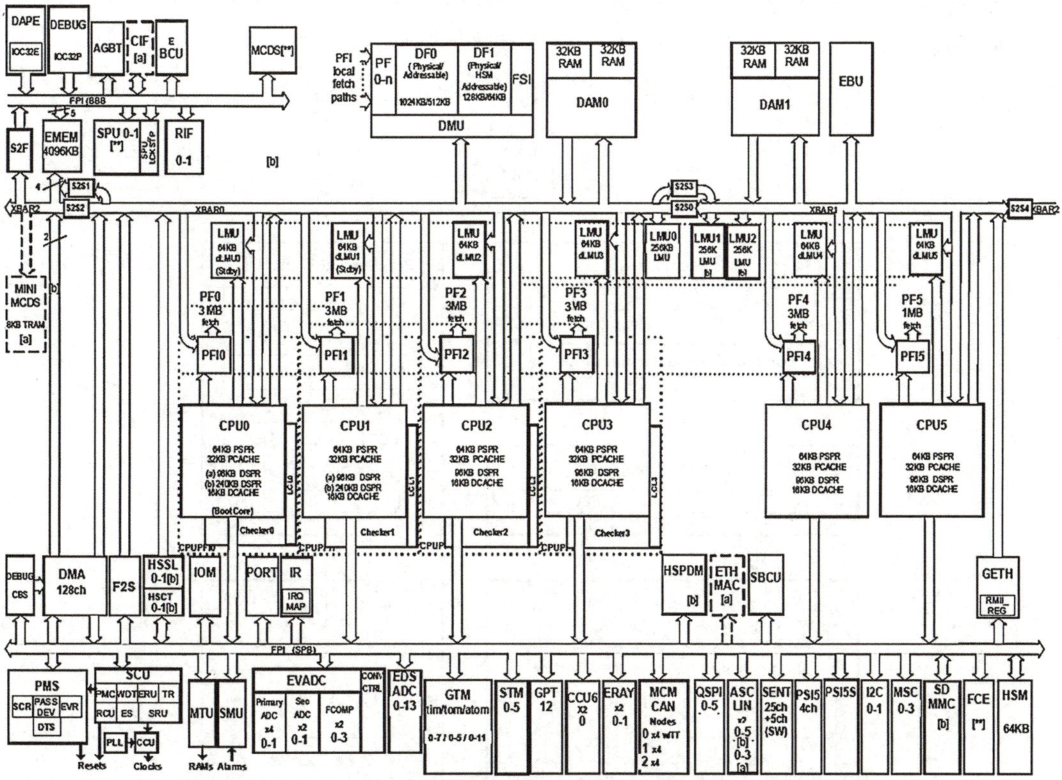

([a] = module available only in A-step. [b] = module not available in TC39x A-Step. [**] = Module has significantly different functionality in TC39x A-Step. See chapter for details)

图 2.22　AURIX™ 2G 单片机内存分布

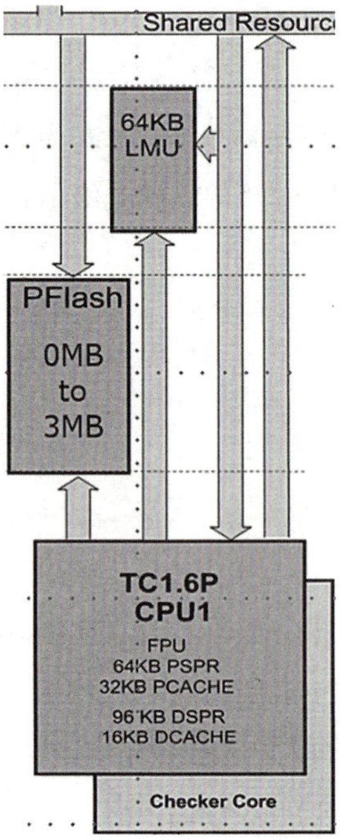

图 2.23 CPU 内存结构模型

证。相比于上一代AURIX单片机，本次的主要功能升级体现在内存接口和连接性上：

- PFlash 存储器分布在处理器之间，以提供对本地 PFlash 库的本地高性能、低延迟访问；
- LMU 存储器的一部分在处理器之间分布（Directconnected Local Memory Unit，DLMU），以提供对全局 SRAM 部分的低延迟、高性能访问。

图 2.23 所示为 CPU 的内存结构模型，对于 Tricore 架构中的 CPU 都提供相同的内存结构，其中包括 64 KB 的 PSPR，32 KB 的程序缓存，96～240 KB 大小的 DSPR，16 KB 的数据缓存，64 KB 的本地 DLMU 以及一个由本地路径连接的高达 3 MB 的 PFlash。其中，PFlash 对应的内存全都映射到起始地址为 80000000H（Cache 方式访问）/A0000000H（Non-Cache 方式访问）的连续地址空间，本地 DLMU 和全局的 LMU 映射到起始地址为 90000000H 的连续地址空间中。

图 2.24 所示为 PMU 存储单元的结构，主要包括以下六个硬件部分：

- 数据存储单元（DMU）：控制在所有程序和数据闪存上执行的命令序列；
- 闪存标准接口（FSI）：在所有闪存上执行擦除、编程和验证操作；

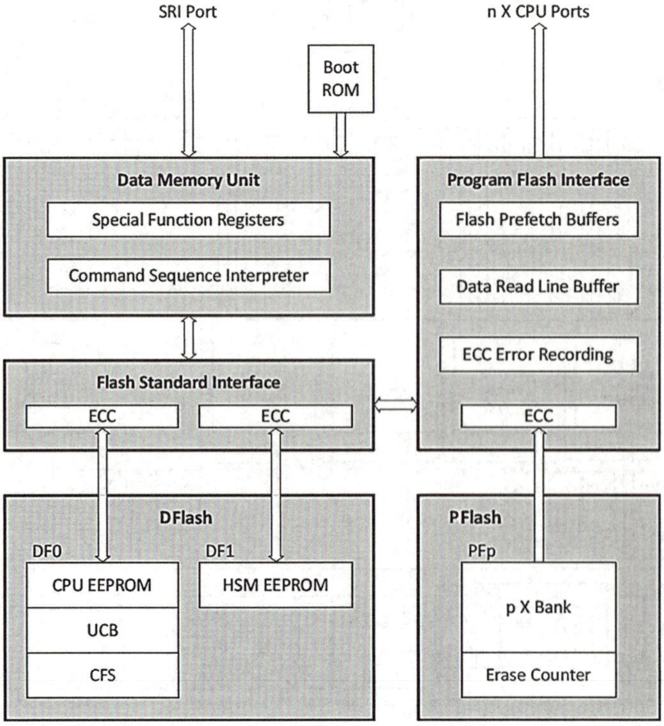

图 2.24 PMU 存储单元结构

- 程序闪存(PFlash):分为一个或多个存储区,每个存储区均连接到 CPU;
- 程序闪存接口(PFI):将 PFlash 库与 CPU 进行点对点连接;
- 数据闪存(DFlash):分为 DF0 和 DF1 两个存储区;
- Boot ROM(BROM):通过 DMU SRI 端口连接到系统,每次复位时都会执行启动软件(SSW)。

PMU 存储单元控制 PFlash 和 DFlash 两种 NVM 资源。PFlash 常用来存储程序代码和数据常量,读取时间低至 30 ns,每个扇区擦除时间最多为 1 s。所有程序闪存存储区 PFlash 都基于相同的扇区结构,按照 PFlash 库的大小实现如图 2.25 所示的逻辑扇区结构。其中:

- 3 MB 程序闪存存储区包含逻辑扇区 S0—S191;
- 2 MB 程序闪存存储区包含逻辑扇区 S0—S127;
- 1 MB 程序闪存存储区包含逻辑扇区 S0—S63。

Logical Sector	Physical Sector	Offset Address	Size	Total
S0	PS0	$00'0000_H$	16 Kbyte	16 Kbyte
S1		$00'4000_H$	16 Kbyte	32 Kbyte
S2		$00'8000_H$	16 Kbyte	48 Kbyte
...		...	...	...
S61		$0F'4000_H$	16 Kbyte	992 Kbyte
S62		$0F'8000_H$	16 Kbyte	1008 Kbyte
S63		$0F'C000_H$	16 Kbyte	1024 Kbyte
S64	PS1	$10'0000_H$	16 Kbyte	1040 Kbyte
S65		$10'4000_H$	16 Kbyte	1056 Kbyte
S66		$10'8000_H$	16 Kbyte	1072 Kbyte
...		...	...	...
S125		$1F'4000_H$	16 Kbyte	2016 Kbyte
S126		$1F'8000_H$	16 Kbyte	2032 Kbyte
S127		$1F'C000_H$	16 Kbyte	2048 Kbyte
S128	PS2	$20'0000_H$	16 Kbyte	2064 Kbyte
S129		$20'4000_H$	16 Kbyte	2080 Kbyte
S130		$20'8000_H$	16 Kbyte	2096 Kbyte
...		...	...	...
S189		$2F'4000_H$	16 Kbyte	3040 Kbyte
S190		$2F'8000_H$	16 Kbyte	3056 Kbyte
S191		$2F'C000_H$	16 Kbyte	3072 Kbyte

图 2.25　PFlash 扇区分布

DFlash 常用来仿真 EEPROM,并存储程序在运行时的数据,其中 DFlash0 区用于仿真用户程序的 CPU-EEPROM, DFlash1 区用于仿真有安全要求的 HSM-EEPROM,防止数据被别的应用程序访问。DFlash 中的多个用户配置块(Multiple User Configuration Blocks, USB)可用于实现基于密码的读保护与写保护。配置扇区(Configuration Sector, CFS)存储的数据是用户无法访问的系统配置数据。NVM 中存储的数据受到 ECC 校验和保护,对于程序闪存 PFlash, ECC 校验和的计算扩展到整个地址,以提供针对地址错误的读取保护。

图 2.26 所示的 DMU 连接到 SRI 接口，通过 SRI 总线与其他的 PMU 进行通信。下层通过 FSI 接口连接到 DFlash 存储区，用来读取 DFlash0，DFlash1，UCB 和 CFS，并控制 PFlash 和 DFlash 存储器上执行的命令序列。

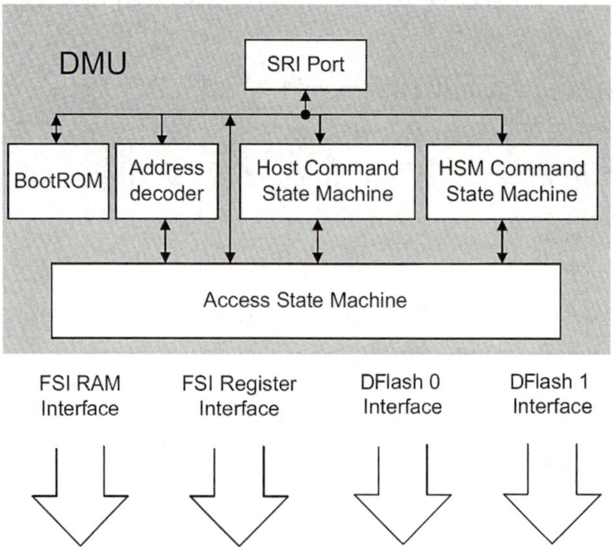

图 2.26　数据存储单元 DMU

图 2.27 所示的 PFI 包含两个不同的数据路径，通过复用器将 PFlash 与 CPU 进行点对

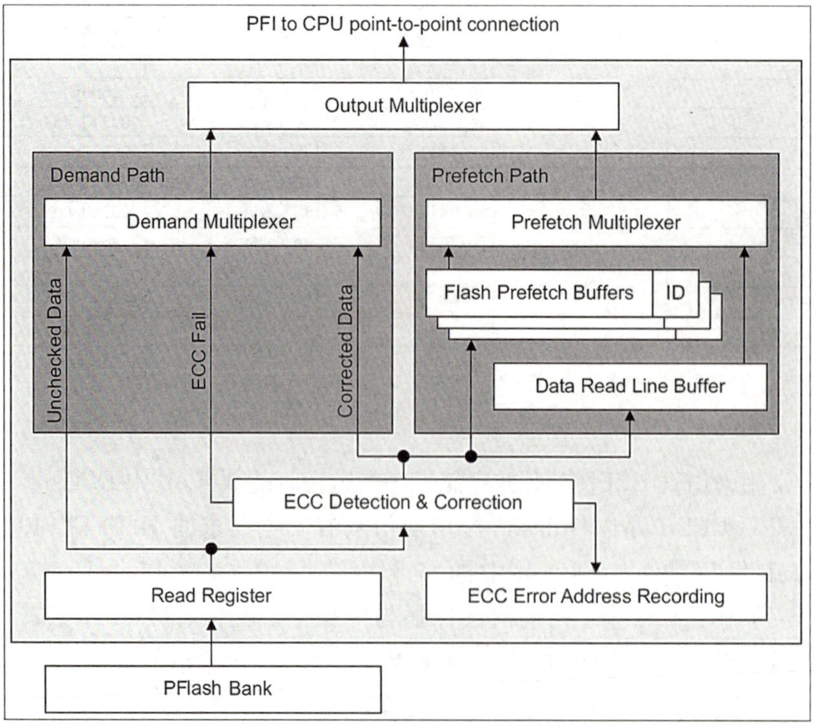

图 2.27　程序闪存接口 PFI

点连接。其中，命令路径用来处理快速的数据传输，而预取指路径中包含了数据缓存(Buffer)用来支持数据的猜测性读取。PFlash 库的数据以 ECC 的方式进行保护，读取寄存器中输出的是未检查的数据，通过 ECC 检测与校正模块的检查后输出给两个数据路径。如果检测到 ECC 故障，则将 ECC 错误进行记录并使用校正后的数据重新发送。

图 2.28 所示为 FSI 接口，FSI 接口管理着 PFlash 和 DFlash 存储器的所有维护任务，包括启动、擦除、编程、验证和分析等。图中所示 FSI RAM 支持 64 位读/写接口，是用来存储程序代码和汇编缓冲区 ASB 数据的共享 SRAM。FSI ROM 具有稳定的命令序列，常用来存储 Bootstrap 程序代码。闪存处理器 FLER(Flash Processor)是 8 位流水线 RISC 处理器，具有访问核心功能寄存器(CFR)和特殊功能寄存器(SFR)的 8 位读/写接口。

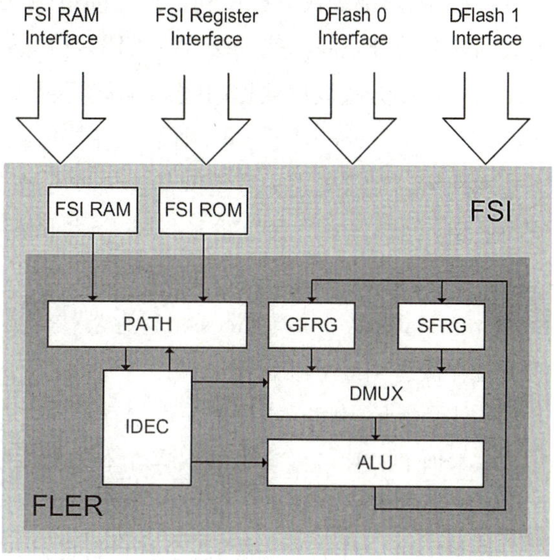

图 2.28　闪存标准接口 FSI

PMU 模块一共有三类模式，分别为正常操作模式、错误模式以及省电模式(图 2.29)。其中，省电模式又分为了休眠模式(Sleep Mode)和待启动模式(Cranking Mode)。单片机上电后自动进入了操作模式，当 FSI 模块检测到错误，提交 OPER(Operation Error)后，PMU 进入错误模式，可通过 reset 退出该模式。出于能耗和性能的考虑，PMU 提供了两种省电模式，其中主要的区别在于供电电压。休眠模式下，大部分以 1.2 V 供电，而待启动模式多以 3.3 V 供电。

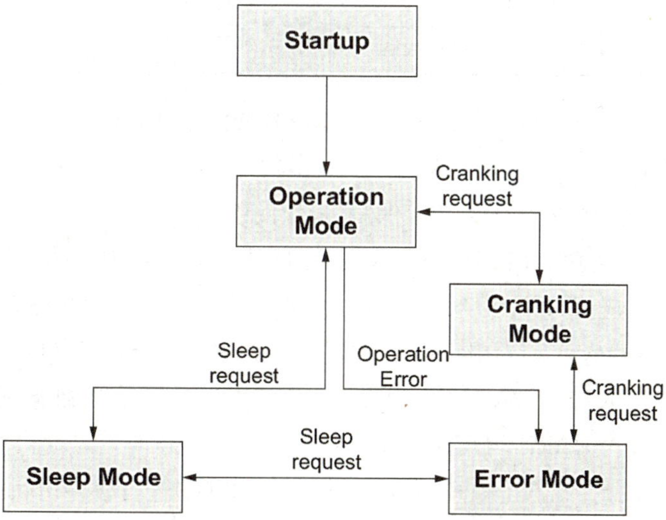

图 2.29　PMU 模块的模式切换

2.4.2 内存映射

Tricore 内核架构定义了可缓存内存(Cached memory)、非缓存内存(Non-cached Memory)以及外设内存空间访问(Peripheral Space)三种不同的内存访问模式。其中针对缓存性,段空间内部的代码取址和数据访问可独立设置。如果使用 Cache 方式读取代码,则将提取到内存地址空间的代码缓存在 CPU 中并允许 CPU 对该内存执行推测性代码提取。同样使用 Cache 方式读取数据时将数据缓存到 CPU 并允许 CPU 进行推测性数据访问。反之,对于 Non-Cache 访问方式,则不会将数据或代码缓存到 CPU,也不允许 CPU 进行推测性处理操作。对于外设内存空间的访问仅允许 Supervisor 以及 User-1 模式下进行,并且,访问使用 Non-Cache 模式,在 User-0 模式下访问外设内存空间将导致 MPP 陷阱。

在单片机内存系统中,物理地址空间每个段的数据访问的可缓存性由 PMA (Programmable Memory Access)寄存器决定。PMA 寄存器共有三个其硬件设置,使得段的可缓存性受到以下限制:

- 外设地址空间不能设置为可缓存;
- 本地 DSPR 的内容不能保存在本地数据缓存中;
- 本地 PSPR 的内容不能保存在本地程序缓存中。

根据上述硬件的强制限制,单片机各段的可缓存性默认设置见表 2.3。

表 2.3　内存空间可缓存性的默认设置

Segment	Attributes	Segment	Attributes
F_H	Peripheral Space	A_H	Non-cacheable Memory
E_H	Peripheral Space	9_H	Cacheable Memory
D_H	Non-cacheable Memory	8_H	Cacheable Memory
C_H	Non-cacheable Memory	7_H—0_H	Non-cacheable Memory
B_H	Non-cacheable Memory		

Tricore 内核将 4 GB 的内存分为 16 个 256 MB 的段空间,编号从 0_H—F_H,并由地址的高 4 位标识。下面以 TC39x 单片机为例,介绍各段的功能应用。

- 段 0 和段 2:这两个内存段为功能保留,未作使用。
- 段 1,段 3—7:这六个内存段分别对应的是 Tricore 架构的六个核,其中段 1 对应 CPU5,段 3 对应 CPU4,段 4 对应 CPU3,段 5 对应 CPU2,段 6 对应 CPU1,段 7 对应 CPU0。这些段空间允许访问 CPU 程序和数据暂存器 SRAM(PSPR, DSPR),程序和数据缓存 SRAM(PCACHE, DCACHE)以及与程序和数据缓存相关的 TAG SRAM(PTAG SRAM1, DTAG SRAM2)。
- 段 8:该内存段允许对 PFlash 和 BROM(Boot ROM)进行缓存访问。
- 段 9:该内存段允许对 LMU 和 EMEM 的缓存访问。

- 段 10：该内存段允许对 PFlash，DFlash 和 BROM 进行非缓存访问。
- 段 11：该内存段允许对 LMU 和 EMEM 进行非缓存访问。
- 段 12—14：这三个内存段为功能保留，未作使用。
- 段 15：该段内存为外设空间，将 256 MB 分为两部分，其中较低的 128 MB 为 SPB 总线的寻址空间，较高的 128 MB 为 SRI 总线的寻址空间。

图 2.30 展示了段 15 中的部分映射关系，该段作为外设使用的内存空间，一共有 256 MB 的空间，按照不同的外设将空间进行分类使用，基本能满足车载 ECU 外设的使用要求。具体的地址使用将在各个模块的介绍中详细说明。

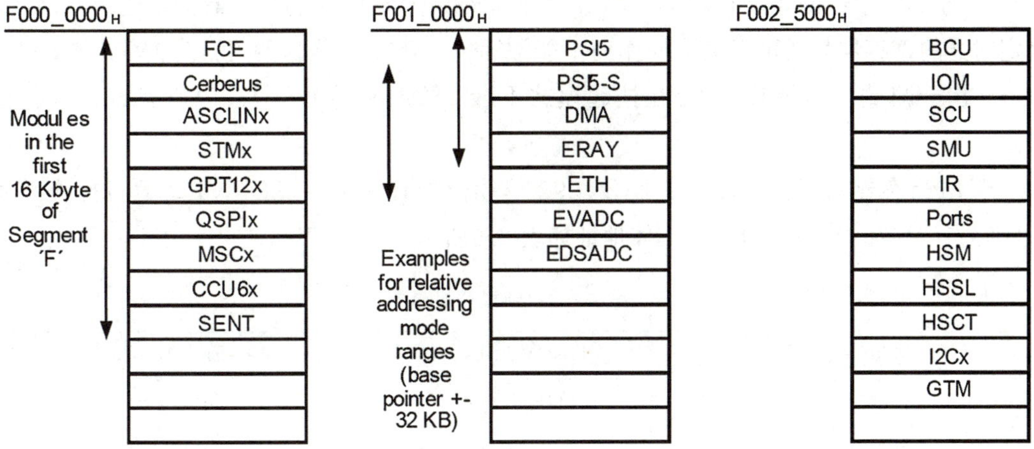

图 2.30　段 15 的映射

2.5　多功能的外设

前文着重介绍了 AURIX™ 2G 系列单片机的强大处理能力和大容量的存储空间，这为复杂的汽车软件应用部署提供了基础。AURIX™ 2G 系列单片机还配备了非常丰富和功能强大的外设，充分利用了单片机的高性能，可以满足更严苛的汽车软件要求。本节主要介绍几个用途广泛、功能强大的外设。

2.5.1　STM 模块

1. STM 模块特点

STM(System Timer)即系统定时器模块。在 AURIX™ 2G 系列单片机运行 AUTOSAR OS 之后将包含多个 CPU 系统，因此将提供多个 STM 模块，每个 STM 模块旨在用作一个单独的 CPU 操作系统主调度程序时钟触发器的时基，这可以通过使用一个比较寄存器和相关的中断产生触发器来完成。所有 STM 模块相互连接，并可以根据需要以相同的频率运行。

STM 模块是专为要求高精度和长周期的全局系统定时应用而设计的，因此，STM 模块具有以下特点：

- 自由运行的 64 位计数器；
- 可以同步读取所有 64 位；
- 可以同步读取 64 位计数器的不同 32 位部分；
- 可以通过比较 STM 模块灵活截取内容的特点产生多种服务请求；
- 重置应用程序后自动开始计数；
- 如果位 ARSTDIS.STMxDIS 被清除，则 STM 寄存器通过应用程序进行复位。

STM 是一个递增计数器，以频率 f_{STM} 运行，该频率依据设置而定，最多高达 100 MHz。该定时器的寄存器只能进行读取操作而不能被写入。出于节能目的，可以选择禁用 STM，也可以出于调试目的将其暂停，在挂起模式下，STM 时钟停止运行，但所有寄存器仍然可读。

STM 寄存器位于内存段 F_H 中，TC39x 单片机具有六个核，每个 CPU 运行操作系统后，则会有对应的 STM 模块，其具体地址如表 2.4 所示。

表 2.4　STM 模块地址

Module	Base Address	End Address
STM0	$F0001000_H$	$F00010FF_H$
STM1	$F0001100_H$	$F00011FF_H$
STM2	$F0001200_H$	$F00012FF_H$
STM3	$F0001300_H$	$F00013FF_H$
STM4	$F0001400_H$	$F00014FF_H$
STM5	$F0001500_H$	$F00015FF_H$

如图 2.31 所示，STM 模块依据不同的分辨率均分为了 TIM0—6 的七个 32 位寄存器，以及一个捕捉寄存器 CAP，其中 TIM0 为最低 32 位，TIM1 为位 4—位 35，TIM2 为位 8—位 39，以此类推至 TIM5 为位 2—位 51，TIM6 和 CAP 为最高的 32 位。同时，在 64 位长度中还可以截取任意的 32 位作为比较寄存器 CMP0 和 CMP1，可以将 64 位系统定时器的内容与 CMP0 和 CMP1 寄存器中存储的两个比较值的内容进行比较，产生相应的服务请求。

由于 STM 具有 64 位的数据宽度，不可能用一条指令读取其全部内容，而是需要两个加载指令，先读取低 32 位再读取高 32 位。然而，STM 计时器在两次加载操作之间仍进行计数，因此有可能读取的两个值不一致，这是因为在两次读取操作之间可能从计时器的低位进位到高位。为了能够同步一致地读取 STM 内容，STM 模块中设计了捕获寄存器（CAP，Capture Register），每当读取寄存器 TIM0—TIM5 之一时，它就锁存 STM 高 32 位部分的内容。因此，进行第二次读取操作时，即读取 CAP 中的内容，与第一次读取到的值进行拼接以获得完整的 64 位计时器值。

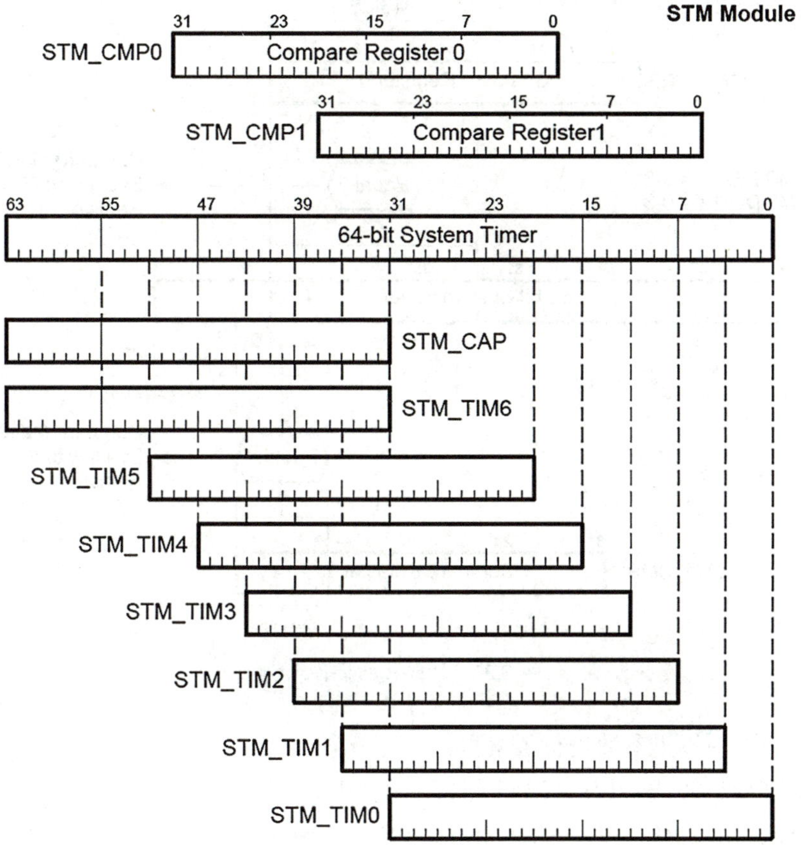

图 2.31　STM 模块

2. STM 模块功能

STM 模块的功能可以分为正常的计数功能与服务请求功能。其中，基本的计数功能由七个 TIM 寄存器以及 CAP 寄存器实现，七个 TIM 通道的计数分辨率不同，根据应用场景的需求进行选择，也可以以 32 位的数据宽度或者 64 位数据宽度读取计数的数据。而提供服务请求的功能则用到了 CMP 寄存器和中断控制，下面作详细说明。

比较操作是将 64 位 STM 的内容与 CMP0 和 CMP1 寄存器中存储的两个比较值的内容进行相等比较，并生成服务请求。在 CMP 寄存器中主要设置的是以下两个参数：

- 比较寄存器 CMP 截取的 64 位 STM 的数据宽度（比较宽度 MSIZEx），有效范围为 0—31；
- 64 位 STM 中用于比较操作的第一位的位置（起始位置 MSTART），有效范围为 0—31。

通过上面的两个参数即可以确定比较寄存器中存储的具体内容，例如应用软件想要检测 64 位 STM 寄存器中某一位的位转换就可以通过设置 MSIZE=0 和 MSTART=n 实现。

图 2.32 给出了 CMP 寄存器比较操作并生成服务请求的示例。

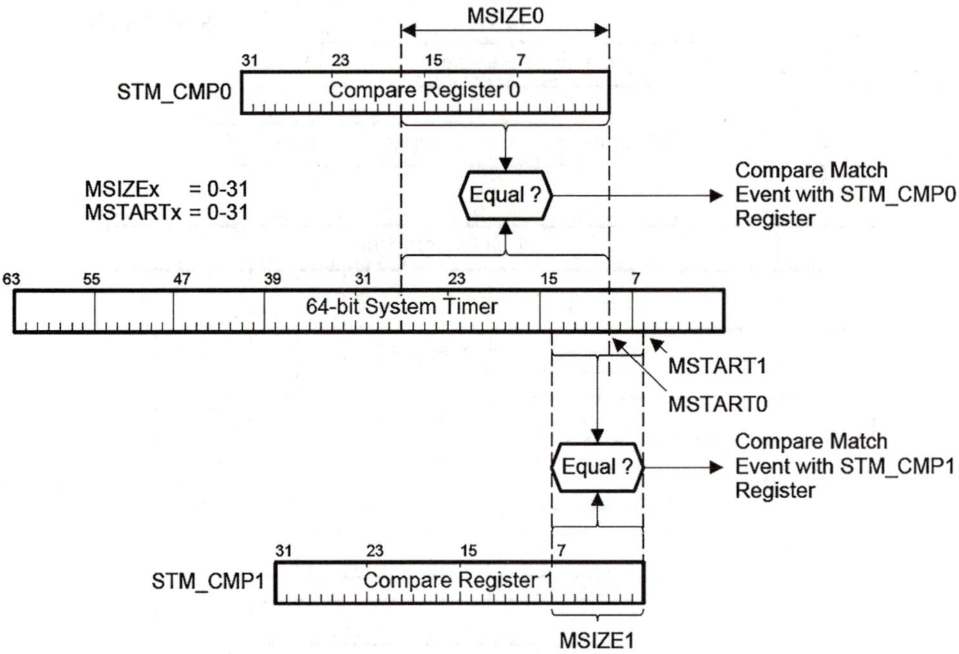

图 2.32　比较模式操作示例

在此示例中，对以下参数进行了编程：

- MSIZE0＝10001B＝17D，MSTART0＝01010B＝10D；
- MSIZE1＝00111B＝7D，MSTART1＝00111B＝7D。

MSIZE 不等于 11111B，即比较数据长度不足 32 位时，将存储在 CMP 寄存器中的比较值低位添零。这意味着在图 2.32 的示例中，比较寄存器内容 CMP0[17：0]加上十个低位的零与 STM[27：0]（其中低 10 位为 0）进行比较。如果是寄存器 CMP1，则将 STM[14：0]（其中的 STM[6：0]＝00H）与 CMP1[9：0]（低位扩展七个零值）进行比较。

比较匹配事件产生之后会生成相应的服务请求，通过中断通知 CPU，其中断控制逻辑如图 2.33 所示。图中每个 CMPx 寄存器都有其比较匹配中断请求标志（ICR.CMPxIR），在 AURIX™ 2G 系列单片机中有两个中断请求，该标志由硬件在比较匹配事件中设置。对于 ISCR 寄存器，则可以通过软件置位（ISCR.CMPXIRS）或清除（ISCR.CMPxIRR）中断请求标志。

在 ICR 寄存器配置中，如果通过软件置位 ISCR.CMPxIRS，不会在 STMIRx 处产生中断。来自比较寄存器 CMP0 和 CMP1 的比较匹配中断由 ICR 寄存器进一步控制，其中 ICR 寄存器的位 ICR.CMPxOS 输出信号连接至 STMIR0 或 STMIR1。

CMP0 事件触发的比较匹配可以在系统中产生一个复位，系统必须在寄存器 SCU_RSTCON 中为 STM 模块启用该复位。

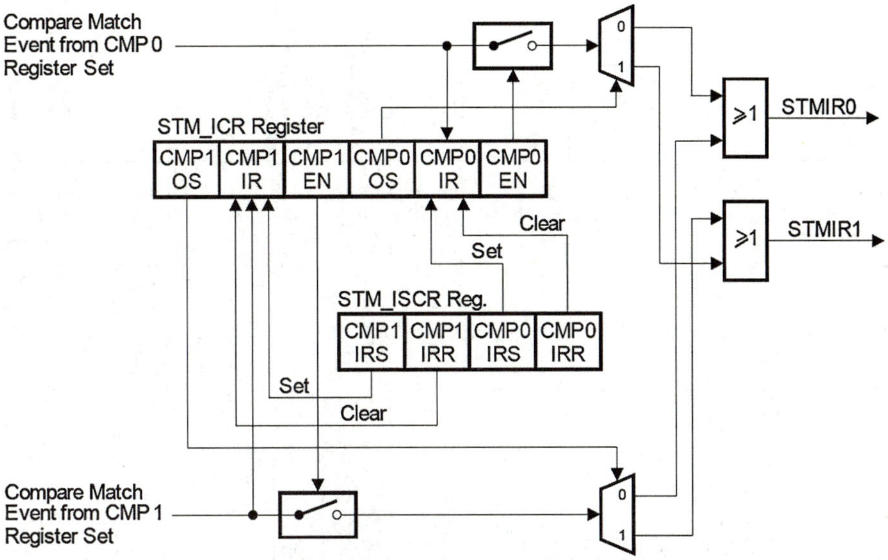

图 2.33　中断控制逻辑

2.5.2　GTM 模块

1. GTM 介绍与功能

通用定时器模块(Generic Timer Module, GTM)是博世公司的 IP，目前已经广泛用在多家单片机制造厂商的产品中，如英飞凌单片机、STM 单片机、NXP 单片机等。GTM 模块的引用是为了取代之前的 GPTA(General Purpose Timer Array)模块。与 GPTA 模块相比，GTM 模块使用简单且功能更加强大。

对于部署 AUTOSAR 操作系统的 ECU 来说，使用 GTM 模块具有以下优点：

- 可以将 CPU 从时间紧迫性任务中解放出来，即其内部有中断处理相关模块 ICM，不需要 CPU 对所有的中断都进行干预；
- 可以解决延时问题，其强大的信号并行处理能力可以保证实时性任务及时完成；
- 简化软件接口，独立的子模块可以并行开发，使得软件开发更加高效。

GTM 模块内部结构复杂，包含了多达 20 个相互独立的子模块，其主要的模块结构框图如图 2.34 所示。

GTM 模块通过配置，将多个子模块进行组合从而形成一个复杂的计时器模块，该模块为一个应用程序域中的不同应用程序域和不同对象提供服务。由于具有这种可扩展性和可配置性，因此将这种计时器称为通用计时器。

可扩展性和可配置性是通过一种体系结构原理实现的，其中硬件子模块位于中央路由的高级路由单元(ARU)周围。ARU 可以灵活地连接子模块，其中相互的连接性是软件可编程的，可以在运行时进行配置。GTM 内部的大多数任务可以独立于 CPU，并与 CPU 的软件并行运行。不过，在某些特殊情况下，CPU 必须采取行动，但 GTM 设计的目标是将这

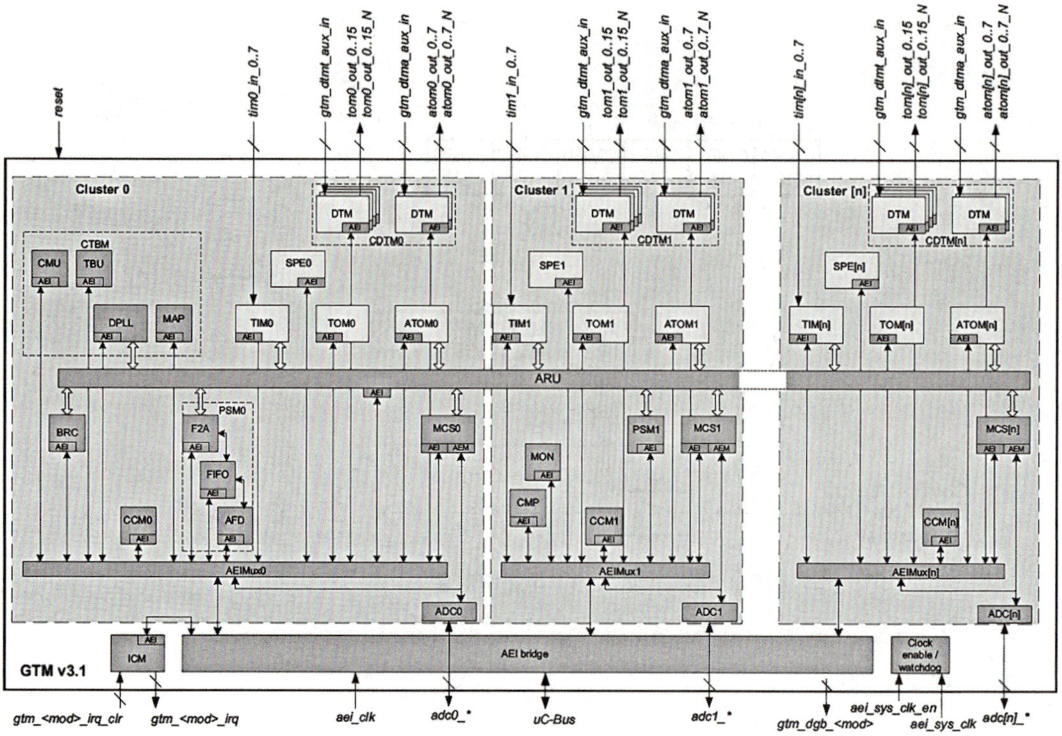

图 2.34　GTM 模块框图

些情况减少到最低限度。

GTM 模块的内部硬件子模块按照功能，可以分为以下五个组。

① 基础结构组件：包括负责 GTM 模块内信号路由的 ARU，BRC，FIFO，AFD 和 F2A 子模块，通过几个子模块的组合可以建立复杂的功能。还包括负责时钟管理和通用时基的 CMU，CCM 和 TBU 子模块，为其他的子模块提供时钟。

② 通用结构组件：相比基础结构组件，拥有更通用的架构，包括 TIM，TOM，ATOM 和 DTM 子模块用来作为 GTM 的信号输入和输出。MCS 和 MCFG 子模块负责信号处理和生成子模块的存储器配置。

③ 专用功能组件：为特定应用程序领域实现专用功能的子模块，如 DPLL，MAP 和 SPE 组合用于发动机管理应用程序。

④ 安全功能组件：CMP 和 MON 子模块，负责支持安全功能的实现，以实现定义的安全级别。

⑤ 中断服务组件：特指 ICM 子模块，负责管理中断服务。

每个 GTM 模块都有来自这五个组的子模块，但是，为了实现不同的应用功能，这些子模块的组件数量可以进行定制，以降低成本。

目前，工程中 GTM 模块常见的应用场景大致如下：

● 用 TOM 模块直接生成简单的 PWM；

- 用 FIFO 与 ATOM 模块生成复杂的 PWM；
- 用 MCS 与 ATOM 生成复杂的输出信号；
- 用 TIM 可以处理输入信号，如测量 PWM 信号或脉冲信号；
- 用 TIM，MAP 和 DPLL 可以生成电机管理所需的时钟；
- 用 TIM，SPE 和 TOM 可以驱动无刷直流电机。

下面详细介绍 GTM 模块的核心子模块 ARU 和在工程应用中使用频率最多的几个输入输出模块，包括输入子模块 TIM、输出子模块 TOMT 和 ATOM。

2. ARU 模块

高级路由单元(Advanced Routing Unit，ARU)是 GTM 的核心组件，GTM 的大多数子模块都位于其周围并与之连接。ARU 与广播单元(BRC)和参数存储模块(PSM)一起构成 GTM 的基础结构部分。ARU 能够将数据从连接的源子模块路由到连接的目标子模块，路由通过连接通道的轮询调度方案以固定的方式完成。如果数据目标从其配置的数据源中请求新数据，并且该数据源具有可用数据，则 ARU 会将数据传送到目标，并通知数据源和目标已传输数据，数据源将传递的 ARU 数据标记为无效，这意味着目标已使用该数据。因为在单片机硬件中规定了相应 GTM 子模块的路由地址数量，所以，该轮询调度方案最坏的响应时间可计算出，为 113 个时钟周期。

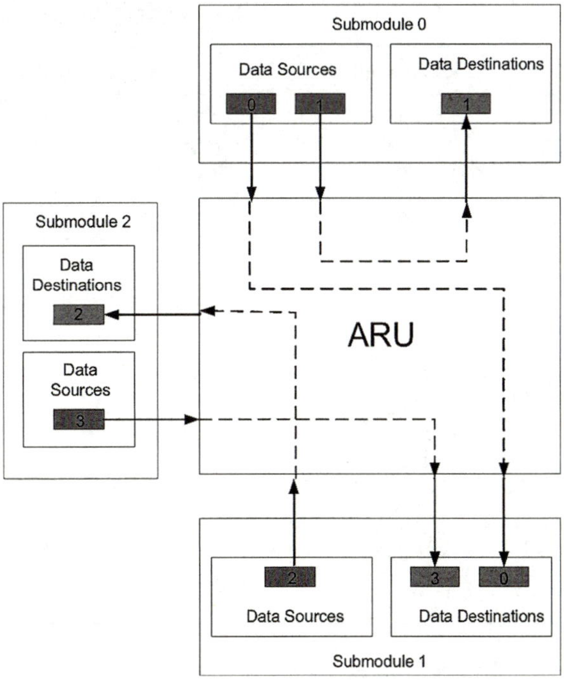

图 2.35　ARU 数据路由

ARU 模块的引入旨在为任意数据源和任意数据目标之间提供一种灵活且高效的连接方式。为了节省资源成本，ARU 没有实现交换矩阵，但是实现了具有串行连接性的数据路由器，提供了相同的互连灵活性。ARU 数据路由原理如图 2.35 所示，图中有三个子模块通过 ARU 相互连接，ARU 中的虚线描述了数据源和数据目标之间的可配置连接，数据源和数据目标之间的连接也称为数据流。

如图 2.36 所示，ARU 的路由数据字大小为 53 位，数据字在逻辑上可以分为三部分，分别是一个高 5 位的控制段 ACB 以及两个 24 位的数据段 Data0 和 Data1。其中控制段包含

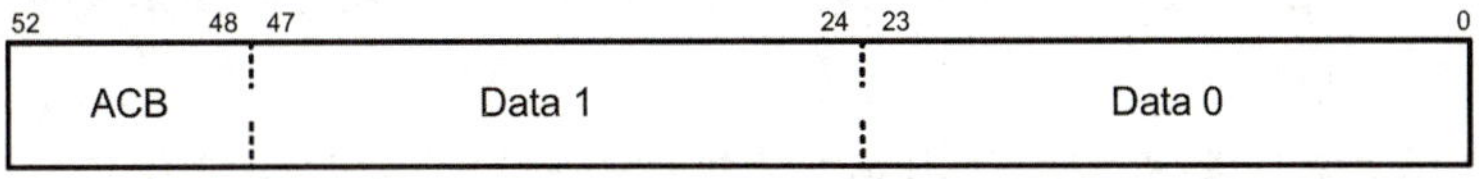

图 2.36　ARU 数据结构

着数据的地址信息和路由信息，以将控制信息从一个子模块发送到另一个子模块，这些 ARU 控制位(ACB)对于不同的子模块可能具有不同的含义。数据段中的数据通常保存 GTM 的操作寄存器的数据。例如，数据位可以是由 TIM 模块测量到的外部输入 PWM 信号的占空比和周期，也可以是单片机输出的 PWM 信号的占空比和周期持续时间，Data0 和 Data1 的另一种可能的内容可以是 GTM 时基 TBU_TSO，TBU_TS1 和 TBU_TS2 的两个 24 位值，作为 GTM 其他子模块的时钟参考。

表 2.5 所示为 GTM 子模块对应的数据源和数据目标数，ARU 数据流中的每个数据源都有其固定且唯一的源地址：ARU 读取 ID。GTM 中对于内部子模块都详细定义了路由地址的数量，通过在所需数据目标中配置数据源的相应地址(即 ARU 读取 ID)来定义从特定数据源到特定数据目标的连接。大多数时间，目标是空闲的，并等待来自源的数据；如果源提供了新数据，则目标将进行破坏性读取，这意味着相同的数据永远不会被读取两次。

表 2.5　GTM 子模块对应的数据源和数据目标数

Submodule	Number of data sources	Number of destinations
ARU	1	0
DPLL	24	24
TIM 0-3	32	0
MCS 0-3	96	32
BRC	22	12
TOM	0	0
ATOM 0-4	40	40
PSM 0	8	8
CMP	0	0
MON	0	0
Total	223	116

除了上述的与子模块相关的数据源的地址外，ARU 还提供了两个特殊的数据源，可用于配置数据流：①地址 0x1FF：数据源始终提供一个全零的 53 位数据，对该存储单元的读访问将永远不会阻塞请求数据的目的端；②地址 0x1FE：这是永远不会提供数据的数据源，对该存储位置的读访问将始终阻塞请求数据的目的端。地址 0x000 则作为保留地址，可通过将写入地址 0x000 写入 ARU ACCESS 寄存器，用于通过 ARU 寄存器 ARU DATA H 和 ARU DATA L 将数据带入系统，这意味着可以通过 CPU 将软件测试数据带入 GTM，以实现更丰富的自定义功能。

ARU 对所有连接的数据目标使用具有固定往返时间的轮询仲裁方案。这意味着，无论读取请求成功还是失败，由数据目标通道产生的两个相邻读取请求之间的时间始终占用仲裁时间。通常，ARU 传输数据是一对一传输，如果两个目标引用相同的源，则一个目标将先消耗数据，然后另一个目标才能使用数据。由于数据传输正在阻塞，因此，第二目标将一直阻塞，直到它从源接收到新数据为止。如果一个数据源应连接到多个数据目标，则必须使用子模块 Broadcast（BRC）。

这里就引入了 ARU 的另一个重要概念——阻塞机制，ARU 连接的子模块使用此机制将子模块与路由的数据流同步（图 2.37）。如果数据目标通过 ARU 向数据源请求数据，但该数据源尚无任何数据，则它必须等待直到该数据源提供新数据，在这种情况下，拥有数据目标的子模块可以执行其他任务。当数据源产生新数据的速度快于数据目的地消耗数据的速度时，数据源将引发错误中断并发出无法及时传送数据的信号，新数据被标记为对进一步传输有效，而旧数据将被覆盖。

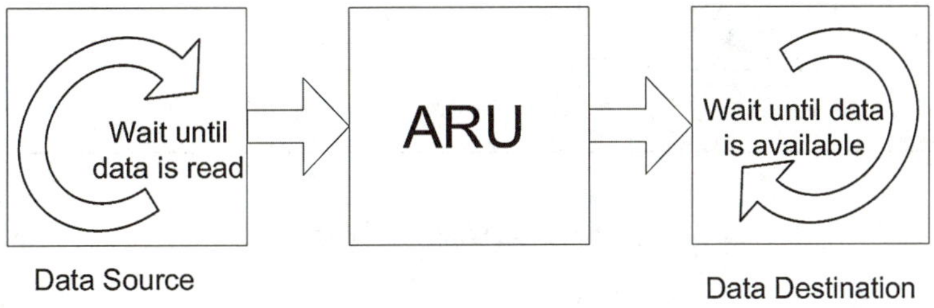

图 2.37　ARU 阻塞机制

3. TIM 模块

定时器输入模块（Timer Input Module, TIM）是 GTM 模块中唯一的输入模块，负责过滤和捕获外部连接至 GTM 的输入信号。在 TIM 通道内可以测量输入信号的几种特性，包括记录输入上升沿或下降沿的时间戳以及信号的电平更新、自通道启用以来接收到的信号边沿数，以及整个 PWM 周期的实际时间戳或 PWM 信号持续时间等。如果应用需要对输入数据做更加复杂处理，可以将检测到的输入信号信息通过 ARU 路由到 GTM 处理单元 MCS。TIM0 子模块区别于其他的模块，其信号输出可以连接到 MAP 子模块，在 MAP 模块中进行处理，并路由到 DPLL 模块，该功能多用于发动机曲轴控制。

图 2.38 所示为 TIM 模块通道的连接结构，其中每个 TIM 通道都有自己独立的滤波器（FLT），输入的信号将首先进入滤波模块进行处理，经过过滤的信号可以传送至超时检测单元 TDU，该单元功能可以在相应通道的滤波后的输入信号上设置超时事件。TIM 通道的工作时钟从 CMU 模块中生成的八个时钟 CMU_CLK0-7 中选择；如使用到时间戳，则可以选择 TBU 模块中生成的三路 TBU_TS0-2 中的一个。注意，如果选择 TBU_TS0，则应该截取其 24 位。

图 2.39 所示为 TIM 模块中的滤波子模块结构，包括时钟同步单元 CSU、边沿检测单元 EDU 和过滤单元 FLTU。FLT 通过设置 FLT 寄存器可以提供四种滤波模式，分别是立即边缘输出模式、单边去毛刺时间模式（向上/向下计数器）、单边去毛刺时间模式（保持计数器）以及单边去毛刺时间模式（复位计数器）。

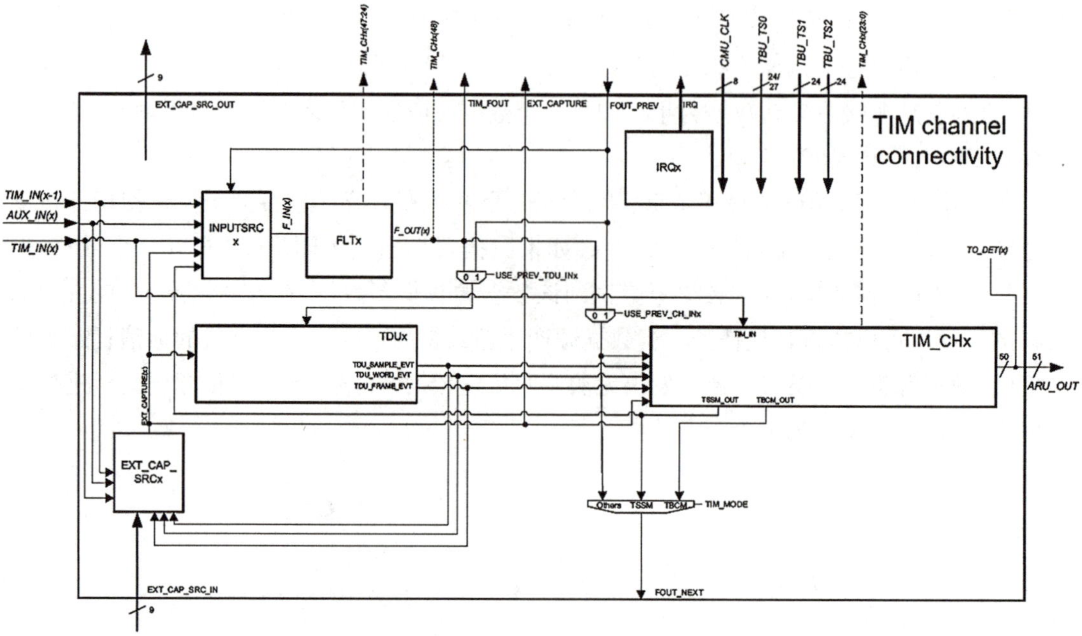

图 2.38　TIM 模块结构框图

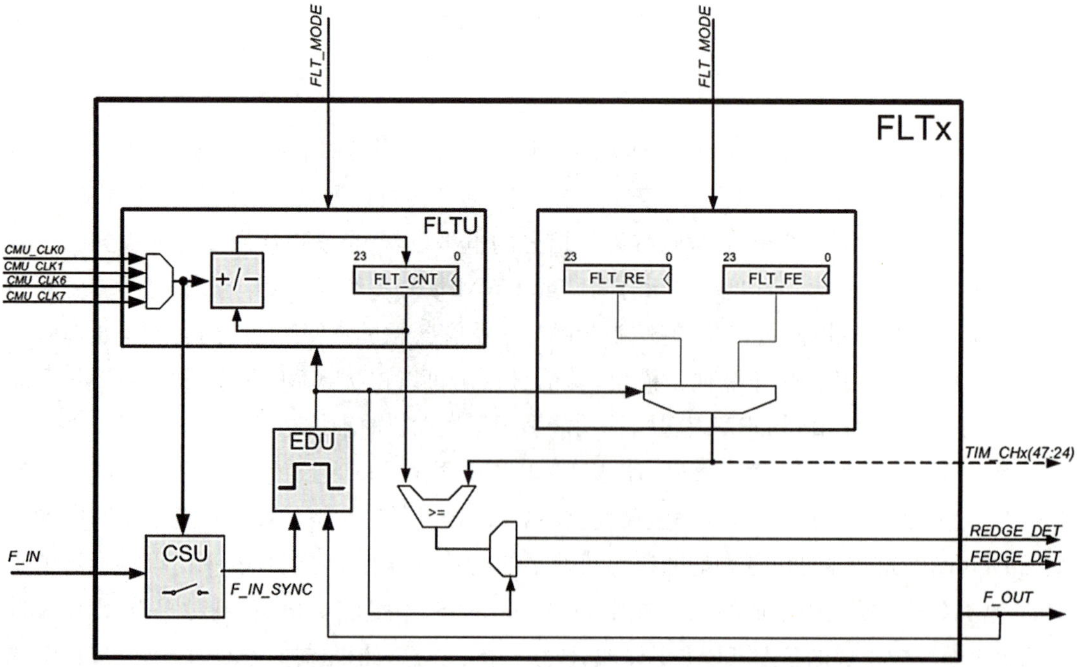

图 2.39　滤波子模块 FLT

如图 2.40 所示，每个 TIM 通道内包括一个输入边沿计数器 ECNT、一个带有计数器 CNT 的信号测量单元(SMU)、一个用于 SMU 计数器的计数器影子寄存器 CNTS 以及两个用于存储处理结果的通用寄存器 GPR0 和 GPR1。

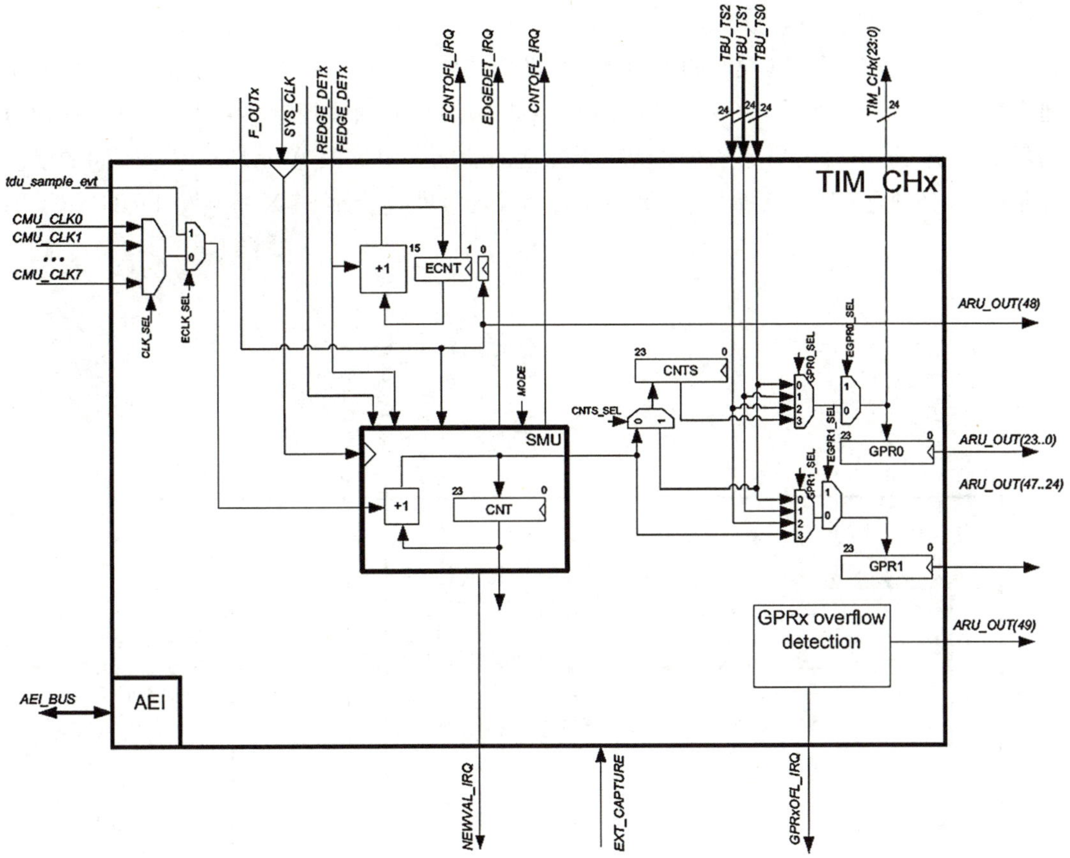

图 2.40　TIM 模块中 Channel 架构

TIM 提供了七种不同的工作模式，可通过寄存器 TIM[i]_CH[x]_CTRL 的位字段 TIM MODE 进行配置：

- TIM PWM Measurement Mode (TPWM)：测量 PWM 波周期和占空比；
- TIM Pulse Integration Mode (TPIM)：测量多个脉冲的高电平和低电平的总和，实现门控操作；
- TIM Input Event Mode (TIEM)：对信号的上升沿或下降沿进行计数，从而触发事件，对计数器进行操作；
- TIM Input Prescaler Mode (TIPM)：在触发中断之前等待即定数量的边沿，实现预分频的效果；
- TIM Bit Compression Mode (TBCM)：仅对于通道 0 的功能，将模块的 8 个通道并行测量，进行压缩得到 8 位的状态字；
- TIM Gated Periodic Sampling Mode (TGPS)：实现周期地采样；
- TIM Serial Shift Mode (TSSM)：将输入信号串行移位到寄存器中。

4. TOM 模块

TOM(Timer Output Module)定时器输出模块是 GTM 的一个输出模块，工程实践中多用于产生 PWM 信号。

图 2.41 示意了 TOM 模块的结构，每个 TOM 模块有多达 16 个独立的通道，将这 16 个通道均分成两组，通过 TGC(Global Channel Control)全局通道控制器管理，可以实现通道的启用/禁用、输出启用和寄存器更新三个独立的功能。TGC 子单元是由三个不同的触发源驱动的，分别是 CPU，TBU 时间戳以及内部触发信号(包括通道 X 的触发 TRIG_CCU0；

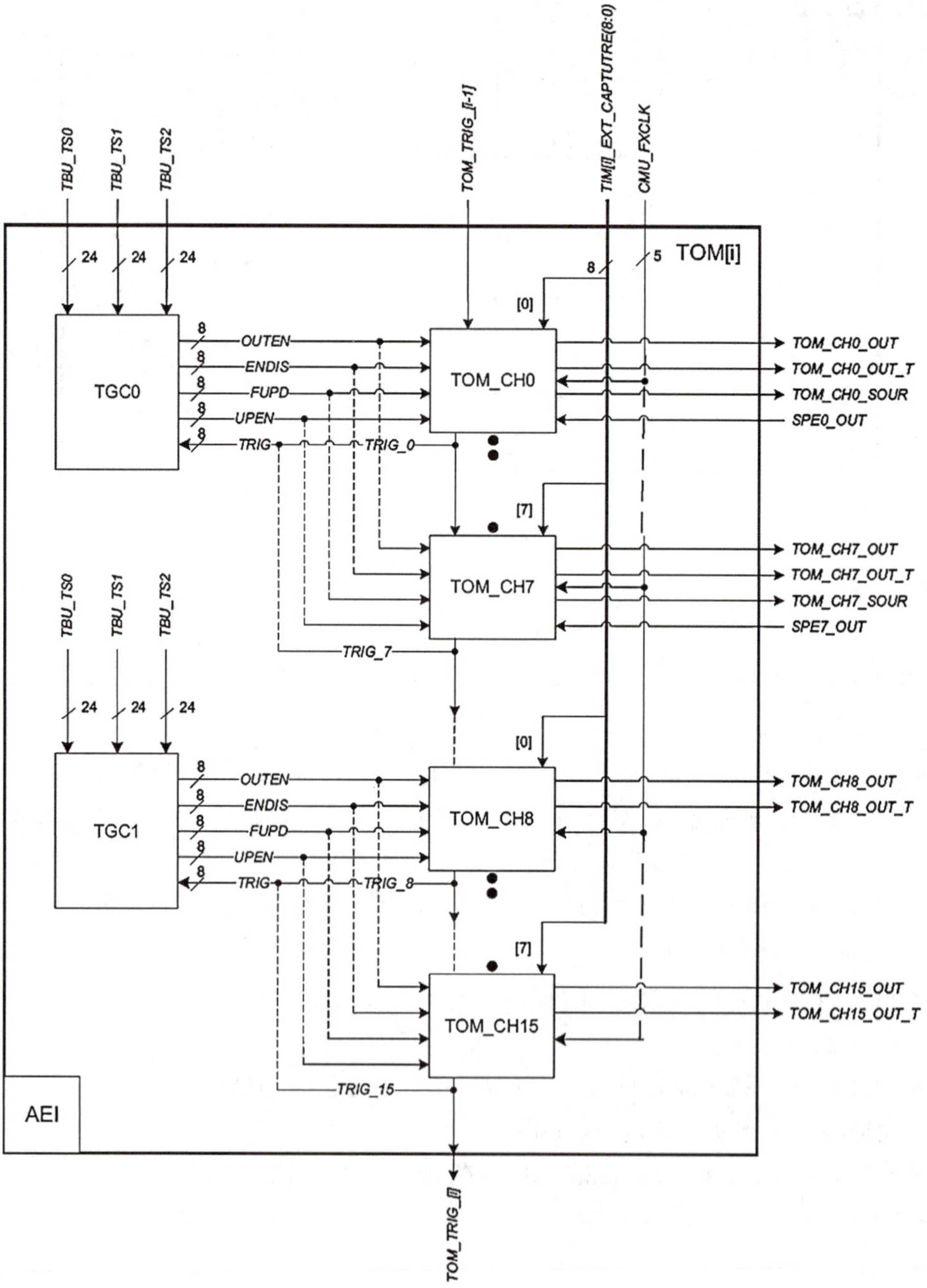

图 2.41　TOM 模块结构

前一个通道X－1的触发信号）。第一种触发是由 CPU 直接通过写寄存器的方式控制 TOM 通道；第二种是由来自模块 TBU 的指定时基（由位 TBU_SEL 选择）和在寄存器 TOM[i]_TGClylACT_TB 的位字段 ACT_TB 中定义的时间戳进行比较，产生相等比较事件以触发 TOM 通道；第三种是将其他 TOM 通道的触发信号链接至本地 TOM 通道以实现内部触发功能。

TOM 模块所需的工作时钟从 CMU 模块中生成的五个固定时钟 CMU_FXCLK0-4 中选择；如使用到时间戳，则可以选择 TBU 模块中生成的三路 TBU_TS0-2 中的一个。

图 2.42 所示为 TOM 通道内部的架构。每个单独的 TOM 通道由一个包含计数器寄存器 CN0 和周期寄存器 CM0 的计数器比较单元 CCU0，一个包含占空比寄存器 CM1 的计数器比较单元 CCU1 和包含输出寄存器 SOUR 的信号输出生成单元 SOU 组成。CCU0 子单元中有一个 16 位的计数器 CN0，其时钟是子模块外部提供的选定输入频率 CMU_FXCLK 之一。当 CN0 的计数器值等于比较值 CM0 时重置计数器寄存器 CN0 时，将产生 TRIG_CCU0 信号传输到 SOU 模块中，其中 CM0 的值通常被设置为 PWM 的周期。该寄存器比较事件也可以作为一个内部触发信号 RST_CCU0，用来触发下一个 TOM 通道，此功能常

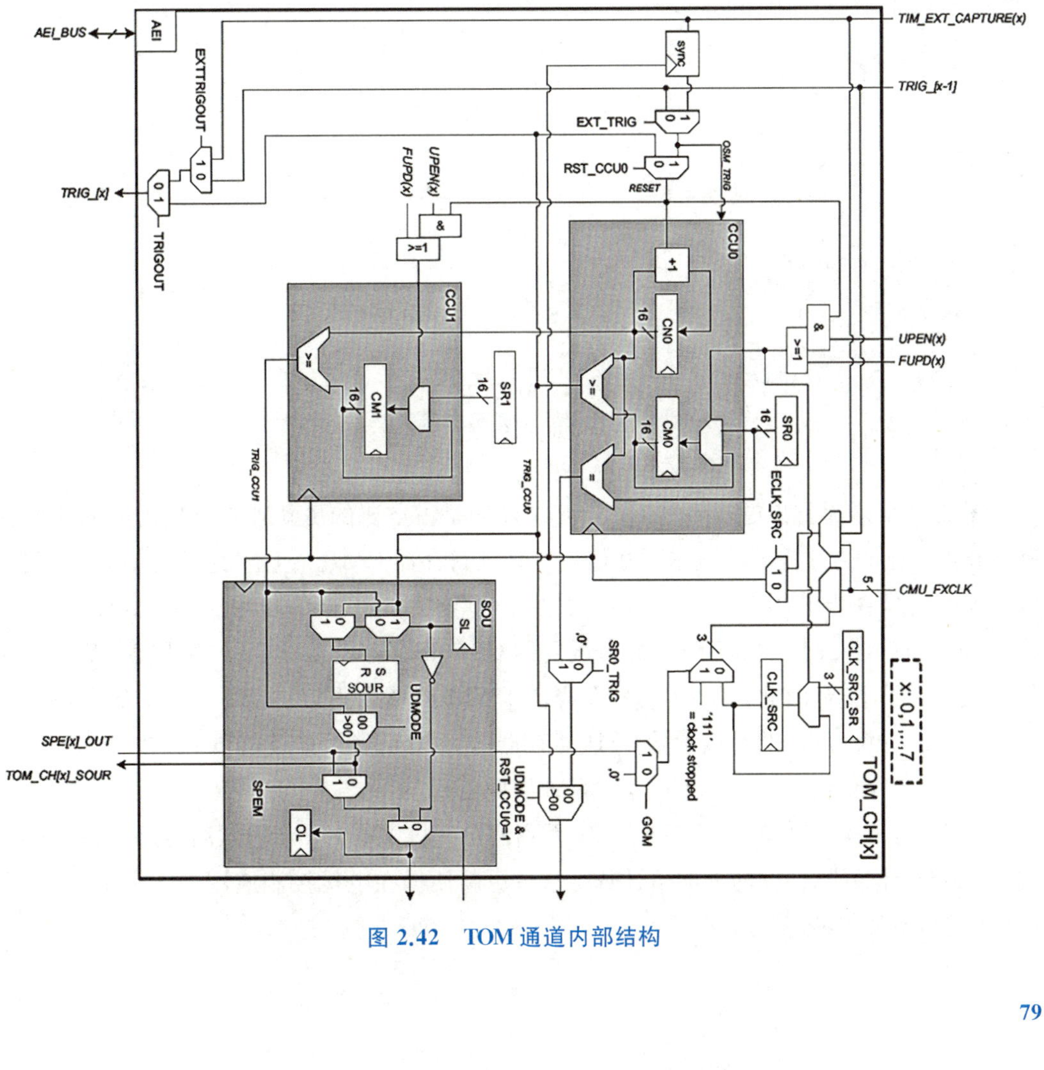

图 2.42　TOM 通道内部结构

用来产生中心对称的PWM。CCU1 子单元中有一个 16 位的比较计数器 CM1，当 CN0 的值等于或者大于该计数器时，则会产生信号 TRIG_CCU1，传输至 SOU 单元，该计数器常用来作为 PWM 的占空比。SOU 单元负责采集 CCU0 和 CCU1 的触发信号，用来产生 PWM 波。

TOM 通道中还有两个影子寄存器 SR0 和 SR1，SR0 与 CM0 对应，SR1 与 CM1 对应，它们常用来存储 CPU 设置的占空比和周期值。通过这两个寄存器，TOM 输出的 PWM 可以支持两种更新方式，分别为同步更新和异步更新。

图 2.43 所示为同步更新的例子。所谓同步更新，即是在完成寄存器 SR1 更新的周期之后的周期中应用新的占空比，仅通过将所需的新值写入寄存器 SR1 即可完成仅占空比的同步更新。从图中可以看到，对于 SR1 写入新值时，无论是在 PWM 波的哪个位置时刻进行输入都不会影响当前的 PWM 信号，而是在下一个 PWM 周期同步地更新。

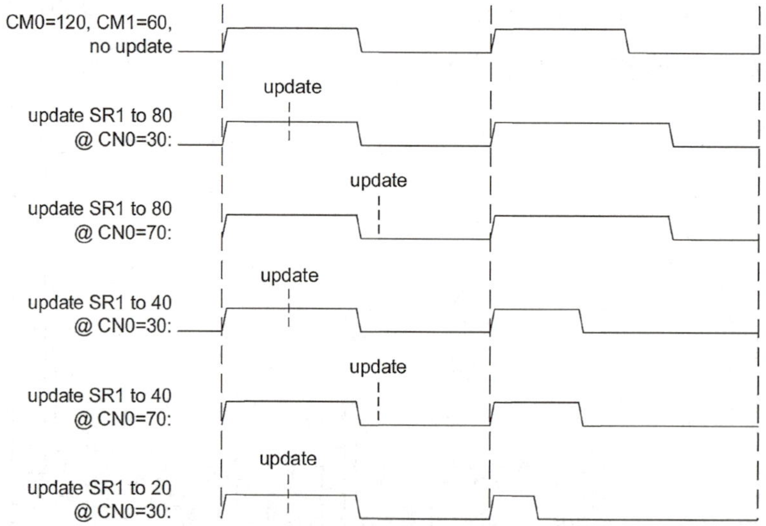

图 2.43　同步更新示例

图 2.44 所示为异步更新的例子。异步更新即是占空比的更新独立于新周期的开始，这种更新占空比的方式需要将设定的新值直接写入寄存器 CM1。但是，这种更新方式不能确保 PWM 信号在当前周期内得到更新，其更新与否还依赖于 CN0 和 CM1 相对数值。当 CN0 为 30 时，将 CM1 更新到 80，此时设置的 CM1 寄存器的值 60 还未被加载，新 CM1 的值80就得到了更新，因此，PWM 信号在当前 PWM 周期内得以更新。然而，当 CN0 为 70 时，将 CM1 更新为 80，此时设置的 CM1 寄存器的值 60 已经被加载，新 CM1 的值 80 就不能更新，因此，PWM 信号只能在下一个 PWM 周期更新。

相比于上一代 GTM，AURIX™ 2G 系列的单片机中的 CN0 计数器在连续模式下可实现 up-down 计数模式，即向上向下计数。这一更新使得在电机控制应用中产生中心对称的 PWM 信号更加容易。

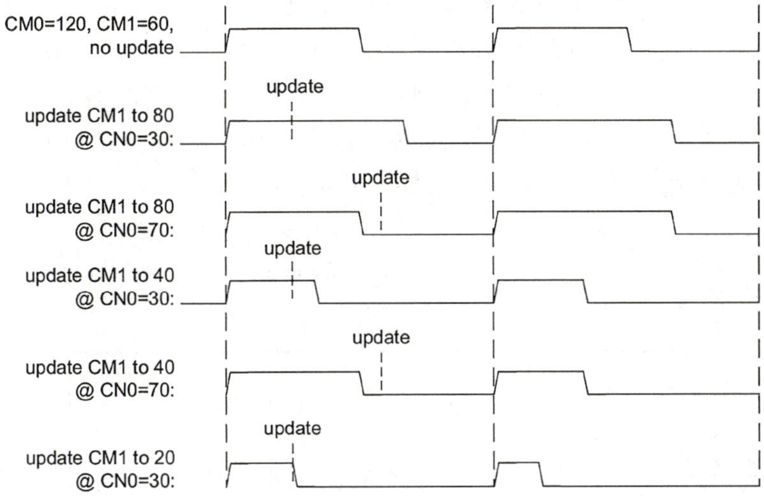

图 2.44　异步更新示例

当 CN0 计数器值等于比较值或者有其他的触发条件存在时，计数寄存器 CN0 会改变当前计数方向。这种模式下也支持相应的同步或者异步更新，更新原则与上述一致，不再赘述。图 2.45 所示为 CN0 被 CCU0 复位的情况，CN0 从 0 到 CM0 的数值连续递增计数，然后改变计数方向递减至 0。输出信号的初始状态则是由 SL 位设置。TOM 输出通道上生成一个 PWM 信号时，周期由 CM0 寄存器定义，占空比由 CM1 寄存器定义。如果 CN0≥CM1，则输出状态为 SL；如果 CM1=0，则输出为 SL（即 100%占空比）；如果 CM1≥CM0，则输出为!SL（即 0%占空比）。

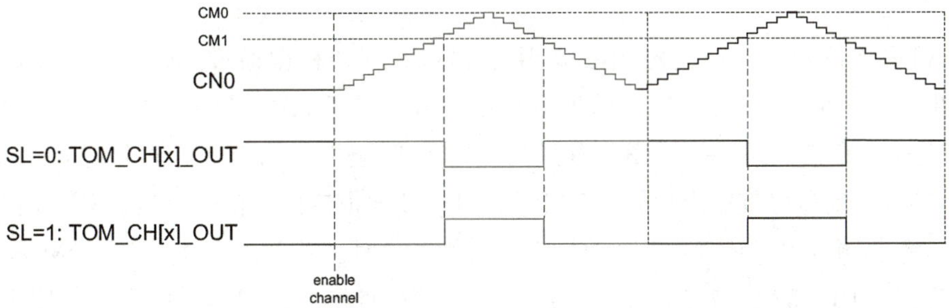

图 2.45　up-down 模式生成中心对称 PWM 信号

5. ATOM 模块

ATOM(ARU, connected Timer Output Module)即与 ARU 单元相连接的定时器输出模块，是 GTM 模块中重要的输出子模块。因为 ATOM 可以通过 ARU 连接到其他模块，所以，该输出模块可以生成复杂的输出信号而无须 CPU 的干预。实际应用中，通常通过 ARU 将 ATOM 连接到 GTM 中 MCS、DPLL 或 PSM 子模块，以产生具有复杂的 PWM，多用于发动机的燃油喷射系统。

图 2.46 展示了 ATOM 模块的结构。ATOM 与 TOM 模块相比，结构类似但也有所区

别。ATOM 模块所需的工作时钟从 CMU 模块中生成的八个配置时钟 CMU_CLK0-7 中选择;如果使用到时间戳,则可以选择 TBU 模块中生成的三路 TBU_TS0-2 中的一个。每个 ATOM 子模块包含八个输出通道,而 TOM 模块有多达 16 个输出的通道。ATOM 中的通道选择和控制用一个 AGC 单元控制,AGC 控制器的功能与 TOM 通道中的 TGC 控制器功能相似,在此不再赘述。每个 ATOM 通道提供了以下五种操作模式。

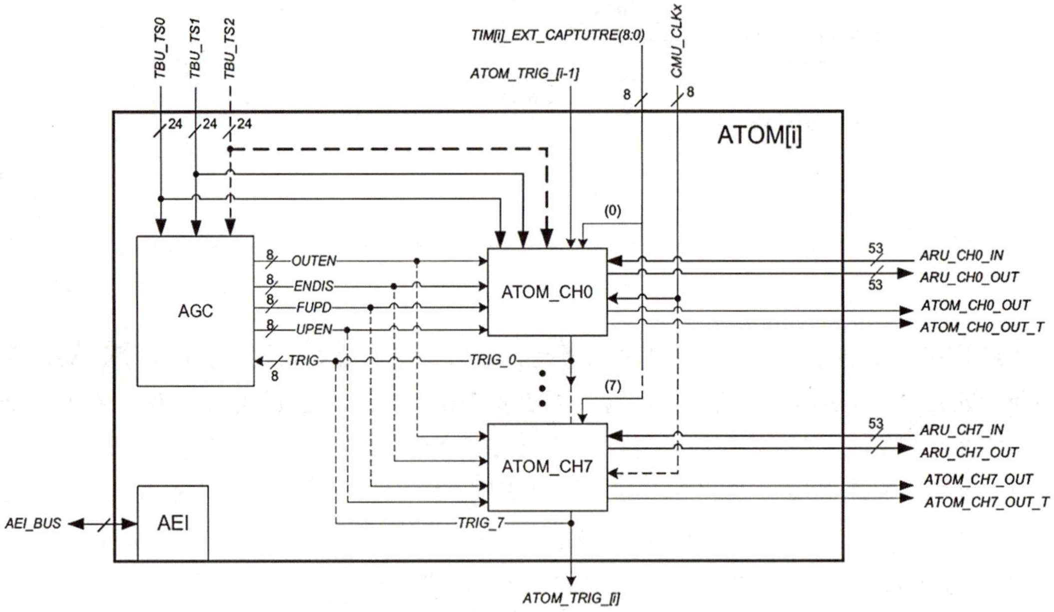

图 2.46 ATOM 模块结构

① ATOM 信号立即输出模式(SOMI):ATOM 通道根据通过 ACBI 位字段接收到的 ARU 数据,在收到 ARU 数据后立即生成输出信号。由于 ARU 目的端的运行按照轮询方式进行,在这种模式下,考虑到 ARU 往返时间的不确定性,输出信号可能会发生抖动。

② ATOM 信号比较输出模式(SOMC):ATOM 通道输出的信号代表 ATOM 操作寄存器中的时间戳,并可以将这些时间戳与 TBU 生成的时间戳进行比较。ATOM 能够通过 CPU 或通过 ARU 接收到新的时间戳,新的时间戳被直接加载到通道操作寄存器中。当通道操作寄存器的比较匹配发生时,影子寄存器就会捕捉这两个时基值。

③ ATOM 信号输出 PWM 模式(SOMP):通过将其操作寄存器与子模块内部计数器进行比较,ATOM 通道可以像 TOM 子模块一样生成简单的 PWM 信号。不同的是,当 ATOM 通道运行操作寄存器时,影子寄存器可以在后台加载 CPU 和 ARU 传输的数据。

④ ATOM 信号串行输出模式(SOMS):ATOM 通道输出移位寄存器生成串行输出位流。移位的位数和移位方向是可配置的,移位频率由 CMU_CLKx 时钟信号之一确定。

⑤ ATOM 信号缓冲输出模式比较(SOMB)：ATOM 通道输出信号代表位于 ATOM 操作寄存器中的时间戳。通过 ARU 接收到的新比较值首先存储在影子寄存器中，并且只有在发生先前的比较匹配事件时，才使用影子寄存器的内容来更新操作寄存器。

如图 2.47 所示，ATOM 通道与 TOM 通道的架构相类似，不同的是，ATOM 模块中用到的 CM0，CM1，SR0，SR1，CN0 等计数器都是 24 位，提高了计数器的精度。ATOM 通道主要由四个子单元构成，包括 CCU0，CCU1，SOU 以及 ACI(ARU Communication Interface)。ARU 通信接口单元负责 ATOM 模块与 ARU 之间的数据交换，通过两个影子寄存器 SR0 和 SR1 以及 ATOM[i]_CH[x]STAT 寄存器的 ACBI 和 ACBO 位字段实现。

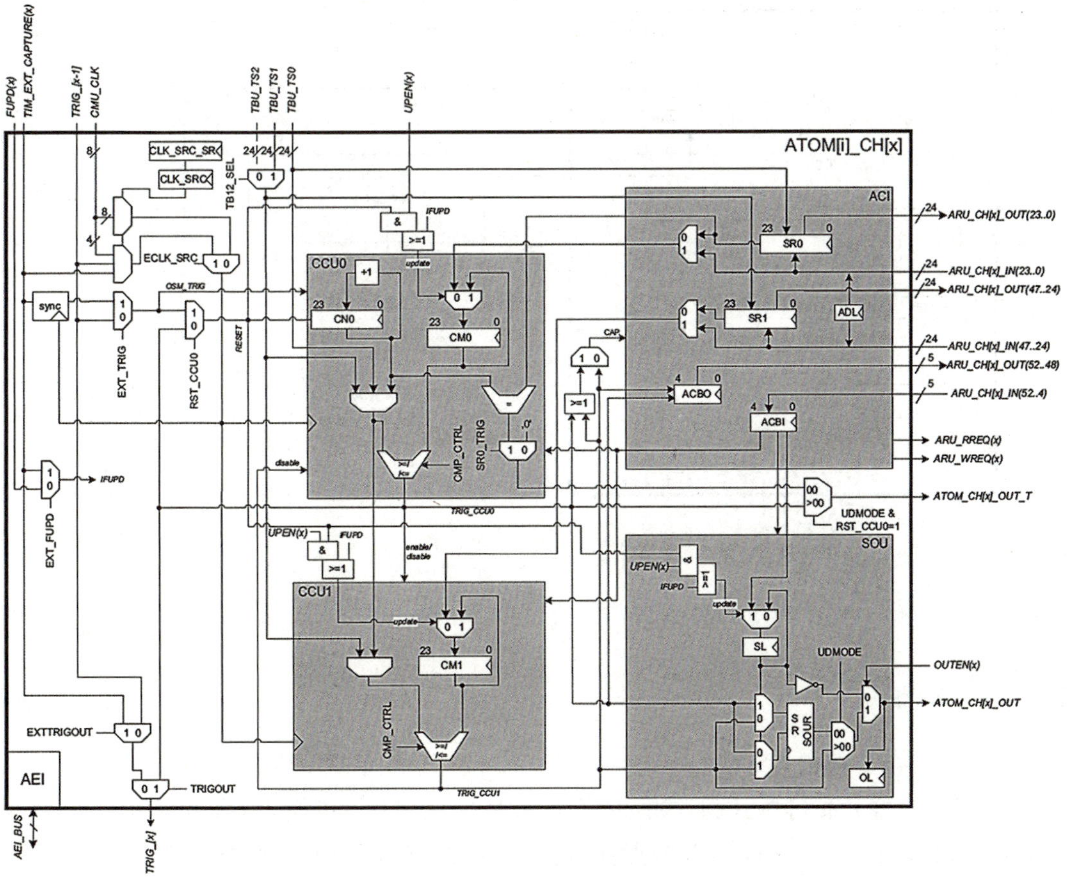

图 2.47　ATOM 通道结构

由于 ATOM 已连接到 ARU，因此可以通过 ARU 连接或通过 CPU 的 AEI 接口重新加载 ATOM 通道的影子寄存器。当通过 ARU 接口加载时，影子寄存器充当 ARU 与通道操作寄存器之间的缓冲区。因此，可以通过 ARU 将新的 PWM 参数集重新加载到影子寄存器中，而操作寄存器则根据实际参数集工作。

图 2.48 所示为 ACI 的结构，通过 ARU 传入的数据(53 位宽度)被 ACI 分为三部分，分

别是一个 5 位的控制位以及两个 24 位宽度和数据，之后将其传送至相应的 ATOM 通道寄存器中。在 SOMI，SOMP，SOMS 和 SOMB 模式下，将 ARU 数据的低 24 位存储在 SR0 寄存器中，将高 24 位数据存储在 SR1 寄存器中。在 SOMI，SOMP 和 SOMS 模式下，5 位的控制位存储在 ACBI 位域，在 SOMB 模式下则存储在内部的 ACB_SR 寄存器中。在 SOMC 模式下，将接收到的 ARU 数据直接写入 ATOM 通道操作寄存器，写入方法是将低 24 位数据写入 CM0 寄存器，将高 24 位数据写入 CM1 寄存器。第 52 位到第 48 位存储在 ACBI 位域中，并控制比较单元的行为和 ATOM 通道的输出信号。

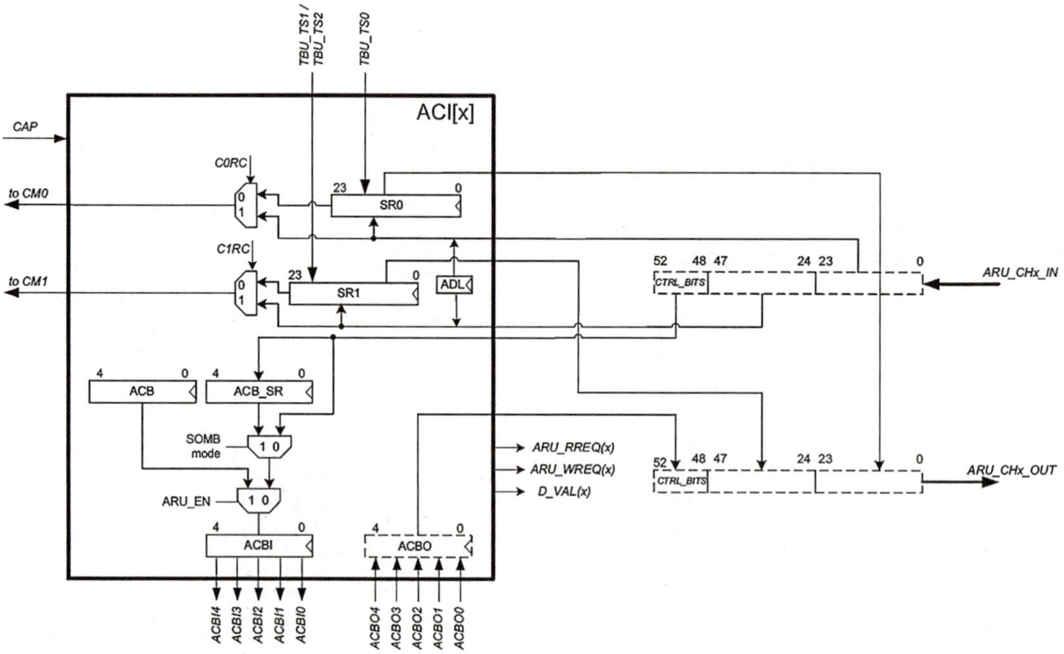

图 2.48　ACI 结构示意

2.5.3　ADC 模块

1. ADC 模块介绍

AURIX^{TM} 2G 系列单片机提供了增强的多功能 ADC 转换器（Enhanced Versatile Analog-to-Digital Converter，EVADC）以及增强的 Δ-Σ 型 ADC 转换器（Enhanced Delta-Sigma Analog-to-Digital Converter，EDADC）。本小节主要介绍 EVADC 的结构与功能，EVADC 提供了一系列模拟输入通道，这些通道使用逐次逼近寄存器（Successive Approximation Register，SAR）原理连接到几个模/数转换器的群集，以将模拟输入值（电压）转换为离散的数字值。

EVADC 模块基于 SAR 转换器，每个转换器都包含一个采样保持单元和一个转换器模块，通过模拟多路复用器选择当前需要转换的输入通道，支持多达四个通道的同步并行转换。使用具有几个请求源的专用控制逻辑可以定义连续转换通道的顺序，将这些通道组合起来就构成了一个转换组。ADC 模块族群的每个转换器可以独立于其他转换器运行，每个通道的转换结果可以存储在专用于通道的结果寄存器或特定于组的结果寄存器中。EVADC 模块中一共提供了三个具有不同功能的族群：① 主转换器族群：配备 8∶1 多路复用器和 8 级队列，转换时间为 0.5 μs；② 次转换器族群：配备 16∶1 多路复用器和 16 级队列，转换时间为 1 μs；③快速比较通道族群：单通道，更新速率为 0.2 μs。

作为增强的 ADC 模块，EVADC 具有以下特性：

- 标称模拟电源电压为 5.0 V 或 3.3 V。每个通道可选择标准的(VAREF)和备用的(每个转换器的通道 0)参考电压源，以实现比率测量和不同信号精度的要求。支持转换速度和采样时间可调整，以适应不同传感器输入。
- 灵活的转换请求选择和仲裁：可编程的任意转换顺序(单个或重复)；由软件、计时器事件或外部事件触发的转换；使用取消注入重新启动模式，以减少优先通道上的转换延迟。
- 强大的结果处理能力：独立的结果寄存器，可根据边界值配置极限检查，存储最大值/最小值；具有可选系数的 FIR/IIR 滤波器后处理。
- 内置安全功能：可配置的寄存器访问保护支持安全应用；断线检测；复用选择器测试模式以验证信号路径的完整性；自动执行测试程序。
- 支持挂起模式和省电模式。

2. EVADC 模块切换

EVADC 的模拟转换器是将选定的输入通道的模拟电压转换成数字结果值的功能模块。它在运行期间会持续耗电，因此，为了节能考虑，将 ADC 模块在无转换任务时休眠以减少耗能。为此，在 ADC 模块设计有四个工作状态，通过 GxARBCFG 寄存器中的位域 ANONS 进行标记，分别是正常操作模式、快速待机模式、低速待机模式以及转换截止模式。模块复位后，模拟转换器属于截止状态，必须在转换之前进行使能操作。各个 ADC 状态的转换如图 2.49 所示。

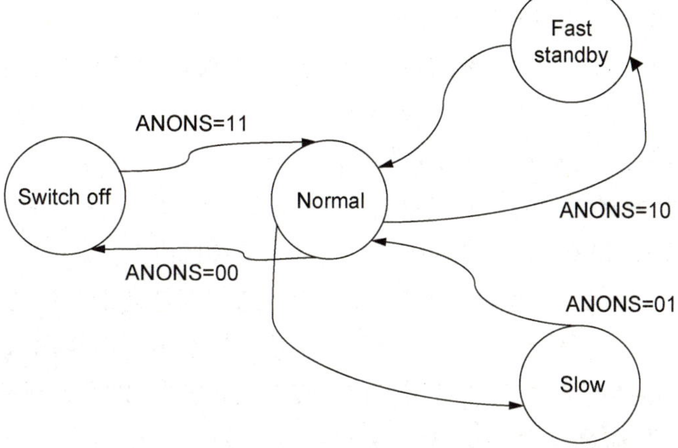

图 2.49 ADC 模块状态转换

快速待机模式与低速待机模式的区别在于从待机状态到正常工作状态切换的速度，快速待机模式切换花费约 1 μs，而从低速待机模式转换则需 5 μs。

模数转换中，模拟输入信号几乎总是包含一定量的噪声，这可能是在传感器本身内部生成，也可能是在信号传输路径中产生并添加到转换器输入中。由于模数转换器已集成到微控制器中，因此，微控制器的数字模块所产生的一些噪声也可能影响转换器的运行。对此，EVADC 提供了几种方法来减少影响模数转换操作性能的噪声成分。

- 降噪转换：转换过程中可以扩展可选的附加步骤，以细化所生成的结果值。具有多种降噪等级，由寄存器配置，该操作会导致转换时间的增加。
- 传播早期采样点：除了统计噪声外，同步噪声无法通过过采样消除。扩展的早期采样点功能通过以伪随机步长移动采样相位的末尾来衰减同步噪声。启用此功能后，采样相位随机缩短最多 100 ns。配置采样时间的持续时间时必须遵守这一点。
- 累计转化：通过添加 2～16 个转换结果以计算平均值。预定数量的值将自动累积，并且仅在完成累积后才生成服务请求。
- 转换器相互干扰：由于所有转换器都使用公共参考电压 VAREF（备用参考电压除外），因此，这些转换器可能会相互干扰。可以通过同步其操作来避免这种情况。

EVADC 模块分成了三个族群，分别为主转换器族群、次转换器族群和快速比较通道族群。其中，主转换器族群和次转换器族群都实现了标准的模数转换功能，区别在于次转换器族群比主转换器族群多了 8 个通道序列，可以实现多达 16 个通道的序列转换，与此相对的增加了转换的时间。快速比较通道族群则实现了不同的功能，专用快速比较通道可支持不需要精确转换结果而仅指示输入信号是否高于或者低于给定阈值（例如峰值和保持操作）的应用，比较时间大约需要 200 ns，远少于正常转换时间，结果返回值为一个二进制数。比较参考值即阈值，可以由软件编写，也可以由另一个模拟输入通道提供。

在正常的模数转换中，可以对转换通道进行设置，包括使用的降噪模式、采样时间，转换结束后生成的通道事件和结果值存储在目标寄存器和寄存器中。在每一个 ADC 内核中具有一个请求控制子单元负责处理通道转换的触发和仲裁，如图 2.50 所示。组的转换请求单元自主处理转换请求的生成，三个请求源可以生成用于模拟通道转换的请求，ADC 仲裁器进行仲裁并给出结果，然后选择下一个要转换的通道。ADC 模块中设置了三种触发事件，分别为软件触发事件、定时触发事件以及外部触发事件。其中，软件触发即用软件设置相应的触发源；定时触发由相应源的请求计时器生成；外部触发是将请求源激活与外部事件同步，例如来自生成 PWM 信号的计时器或端口引脚的脉冲触发。

实际应用可以选择触发类型和触发源、要转换的通道以及请求源优先级，也可以通过软件直接激活请求源，而无须外部触发。仲裁程序定期扫描请求源以查找未决的转换请求，并选择优先级最高的转换请求，然后将该转换请求转发到转换器，以开始对所请求通道的采样和转换。每个请求源都可以单次模式（single-shot mode）或连续模式（continuous mode）运行。

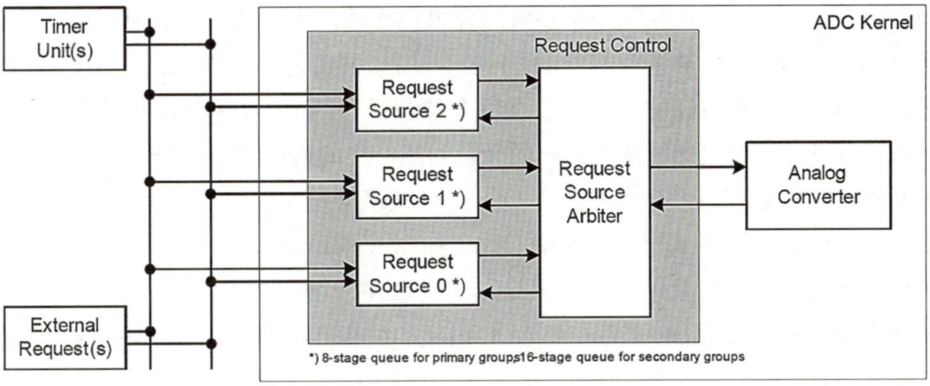

图 2.50　ADC 通道请求控制单元

- 在单次模式下，事件触发后进行一次转换，下一次的转换则需要再一次事件触发。
- 在连续模式下，一次触发后会自动重复转换已编排的通道。

通过内置的请求计时器设置定时触发事件，可以以可配置的间隔请求已编程序列的模数转换。内置的计时器可由触发事件（硬件或软件生成）启动，在队列为空时停止计时。模数转换可以选择以下几种操作模式，每种操作模式都可选择为单次实现或重复实现（图 2.51）。

- 每次转换后暂停（Pause after each conversion）：触发事件后，将立即请求第一次转换。在请求计时器计数已配置的时钟周期数后开始后续转换。
- 等待后转换（Wait before first conversion）：触发事件后，请求计时器启动，在到达配置的时钟周期数后进行第一次转换，然后计时器不再产生任何延迟。
- 每次转换等待（Wait before each conversion）：触发事件后，请求计时器启动，在请求计时器计数已配置的时钟周期数后，转换请求序列。

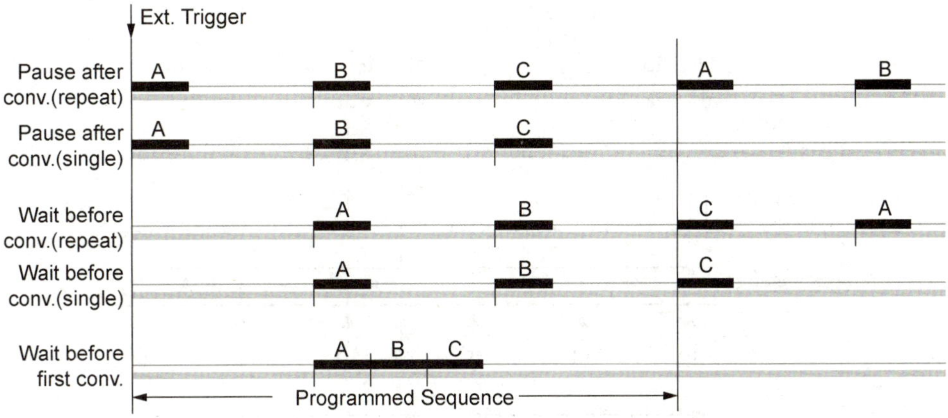

图 2.51　定时触发模数转换的不同模式

ADC 模块的仲裁程序以轮询机制对请求源进行仲裁，每个请求源都分配给一个仲裁回合中的某个时隙。在应用中，可以通过寄存器 GLOBCFG 配置仲裁时隙的持续时间，以及仲裁时序的数量。通常采用的是一个仲裁回合里包含着四个仲裁时隙，如图 2.52 所示。仲裁回合中未使用的仲裁位被认为是空的，不参与仲裁，同步源始终在最后一个时隙中评估，并且具有比所有其他源更高的优先级。在每个仲裁回合结束时，仲裁者都确定出最高优先级转换请求并开始该通道的转换。不同的仲裁间隙对应的请求源如下：

- 仲裁时隙 0：以任意顺序排队的源 Q0，8/16 级序列；
- 仲裁时隙 1：以任意顺序排队的源 Q1，8/16 级序列；
- 仲裁时隙 2：以任意顺序排队的源 Q2，8/16 级序列，组内级联；
- 仲裁时隙 3：同步源，来自另一个 ADC 内核的同步转换请求（在从属内核中以最高优先级进行处理）。

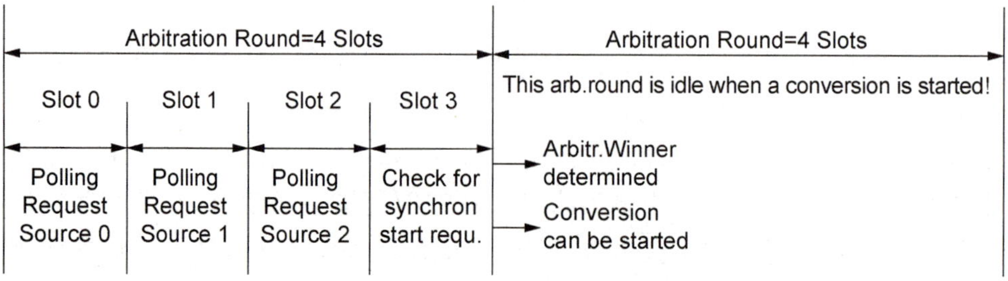

图 2.52　四个仲裁时序的仲裁回合

每个请求源的优先级是用户可通过寄存器 GxARBPR 配置的，因此，在来自多个源的发请求的情况下，仲裁器可以选择要转换的下一个通道。当仲裁器选择了下一个要转换的请求时，此通道的处理取决于转换器的当前活动。如果转换器当前处于空闲状态，仲裁获胜者的转换立即开始。如果当前转换具有相同或更高的优先级，当前的转换完成之后开始仲裁优胜者的转换。如果当前转换的优先级较低时，分为两种模式进行转换，如图 2.53 所示。

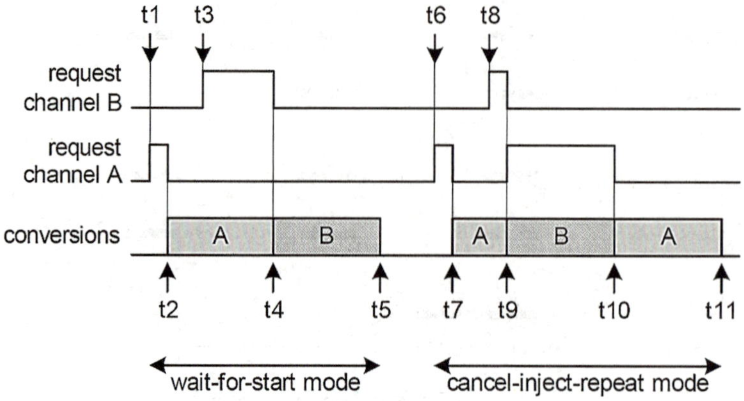

图 2.53　仲裁后的两种转换模式

- 等待启动模式（wait-for-start mode）：当前转换完成，然后仲裁优胜者开始转换。该模式提供最大的吞吐量，但会对高优先级的转换产生抖动。

● 取消注入重复模式(cancel-injuect-repeat mode)：当前转换被中止，中止(3 个 ADC 时钟周期)后开始仲裁优胜者的转换。中止的转换请求将在相应的请求源中恢复，并再次参与下一轮仲裁。此模式为较高优先级的转换提供了最小的抖动，但降低了整体吞吐量。

EVADC 模块为了实现同步采样，引入了 ADC 内核主从机模式即 Master-Slave 模式，可以同步几个独立的 ADC 内核，以同时对模拟输入通道进行测量，并行转换的同步机制可确保相关通道的采样相位同时开始。同步的内核即从机可以转换主机请求的相同通道，此过程中支持用于并行转换的每个内核的采样相位长度不同。每一个通道都可以独立设置同步转换的请求，在图 2.54 所示的示例中，ADC 内核 0，1，2 的输入通道 CH3 被同步转换，而其他输入通道则不会参与同步转换。

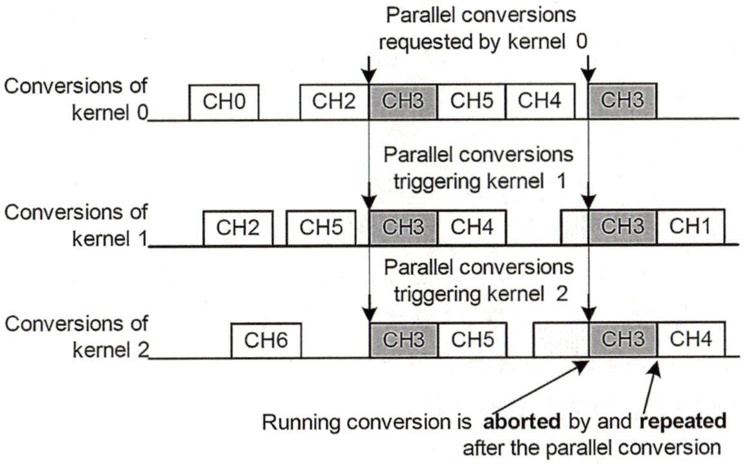

图 2.54　同步转换的示例

同步转换机制中每个内核都可以选择作为同步主机，但一次同步中仅有一个主机，其他的内核用作同步从机。所有涉及的内核的仲裁程序必须同步运行，同步转换请求始终以最高优先级和取消注入重复模式进行处理且同步转换一旦开始，就不能被打断。

EVADC 还支持别名功能，即将对通道 CH0 的转换请求重定向到其他通道号。此功能可用于通过独立事件触发同一输入通道的转换，并将转换结果存储在不同的结果寄存器中。在这一特性下，同一信号可以被测量两次而无须读出转换结果以避免数据丢失，这就允许 ADC 一个接一个的快速触发两个转换，并且独立于 CPU/DMA 服务请求延迟。也可以使传感器信号仅连接到一个模拟输入而不是两个模拟输入，从而减少芯片的输入引脚，并且在误差计算中只需考虑一个输入引脚。除此之外，两次转换的通道设置可以不同，包括边界值、服务请求等，从而实现对同一通道以不同条件在不同精度下进行模数转换，这多应用于功能安全。

图 2.55 给出了一个别名特性的示例。其中，传感器获取 PWM 波信号并连接到一个

ADC 输入通道 CHx，但是触发了两个不同通道 CHx 和 CH0 的两次独立转换。通过别名功能，对 CH0 的转换请求会导致模拟输入通道 CHx 的转换，但是，该转换在通道 CH0 的设置参数下进行。尽管测量的相同的模拟输入通道 CHx，但可以在两个不同的结果寄存器中存放两个不同的转换结果。

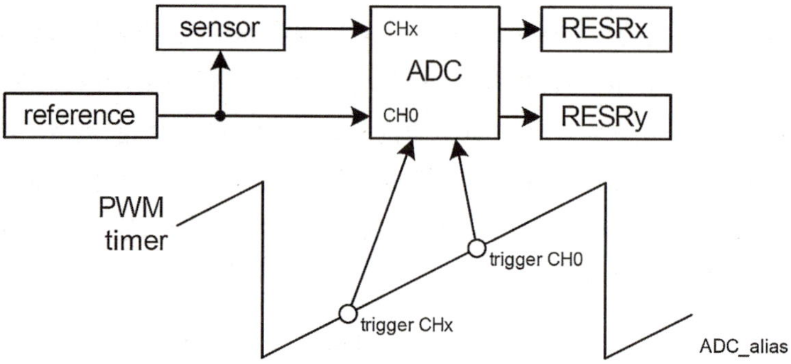

图 2.55　ADC 的别名特性

2.5.4　通信模块

AURIX™ 2G 系列单片机提供了丰富的通信外设，包括 CAN 通信、LIN 通信、QSPI 通信以及最高支持 1 000 Mbps 的 GETH 通信。随着 AUTOSAR 规范在车用软件开发行业的普及，车载通信慢慢往模块化发展，这就需要安全可靠、功能强大的硬件作支撑。本小节主要对 AURIX™ 2G 系列单片机如何实现车载通信中运用广泛的 CAN 通信以及汽车智能化趋势下发展较快的 ETH 通信进行介绍。

1. CAN 通信

CAN(Controller Area Network)即控制器局域网络，是由博世公司在 20 世纪 80 年代为汽车行业开发的串行通信，并因其高性能和可靠性在诸多领域都得到了应用。基于 CAN 总线的分布式控制系统因其网络各节点之间的数据通信实时性强，成为当前车载网络中使用最多的 ECU 间通信方式。

随着 CAN 通信的广泛应用，也推动着 CAN 通信的标准化。最初的标准是在 1991 年提出的 CAN 总线技术规范(Version2.0)，该标准规范了 CAN 报文格式。2003 年，经修订的博世公司 CAN 规范成为国际标准，即 ISO 11898，随后也成为国际上应用最广泛的现场总线之一。与之对应的，CAN 总线技术也在不断发展，在 2000 年应用的 TTCAN 即通过时间或事件触发的 CAN 通信，增强了通信的实时性，最终该协议在 ISO 11898-4 中标准化。为了实现更高速率的 CAN 通信，博世公司于 2012 年提出 CAN FD(CAN with Flexible Data rate)的概念，通过改变数据帧中不同部分传输波特率，以提高传输速度和传输数据量，支持可变速率最高可达 5 Mbit/s，支持数据长度最长为 64 bytes。该协议于 2015 年在 ISO 11898-1 中进行了国际标准化，向下兼容即也可以传输经典的 CAN 报文。

英飞凌 AURIX 系列单片机作为主流的车载芯片，对于安全稳定的 CAN 通信的实现也提供了全面的支持。在上一代的 AURIX™ 1G 单片机上使用的是多达 6 个节点的 MultiCAN+，支持最多 256 个消息对象的处理。目前，英飞凌最新的 AURIX™ 2G 系列单片机中使用的是多达 12 个 CAN 节点的 MCMCAN，该 CAN 模块支持 TTCAN 和 CAN FD。相比于上一代，这次使用了消息 RAM 取代了消息对象列表机制，使得接收和发送处理更加灵活，同时还支持 CAN 通信的 debug 功能。

AURIX™ 2G 系列单片机的 CAN 模块寄存器和 RAM 的地址也位于内存段 F_H 中。以 TC39x 为例，包括三个 CAN 单元和与之对应的 RAM 区，其具体地址映射如表 2.6 所示。

表 2.6　CAN 模块内存映射

Module	Base Address	End Address	Note
CAN0	$F020\ 8000_H$	$F020\ 8FFF_H$	SFR Area CAN0
CAN1	$F021\ 8000_H$	$F021\ 8FFF_H$	SFR Area CAN1
CAN2	$F022\ 8000_H$	$F022\ 8FFF_H$	SFR Area CAN2
CANRAM0	$F020\ 0000_H$	$F020\ 7FFF_H$	SFR Area CAN0
CANRAM1	$F021\ 0000_H$	$F021\ 3FFF_H$	RAM Area CAN1
CANRAM2	$F022\ 0000_H$	$F022\ 3FFF_H$	RAM Area CAN2

在单片机中，MCMCAN 模块中使用的是博世公司的 M_CAN 节点，支持最多 64 个数据字节的 CAN FD，并针对 AUTOSAR 进行了优化。根据 ISO 11898-1 和 ISO 11898-4 标准实现 CAN 上的时间触发通信的所有功能，包括事件同步时间触发通信、全局系统时间和时钟漂移补偿。与消息处理有关的所有功能均由接收处理程序(Rx Handler)和发送处理程序(Rx Handler)实现。接收处理程序管理消息接收及过滤，具有多达 64 个专用接收缓冲区和改进的验收过滤机制，是由多达 128 个过滤器元素的组合实现的，每个过滤器元素都可以配置为范围、位掩码或专用 ID 过滤器。发送处理程序负责将传输消息从 RAM 传输到 CAN 内核，并提供传输状态信息，具有多达 32 个专用发送缓冲器。

图 2.56 示意了 CAN 模块的结构，硬件结构主要分为 CAN 节点、时钟控制单元、Port 口连接、中断压缩单元和消息 RAM 区。

MCMCAN 模块的时钟输入连接到时钟控制单元(CCU)，每个 CAN 节点都通过时钟控制输入两个时钟，分别是用来控制逻辑和寄存器的同步时钟以及用来产生波特率的异步时钟。M_CAN 节点的异步时钟信号和 MCMCAN 模块其余部分的异步时钟部分是独立的，并且可以由独立分开的频率时钟驱动，可以在时钟控制单元内进行选择。异步时钟来源可以是 SPB 总线时钟上的 CCU 单元、外设 PLL 或者是由振荡器直接驱动。为异步时钟部分提供直接振荡器时钟的目的是避免 PLL 增加的时钟抖动，这在芯片采用低成本陶瓷谐振器而非高精度石英晶体驱动时显得更明显。

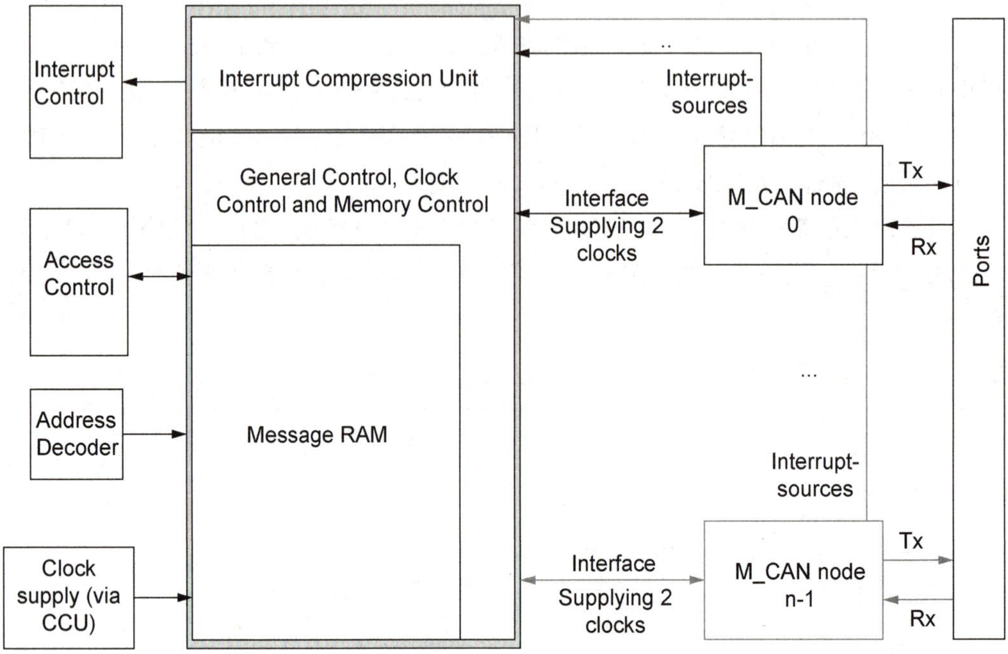

图 2.56 CAN 模块结构图

MCMCAN 模块与端口 I/O 之间的连接由端口逻辑控制。为了实现端口输入选择必须对 I/O 功能选择寄存器 IOCR(Input/output function selection)和输出的驱动特性选择 PDR(Pad driver)进行配置。用户可根据单片机上的引脚排布对 CAN 节点使用的 PORT 引脚进行复用作为接收和发送引脚。

MCMCAN 模块中的中断压缩单元(Interrupt Compressor Unit)用来将节点产生的 28 个中断标志类型压缩成 16 个中断源连接到中断控制单元。中断分组是固定的,但是,对于 16 个中断,可以自由分配给 CAN 节点。

通用中断结构如图 2.57 所示,通过设置中断事件可以触发中断的产生。中断脉冲的产

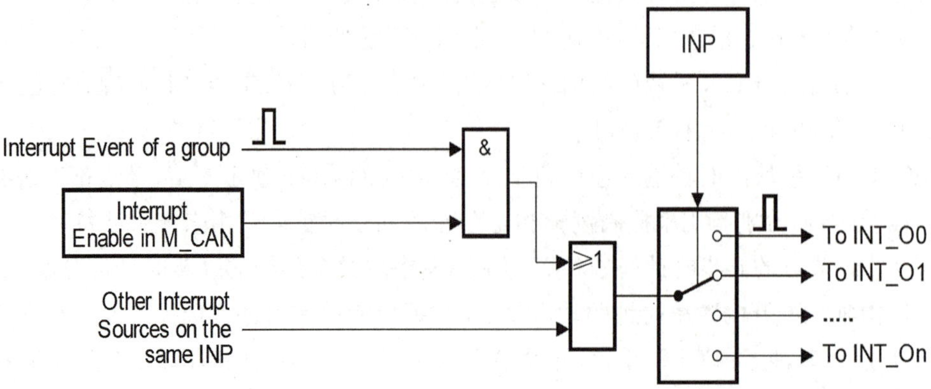

图 2.57 中断结构

生与中断状态寄存器中的中断标志无关，中断标志可以通过软件写入 0 来复位。如果通过中断启用寄存器中的相关中断使能位启用，则可以在 MCMCAN 模块的 16 条中断输出线 INT_Ox 上生成一个中断脉冲。如果同一个中断节点连接了多个中断源，则请求将合并到一条公共线上。中断组仅对相应 CAN 节点的中断进行“或”运算，中断响应后，必须对中断请求进行复位。

如图 2.58 所示，MCMCAN 模块在消息 RAM 区分为一个 11 位的过滤区域、一个 29 位的过滤区域、两个接收 FIFO、一个接收 Buffer 区域、一个发送事件 FIFO、一个发送 Buffer 区和一个触发存储空间。每个功能区都可以通过寄存器进行独立配置，顺序也可以通过每个区域的起始地址通过配置，最大空间支持 4 480 个字的存储。

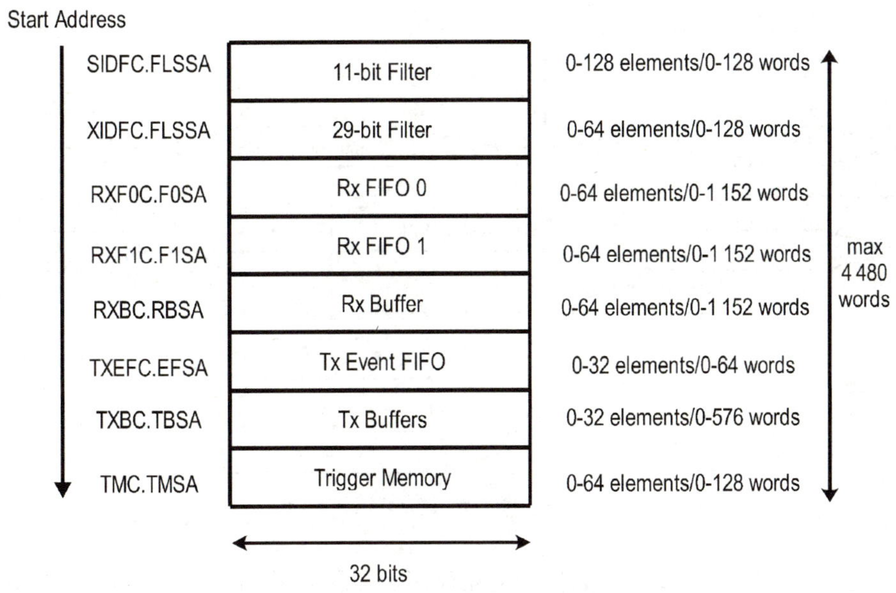

图 2.58 消息 RAM 的结构

介绍完 MCMCAN 内相关的硬件结构，下面详细介绍 CAN 通信收发报文的过程。如图 2.59 所示，当节点收到 CAN 报文时，会先判断是标准帧还是扩展帧，随后判断是否为远程请求帧。如果接收报文是 11 位的标准帧后，再通过过滤机制，其中分为 11 位的标准帧过滤器以及 29 位的扩展帧过滤器。11 位标准帧过滤器可以配置至多 128 个过滤器元素，而 29 位扩展帧过滤器至多只能配置 64 个过滤器元素。过滤机制也可独立配置和单独开启或者禁用，可以配置为范围过滤器(过滤配置 ID 区间的报文)，过滤一个或者两个特定的 ID 报文以及设置为位掩码形式。过滤后，可通过寄存器设置是否接收或者丢弃过滤器匹配到的报文，如果接收，则存入相应的 Rx FIFO 或者 Rx 缓冲区中。消息 RAM 中最多可以配置 64 个Rx 缓冲区和 2 个 Rx FIFO，每个 Rx FIFO 部分可以配置为存储多达 64 条接收的消息。如果 CAN 协议控制器检测到错误情况(例如 CRC 错误)，则该消息将被丢弃，并对 Rx 缓冲区或 Rx FIFO 产生影响。

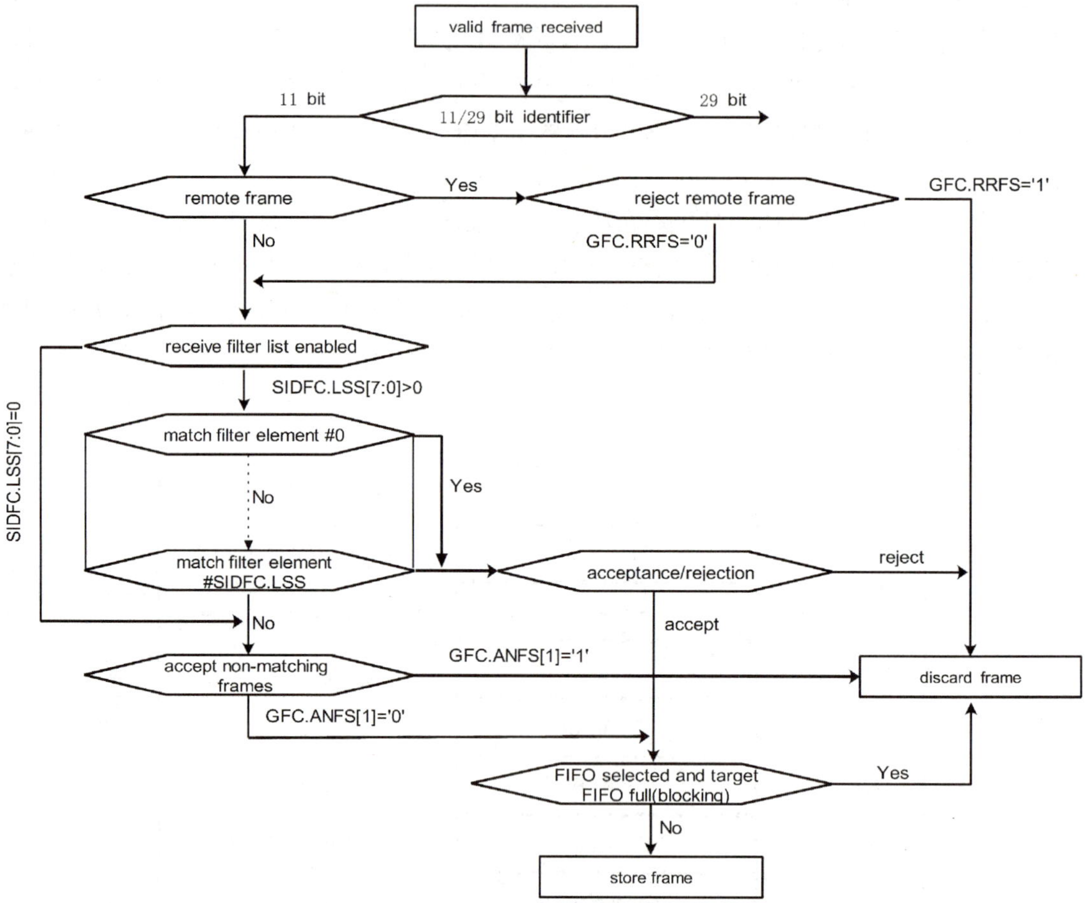

图 2.59　接收报文过程

当发送 CAN 报文时，要发送的报文会先存储在消息 RAM 区的 Tx Buffer 中，该缓存最多可配置 32 个元素。Tx Buffer 部分可以设置为以下五种模式。

- 特定的发送缓存模式：CPU 控制报文的特定发送顺序；
- FIFO 发送模式：新进先出模式，根据写入 FIFO 顺序而定；
- 发送阵列模式：发送顺序由阵列中各个报文的 ID 号决定，数值越小，优先级越高；
- 特定发送和 FIFO 结合：实现部分报文按照特定顺序，部分用 FIFO 方式发送；
- 特定发送和阵列结合：实现部分报文按照特定顺序，部分用阵列方式发送。

Tx 处理程序控制将消息 RAM 区的发送缓存传输到 CAN 内核，可以为每个 Tx 缓冲区元素分别配置用于传输的 CAN 模式(经典 CAN 或 CAN FD)。M_CAN 在 CAN 总线上发送消息后，消息 ID 和时间戳存储在发送事件 FIFO 的元素中。发送事件 FIFO 最多可设置为 32 个元素，每个元素都存储有关已发送消息的信息，通过读取发送事件 FIFO，主机 CPU 可以获取 CAN 报文收发情况。

M_CAN 节点支持发送取消模式，此功能特别适用于网关应用和基于 AUTOSAR 的应用程序。为了取消来自特定的发送缓冲区或发送队列缓冲区的请求传输，主机将置位寄存器 TXBCR(Tx Buffer Cancellation Request)的相应位，注意发送取消不适用于 Tx FIFO 模式。寄存器 TXBCF(Tx Buffer Cancellation Finished)的相应位置 1 来指示取消动作执行成功。如果取消指令发生的同时来自 Tx 缓冲区的传输正在进行，则相应的 TXBRP 位就会保持状态至传输过程结束。如果传输成功，相应的 TXBTO 和 TXBCF 位置 1；如果传输不成功，则不会重复发送，仅将相应的 TXBCF 设置为 1。

需要注意的是，如果 CAN 节点在报文即将开始传输之前取消传输，则会出现较短的时间窗口，该窗口内该节点中的待处理报文将不会开始传输。这可以使另一个 CAN 节点能够发送具有比该节点中的第二个报文更低的优先级的报文。

2. ETH 通信

随着汽车智能化的推进，现在汽车上的娱乐系统和高级驾驶辅助系统发展迅速，使得车载软件的高层应用对于数据传输的带宽的速度提出了迫切的需求。当前使用广泛的车载网络标准的 CAN 和 FlexRay 因此受到了限制，于是，车载以太网得到了较快的发展。在 AUTOSAR 通信架构中，以太网也作为至关重要的通信方式，其中基于 SOME-IP 协议的以太网通信将成为未来车载域控制器的主要方式。作为主流的车载 ECU，AURIX 系列也在以太网硬件上进行了更新迭代并在 AURIX™ 2G 系列单片机中引入了速度高达 1 000 Mbps 的 GETH 模块。

以太网(Ethernet)技术是由美国的施乐(Xerox)公司的 Palo Alto 研究中心在 1975 年发明的。此后，在 1983 年由 IEEE 802 委员会的 802.3 工作组制定了第一个 IEEE 以太网标准 IEEE 802.3。为了使不同体系结构的计算机网络都能够互连互通，1977 年，国际标准化组织 ISO 成立了专门的机构来解决此问题。因此，相关的标准框架便诞生了，即著名的开放系统互连基本参考模型 OSI/RM(Open System Interconnection Reference Model)，简称为 OSI。虽然 OSI 的七层协议结构概念清楚并且理论也比较完整，但它既复杂又不实用，只是法律上的国际标准。而得到最广泛应用的是非国际标准 TCP/IP，也就是事实上的国际标准。TCP/IP 体系结构只有四层，包含应用层、运输层、网际层(为了解决不同网络的互联问题)和网络接口层。但是从本质上来说，TCP/IP 的主要内容是上面三层，因为最下面的网络接口层并没有具体的实质内容。因此，将这两种模型结构进行结合，可以得到比较简洁的五层协议结构，这也是当前车载以太网使用的主要架构，如图 2.60 所示。

体系架构中，物理层的功能集中实现在一个 PHY 芯片中，通过标准化的媒体独立接口 MII(Media Independent Interface)与以太网控制器连接。数据链路层的功能是由 AURIX™ 2G 单片机 GETH MAC(Media Access Controller)模块实现的。顶层的三个协议层则是通过软件将相应的协议族移植实现，最常用的是 TCP/IP 协议族，针对顶层应用的开发 AUTOSAR 规范给出了标准的流程和方法论。

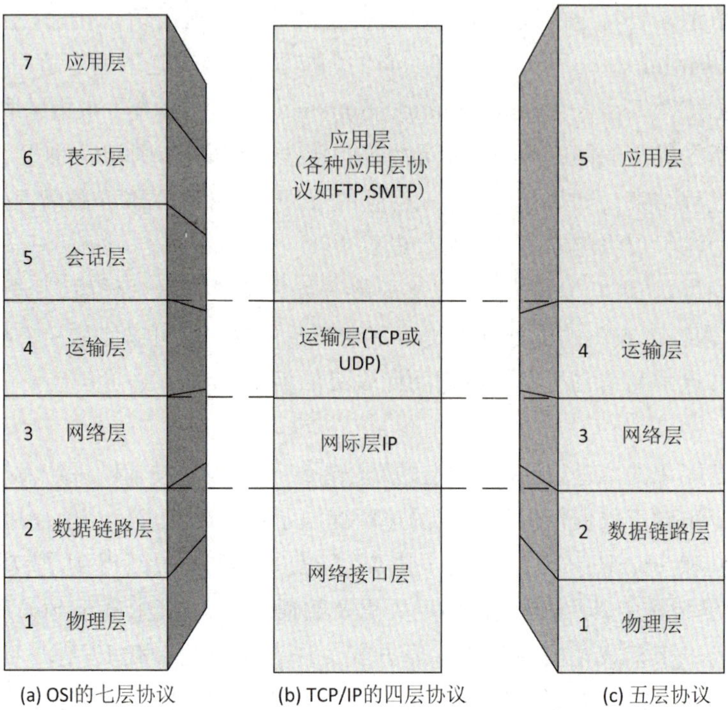

图 2.60 以太网体系结构

GETH MAC 模块的框图如图 2.61 所示。MAC 内核通过不同的数据接口连接到 Buffer RAM、外设总线 SPB、中断路由以及 PHY 芯片。

MAC 中的 DMA 引擎负责数据的搬运，具有独立的发送(Tx)和接收(Rx)引擎，以及一个 CSR 空间。发送 DMA，将数据从系统内存传输到设备端口(MTL)；接收 DMA，将数据从设备端口传输到系统内存。MAC 控制器使用描述符类型并以最小的 CPU 干预有效地将数据从源地址移动至目标地址。DMA 通过 AHB 接口连接到 SRI 总线上，从而与上层应用程序进行通信。通信通过两个数据结构实现，分别是控制和状态寄存器(CSR)以及描述符列表和数据缓冲区。系统内存中的描述符包含指向这些缓冲区的指针，从而确定 DMA 搬运数据的方向和地址。DMA 最多支持 4 个发送和 4 个接收描述符列表(DMA 通道)。每个列表的基地址被写入相应的 Tx 描述符列表地址寄存器和 Rx 描述符列表地址寄存器。描述符列表是前向链接的，并且下一个描述符始终被视为与当前描述符处于固定偏移量。DMA Rx 和 Tx 通道中可以产生两种中断，分别是正常中断和异常中断。正常中断在数据包传输期间发生，对应于设置的不同传输事件；而异常中断则在产生错误事件时产生。DMA 的中断不采用排队(queue)机制，即如果在驱动程序响应前一个中断事件时再次发生相同的中断事件，将不会生成其他中断。

MAC 的传输功能由六个模块实现：传输总线接口模块、传输包控制器模块、传输协议引擎模块、传输调度模块、发送 CRC 发生器模块和传输流控制模块。MAC 接收数据包所使用的功能块包括接收协议引擎模块、接收 CRC 模块、接收包控制器模块、接收流量控制模块、

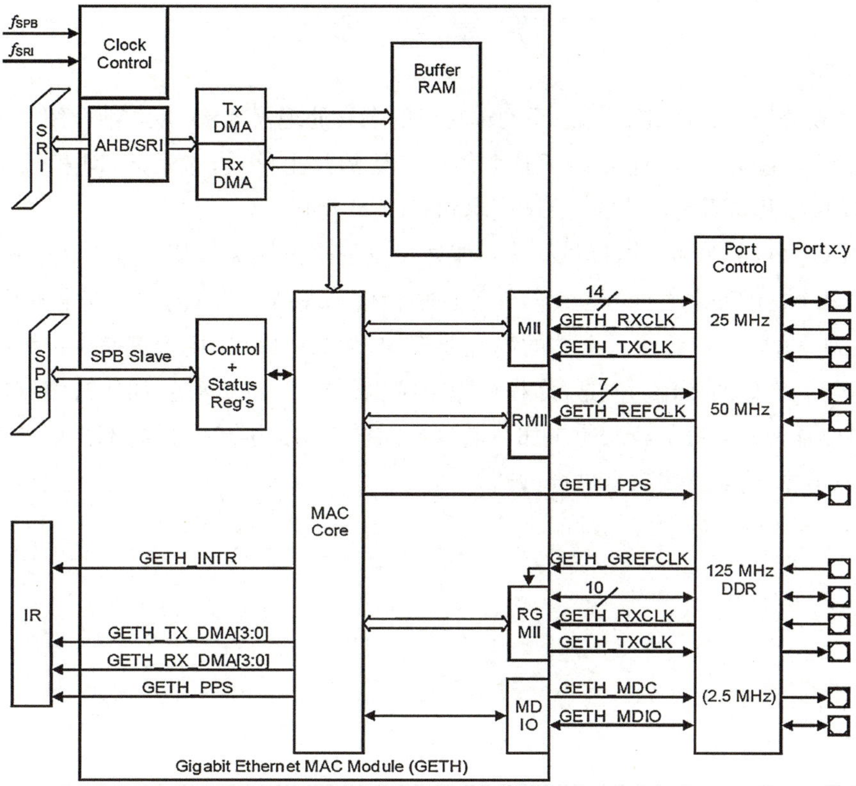

图 2.61　GTH MAC 示意图

接收总线接口单元模块和地址过滤模块。MAC 中还提供了一片 RAM 区用来缓存数据，主要采用的是发送和接收 FIFO、发送 FIFO（Tx FIFO）缓冲从应用程序传输的数据。同样，接收 FIFO（Rx FIFO）存储从外接收到的以太网帧，直到将它们传输到应用程序。因为应用程序使用的时钟与 MAC 线路的时钟不同，所以，这些 FIFO 都是异步 FIFO。选择多个队列时，所有 Tx 队列共享 Tx FIFO 内存，所有 Rx 队列共享 Rx FIFO 内存，应用程序可以对分配给每个 Tx 或 Rx 队列的 FIFO 存储器的大小进行编程。

MAC 与 PHY 芯片的接口主要有 SMA（Station Management Agent）接口和媒体独立接口 MII（Media Independent Interface）。SMA 接口是 MAC 用来控制和管理 PHY 状态的，MAC 通过该接口访问 PHY 的相关寄存器，包括 MDIO（控制和管理 PHY 以获取 PHY 的状态）和 MDC（为 MDIO 提供时钟）。MII 接口则是用来发送和接收以太网帧，MII 接口根据传输速度和传输数据的信号线数不同分为 MII，RMII，SMII，SSMII，SSSMII，GMII，SGMII 和 RGMII。在 AURIX^{TM} 2G 单片机中提供了 MII，RMII 和 RGMII 三种接口，使用传输速率是 1 000 Mbps 时只能使用 RGMII 接口。

本 章 小 结

本章主要介绍了 AURIX™ 2G 系列单片机的多核处理器架构，并详细介绍了单个内核的结构与特点。除此之外，还介绍了几个使用广泛的片上外设，包括 STM 模块、GTM 模块、ADC 模块以及与通信相关的 CAN 模块和 GETH 模块。

AURIX™ 2G 系列单片机提供的多功能外设以及丰富的接口基本能满足车载 ECU 的所有要求，其丰富的安全设计可以使软件工程师轻松实现 ASIL D 的功能安全等级。其中，TC39X 系列单片机具有多达六个核的高性能架构，为 AUTOSAR 多核操作系统的部署提供了更加灵活、高效的平台。但是，多核操作系统也带来了一些问题：如何对多核进行任务分配，尽可能地使各个核负载均衡？如何实现不同核之间的通信？这些都需要考虑的。在接下来的章节中，将对这些内容进行讨论。

3

第 3 章 AUTOSAR 多核操作系统

3.1 AUTOSAR 架构下的多核操作系统

3.1.1 实时操作系统(RTOS)

实时系统(Real-Time System)通常是指对任务的执行有严格时间要求的系统。在该类系统中应用所执行的动作及对外部事件的应答都应该是及时的并且是可预见的,否则,任务将会错过截止时间或者丢失数据。实时系统通常包含硬实时系统和软实时系统。硬实时系统要求任务必须在截止时间前完成,否则,系统将会出现故障;软实时系统则是期望任务在预定时间内完成,但一定限度的延迟对系统来说并非是致命的。实时系统通常具备以下特点:

- 高的输入输出吞吐量;
- 对外部异步信号快速的响应能力;
- 快速的任务调度;
- 具有任务间安全的通信机制等。

汽车电子控制系统就是一种实时系统,它要求所有任务都是可预见的,通常情况下,包含硬实时任务和软实时任务,任务较多,系统较为复杂。过去,实时系统的设计方法是采取控制循环的方式来查询任务的执行,这种方法需要程序员对任务的执行时间和执行顺序有严格的把控,编程难度大,同时,造成软件移植难度增大,可重复利用性降低。

实时操作系统(Real Time Operation System, RTOS)是应用于实时系统的操作系统,为用户提供了结构化的方便的任务执行环境,而且能够很好地满足实时性要求。RTOS 有以下优点:

- 消除了在应用软件中对处理器分配的需要;
- 修正或添加任务可在应用软件中完成而且不会影响到系统的响应要求;
- 除了对任务进行管理外,多数 RTOS 提供任务通信、任务同步、定时器及内存管理机制;
- RTOS 隐藏了底层硬件的具体特性,为用户提供了一个不依赖于处理器的实时运行环境;
- 可以容易地移植到 RTOS 供应商支持的其他处理器。

综上所述,当前嵌入式操作系统多为实时操作系统。

3.1.2 OSEK 操作系统(OSEK OS)

1. OSEK OS 概述

OSEK 是德文 Offene Systeme und deren Schnittstellen für die Elektronik im Kraftfahrzeug 的缩写,译为汽车电子开放系统及接口。OSEK 操作系统(OS)是一个为分布

式嵌入式系统所定义的单核操作系统。为适应汽车电子可靠性、实时性、成本敏感性的需求，OSEK 操作系统具有以下特性：

- 操作系统中任务、资源、服务是静态配置的；
- 支持在只读存储器上运行；
- 应用中的任务具有很好的可移植性；
- 操作系统中所定义的动作是可预见和可记录的。

OSEK 操作系统提供以下服务：

- 任务管理：包括任务的激活与终止、任务状态的切换；
- 同步服务：主要通过资源调度和事件控制来实现；
- 中断服务程序：包括一类中断和二类中断；
- 报警机制：包括相对报警和绝对报警；
- 进程间通信：用于进程间数据的交换；
- 错误处理：用于支持各种错误的处理。

AUTOSAR OS 继承了上述全部特性。

2. OSEK OS 处理等级

OSEK 操作系统定义了三层处理等级：任务层(task level)、调度器的逻辑层(logical level for scheduler)和中断层(interrupt level)。任务层分为全抢占、非抢占和混合抢占(preemption full/non/mixed)。任务的执行时序由调度器(Scheduler)根据调度规则而决定。处理器中有一部分中断是不受操作系统控制的中断，称为一类中断，受操作系统控制的中断称为二类中断。各层的优先级和执行时序如图 3.1 所示。

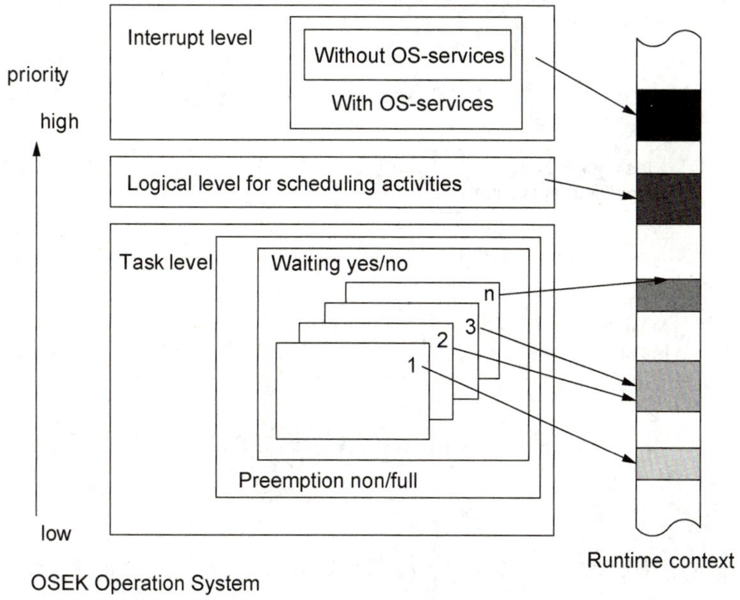

图 3.1　OSEK 操作系统处理等级

由图 3.1 可归纳 OSEK 操作系统的优先级规则如下：

- 中断优先级总是高于任务优先级；
- 不同的中断和任务可以有一个或多个优先级；
- 中断和任务的优先级是静态分配的；
- 同一优先级的任务依照 FIFO 原则决定执行次序；
- 通过资源调度可实现优先级天花板模式(ceiling priority)。

AUTOSAR OS 完全继承了上述特性。

3. OSEK OS 任务的符合类

根据不同的软硬件需求，OSEK OS 定义了四种符合类(Conformance classes，CC)，分别是 BCC1，BCC2，ECC1 和 ECC2，各种符合类及其属性见表 3.1。

表 3.1　OSEK OS 中的符合类

属性	BCC1	BCC2	ECC1	ECC2
是否支持多次任务激活请求	No	Yes	No	Yes
每个优先级的任务数	1	⩾1	1	⩾1
基本任务	Yes	Yes	Yes	Yes
扩展任务	No	No	Yes	Yes

由表 3.1 可知，基本符合类 BCC1 和 BCC2 仅支持基本任务，扩展符合类 ECC1 和 ECC2 支持基本任务和扩展任务；一类符合类 BCC1 和 ECC1 不支持多次任务激活请求，每个优先级只能有一个任务；二类符合类 BCC2 和 ECC2 支持多次任务激活请求，每个优先级可以有多个任务。各种符合类之间的兼容关系如图 3.2 所示。

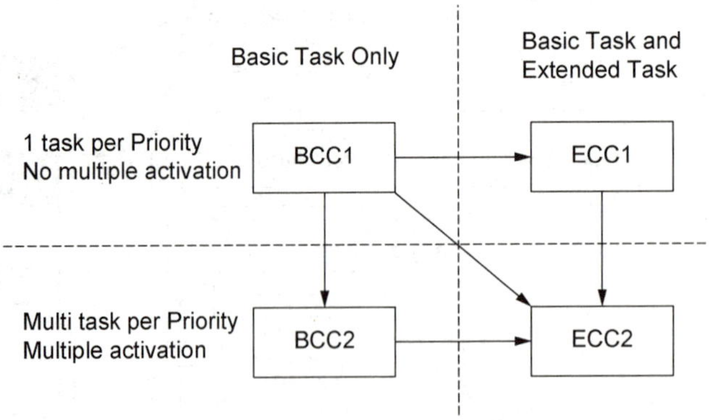

图 3.2　OSEK 操作系统各符合类的兼容关系

4. OSEK OS 的基本任务与扩展任务

OSEK 操作系统中有两种任务：基本任务(Basic Task)和扩展任务(Extended Task)。基本任务有三种不同的状态，分别为运行状态(running)、就绪状态(ready)和阻塞状态(suspending)。处于阻塞状态的任务由 API 函数或报警器(Alarm)激活进入就绪状态，处于就绪状态的任务由调度器决定是否启动进入运行状态，处于运行状态的任务可能被高优先级的任务或中断抢占从而进入就绪状态，任务运行结束后将自己挂起进入阻塞状态。与基本任务相比，扩展任务多了等待状态，当任务的运行需要等待某一或某些事件时进入等待状态(waiting)，当任务所等待的事件被置位时，任务进入就绪状态。基本任务与扩展任务的状态机及其之间的切换如图 3.3 所示。

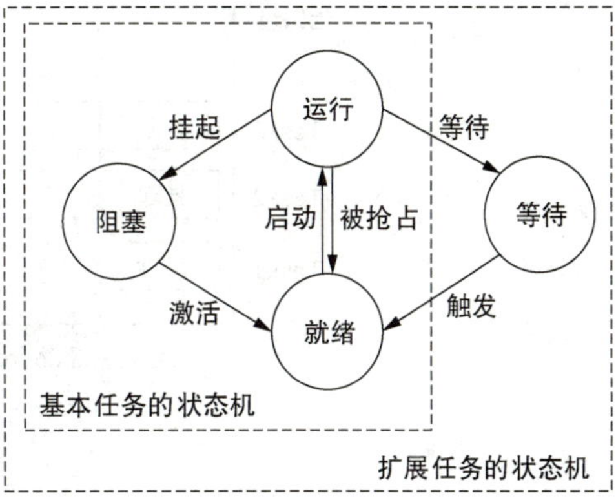

图 3.3　基本任务和扩展任务各状态之间的切换

因为基本任务没有等待状态，所以只能够在任务启动和终结时进行同步，基本任务的优点是占用较少的内存和执行时间。扩展任务的优点是包含多个同步点，没有同步请求的麻烦，当进一步的工作出现信息缺失时，任务切换至等待状态；其缺点是占用较多的内存和执行时间。

5. OSEK OS 的优先级天花板模式

若存在 Task1，Task2，Task3 为全抢占模式下的扩展任务，Task1 和 Task3 有共享资源，若 Task1 在运行时占用了资源 Source1，Task2 和 Task3 被激活处于就绪状态，调度器根据任务优先级使 Task3 进入运行状态。由于 Task3 需要访问的资源 Source1 未被 Task1 释放，故进入等待状态，而 Task2 的优先级高于 Task1，故 Task2 抢占 Task1 进入运行状态，运行结束后将自己挂起，Task1 继续运行，释放资源后，Task3 运行。其运行时序如图 3.4 所示。

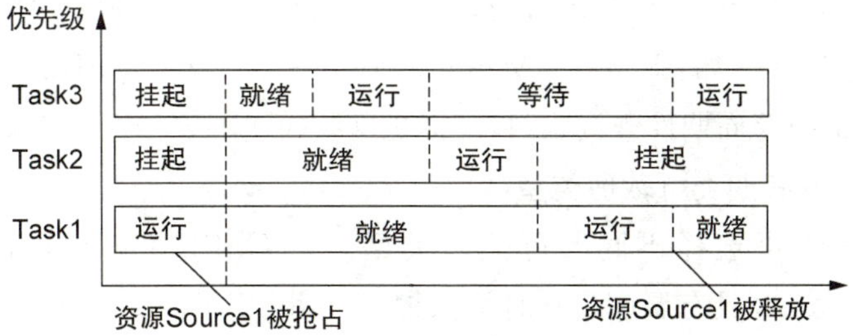

图 3.4　优先级反转示意图

由图 3.4 可知，本该先于 Task2 运行的任务却在 Task2 之后运行，这种现象被称为优先级反转(Priority inversion)。这种现象与系统设计者的意图相违背，为避免这种现象的出现，OSEK 操作系统采用优先级天花板模式(ceiling priority)。即，将访问共享资源的任务的优先级在占用资源的过程中提升至共享资源任务的最高优先级之上，从而避免优先级反转现象的出现，如图 3.5 所示。

由图 3.5 可知，当低优先级任务抢占共享资源时，其任务的优先级提升至一个较高的优先级，将该优先级称之为资源优先级。资源优先级高于所有占有该共享资源的任务优先级，这样就不会被高于该任务优先级而低于资源优先级的任务所打断，从而避免了优先级反转现象。根据这一原理，在重要代码执行前，应采用资源保护机制，以免被高优先级任务打断。

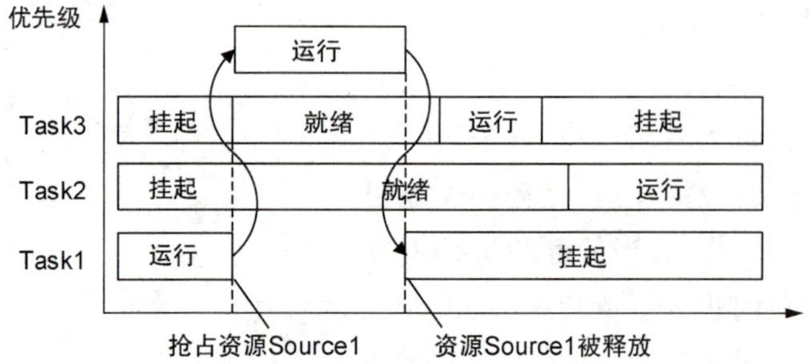

图 3.5　优先级天花板模式示意图

3.1.3　AUTOSAR 操作系统(AUTOSAR OS)

1. AUTOSAR OS 对 OSEK OS 的继承和扩展

AUTOSAR OS 是在 OSEK OS 的基础上进行修改和扩展的，是向后兼容的，在 OSEK OS 上运行的应用程序可以在 AUTOSAR OS 上运行。

AUTOSAR 从 4.0 版本开始支持多核 OS。AUTOSAR 多核 OS 采用分区机制，多核处理器的每个核中至少有一个 OS-Application。任务(Task)、中断服务(ISR)、报警(Alarm)、调度表(Schedule Tables)和计数器(Counters)被统称为操作系统的对象(OS Object)。每一个 OS Object 必须从属于一个 OS Application，否则会出现错误。OS-Application 分为 Trusted 和 Non-Trusted，Trusted 和 Non-Trusted OS-Application 在运行过程中均可以配置相应的监控和保护机制。从属于 Non-Trusted OS-Application 的 OS Object 对存储器和 API 的访问受到限制，通常将一些基础软件层的模块的模式管理主函数映射到 Non-Trusted OS-Application 中的任务，如：EcuM _ MainFuction ( )， BswM _ MainFuction ( )， Can _ MainFuction_Mode()等周期性查询函数，前提是这些模块的安全级别为 QM。

AUTOSAR OS 有四类可裁剪类型(OsScalabilityClass)，分别是 SC1—SC4。根据不同的处理器特性，用户可选择不同的可裁剪类型。与 OSEK OS 相比，SC1 具有调度表(Schedule Tables)，SC2 具有调度表和时间保护(Timing Protection)特性，SC3 具有调度表和内存保护(Memory Protection)机制，SC4 具有调度表、时间保护和内存保护机制。四者示意图如图 3.6 所示。

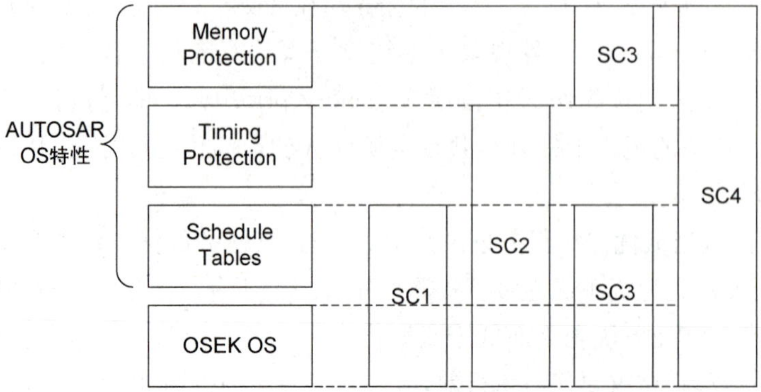

图 3.6　AUTOSAR OS 与 OSEK OS 差异示意图

2. AUTOSAR OS 的调度表

调度表被用于安排复杂任务或事件序列，可视为一个单向的轴，通过在轴上设置一个或多个静态的终点(Expiry Point)来激活任务或事件，每个终点上可设置单个或多个任务或事件，终点之间的时间间隔以 Counter 的 Tick 为单位，故每一个调度表对应一个 Counter。调度表可设置为以循环或非循环的方式运行。调度表结构如图 3.7 所示。

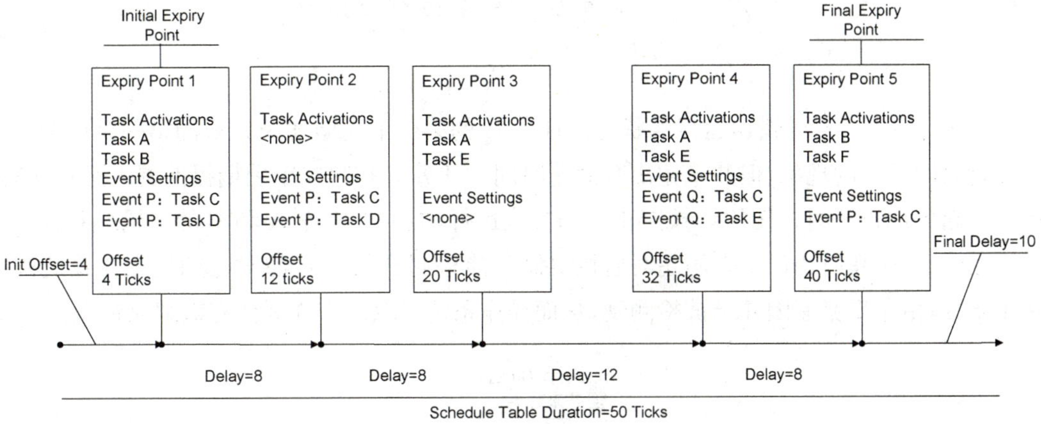

图 3.7　调度表结构示意图

3. AUTOSAR OS 的时间保护

如上所述，实时操作系统需要在预定的时间内完成一些任务，但是在某些情况下会出现超时错误，因此，操作系统须采用一定的措施来预防超时错误的产生。这种措施称为时间保护。一个时间保护的方法是时间监控，即：当检测到某一任务运行时间超出其截止时间时，操作系统报错并调用相应的钩子(Hook)函数。AUTOSAR OS 并不是采用监控截止时间的方式来进行时间保护的，因为对截止时间的监控并不能识别出引起错误的原因。当任务的执行超过截止时间时，任务本身的执行可能没有出错，而是由于受到其他任务或中断过于频繁的抢占或者过长的阻塞资源的访问而衍生出来的错误。这种情况下，如果采用监控截止时间的方式，则有可能结束正确的任务，而错误的任务仍被允许运行。

假设所有任务在 0 时刻就绪，则期望时序如表 3.2 和图 3.8 所示。由于任务 A 的优先级最高，故任务 A 先执行，1 个 Tick 之后任务 B 执行，3 个 Ticks 之后任务 C 执行，当任务 C 执行 1 个 Tick 后任务 A 将其打断，任务 A 执行完毕后，任务 C 继续运行，到第 10 个 Tick 任务 C 执行完毕，周而复始，整个过程并未出现超时现象，并且有 1 个 Tick 的空闲状态。

表 3.2　一个假设操作系统的任务属性

任务标识符	优先级	执行时间	截止时间(＝周期)
A	高	1	5
B	中	3	10
C	低	5	15

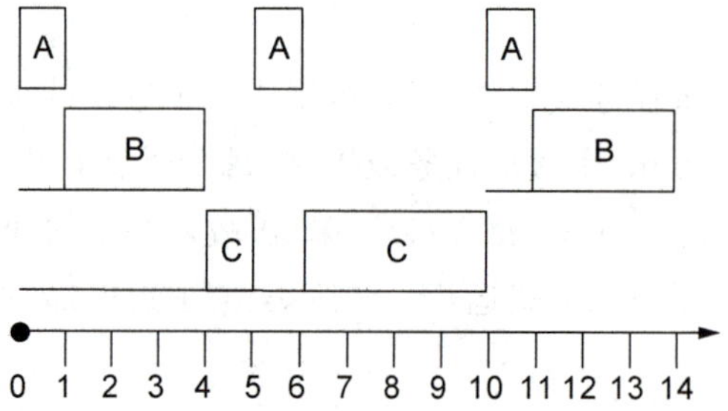

图 3.8 任务的期望时序图

图 3.9 给出了任务错误运行的状态。任务 A 的第二个周期和任务 B 的第一个周期都出现运行时间过长的现象，但并未超出其截止时间。任务 B 在第二个周期提前进入运行状态，但也未超出截止时间。任务 C 按照正确的方式运行，但由于任务 A 和 B 的出错导致任务 C 运行超时，发生超时错误。采用超时监控机制只能检测到任务 C 超时，这时，操作系统调用钩子函数，由于出错原因并未被检测到，从而操作系统采取的措施无法有效解决错误。

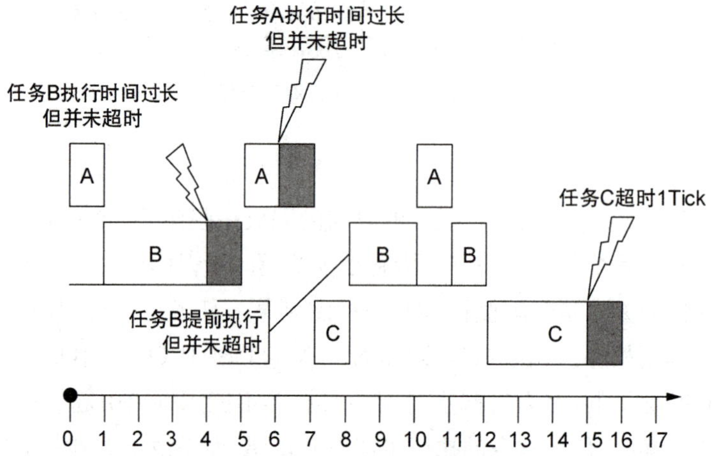

图 3.9 任务超时现象

在实时操作系统中，任务或中断能否满足其截止时间取决于以下三个因素：

① 静态任务或中断的执行时间上限；

② 被低优先级任务锁住共享资源或屏蔽中断所引起的阻塞时间；

③ 任务或中断之间的间隔执行时间。

针对上述三个因素，AUTOSAR OS 采取了三种时间保护机制：

针对①，AUTOSAR OS 为任务和二类中断服务设定了运行时间上限；

针对②，AUTOSAR OS 设定了共享资源被任务或二类中断锁定的时间上限，设定了 OS 中断被任务或二类中断挂起的时间上限，设定了所有中断被任务或二类中断挂起或屏蔽的时间上限；

针对③，AUTOSAR OS 设定了任务或二类中断执行间隔的时间下限。

当任务或中断服务函数在运行过程中不符合上述要求时，AUTOSAR OS 调用相应的钩子函数，作出相应的错误处理。

4. AUTOSAR OS 的内存保护

内存保护需要特定的硬件支持，即处理器上应该有 MPU(Memory Protection Unit)，英飞凌 AURIX 单片机具备该特性。内存保护可防止某些出错的应用程序影响到其他模块。内存保护分为以下三种形式：

① 栈保护(Stack Protection)：每一个 OS Application 和其中的 OS Object 都有各自的私有栈，不同的 OS Object 之间没有共享栈的存在。栈保护可以更快速地检测出栈上溢和栈下溢，同时，栈保护是划分 OS Application 的一种方式和依据。

② 数据保护(Data Protection)：OS Application 和其中的 Objects 都具有各自的私有数据，OS Application 的私有数据区是从属于该 OS Application 的 Objects 的共享数据区。

③ 代码保护(Code Protection)：代码区既可以为 OS Application 所私有，也可以被共享。在没有代码保护的情况下，错误的代码执行会导致内存、时间和服务上的出错。

OS 通过 MPU 监控内存的访问权限，AUTOSAR 中的访问权限分为：受信任 Object 的和非受信任的 Object(Trusted and Non Trusted)两级。受信任的 Object 有读写大部分内存的权限，但是没有读取其他非激活栈的权限。非受信任的 Object 仅有读写少数内存的权限，包括当前活跃的栈、当前 OS Application 的数据以及 LMU 中的共享数据。

3.2　AUTOSAR 多核操作系统(AUTOSAR Multi-Core OS)

AUTOSAR 多核操作系统(AUTOSAR Multi-Core Operating System)是一种满足 AUTOSAR 规范的实时操作系统，在满足实时性要求的同时，更适应了汽车电子软件不断提高的可靠性需求。本节将深入解析 AUTOSAR 多核操作系统的一些重要机制。

3.2.1　AUTOSAR 多核 OS 的 OS Application

AUTOSAR 多核操作系统采用分区机制，多核处理器的每个核中至少分配一个 OS 应用(OS Application)。每个 OS 应用均包含任务、中断服务、计数器、报警、调度表等相关要素，统称为操作系统的对象(OS Object)。

每个 OS 应用需要定义访问权限，AUTOSAR 操作系统有两种类型的 OS-Application，分别为受信任的 OS 应用(Trusted OS Application)和不受信任的 OS 应用(Non-Trusted OS Application)。受信任的 OS 应用内包含的对象对大部分内存拥有读写的权限，包括所有的 Flash，LMU(Local Memory Unit)，CSA(Context Save Areas)以及外设单元等，但是没有读取其他非激活栈的权限。非受信任的 OS 应用内包含的对象只有读写少数内存的权限，如当前活跃的栈、当前 OS 应用的数据以及 LMU 中的共享数据。

受信任的 OS 应用和不受信任的 OS 应用内的对象读写权限如图 3.10 所示。以 Core1 为例，其中深色阴影部分表示受信任和不受信任 OS 应用内的对象均有权限读写，浅色阴影部分表示受信任 OS 应用内的对象有权限读写而不受信任 OS 应用内的对象无权限读写，白色部分表示二者均无权限读写。

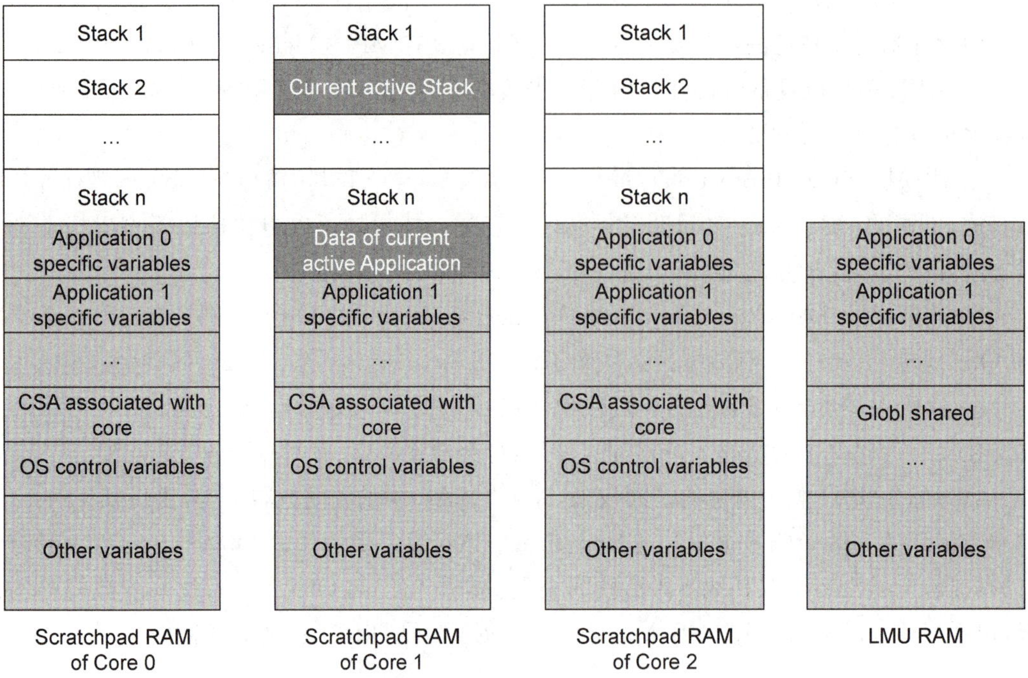

图 3.10　不同等级 OS Application 的访问权限

3.2.2　AUTOSAR 多核 OS 的软件分区

分区(Partitioning)是在硬件层面上对多核操作系统内的部分功能或要素的分割，目的是防止某一个分区中发生的故障影响到同一 ECU 上的其他分区。在 AUTOSAR 多核操作系统中，其实现的方法是在内存空间的区域中定义不同的内存区间，在其中执行各自分区的软件代码，防止互相干扰。

在 AUTOSAR OS 中，通过 OS 应用对内存进行分区可以实现简单的内存保护功能。一般而言，设计每个 OS 应用对应一个分区，分区示例如图 3.11 所示，无安全等级的任务 Task1 分配在 OS-Application A 对应的内存分区 Partition1 中，而安全等级相同的任务 Task2 和 Task3、基础软件和复杂驱动都按组分配在 OS-Application B 对应的内存分区 Partition2 中，两个分区相互独立。该分区规定了对应的 OS 应用所能访问的内存地址范围。

在汽车电子软件的实际应用中，可以根据软件分区原理，结合对任务进行多核分配的结果，将一些关键的、运行安全机制算法的运行实体 R1 映射到具有一定安全等级的任务 T1 中，通过软件分区再将该任务映射到受信任的 OS 应用 System Application_OsCore_Core0 中；反之，将没有安全等级软件的运行实体 R2 映射到普通任务 T2 中，再将该任务划分到不

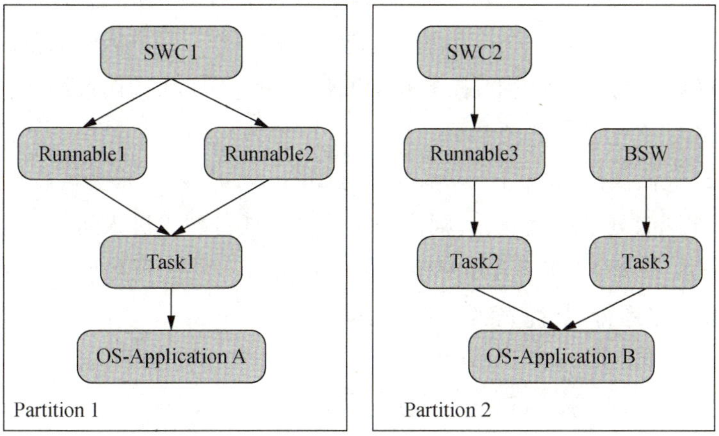

图 3.11　软件分区

受信任的 OS 应用 Os Application_Core0_Nontrusted 中，如图 3.12 所示，这样，通过将任务映射到不同的 OS-Application 中，就可以在软件层面实现不同安全等级的任务之间的内存空间以及不具有安全等级和存在安全等级的任务之间的内存空间的隔离。

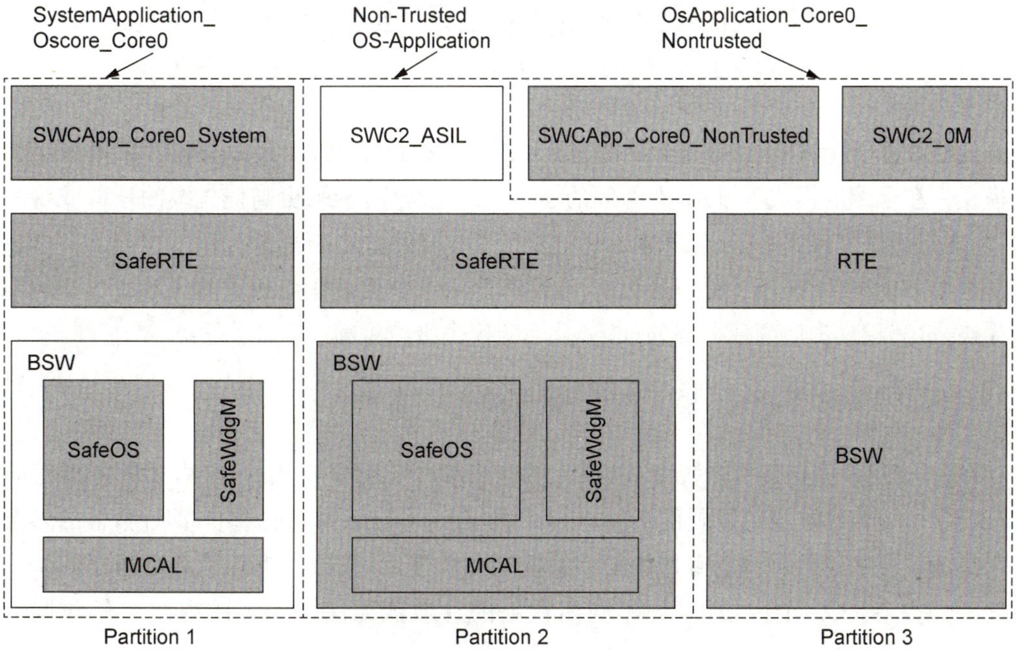

图 3.12　软件分区举例

3.2.3　AUTOSAR 多核 OS 的任务调度

在任务调度方法上，AUTOSAR 多核操作系统与 OSEK 系统如出一辙，也是根据任务或中断的优先级为首要因素决定的。在同一处理器内核上，优先级越高的任务或中断优先调度;优先级相同的情况下,根据具体的激活顺序决定。在不同的处理器内核上,任务的调度不会互相影响,即 AUTOSAR 多核操作系统在多核平台上是平行运行的。作为车载多核操作系统,AUTOSAR 操作系统中,任务和中断均是静态分配的,在系统运行过程中不可动态迁移,其原因在前文中已有相关解释。

AUTOSAR 多核操作系统的任务调度示意如图 3.13 所示。根据调度规则,若有多个任务同时被调用,即同时处于就绪状态,则优先级最高的任务率先进入运行状态,如图中内核 0 中的任务 T2,内核 1 中的任务 T3 和内核 2 中的任务 T5,三个任务同时进入运行状态。各个内核上的任务独立运行,其优先级没有相互影响。

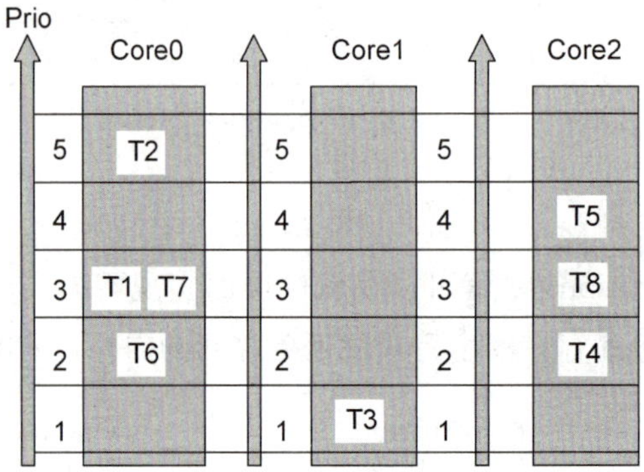

图 3.13 AUTOSAR 多核操作系统任务调度示意图

此外,AUTOSAR 多核操作系统支持为任务选择调度模式,分为全调度和拒绝调度两种模式。在全调度模式下,任务在一般的运行状态过程中,会被更高优先级的任务或中断抢占;而在拒绝调度模式下,该任务则不会被任何其他任务或中断抢占。

根据上述现象,在任务分配过程中,应用程序中起到关键作用的重要任务应分配较高的优先级,重要程度类似的任务周期越短,分配的优先级应越高。

3.2.4 AUTOSAR 多核 OS 的计数器、报警器与调度表

AUTOSAR 多核操作系统中,以系统组件中的计数器(Counter)作为任务调度的时间基准,同时,计数器本身也以硬件平台上的时钟(Timer)配置为时间基准,即计数器的参数配置与搭载系统的硬件平台也密切相关。根据上文所述,计数器作为一个应用程序的系统组件之一,是专属于一个内核的,即不同内核上的计数器无法作为不同内核中任务调度的基准。

AUTOSAR 操作系统中的任务调度是通过报警器(Alarm)或调度表(Schedule Table)实现的。一般情况下,报警器和调度表均是根据同一内核上的相应计数器触发,特殊情况下,也可以被其他核上的应用程序所调用。如可以在内核 0 上调用 AUTOSAR 标准函数 SetRealAlarm 来设定内核 1 中报警器的偏移量等。计数器、报警器和调度表三者配合工作,形成了 AUTOSAR 操作系统任务调度机制,如图 3.14 所示。

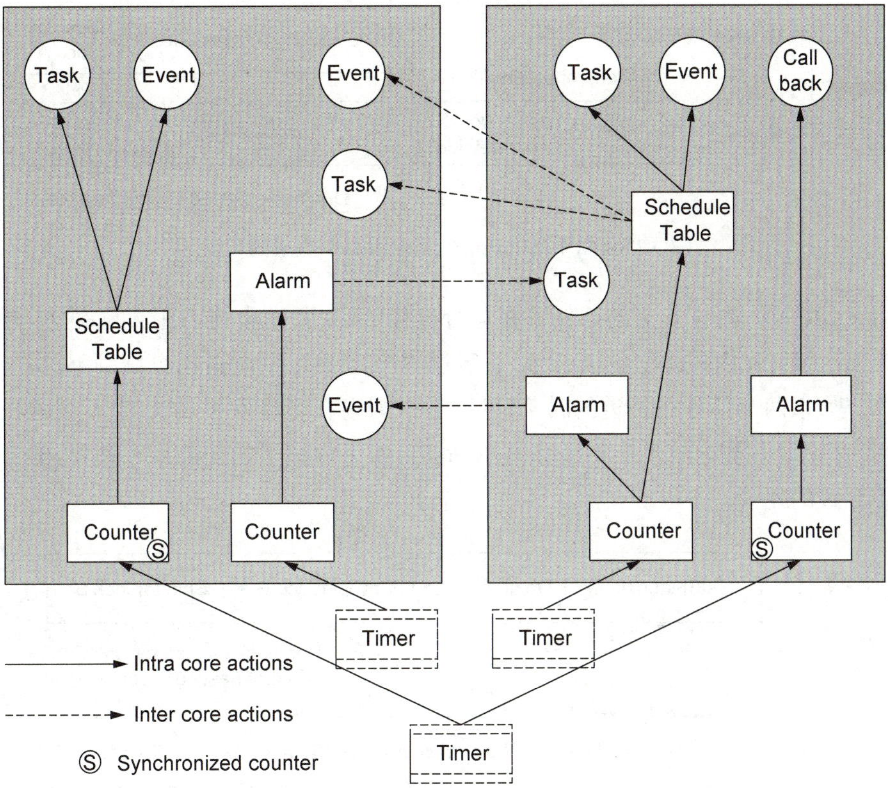

图 3.14 计数器、报警器和调度表的工作示意图

3.2.5 AUTOSAR 多核 OS 的自旋锁和共享资源

AUTOSAR 多核操作系统为实现核间资源互斥，保证数据一致性，设计了自旋锁(Spinlock)机制，该机制不适用于实现核内资源互斥。当某个任务或二类中断成功申请占用自旋锁时，其他内核上的所有任务和二类中断均无法成功申请占用自旋锁，并会处在停滞状态，等待自旋锁占用者将其释放。此时，其他内核仍然处在工作状态，CPU 负载率不会下降。因此，对于自旋锁的使用应当谨慎，执行时间较长的任务不宜申请占用自旋锁，以防止对于其他内核的资源浪费。若对自旋锁的使用比较复杂，还可能导致不合理的死锁状态。

根据上述现象，处理器内核之间的通信或共用数据应尽可能减少，耦合性较强的任务应被分配至同一核中。

如图 3.15 所示，一旦低优先级的任务在占用自旋锁的情况下被高优先级任务抢占，如果高优先级任务也需要申请占用同一个自旋锁，根据自旋锁机制的设定，其必须等待低优先级任务将其释放。而根据 AUTOSAR 操作系统任务调度机制，高优先级任务在运行过程中不可能被低优先级任务打断。故此时内核 0 陷入了死锁状态。AUTOSAR 操作系统为了防止上述情况发生，在任何任务或中断占用自旋锁时，操作系统会自动挂起所有中断，即某任务成功申请自旋锁占用之后，不会被同一内核上的任何任务或中断抢占。

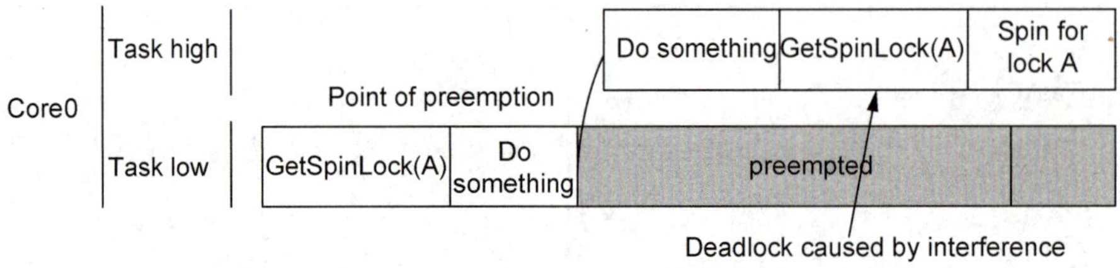

图 3.15　由于高优先级抢占 Spinlock 造成的死锁

如图 3.16 所示，内核 0 上的某任务在运行过程中，需要先申请占用自旋锁 A，再申请占用自旋锁 B；同时，在内核 1 上的某任务，运行过程中需要先申请占用自旋锁 B，再申请占用自旋锁 A。如果两个任务在相近的时刻开始运行，则很有可能发生自旋锁 A 被内核 0 上的任务占用，自旋锁 B 被内核 1 上的任务占用，此时，两个内核上的任务相互锁死，即自旋锁的嵌套调用导致的死锁。

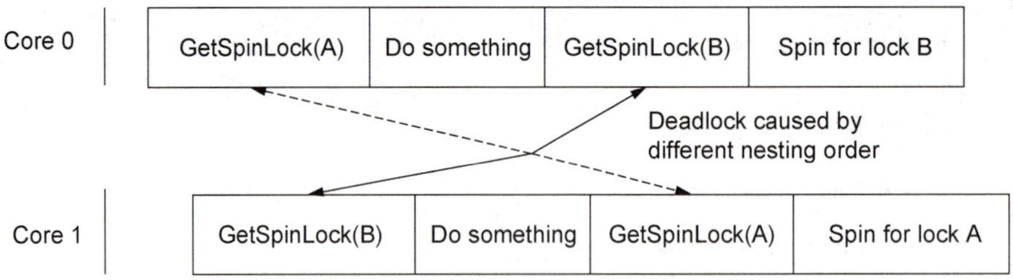

图 3.16　由于嵌套访问 Spinlock 造成的死锁

为了防止该现象的发生，需要相关技术人员在进行系统设计时，禁用嵌套使用自旋锁的请求或者严格按照顺序嵌套自旋锁的方式进行请求。

由图 3.17 可知，顺序地访问自旋锁不会造成死锁，而形成回环访问时，会产生死锁现象。根据上述规则，在进行系统设计时，任务对自旋锁的申请占用应尽量避免嵌套和回环，以避免造成可能的死锁现象。

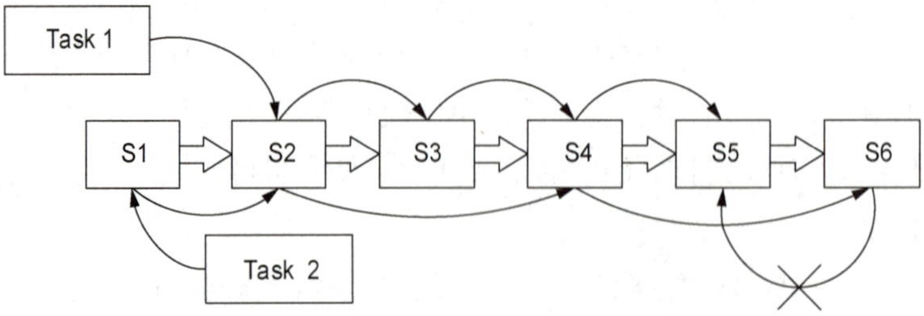

图 3.17　由于回环访问 Spinlock 造成的死锁

AUTOSAR 多核操作系统为实现核内资源互斥，保证数据一致性，设计了共享资源(Shared Resource)机制，该机制不适用于实现核间资源互斥。当某个任务或二类中断成功申请占用该内核的共享资源时，该内核上的所有任务和二类中断均无法成功申请占用该共享资源，并会从运行状态返回等待状态，等待共享资源占用者将其释放。

与自旋锁不同的是，共享资源的申请者在发现共享资源正在被占用时，会返回等待状态，不会发生锁死现象。而且根据 3.1 节所述的机制，AUTOSAR 多核操作系统继承了 OSEK 操作系统中的优先级天花板模式，以此防止任务触发的优先级顺序出现的可能错误。

3.2.6　AUTOSAR 多核 OS 的核间通信

AUTOSAR 规范定义了包括核内通信、核间通信和外部通信在内的三种类型的通信方式，其中前二者统称为内部通信。每当不同内核中的应用程序需要进行数据传输时，操作系统会为其开辟共享的内存 Cache 区域，通信双方的应用程序通过对该区域的读写，完成数据的传输。但 Cache 区域的数据有可能在被读的过程中发生更新，导致数据的不一致性。

为了解决上述问题，AUTOSAR 多核操作系统提供了应用于核间通信的 IOC(Inter OS Application Communication)方式。IOC 不同于核内通信，核内通信是在运行时环境层完成，而 IOC 是在操作系统中完成的，如图 3.18 所示。应用程序在对上述共享 Cache 区域进行读写时，会申请占用一个自旋锁，以防止其他内核上的应用程序同时访问。由于通常情况下 IOC 不涉及自旋锁的多次调用，故在本书的研究中，可以采用 Vector MicroSAR 提供的迷你自旋锁(Minilock)机制。迷你自旋锁的功能与自旋锁一致，只是占用的系统资源更少，执行时间比自旋锁更短，且配置更容易，有利于减少 IOC 通信所需的时间。

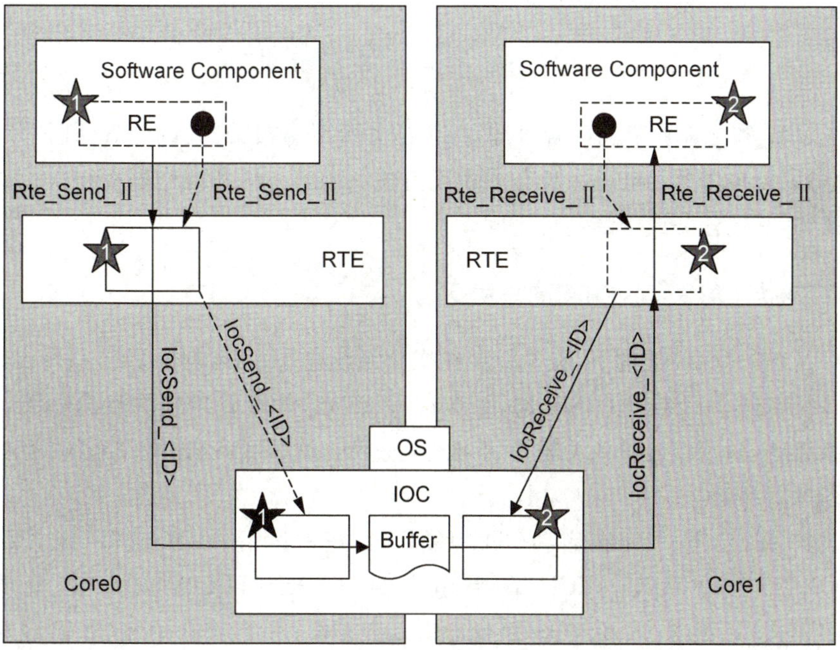

图 3.18　IOC 通信示意图

根据上述内容，为保证数据的一致性，同时尽可能缩短核间通信的所需时间，当某任务访问共享数据区域时，可以采用迷你自旋锁机制。

3.2.7 AUTOSAR 多核 OS 各元素间的交互

AUTOSAR 多核操作系统由任务、中断、报警器和事件等元素组成，它们之间的相互作用使操作系统有序地运行。广义上，AUTOSAR OS 是事件驱动的操作系统，Alarm 可以视为报警事件，如图 3.19 所示。

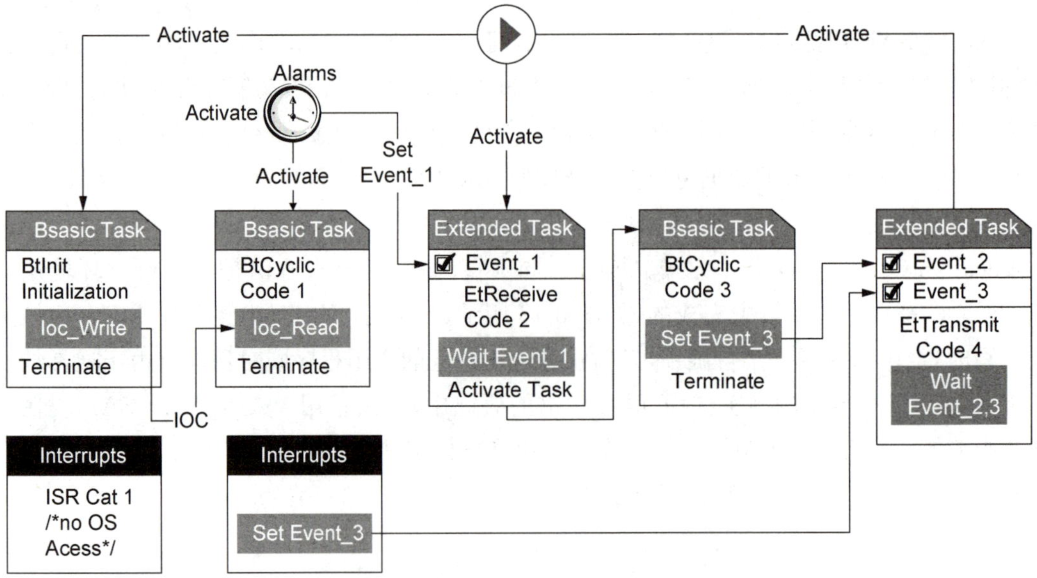

图 3.19　多核操作系统各元素的交互

综合图 3.19 和之前章节的内容可知，一个任务可以由报警器、调度表、其他任务或中断激活，事件可以由报警器、调度表、任务或中断置位。当某一任务或中断获得共享资源时，共享资源被加锁，其他任务或中断不可访问。

3.2.8 AUTOSAR 多核 OS 的启动与关闭

在 AUTOSAR 软件架构下，无论是单核操作系统还是多核操作系统，都与 EcuM(ECU State Management)和 BswM(BSW Mode Management)两个管理模块息息相关，它们控制着操作系统启动、初始化、运行、关闭等状态及其过程。AUTOSAR 操作系统的启动与关闭的过程如图 3.20 所示。

由图 3.20 知，ECU 工作在启动(STARTUP)、正常运行(UP)、睡眠(SLEEP)和关闭(SHUTDOWN)四个状态。ECU 在上电前处于 SHUTDOWN 状态，上电后进入 STARTUP 阶段，它包含 StarPreOS 和 StartPostOS 两个阶段，StartPreOS 阶段对 ECU 进行一些准备工作以初始化 OS，其主要动作如下：

- Callout：设置可编程中断的优先级；
- Callout：EcuM_AL_DriverInitZero 对没有配置后期编译(Post-build)参数的 BSW 模块进行初始化，该部分代码为手工添加；

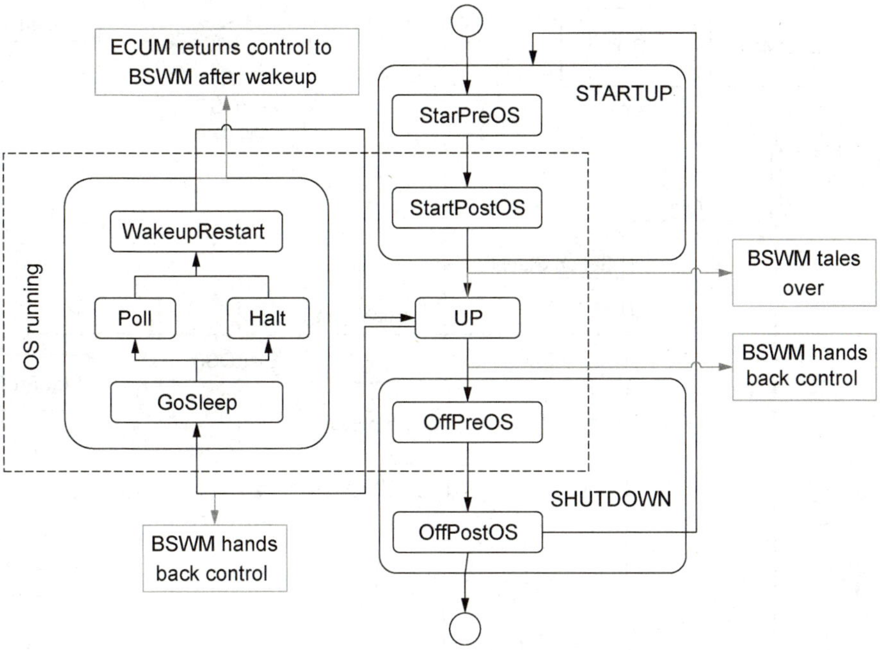

图 3.20　AUTOSAR 操作系统的启动过程

- Callout：调用函数 EcuM_DeterminePbConfiguration()，返回指向 Post-build 数据的指针；
- 检查数据配置的一致性，若出现错误，则调用 EcuM_ErrorHook；
- Callout：EcuM_AL_DriverInitOne 初始化 Mcu，IO，GPT，Watchdog 等模块；
- 获知复位原因；
- 选择默认的 Shutdown 对象；
- Callout：调用 EcuM_LoopDetection，检查 ECU 是否被循环复位；
- 启动 OS。

StartPostOS 阶段就是 OS 启动后的阶段，该阶段主要执行初始化 BSW 的调度器和初始化 BswM 模块两个动作。综上所述，启动阶段的流程如图 3.21 所示。

如图 3.21 所示，ECU 上电后首先执行微控制器的启动引导程序(BootMenu)，然后执行 Cinit，对栈进行分配，之后，EcuM 接管控制权，执行 StartPreOS，在该阶段，EcuM 执行 Callout 代码段，启动 OS，此时，OS 接管控制权，执行 OS 启动及其回调函数，启动 OS 需要自动启动的任务，通常为初始化任务，调用 EcuM_StartupTwo()；EcuM 重新接管控制权，执行 StartPostOS 完成 ECU 和 OS 的启动，OS 中的其他任务被允许执行。ECU 的控制权被转移至 BswM。

无论是否存在 OS，多核的启动和硬件紧密相关，通常情况下，硬件会启动一个核作为主核(Master Core)，而从核(Slave Core)由软件启动，这种方式被称为主从模式(Master-Slave Startup Behavior)。AUTOSAR 规范定义了多核 OS 的启动为主从模式。多核 OS 的具体启动流程如图 3.22 所示。

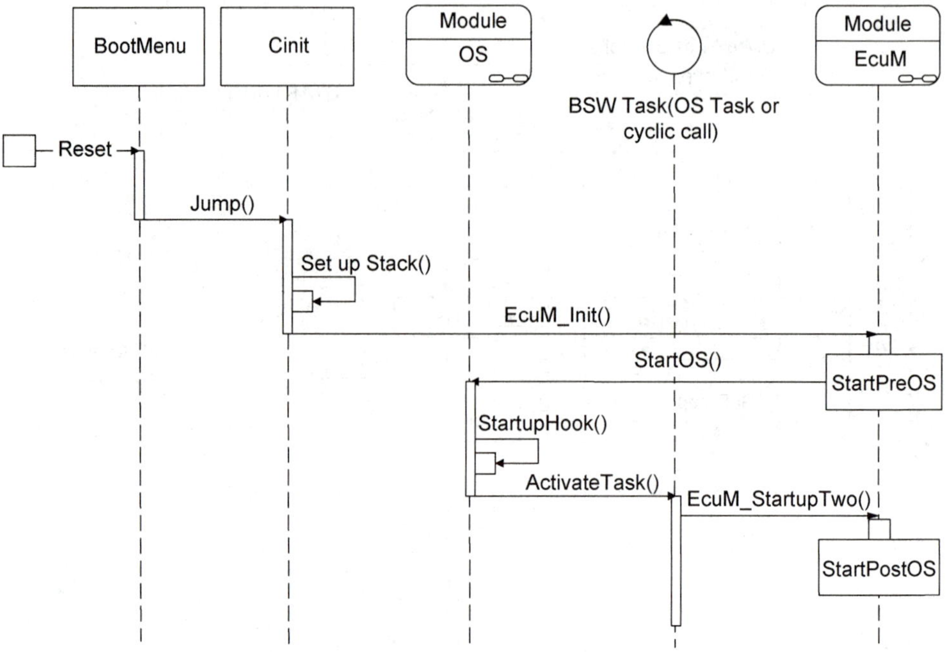

图 3.21　ECU 的启动阶段

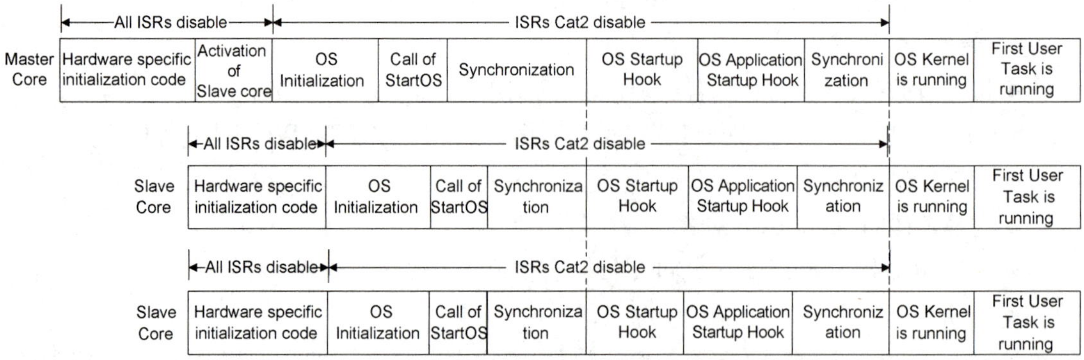

图 3.22　多核 OS 的启动过程

与 OS 的启动类似，OS 的关闭也是由 EcuM 完成。若在关闭过程中有唤醒事件出现，则 ECU 在关闭后立刻重新进行启动。在关闭过程中，系统会选择 Shutdown Target，Shutdown Target 包含关闭(Off)、睡眠(Sleep)和复位(Reset)。关闭 ECU 的具体过程如图 3.23 所示。

由图 3.23 可知，ECU 的关闭包含以下动作：

- 反初始化 BswM 和 BSW 调度器；
- 检查是否存在唤醒事件发生；
- 选择 Shutdown Target；
- 关闭 OS。

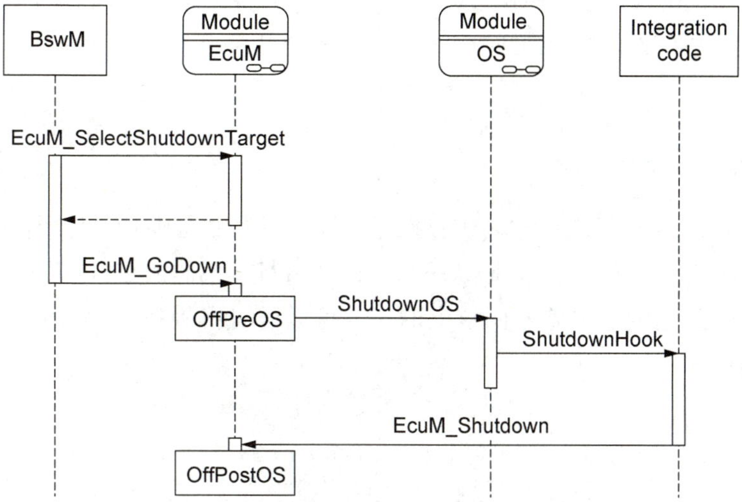

图 3.23　ECU 关闭过程

在多核系统中，目前 AUTOSAR 4.x 不支持只关闭单个核，即若关闭指令发出或者致命错误出现时所有核必须全部关闭。关闭 OS 的具体过程如图 3.24 所示。

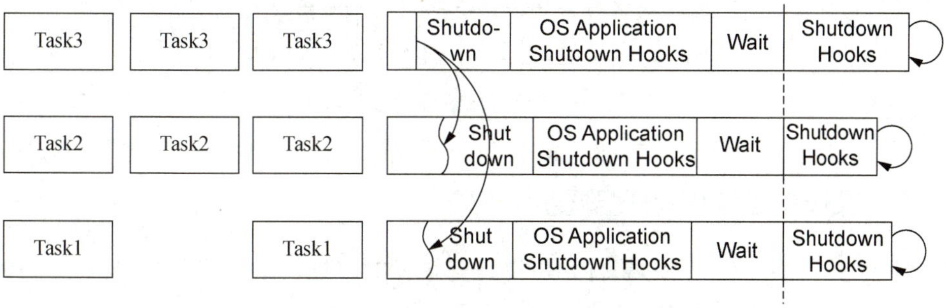

图 3.24　多核 OS 的关闭过程

如图 3.24 所示，若某一任务拥有调用 Shutdown All Cores 的权限时，关闭信号会被发送至所有核。当关闭过程启动后，所有的中断服务和任务都不会被激活，关闭前必须完成的程序由 EcuM 保证完成。关闭完成前，由 OS Application Shutdown Hooks 完成相应的回调程序，然后等待至同步点所有核执行关闭回调程序。

3.3　多核操作系统与单核操作系统的差异性

OSEK/VDX 操作系统在汽车工业中得到了广泛的应用，行业内人员对 OSEK 已经拥有丰富的使用经验。OSEK OS 是一个事件触发的操作系统，这种机制可以让开发人员自由地选择所需要的事件来触发所需要的任务。基于这些因素，AUTOSAR 中操作系统的部分都是基于 OSEK OS 的。

在 2011 年推出的 AUTOSAR 4.2 中，增加了关于多核操作系统的部分。AUTOSAR 中的多核操作系统不是虚拟出 ECU 概念，而应该被看成拥有相同配置以及共享大部分代码的操作系统。

3.3.1 多核操作系统的调度

与 OSEK OS 相同，AUTOSAR 多核操作系统的调度也是基于优先级驱动，高优先级任务和低优先级任务在竞争时，高优先级任务先得到执行。不同的是，ECU 上多个核可以分别调度，并行处理，也就意味着不同核上的任务可以同时得到执行，如图 3.25 中的 T6 与 T4，T1 与 T8 等。

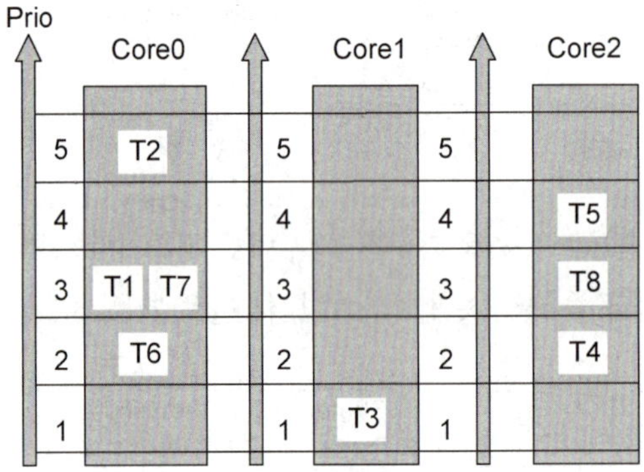

图 3.25　多核操作系统调度示意图

3.3.2 多核操作系统的核间任务同步

在多核 AUTOSAR OS 中，事件是可以跨核触发的。这也就意味着，核与核之间的同步可以通过事件触发的形式来实现。

如图 3.26 所示，当 Core0 中任务 R1 执行时，可以通过 setEvent 来激活位于 Core1 中的 R2，这个 Event 可以是变量的写入、读取或者任务执行结束等，使 R2 可以获得运行的权力，如果 Core1 中的任务调度允许，则 R2 可以获得 CPU 的执行权力。通过这种方式，可以实现 Core0 和 Core1 的任务同步机制。这种方法适用于事件触发的任务或者定期执行的任务的同步。定期执行的任务只需使用 Alarm 或调度表定期触发 Event 即可。

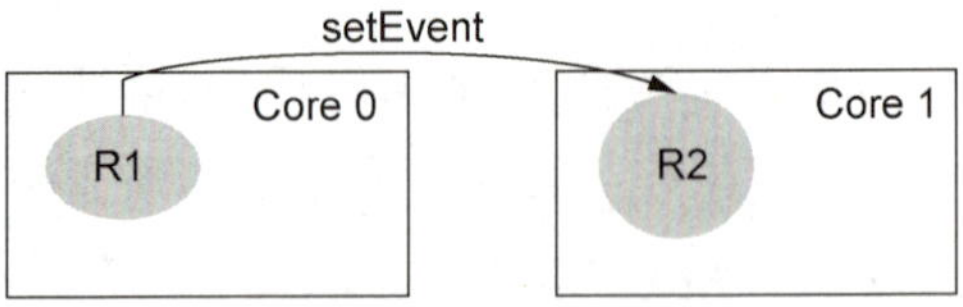

图 3.26　多核操作系统事件触发示意图

下面是使用事件触发来实现多核任务同步的测试。在 Core0 中使用 Alarm 定周期触发任务 Core0_Task_1，周期为 1 ms。在 Core0_Task_1 中调用 setEvent 触发 Core1_Task_2。在两个任务中分别翻转引脚 P2.0 和 P2.1。

如果两个任务都能正确且同时触发，则 P2.0 和 P2.1 引脚会输出周期为 500 Hz 的 PWM 波。测试结果如图 3.27 所示，图中上方的波形为 P2.0，下方的波形为 P2.1。

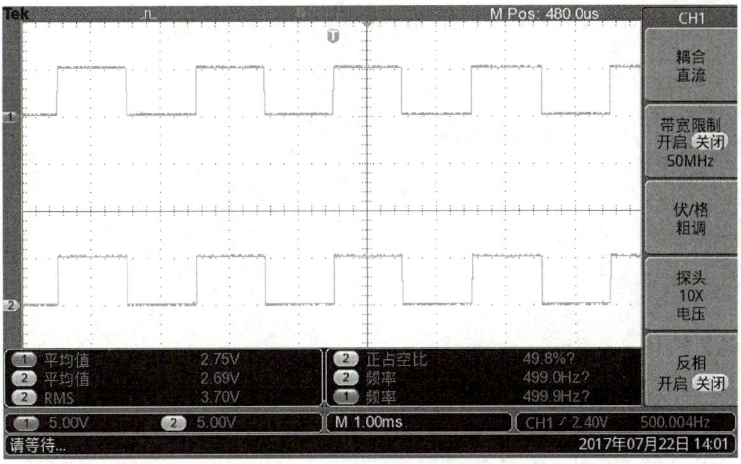

图 3.27　使用事件触发多核任务同步测试结果

从测试结果中可以看出，Core0_Task_1 和 Core1_Task_2 同时触发，且频率为 500 Hz，符合预期。

还有一种方法是使用调度表来实现任务同步。如图 3.28 所示，报警器只能触发一个任务，因此不能实现任务同步。而调度表可以实现同时触发不同核的多个任务。这种方法只使用于定期执行的任务的同步。

图 3.28 和图 3.29 所示为使用调度表同步出发任务的测试。首先添加配置一个周期为 1 ms的调度表，然后使用该调度表分别触发两个核中的任务 Core0_Task_1 和 Core1_Task_2。在两个任务中分别翻转引脚 P2.0 和 P2.1。

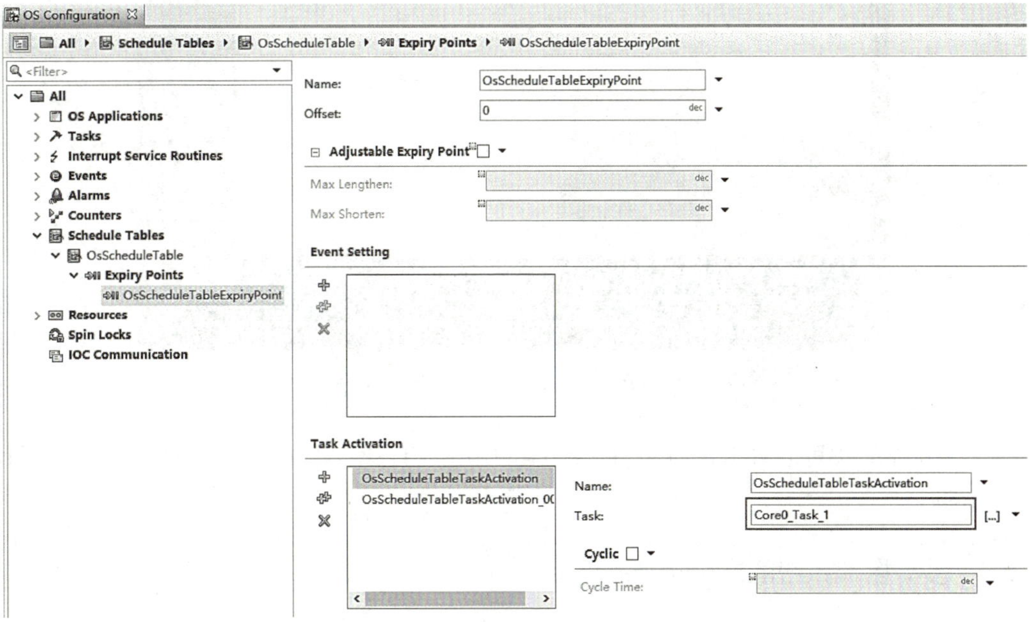

图 3.28　调度表触发 Core0_Task_1

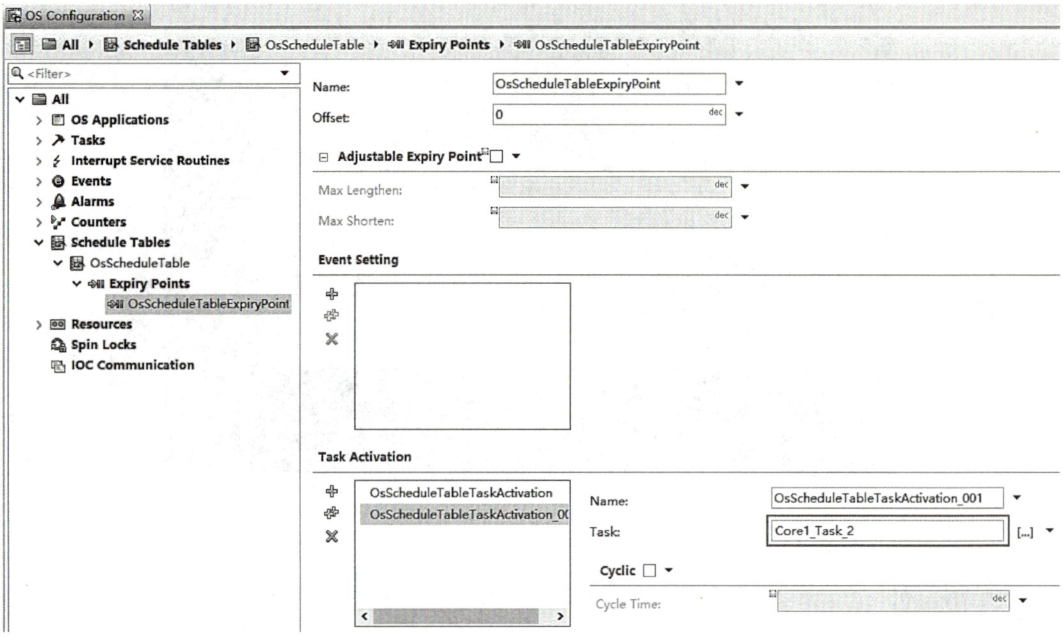

图 3.29　调度表触发 Core1_Task_2

如果两个任务都能正确且同时触发，则 P2.0 和 P2.1 引脚会输出周期为 500 Hz 的 PWM 波。测试结果如图 3.30 所示，图中上方的波形为 P2.0，下方的波形为 P2.1。

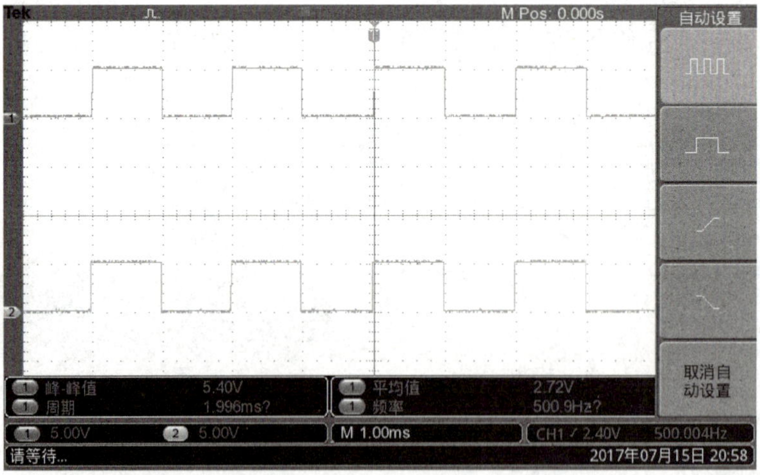

图 3.30　调度表触发多核任务同步的测试结果

从测试结果中可以看出，Core0_Task_1 和 Core1_Task_2 同时触发，且频率为 500 Hz，符合预期。

3.3.3　多核操作系统的自旋锁(Spinlock)

AUTOSAR 多核操作系统通过自旋锁(Spinlock)来实现核间互斥，但不可用于核内互斥。当自旋锁被一个任务或二类中断占用时，其他核的任务或二类中断不可以占用自旋锁，但是，自旋锁不会使发出请求的任务或二类中断撤销调度(de-schedule)，自旋锁的请求者会持续等待锁的释放，这个过程中，CPU 一直处于 busy-waiting 状态。故多核操作系统内应尽可能减少自旋锁的使用，执行时间较长的任务不宜使用自旋锁，以免造成 CPU 资源的浪费。多核之间的通信应尽可能减少，即耦合性较强的任务应被分配至同一核中，这意味着核间任务阻塞时间的减少。若对自旋的使用锁不合理，则会导致死锁的现象发生，详细介绍可参考本书 3.2.5 小节。

3.3.4　多核操作系统核间通信机制(IOC)

为解决核间数据读写不一致的问题，AUTOSAR 多核操作系统提供 IOC(Inter OS Application Communication)的通信方式。与核内通信不同，IOC 通信不是在 RTE 层而是在由 OS 层完成的，OS Application 在读或写 Buffer 时会获取 Spinlock，以防止其他 OS Application 对 Buffer 内的数据进行读写，从而造成数据的不一致性。IOC 函数是不可重入的(reentrant)，因为那样会造成 Spinlock 错误。核间通信是对共享数据区读写数据的实例之一，通常情况下，IOC 不涉及自旋锁的多次调用，故可采用 Minilock 对共享数据区进行保护，Minilock 执行时间相对于 Spinlock 更短，因此有利于减少 IOC 的通信时间。

IOC 只提供 sender/receiver 的通信方式，RTE 将 Client-Server 的请求和应答转换为 sender/receiver 通信。IOC 支持 1∶1、N∶1 和 N∶M 的通信，在每次通信操作中允许传输一个数据项。数据项可以是基本数据类型的值，也可以是复杂数据结构的参考。数据结构必须被实现为单个内存块，这样，数据项可以被整体传输。IOC 无须得知内部的数据结构，只须内存地址和长度即可完成传输。

仅当使用 1∶1 通信时，也可以在一次通信中传输多个数据项，此时，IOC 函数需要使用多个数据类型和内存地址。与多次调用 IOC 传递数据相比，该方法只需执行一次打开内存保护区域以及通知 receiver 的操作。

IOC 可以提供非队列和队列模式的通信操作，IOC 的内部队列可以配置相应的长度。

［示例 1］　不带通知的 1∶1 sender/receiver 的通信(图 3.31)

一个核中的 SWC 将数据发送到另外一个核的 SWC 中，接收端的运行实体被周期性调用并从 RTE 接收数据。因为要跨核通信，所以，RTE 调用 IOC 将数据从 Core0 传输到 Core1。

发送端的代码为：

```
Rte_Send_〈port〉_〈item〉(..., 〈data〉)
```

该函数调用 IOC 发送函数：

```
IocSend_〈Id〉(〈data〉)
```

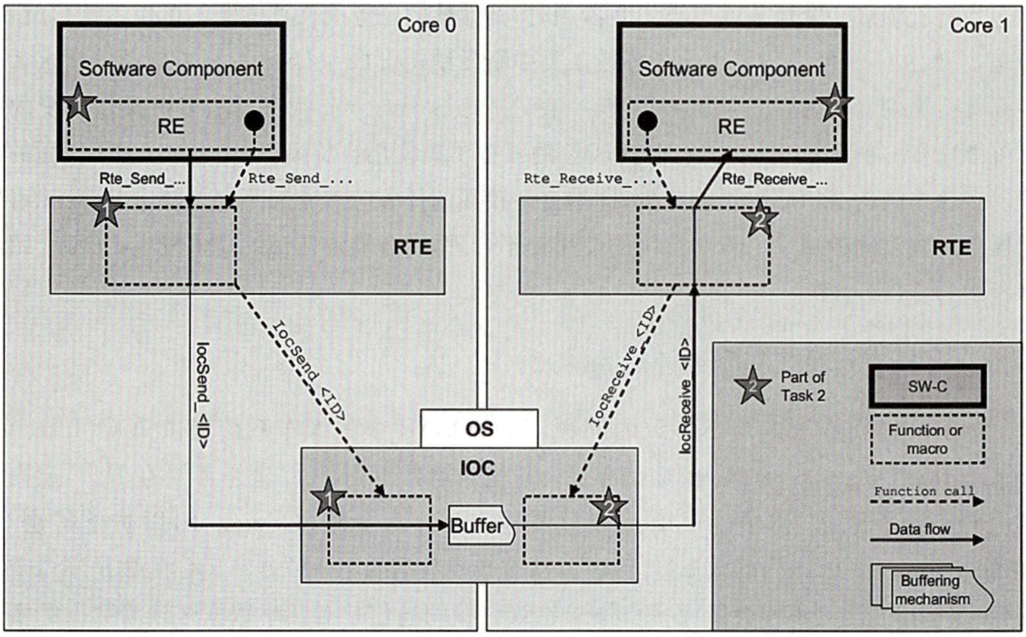

图 3.31　不带通知的 IOC 通信

在本示例中，IOC 发送服务将数据写入位于共享内存区域的缓存中，该区域可以被 IOC 接收端读取。

在接收端，接收运行实体被周期性调用，执行代码：

```
Rte_Receive_〈port〉_〈item〉(..., 〈data〉)
```

该代码会调用 IOC 接收函数：

```
IocReceive_〈Id〉(〈data〉)
```

接收函数会从 IOC 内部队列中读取数据。

IOC 生成器会生成所有的发送以及接收函数，为了优化的目的，这些函数被定义为宏指令。这种不带通知的通信方式适用于以下情况：

- Sender/receiver 通信；
- 队列或非队列通信；
- 1∶1 通信。

［示例 2］　**带通知的 N∶1 client/server 通信(图 3.32)**

一个核中的 SWC 请求另外一个核中 SWC 的服务操作。在接收端的一个运行实体被激活来计算结果。RTE 通过将 client/server 调用映射为 sender/receiver 来实现客户端的服务。因为要跨核通信，所以 RTE 调用 IOC 将数据从 Core0 传输到 Core1。

发送端的代码为：

```
Rte_Call_〈port〉_〈op〉(…, 〈data〉)
```

该函数调用 IOC 发送函数：

```
IocSend_〈Id〉(〈data〉)
```

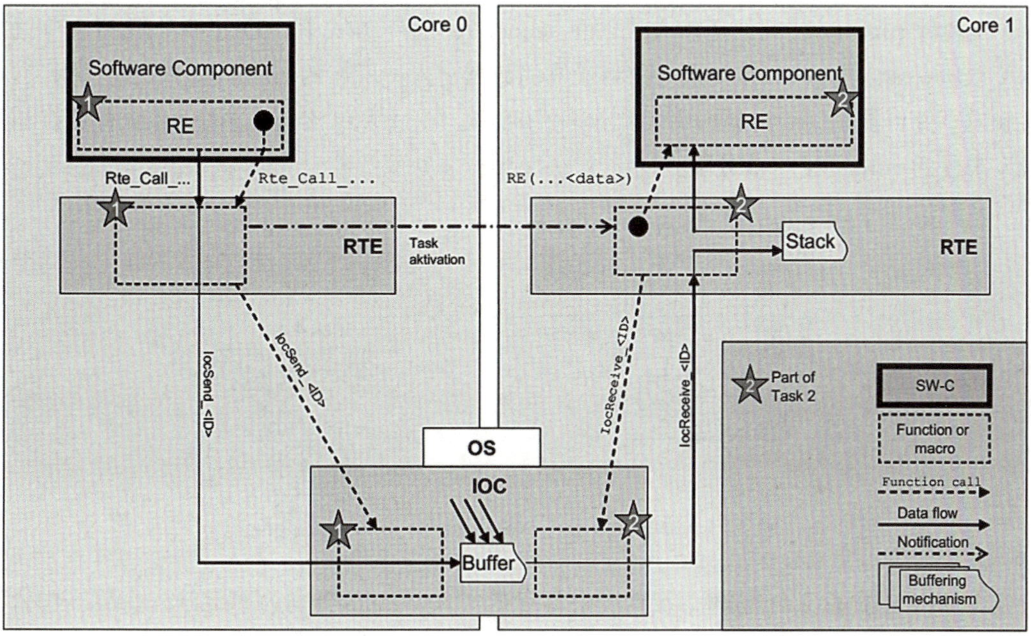

图 3.32　带通知的 IOC 通信

在将数据写入 IOC 内部队列缓存中后，Rte_Call 函数使用 OS 调用激活接收核中的服务任务来通知接收端。该任务由 RTE 提供，负责调用 IocReceive 函数从 IOC 缓存中读取数据并将数据传输到服务端的运行实体中。Core1 中服务函数的结果会被反向传输到 Core0 的客户端。

这种带通知的通信方式适用于以下情况：

- 带通知的 Sender/receiver 通信；
- Client/server 通信，在这种情况下，RTE 需要将服务调用转换为 1∶1 的 sender/receiver 通信，并把将结果传输到客户端的过程转换为另外一组 sender/receiver 通信；
- 队列或非队列通信；
- 1∶1 通信，如果接收端没有被周期性调用；
- N∶1 通信。

3.3.5　单核操作系统任务集向多核操作系统的转换

若存在一个应用，包含一个具有若干 runnable 的任务集，考虑到核间通信、数据一致性等原因，是很难在多核操作系统上通过人工分配的方式得到一个很好的分配方案的。而在多核之前，基于单核的 OSEK 操作系统已经得到了广泛的应用。汽车工程师已经能够很好地对单核操作系统进行任务部署，为了减少因为任务切换引起的额外时间，通常将具有相同触发时间的 runnble 放置在一个 task 中。

在 AUTOSAR 中，一个应用的组成为若干个 SWC，而一个 SWC 中则由若干个 runnable 构成，以完成此 SWC 的功能实现。AUTOSAR 提供了 sender-receiver 和 client-server 两种 runnble 之间的通信方式。在 sender-receiver 方式中，runnable 在执行程序之前就读取所有输入的数据，在结束之前将最终的数据写入。所有的 runnable 都由事件触发，这些触发事件可能是一个中断或者是周期性的时间。在过去单核操作系统中，所有具有相同触发事件的 runnable 将被分配到同一个 task 中。

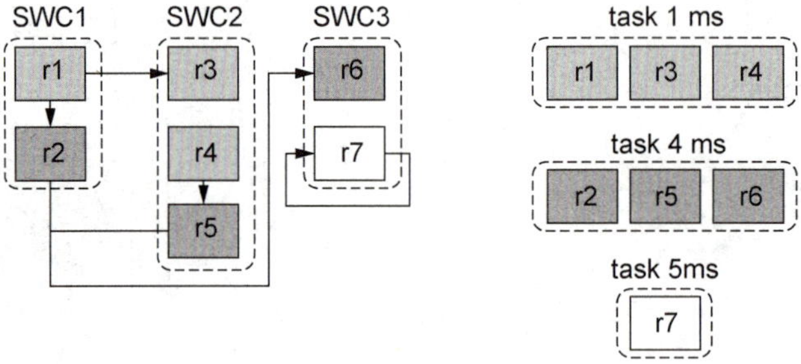

图 3.33　单核操作系统中的 runnable to task mapping

图 3.34 中含有 3 个 SWC。SWC1 中含有 2 个 runnable，分别为 r1 和 r2；SWC2 中含有 3 个 runnable，分别为 r3，r4 和 r5；SWC 含有 2 个 runnable，分别为 r6 和 r7。其中，r1，r3，r4 的周期为 1 ms；r2，r5，r6 的周期为 4 ms；r7 的周期为 5 ms。基于单核操作系统，则会将具有相同周期的 r1，r3 和 r4 放在同一个 task 中，将 r2，r5 和 r6 放在同一个 task 中，将 r7 放在另外一个 task 中。

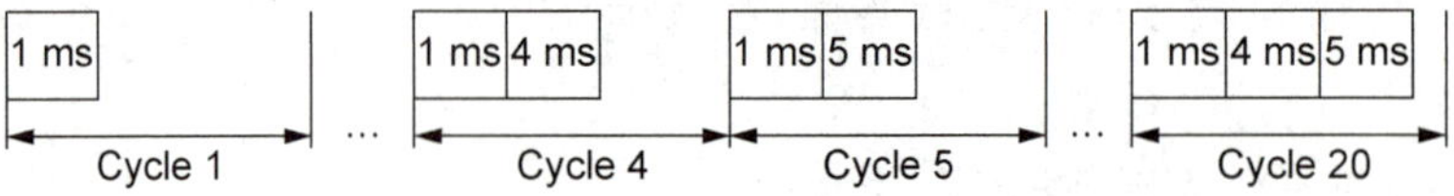

图 3.34　单核操作系统任务调度示意

在单核操作系统中，任务的调度将如图 3.34 所示。

从单核任务集向多核任务集的转变的关键就是分析 task 内各个 runnable 的数据流。将同一个 task 中具有相互关联的 runnabe 称为关联任务，不具有相互关联的任务称为非关联任务。在上述的例子中，可以知道，r1 与 r3 之间具有相互的关联，而 r4 与 r1，r3 没有相互的关联，r2 与 r5，r6 具有相互的关联，r7 与 task 内任务不具有相互的关联。因此，r1，r3，r2，r5 和 r6 称为关联任务，r4 和 r7 称为非关联任务。

下面给出从单核任务集到多核操作系统任务分配的算法(图 3.35)。在算法中，首先根据 runnable 是否为关联任务将其分为关联任务集 dR 和非关联任务集 iR，根据负载率由大到小分别对关联任务集和非关联任务集进行排序。在排序完成后，优先分配关联任务集。在分配关联任务集的过程中，第一步是找到只含有 sender 的任务，然后找到具有最小负载的核，将其分配在最小负载核中。然后在按照数据流的方向，如此循环下去，完成关联任务集的分配。

Input $\tau_p = (\mathcal{R}_p, \mathcal{E}_p)$: A task of the application,
$sc = (c_1, \cdots, c_m)$: total number of cores
Output $\Phi_p = (\varphi_1, \cdots, \varphi_m)$: A valid allocation of $\mathcal{R}_p$ into sc

```
Φp = ∅
dR = ∀ri ∈ Rp | ∃rj ∈ Rp, ∃ei→j ∨ ej→i ∈ Ep
iR = ∀ri ∈ Rp | ∀rj ∈ Rp, ∄ei→j ∧ ej→i ∈ Ep

<sdR, siR>=sort_runnables_cU(dR, iR)

// First-phase: Allocation of dependent
// runnables
forall (ri ∈ sdR | ri ∉ Φp and ∄rj ∈ sdR, ej→i ∈ Ep) do
  c = worstfit(ri)
  Φp += allocate(c, ri)
endfor
forall (ri ∈ sdR | ri ∉ Φp and ∃rj ∈ Φp, ej→i ∈ Ep) do
  maxdep = 0
  forall ck ∈ sc do
    if(maxdep < u^k_sum and rj ∈ φk) then
      maxdep = u^k_sum
      r_largest = rj
    endif
  endfor
  c = worstfit_startdef(ri, maxdep)
  n = core(r_largest)
  if(u^n_sum − u^c_sum > 0) then
    u_idle = u^n_sum − u^c_sum
    Φp += allocate (c, r_idle)
  endif
  Φp += allocate (c, ri)
endfor

// Second-phase: Allocation of independent
// runnables
forall(ri ∈ siR | ri ∉ Φp) do
  if(∃r_idle ∈ Φp and ui ≤ u_idle) then
    c = core(r_idle)
    Φp += allocate(c, ri)
    if(u_idle − ui = 0) then
      remove(r_idle, Φp)
    else
      u_idle = u_idle − ui
    endif
  else
    c = worstfit (ri)
    Φp += allocate(c, ri)
  endif
endfor

return Φp;
```

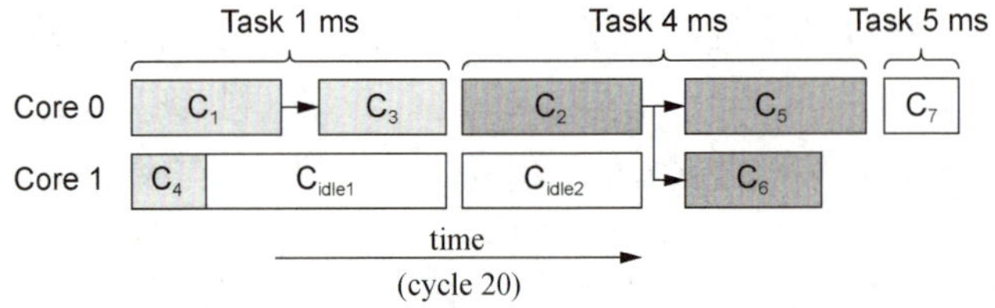

图 3.35　多核任务分配方案

在进行非关联任务集的分配过程中，若非关联任务的负载率小于分配关联任务产生的空闲任务负载率，则可以将其分配在原先空闲任务负载率的位置。若不满足，则与分配关联任务集一样，找到当前最小负载率的核，继续往后分配。

根据此算法，可以最终得到从单核任务集到多核操作系统任务分配的方案。这种方案的主要目的是降低任务的执行时间，从而降低负载率。如果之前的任务调度得到验证，这种方法得到的分配则可以直接使用，保留了之前的调度顺序以及数据流。这种从单核任务集直接得到的多核任务分配方案，减少了多核任务重新分配带来的大量的测试验证等步骤，同时有效降低了单核的运行负载率。

在这个分配过程中，需要注意的是核间数据传递以及核间任务事件触发带来的额外运行负载。需要综合考虑多核分配及其带来的额外运行消耗，确保得到的多核分配方案可以降低 CPU 运行的负载率。

3.3.6　多核操作系统应用部署的注意事项

1. 最小部署单元

在单核操作系统进行 runnable 到 task 的映射时，最小的分配单元是一个 runnable，而且基本上都是同一个周期的 runnable 分配到同一个 task 中，减小任务切换带来的额外负载。而具体到 AUTOSAR 规范的多核操作系统，它的分配最小单元不是 runnable，而是 SWC（图 3.36）。一个 SWC 是实现某个特定功能的逻辑概念，实现这个逻辑功能的实体是若干个 runnable。因此，这也就意味着，同属于一个 SWC 的 runnable 需要分配到同一个核中执行。

在前文中，介绍了一种由单核应用部署过渡到多核操作系统的方法。这种方法的思想就是通过分析同一个 task 中各个 runnable 的数据流情况，根据数据流的走向，将 runnable 分配到多个核中。它的主要原理是使数据流出现分支时，各个分支可以分到多个核中，以减少每个 task 的最坏情况执行时间（WCET）。这种方法具有简单易行的特点，在单核操作系统上运行的任务集可以直接往多核操作系统平台上转换，不必再花费大量的精力去验证软件在多核操作系统上的稳定性。但是，这种方法的最小分配单元还是 runnable，如果数据流分支处于同一个 SWC 中，这种方法将无法发挥其作用。如果需要采用这种方法进行多核应用的部署，需要在 runnable 映射的同时对 SWC 进行拆分重构，将原来功能上的 SWC 进行分解，从部署角度重新构建 SWC。这种方法虽然在流程上

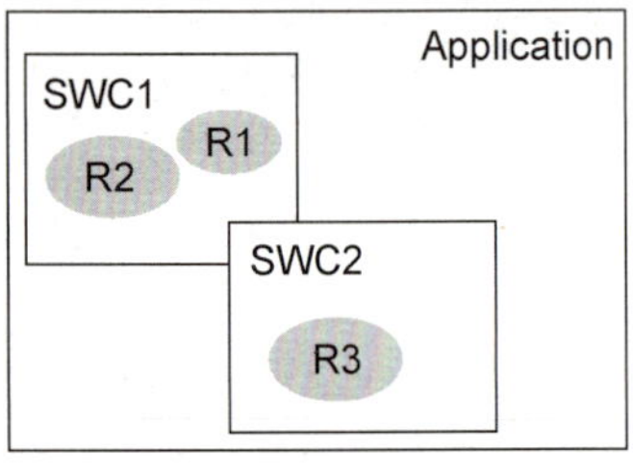

图 3.36　AUTOSAR 应用的组成

不符合 AUTOSAR 规范，但是，在实现的过程中可以有效地减少 WCET，达到降低 CPU 负载的作用。软件组件(SWC)的部署如图 3.37 所示。

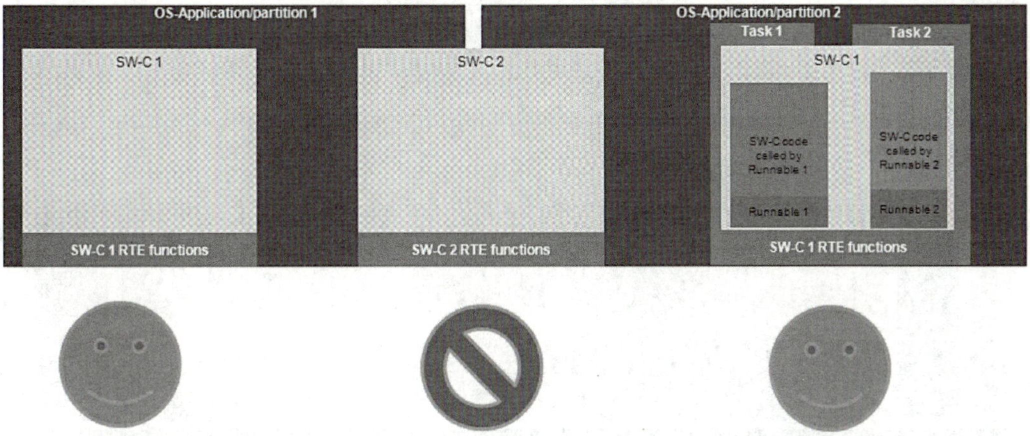

图 3.37　软件组件(SWC)部署示意

根据上文所述，实现对核间负载平衡基础就是通过对 SWC 的核间分配，最小的分配单元是一个 SWC 而非 runnable，因此，以此种方法进行多核任务的部署不需要重构 SWC，只需在 ECU 配置阶段直接映射即可。

2. 核间通信及其影响

如果多核操作系统之间不存在任何的通信，则多核操作系统就相当于多个独立运行的单核操作系统。但是，往往部署到多核操作系统上的应用需要进行相互间的信息交换。比如多个核共用同一套硬件外设资源，在 Vector 的 AUTOSAR 软件包中，当需要与底层的外设打交道时，非主核不能直接操作硬件抽象层的资源而必须借助核间通信 IOC 与主核通信，从而控制底层的硬件驱动。图 3.38 和图 3.39 所示的是 Vector MICROSAR 的主核 AUTOSAR 架构以及多核操作系统架构。其中 Microcontroller Abstraction Layer 为微控制器硬件抽象层。Core0 为主核，Core1 为从核，Core0 通过输入输出硬件抽象层(IOHWAB)调用微控制器抽象层的服务。而 Core1 需要控制微控制器抽象层时，则不能直接调用其服务，而是需要借助 IOC 与 Core0 进行通信，取得微控制器抽象层的服务。又如位于两核中的 SWC 需要进行数据的交互时，同样需要借助 IOC 进行核间通信。

核间通信的出现，使得原本独立的各核有了相互之间的影响。这种影响主要由核间通信引起的通信耗时对核上负载率的增加。通过对多核处理器硬件架构的分析以及 IOC 通信机制的分析可以知道，通信耗时主要由两部分组成：访问硬件资源时由硬件架构引起的额外耗时以及在 IOC 通信机制内使用 Spinlock 引起的同步耗时。

Runnble 的运行时间大概可以分成计算时间、任务切换时间和通信时间三个部分，如图 3.40 所示。计算时间是指在正常的逻辑运算所需要的时间，任务切换时间是指操作系统根据任务的优先级安排就绪任务运行时所需要耗费的时间，而通信时间是指将数据从内存中读出或者写入完毕所需要的时间。由于硬件的不同，读入或者写入单位数据的耗时不同，而

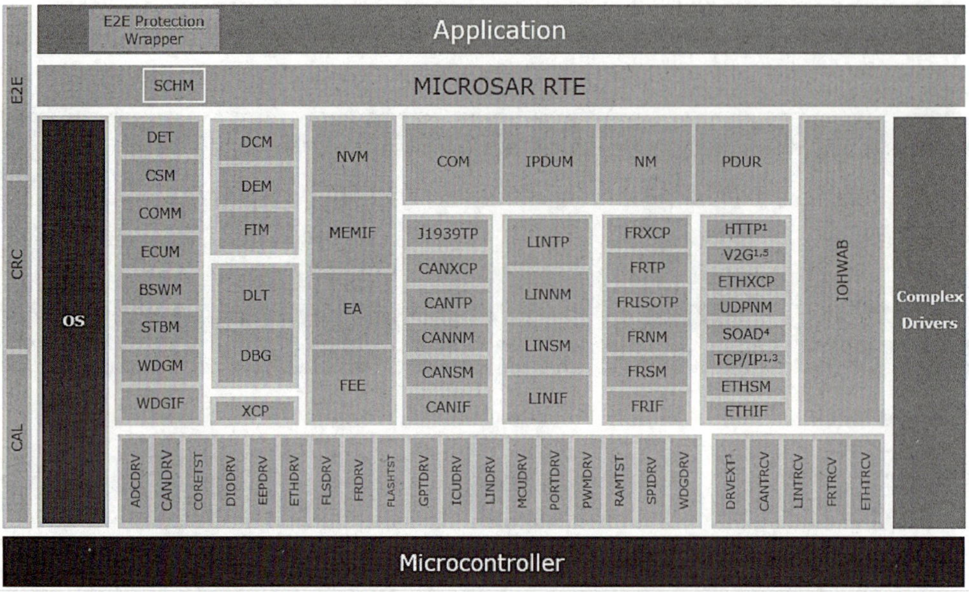

图 3.38 主核 AUTOSAR 架构图

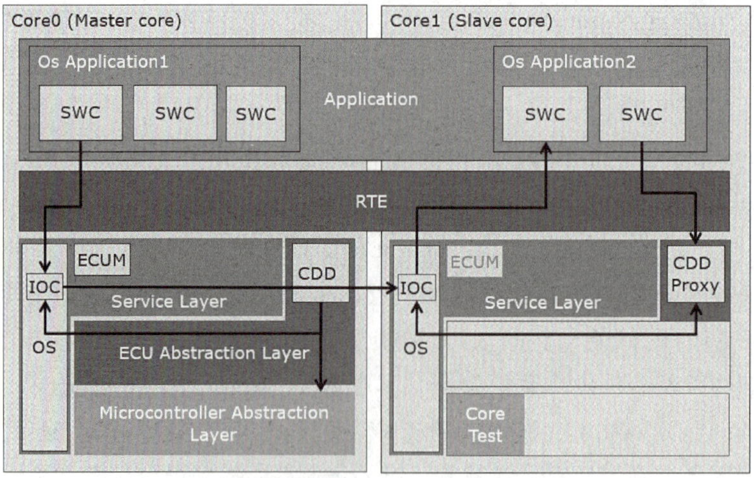

图 3.39 AUTOSAR 多核操作系统架构

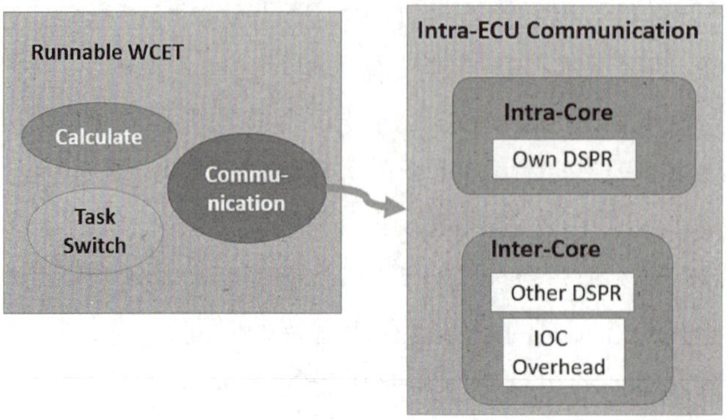

图 3.40 Runnable 运行时间构成图

且需要从数据一致性的角度出发使用 spinlock，当多个核在一段时间内都需要访问同一个硬件资源时，就会存在冲突，访问的顺序需要根据发起访问的时间和发起访问的核的优先级来确定，当核间通信的数据量大且频繁时，特别是对小周期的任务来说，将会对 CPU 的负载产生明显的增加作用。因此，在进行多核间任务的分配时，需要特别注意减少核间通信的数量及其频次，从而降低核间任务的耦合性及 CPU 运行的负载。

另外，核间通信需要确保数据的一致性。数据的一致性，是确保应用程序能够正常执行且结果正确的必要条件之一。所谓数据的一致性，就是保证在程序执行的过程中，其值不会因为被中途篡改或者数据更新不及时而导致程序执行的结果与期望不一致。在 AUTOSAR 中，核间通信都需要通过 IOC 通信机制来进行，以保证核间通信的数据一致性。

3.4　基于 MICROSAR 的 AUTOSAR 多核 OS 的实现

3.4.1　应用层配置

本章主要介绍 AUTOSAR 多核 OS 的配置，故对应用层做简单处理，但为了更清楚地表现 OS 的运行，应用层的配置是必不可少的一部分。DaVinci Developer 是 Vector 提供的应用层配置工具，可与 DaVinci Configurator 实现同步，即应用层与 RTE 和 BSW 实现同步。本书涉及的应用层概念主要有软件组件（SWC）、端口（Port）、运行实体（Runnable）、数据类型和映射等概念。应用层框图如图 3.41 所示。

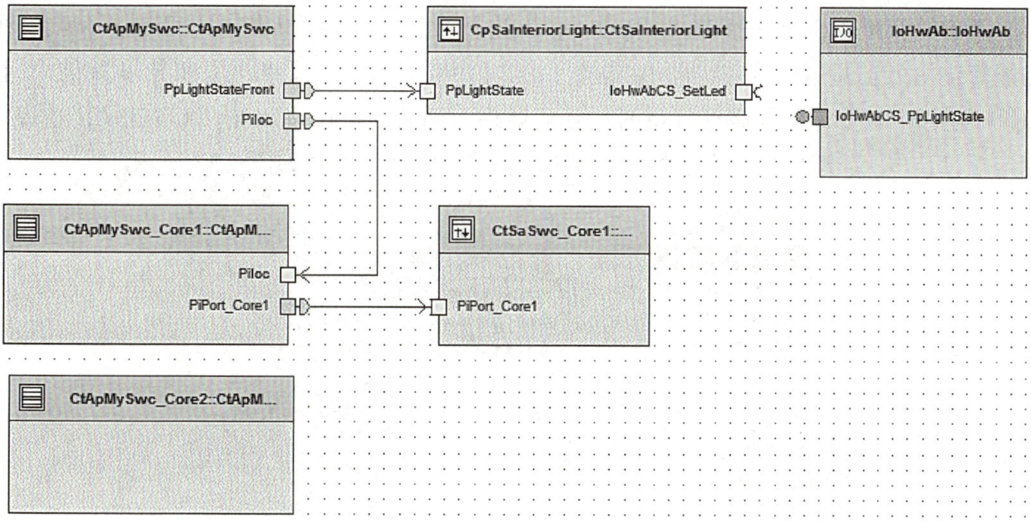

图 3.41　DaVinci Developer 中的应用层框图

SWC 是应用层中不可分的原子单元，可作为运行实体的载体。根据软件组件的功能，可将其划分为以下几个软件组件：应用软件组件（Application SWC），用于算法的执行，可实现整个或部分应用的功能，可以使用符合 AUTOSAR 规范的所有通信接口和服务；传感器执行器（Sensor/Actuator），用于应用软件的数据输入/输出，这种软件组件与 ECU 上的传感器执行器相对应，是 ECU 抽象层在应用层的映射；组合（Composition），是应用软件组件或其他组合的逻辑包装。前两种软件组件可生成相应的源文件，而组合无法在源文件中体现。除此之外，DaVinci Developer 还提供标定软件组件、服务组件、ECU 抽象组件、复杂设备驱动组件等软件组件。在 DaVinci Developer 中，软件组件的创建方法如图 3.42 所示。

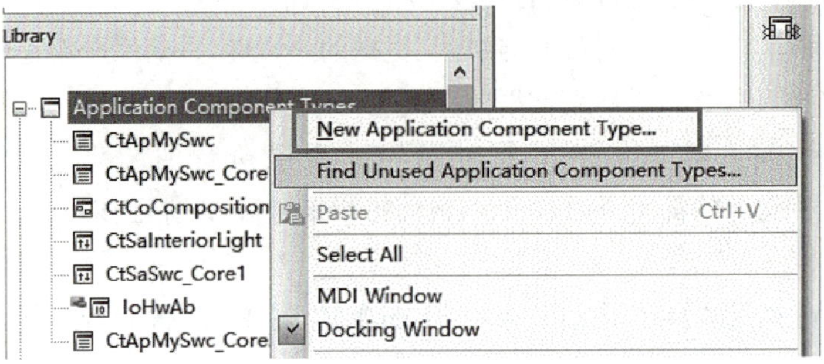

图 3.42　DaVinci Developer 中软件组件的创建方法

软件组件之间通过端口实现连接，端口之间通过虚拟总线 VFB 连接，从而实现逻辑上的数据交互。根据通信方式的不同，可将端口分为 S/R（Snder/Receiver）端口和 C/S（Client/Sever）端口。S/R 用于数据的发送与接收，支持 1∶n 和 n∶1 的数据传输，可传输多个数据元素。既支持简单数据类型的数据传输，如整型、浮点型，也支持复杂数据类型的传输，如数组、结构体。当数据传输经过总线时，数据元素需映射至信号。该种接口的 C 代码体现为公有变量，故该类型的端口需要分配一个或多个数据元素（Data Element）。C/S 用于服务的调用，Client 发出请求后，由 Sever 进行数据处理，输出量送达 Client，从而实现功能模块的相互调用。该类型端口支持 1∶1 和 1∶n 通信，支持同步和异步通信，支持 ECU 内和跨 ECU 通信。该种接口的 C 代码体现为函数的接口。此外，AUTOSAR 还提供标定端口、自定义模块端口等其他类型的端口。端口的创建方法如图 3.43 所示。

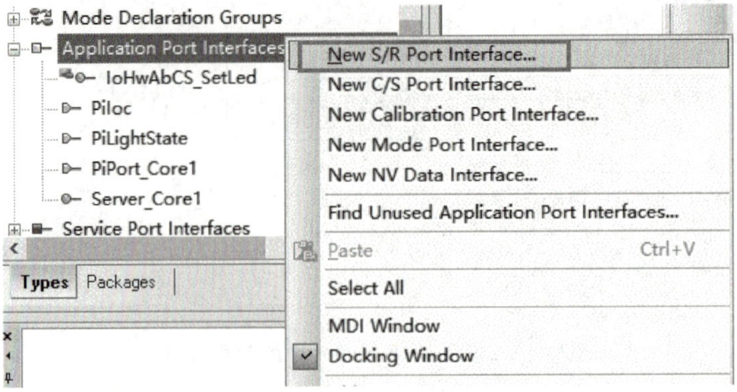

图 3.43　DaVinci Developer 中端口的创建方法

AUTOSAR 引入运行实体 RE（Runnable Entity）的概念来描述程序的具体执行单元，在 C 代码中的体现为函数。在应用层，运行实体被分配至软件组件中；而在基础软件层，运行实体被分配至任务中。每一个运行实体都具有一个或多个触发条件，RTE 根据触发条件对运行实体进行调度，常见的触发事件有数据接收、超时、函数调用等。运行实体具有一个或多个端口，用来表示运行实体的端口访问权限。运行实体的设计界面如图 3.44 所示。

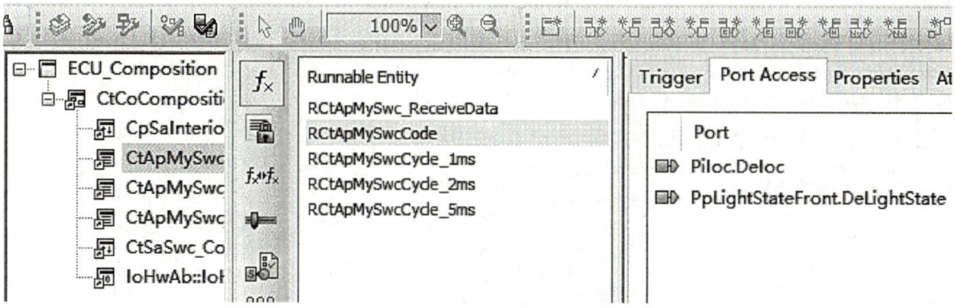

图 3.44　运行实体的设计界面

数据类型和数据映射是为方便应用层数据操作的定义。AUTOSAR 提供三类数据类型：应用数据类型（Application Data Types）、具体实现的数据类型（Implementation Data Types）和基本数据类型（Basic Data Types）。应用数据类型有语义无语法，是为方便上层软件设计而定义的，具有望文生义的功能，它必须映射到一个具体实现的数据类型。具体实现的数据类型既有语义又有语法，在 C 代码中会生成相同名称的变量，该类数据类型可从库中选择也可由基本数据类型创建并由分配计算方法和数据约束。基本数据类型是有语法无语义的，不可以被操作，主要用于创建具体实现的数据类型。数据映射是指应用数据类型到具体数据类型的映射。数据类型的创建界面如图 3.45 所示。

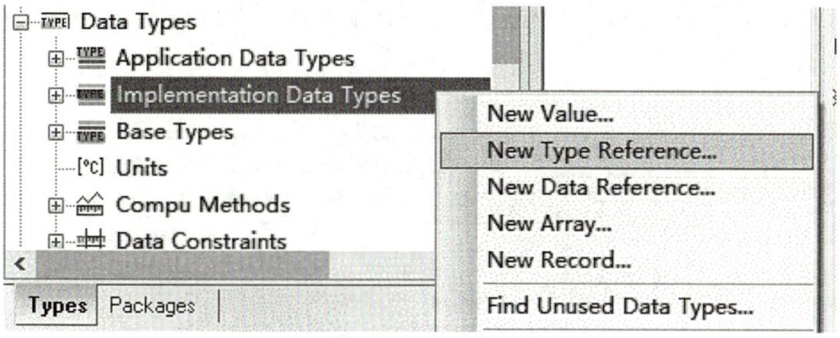

图 3.45　数据类型的创建界面

3.4.2　任务、报警和事件的配置

AUTOSAR 软件架构中操作系统位于基础软件层，可以用 Vector 提供的 DaVinci Configurator Pro 完成对基础软件层的配置。由于任务、报警和事件相互耦合，故本小节详细讲述基础软件层中任务、报警和事件的配置。

创建工程后，通过导入.dbc 文件或添加必需的模块可生成一个基本工程。由于 AUTOSAR OS 的启动、运行和关闭伴随着 ECU 状态的切换，故 EcuM 模块是工程不可或缺的模块;EcuC 模块是物理 ECU 在软件中的抽象,该模块包含 ECU 的资源信息,故 EcuC 也是软件实现所必不可少的模块;ECU 的初始化、运行、睡眠和关闭伴随着软件模块的模式切换,故 BswM 模块也是必需的模块之一;OS 和 RTE 是配置的主体,故工程中需加入这两个模块。此外,由于结构体的使用,软件模块之间存在耦合,故工程中需加入 CAN, Mcu 等模块。通过上述方法,可形成一个基本的工程,如图 3.46 所示。

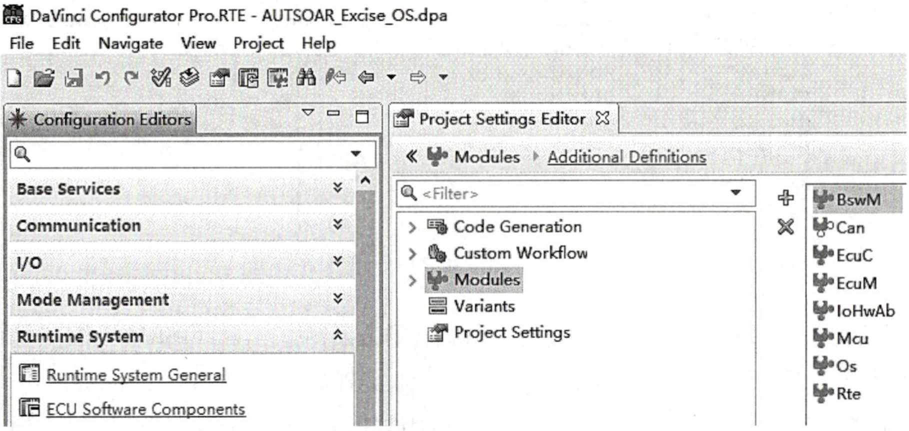

图 3.46　AUTOSAR OS 的基础工程

1. AUTOSAR 多核操作系统的总体设计

在创建完基础工程后,需要对工程的各模块的缺省参数进行修改,以消除工程中的错误。如前文中提到的 ECU 模式转换中的配置、初始化配置、基础软件模式转换配置等都需要在该阶段完成。此外,一些模块的配置,如 Mcu, Port 等,可以通过第三方软件完成,然后导入该模块的.arxml 文件完成对模块的更新。操作系统的配置在 Runtime System 下,其配置界面如图 3.47 所示。

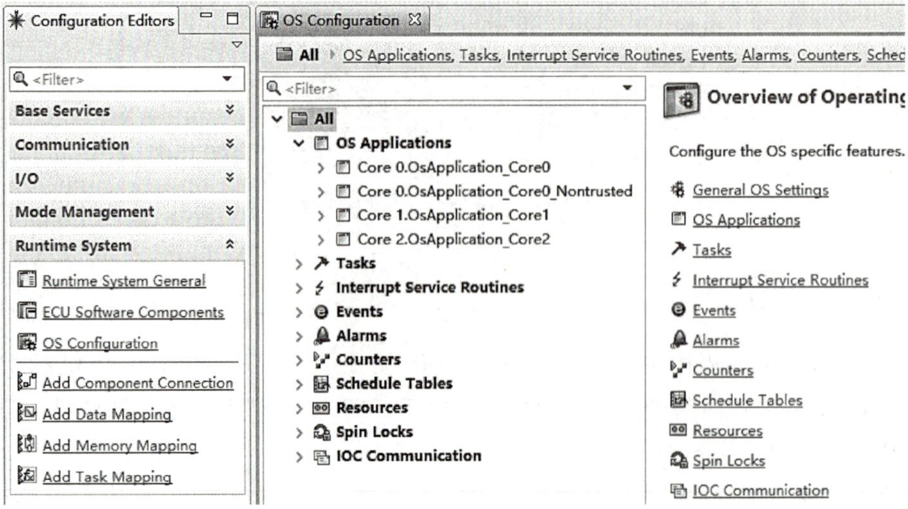

图 3.47　DaVinci Configurator 中操作系统配置界面

如图 3.47 所示，该界面包含前文中提到 OS Application、任务、中断、事件、报警器、计数器、调度表、资源、自旋锁、IOC 通信等所有 OS Object。此外，操作系统配置界面中还提供 General OS Setting 这一子项，该子项涉及 OS 的全局概念，如核的数量（这里为 3）、任务的符合类（这里选择 ECC2）、AUTOSAR 操作系统的裁剪类型（这里选择 SC3）及任务的调度方式（这里选择 AUTO）等信息。

2. AUTOSAR 中任务、报警和事件的配置

需求表中 Core0 的任务如表 3.3 所示，即 Core0_Task_Ini，Core0_Task_1ms，Core0_Task_2ms，Core0_Task_5ms 及 Core0_Task_PowerIcDiag。表 3.3 对需求表中的任务属性做了修改，因为需求表提出任务类型为 BCC1 是错误的，BCC1 属于符合类，符合类针对的是所有任务而不是个体任务，每个操作系统只能选择一个符合类，故将前四个任务改为 Basic 类型，而将电源诊断任务改为 Extended 型，这样，在以后的操作中会更加灵活。由于 EcuM_StartupTwo()在初始化任务中调用，故虽然初始化任务的优先级低于其他任务，但是，这些任务仍然只能在初始化任务即 EcuM_StartupTwo()之后运行，具体原理在 3.2.8 小节中已做介绍。任务在 DaVinci Configurator 中的配置非常直观，如图 3.48 所示。但需要注意的是，每个任务必须被分配至 OS Application，否则会出现内存保护的错误，详见 3.1.3 小节。

表 3.3　Core0 的任务需求

任务名称	任务描述	类型	可否打断	优先级	周期
Core0_Task_Ini	初始化任务	Basic	N	40	
Core0_Task_1ms	1 ms 周期任务	Basic	N	100	1 ms
Core0_Task_2ms	2 ms 周期任务	Basic	Y	90	2 ms
Core0_Task_5ms	5 ms 周期任务	Basic	Y	80	5 ms
Core0_Task_PowerIcDiag	电源芯片诊断任务	Extended	Y	120	

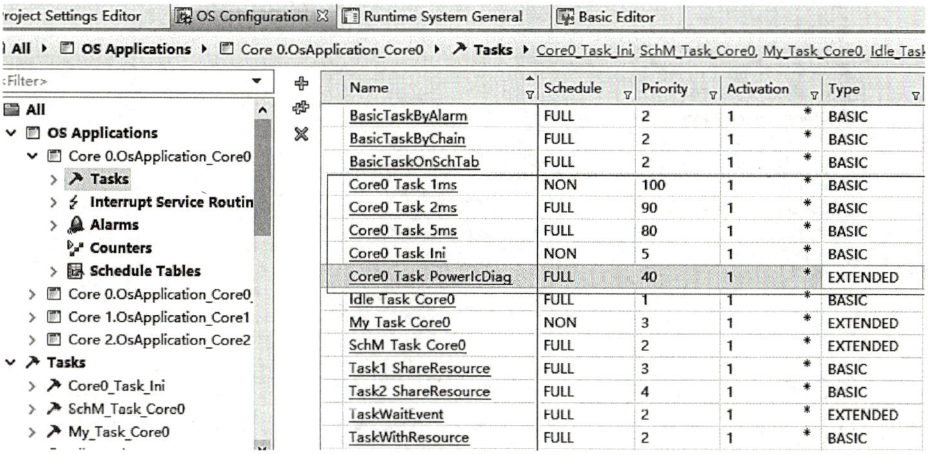

图 3.48　DaVinci Configurator 中任务的配置

如图 3.48 所示，除需求表中的任务之外还需要配置其他任务，这些任务将在之后的章节中描述。其中，Idle_Task_Core0 是 CPU0 在空闲状态下执行的任务，通常被设置为自动启动任务。

在任务配置完成后需要将任务与运行实体进行相应的映射，这一步骤在 DaVinci Configurator 中完成。有些任务可以不包含运行实体，如需求表中的周期性触发的基本任务。它们的格式如下：

```
Task(Basic Task ID)
{
  /* User Code */
  TerminateTask();//or ChainTask(Task ID);
}
```

上述任务通常由 Alarm 触发，3.2.4 小节提到 Alarm 不可被其他核中的计数器驱动，但可以驱动其他内核的任务、事件和回调函数，为使设计更加有条理，本书中 Alarm 的驱动对象仅为当前核的任务、事件和回调函数。Alarm Time 属性为计数值超时的时间，到达该时间后激活相应的任务、事件或回调函数。Alarm Cycle 属性为 Alarm 的循环周期。当选择 Alarm 为自动启动时，需要选择操作系统的 APPMODE。Alarm 的配置界面如图 3.49 所示。

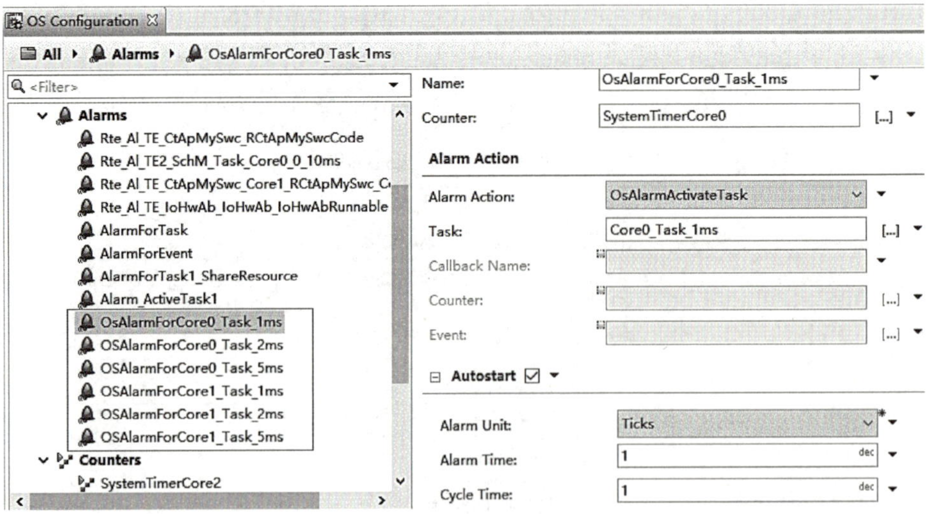

图 3.49　Alarm 的配置界面

对于扩展任务 Core0_Task_PowerIcDiag，需要为该任务设置等待事件。由 3.2.7 小节可知，事件可以由 Alarm 激活也可由其他任务或中断激活，运行实体的触发条件也可视为事件。与基本任务不同，扩展任务需要等待事件触发才能继续运行，扩展任务在 C 代码中的结构如下：

```
TASK(Core0_Task_PowerIcDiag)
{
  for(;;)
  {
    WaitEvent(EventForCore0_Task_PowerIcDiag);
    /* user code */
    ClearEvent(EventForCore0_Task_PowerIcDiag);
  }
}
```

由于 Core1 中的任务与 Core0 类似，故不再赘述。

3.4.3　AUTOSAR 多核操作系统的中断的设计

与任务不同，AUTOSAR 中的软件组件不能够包含中断的句柄，中断通常用来执行比较紧急的操作。中断的优先级高于所有的任务，对于 Schedule 属性为 Non 的任务，中断可以将其打断，故中断服务程序应尽可能地简短。本项目的中断需求表如表 3.4 所示，Core0 和 Core1 都包含系统中断和定时中断，电源芯片故障中断均属于 Core0。它们都属于二类中断；与任务类似，每个中断都必须被分配至一个 OS Application；中断允许被打断，故进入中断服务程序后不需屏蔽中断。

表 3.4　中断需求表

中断名称	中断描述	中断类型	优先级	说明
Core0_Isr_SysTimer	系统定时器中断	CAT2	5	定时周期 1 000 μs
Core0_Isr_GenTimer	定时中断	CAT2	20	定时周期 200 μs
Core0_Isr_PowerIc	电源芯片故障中断	CAT2	230	
Core1_Isr_SysTimer	系统定时器中断	CAT2	5	定时周期 1 000 μs
Core1_Isr_GenTimer	定时中断	CAT2	200	定时周期 50 μs
Core0_Isr_PreDrvIc	电源芯片故障中断	CAT2	210	

1. 系统中断的设计

系统中断由计数器(Counter)产生，计数器值每增加一个单位就会产生一个系统中断。系统中断配置如图 3.50 所示。Seconds Per Tick 中配置的值即为中断的周期，单位为秒。由于需求表中要求系统中断的定时周期为 1 000 μs，故 Seconds Per Tick 被设置为 0.001。Maximum Allowed Value 是计数器的最大值，它限制了 Alarm 和调度表的最大周期。但 Type 属性选择 HARDWARE 时，系统的时钟来源为硬件上的 STM 模块，Ticks Per Base 表示一个 Tick 中包含 STM 周期的个数。即 STM 周期乘以 Ticks Per Base 中的值等于 Seconds Per Tick 的值。计数器的另一个功能是产生 Alarm。Min Cycle 是 Alarm 的最小触发时间，以系统中断的周期为单位，这里设置为 1，即每产生一次系统中断 Alarm 的值增加 1，到达预定值后产生报警。系统中断的优先级在 DaVinci Configurator 的 Basic Edit 界面设置，由于系统中断产生频率较高，不宜处理紧迫任务，故将系统中断优先级设置为 5，这是 DaVinci 提供的最低的中断优先级。

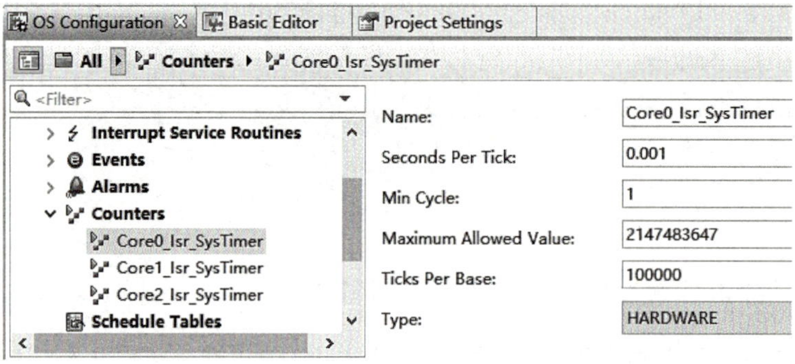

图 3.50　DaVinci Configurator 中系统中断/计数器的配置

系统中断的精度取决于 Mcu 的时钟，即 STM 的时钟频率和微控制器主频是一致的，英飞凌 AURIX/TC27x 系列单片机可通过锁相环将系统主频倍频至 200 MHz，综合考虑系统的稳定性和设计的简单化，本书中将系统主频设置为 100 MHz。英飞凌官方推荐的 Mcal 工具为 EB_Tresos，可在其中完成 Mcu 和其他硬件模块的微控制器抽象层和底层驱动的设计。

2. 定时中断的设计

定时中断可由 AUTOSAR 的通用定时模块 Gpt(General Purpose Timer)产生，这里的 Gpt 是指微控制器抽象层的 Gpt 模块，而不是指微控制器的具体硬件模块。在微控制器抽象层将 Gpt 的中断请求关联至 AURIX/TC275 单片机的 Gtm 模块的 Tom 通道，每个通道都具有一个初始值，当该初始值减少至 0 时，相应的硬件通道发出中断请求。这一过程是微控制器硬件到微控制器抽象层的抽象，须使用第三方软件 EB_Tresos 设计完成，其设计界面如图 3.51 所示。

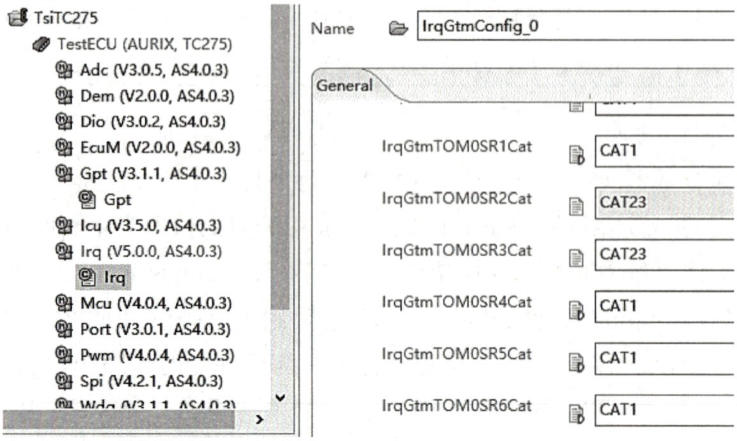

图 3.51　EB_Tresos 的中断设计界面

定时中断的具体设计过程如下：

① 在 DaVinci Configurator 中添加 Gpt 模块，修改缺省值以消除错误，该过程主要为工程提供相应的 Gpt 模块的引用，不涉及具体参数。

② 在 DaVinci Configurator 中创建中断服务程序 Core0_Isr_GenTimer 和 Core1_Isr_GenTimer 并将其分配至相应的 OS Application。

③ 在 EB_Tresos 中使能 Gpt 通知功能，创建 Gpt 的微控制器抽象层的通道 Gpt_Channel0 和 Gpt_Channel1，模式均设置为 Continuous 模式，即周期性的触发中断，添加服务 CoreX_Isr_GenTimer_Notification(X=1,2)。

④ 将上述通道关联至微控制器硬件上的 Tom0Channel_1 和 Tom0Channel_2，这里也可以设置为其他通道。

⑤ 在 Irq 模块中使能 IrqOsekEnable，设置中断类型为二类中断，优先级分别为 20 和 230。

⑥ 分配中断服务请求节点(Service Request Node)，将 Tom0Channel_1 对应的 SR0 分配至 CPU0，Tom0Channel_2 对应的 SR1 分配至 CPU1。

⑦ 在 EcuM_Callout 中添加 Gpt 和 Irq 模块进行初始化代码并设置 Gpt 的初始值，由于 Mcu 的主频被设置为 100 MHz，而需求表的中断周期为 200 μs 和 50 μs，故初始值为 $f * T =$ 20 000 和 5 000。

⑧ 将中断的 Nesting 属性设置为 FALSE 以阻止中断被嵌套。

EcuM_Callout 中的代码格式如下：

```
Gpt_EnableNotification(GptConf_GptChannel_Gpt_Channle_0);
Gpt_StartTimer(GptConf_GptChannel_Gpt_Channle_0, 20000);? //5k
Gpt_EnableNotification(GptConf_GptChannel_Gpt_Channle_1);
Gpt_StartTimer(GptConf_GptChannel_Gpt_Channle_1, 5000); //20k
```

3. 电源芯片故障中断的设计

电源芯片故障中断一般为外部中断，可以通过输入捕获模块 Icu(Input Capture Unit)，模拟故障信号的捕获并产生中断请求。AUTOSAR 中的 Icu 属于 IO 模块，具有边沿计数、边沿检测、记录时间戳和脉宽测量等功能。这里使用的是边沿检测功能，当外部有上升/下降沿时，Icu 产生中断并发出通知。AURIX/TC275 单片机 Gtm 的 Tim 通道具有这类属性，故可为 Icu 分配 Tim 通道。该模块在 EB_Tresos 中设计完成，设计界面如图 3.52 所示。

边沿检测的设计过程如下：

① 设置 Icu 的通道数为 2，使能 Icu 边沿检测功能和模式设置 Api。

② 创建 2 路 Icu 通道并将触发信号设置为上升沿，创建 Icu 的通知。

③ 分配硬件通道 Tim0_channel_0 和 Tim0_channel_1，也可以为其他通道。

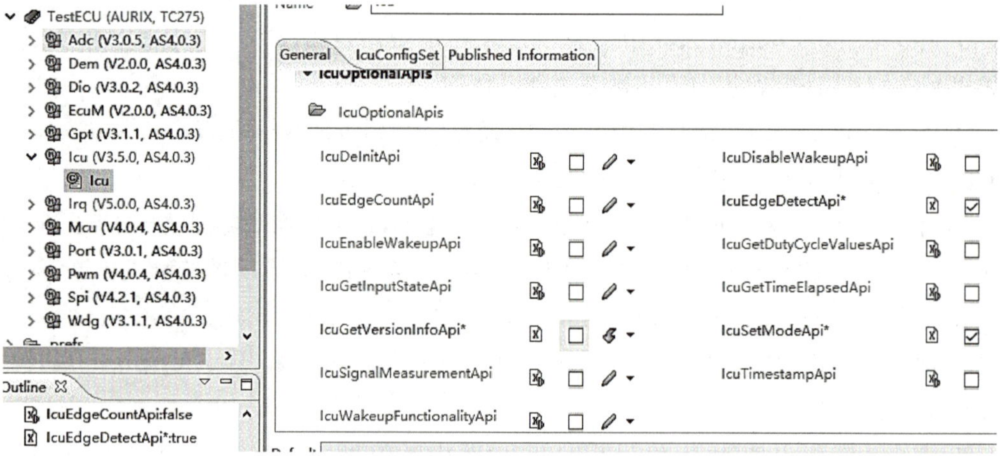

图 3.52　EB_Tresos 中定 Icu 边沿检测的设计界面

④ 为 Tim0_channel_0 分配硬件引脚 Port2.0，为 Tim0_channel_1 分配硬件引脚 Port2.1，即 Port2.0 或 Port2.1 捕获到上升沿时触发中断。

⑤ 在 Irq 模块中设置中断优先级分别为 230 和 210，中断类型为二类中断，Tim 通道对应的中断服务请求节点 SR0 分配至 CPU0。

⑥ 在 EcuM_Callout 中添加 Icu 模块的初始化函数。

⑦ 将中断的 Nesting 属性设置为 FALSE 以阻止中断被嵌套。

EcuM_Callout 中 Icu 的初始化代码格式如下：

```
Icu_Init( &Icu_ConfigRoot[0] );
Icu_17_GtmCcu6_EnableNotification(IcuConf_IcuChannel_IcuChannel_0);
Icu_17_GtmCcu6_EnableNotification(IcuConf_IcuChannel_IcuChannel_1);
```

定时中断和电源芯片故障中断配置完成后，在 OS 中添加中断服务，如图 3.53 所示。

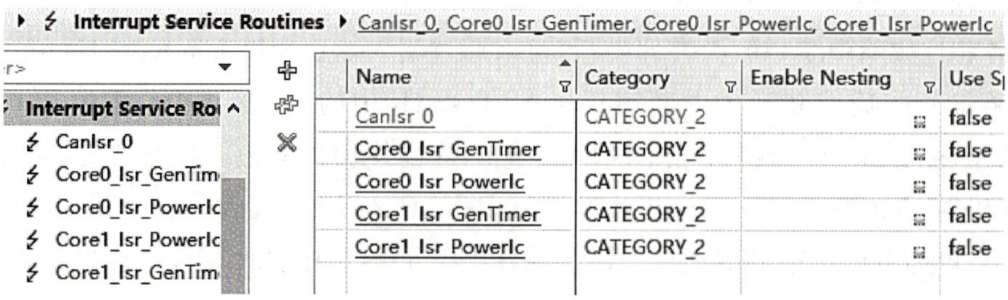

图 3.53　OS 中的定时中断和电源芯片故障中断服务

3.4.4　调度表、资源保护、自旋锁和核间通信的设计

为使操作系统的使用更加灵活多样，本小节对操作系统其他功能如调度表、资源保护、

自旋锁和核间通信的设计进行阐述。

1. 调度表的设计

如 3.1.3 小节所述，调度表是将任务或事件按一定时序分配的时间轴。因为调度表上可分配多个任务或事件，且这些任务或事件的时间基准来自同一个计数器，所以，调度表是简化时序操作，实现任务或事件同步的较好的方法。否则，多个任务或事件可通过多个 Alarm 来触发，这种方法会比较烦琐，且不易实现同步。调度表的设计界面如图 3.54 所示。

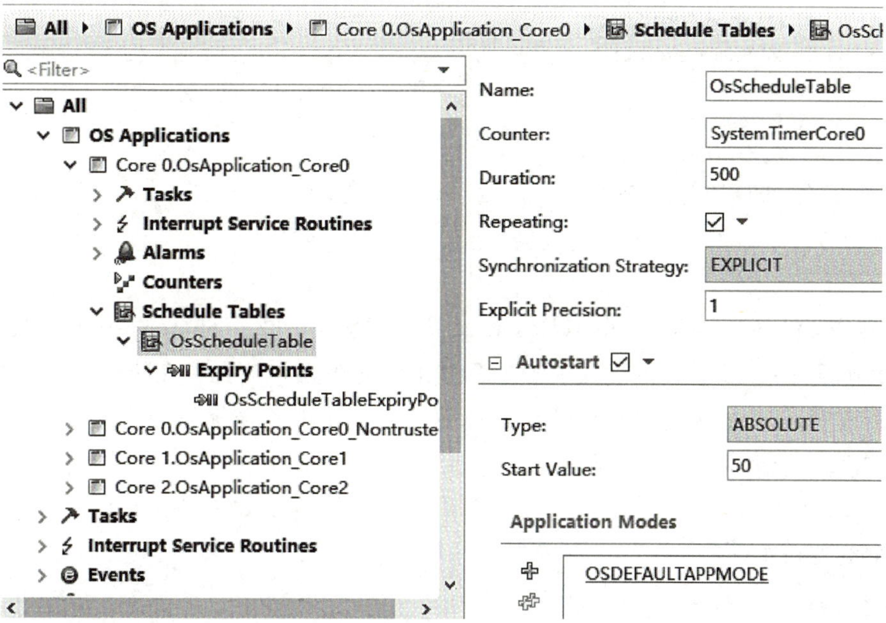

图 3.54　调度表的设计界面

从图 3.54 可知，调度表必须被分配至一个 OS Application，相应地，其时钟源只能选择所在 OS Application 的 Counter。Duration 属性是指调度表的执行时间，若使能 Repeating 属性，则调度表重复执行。调度表提供两种同步方式：implicit synchronization 和 explicit synchronization。前者通过 FlexRay，TTP 等网络技术实现 Counters 的同步，从而使调度表同步。后者是操作系统通过周期性广播的方式实现调度表的同步。调度表可以设置为自动启动或调用 API 函数启动。若自动启动，调度表必须被分配至一个 OS APPMODE，自动启动的优先级是任务高于 Alarm 调度表。在调度表上至少分配一个任务，但可以不分配事件，本书中，调度表上的任务是 OsScheduleTableTaskActivation，事件是 EventForTask。

2. 资源保护的设计

本书之前的章节中提到，当低优先级的任务不希望被打断时可将其 Schedule 属性设置为 Non。这时，一旦该任务运行就不可被打断。但某些情况下，可打断的任务中的某段代码不希望被打断，这时可以用资源保护的方式。其设计过程如下：将较低优先级的任务和较高优先级的任务共享一个资源，在执行被保护的代码前调用 API 函数 OsGetResource() 获取资源，执行结束后调用 API 函数 OsReleaseResource() 释放资源。示例如图 3.55 所示。

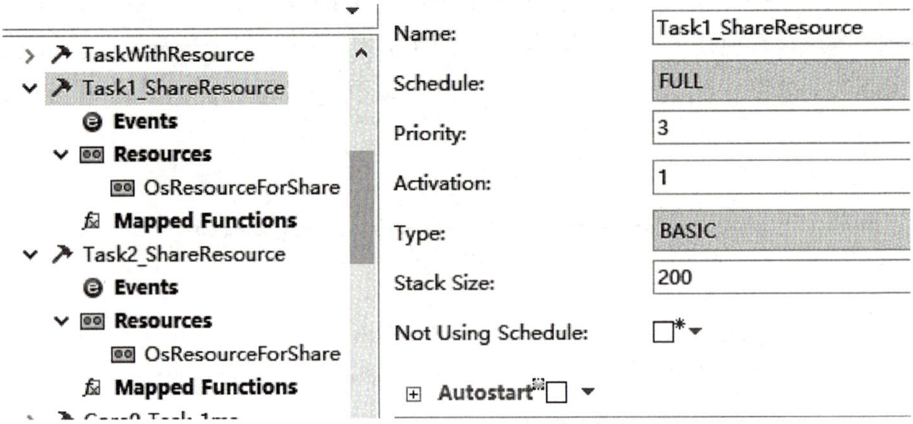

图 3.55　任务间的资源共享

示例中，任务 Task1 _ ShareResource 和任务 Task2 _ ShareResource 共享资源 OSResourceForShare，前者的优先级为 3，后者的优先级为 6，当任务在执行需要保护的代码前获取资源后，任务的优先级临时提升至 6，这段代码不能够被优先级为 3～6 的任务所打断，直到其释放资源为止。其代码格式如下：

```
TASK(Task ID)
{
  /* user code */
GetResource(Shared Resource ID);
  /* protected code */
  ReleaseResource(Shared Resource ID);
  /* user code */
}
```

3. 自旋锁的设计

资源保护是核内的数据保护方法，在一些情况下，当处于两个不同的核的任务在执行过程中需要互斥的时候，由于这些任务不处于同一核中，故不可以用资源保护的方法实现，AUTOSAR 引入了自旋锁机制来实现核间任务的互斥。与互斥锁不同，自旋锁不可将任务 deschedule，即当某一任务无法获取自旋锁时，该任务处于等待状态，这样会占用 CPU 资源，故减少对自旋锁的等待时间是对任务组优化的方法之一。自旋锁的设计界面如图 3.56 所示。

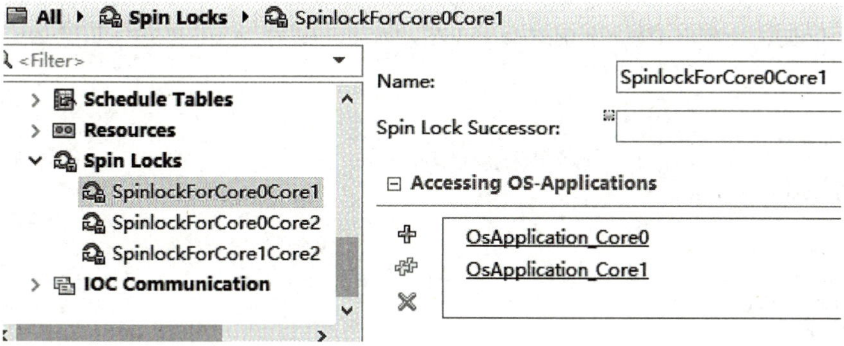

图 3.56　自旋锁的设计界面

自旋锁的属性较少,Spin Lock Successor 是某一任务释放该自旋锁后占用的下一个自旋锁,之前章节中提到自旋锁的连续访问不可形成回环,否则会造成死锁,故设计 Spin Lock Successor 时,应事先考虑访问顺序。若只占用一个自旋锁,则该属性不需设置。Accessing OS-Application 是设置该 Spinlock 的访问权限,不在该权限内的任务不可访问该自旋锁。自旋锁访问的代码格式与资源保护类似,具体如下:

```
TASK(TaskID)
{
    /* usercode */
    GetSpinlock(SpinlockID);
    /* protectedcode */
    ReleaseSpinlock(SpinlockID);
    /* usercode */
}
```

4. 核间通信的设计

本书 3.2.6 小节对核间通信的理论进行了论述,核间通信是 Spinlock 的一种应用,即写数据的核在执行任务时,读数据的核不可执行对该数据的读。Vector 的 MICROSAR OS 提供一种比 Spinlock 更简短的锁,称之为 Minilock。IOC 的配置信息如图 3.57 所示,该图中多数信息都是不可更改的,因为在Vector 的 MICROSAR 解决方案中,IOC 的生成由 RTE 完成,用户只需要根据需求设计应用层软件;当软件组件之间需要 IOC 通信时,可在 RTE General 中使能 EnforceIOC 属性。

IOC 包含三部分信息:数据信息、发送信息和接收信息支持 1∶1 或 n∶1 通信;支持队列通信或单个数据通信;支持无通知或有通知通信。本书中 IOC 为单个数据的 1∶1 通信,故不需设置队列和通知。发送端口位于 Core0,数据通过在端口添加 Data Element 设置,接收端口位于 Core1,接收端口的 Data Element 与发送方端口的 Data Element 一致,通过对 Data Element 的读写实现核间通信。以数据的读为例,IOC 的代码格式如下:

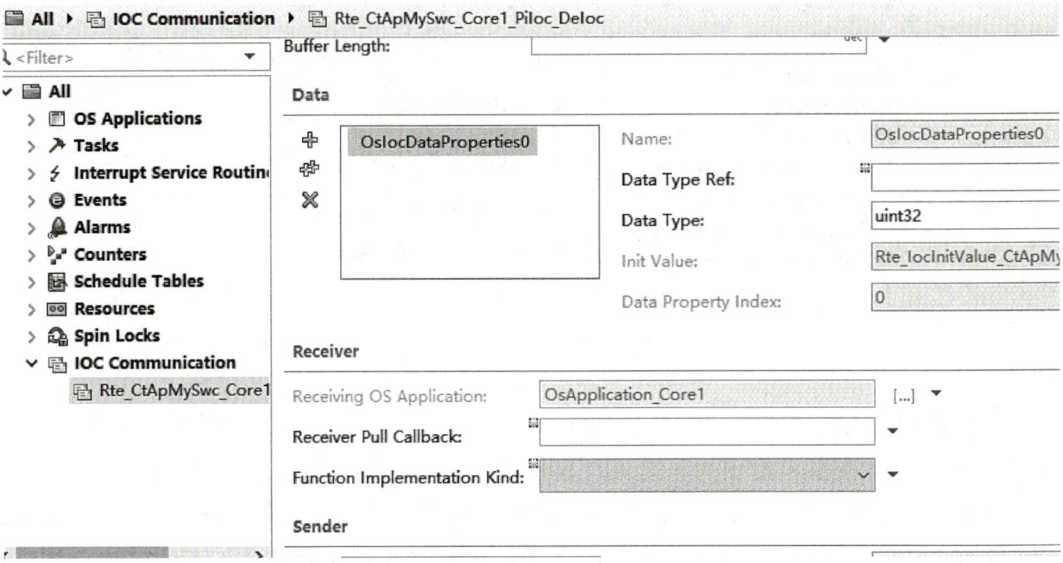

图 3.57　IOC 的配置信息

```
osGetMiniLock(&osMiniLock_Rte_CtApMySwc_Core1_PiIoc_DeIoc);
 * data0 = ioc_Rte_CtApMySwc_Core1_PiIoc_DeIoc_Buffer;
osReleaseMiniLock(&osMiniLock_Rte_CtApMySwc_Core1_PiIoc_DeIoc);
return IOC_E_OK;
```

3.4.5　系统的集成

本书 3.4.1—3.4.4 小节中各模块的设计涉及 AUTOSAR 的应用层、RTE 层及 BSW 层，最终通过在 DaVinci Configurator 和 EB_Tresos 生成动态代码，结合 Vector 和英飞凌提供的静态代码可生成可执行文件。通过调试器可以观察 OS 中各个任务和中断的运行状态，从而验证工程设计的正确性。

1. 系统的集成环境

在创建 DaVinci 工程时，系统会提示选择编译器，本书中选用的是 TASKING 编译器，TASKING 是 Altium 公司推出的基于 Eclipse™ IDE 的嵌入式开发软件。支持 ARM，TriCore/AURIX，Power Architecture 和 DSP563xx/DSP567xx 等嵌入式微控制器的集成开发，可将 C/C++源程序编译成 hex，elf，s19 等格式的可执行文件。本书中的微控制器为 AURIX 系列单片机，DaVinci Configurator 可生成 C 语言源程序，可执行文件为.elf 格式，故 TASKING 是非常理想的集成开发工具，开发环境如图 3.58 所示。

本书所述的系统集成是指将 DaVinci_Configurator 生成的动态代码、EB_Tresos 生成的微控制器抽象层代码、AURIX 底层驱动静态代码、Vector 提供的 BSW 静态代码、Link 文件以及用户修改的应用层代码集成成统一的 C 语言工程并编译通过的过程。

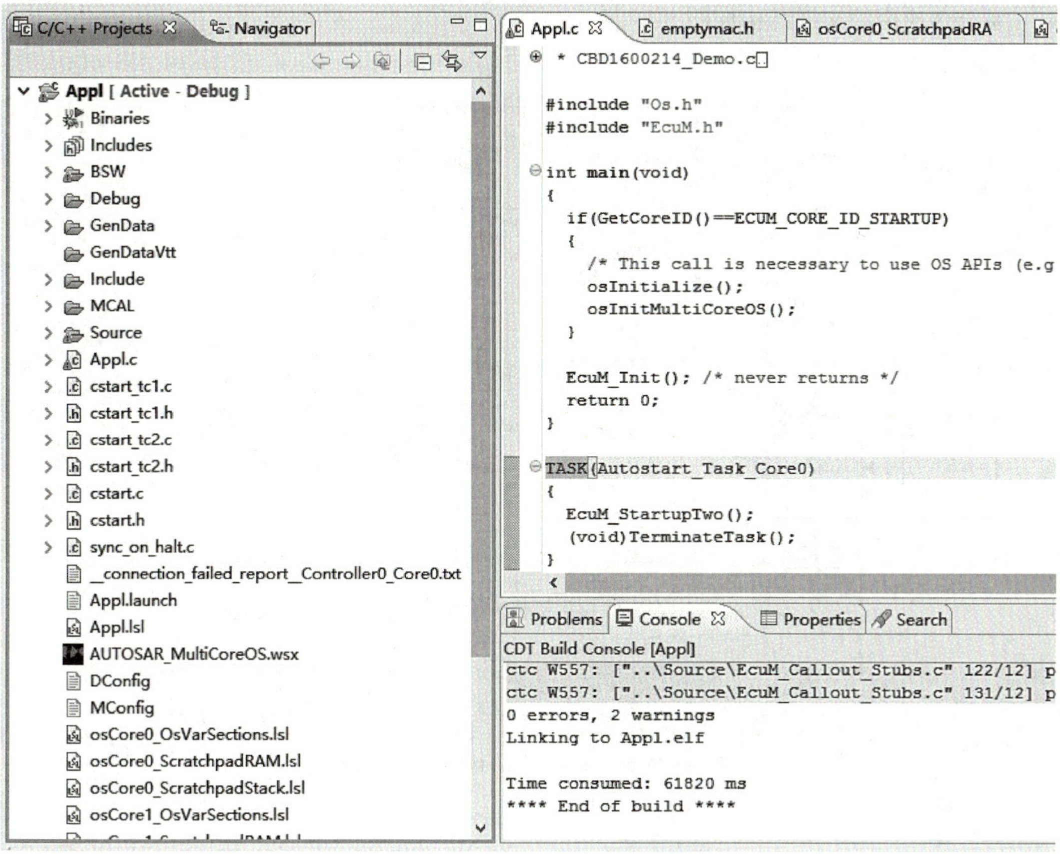

图 3.58 TASKING 集成开发环境

2. 文件分类与结构

从文件类型上分，本书中包含的文件有：.dbc 文件系统描述文件，用于系统描述、can 报文解析、can 网络和信号设计；.arxml 文件，用于设计软件 DaVinci Developer、DaVinci Configurator、EB_Tresos 之间的数据交互；.lsl 文件，用于内存分配的文件，SC3 类型的 AUTOSAR OS 会为每一个核生成[ ]_OsVarSections.lsl，[ ]_ScratchpadRAM.lsl，[ ]_ScratchpadStack.lsl 文件，[ ]内为核的 ID，它们分别对各核的变量、私有内存和栈进行了地址空间分配；osGlobalShared.lsl，osLMURAM.lsl 文件，它们对共享变量、本地内存单元进行了地址分配，.lsl 文件与 MemoryMap 文件结合完成地址分配，所有.lsl 文件被包含到 ProjectName.lsl 用于系统集成；.c 和.h 文件，用于代码的集成、修改与编译；.o 文件，编译过程的中间文件；.elf 可执行文件，用于系统调试；.orti 文件，用于系统测试。

按代码来源划分，可将文件分为静态代码和动态代码。静态代码分为底层驱动静态代码和 BSW 静态代码，这些代码被模块化地封装起来，根据需求添加各模块的静态代码，这些代码通常情况下不可修改。动态代码分为 DaVinci 生成的动态代码和 EB_Tresos 生成的动态代码，前者为 Mcal 层之外的其他软件层代码，后者为 Mcal 的代码，这些代码只可以做少部分修改，如 Callout 代码段和应用层代码是可以修改的。

系统集成后的文件结构如图 3.59 所示。

图 3.59 文件结构

各文件的描述见表 3.5。

表 3.5 文件描述

文件名	描述
App.c	主程序
ccb.h	核控制模块头文件
Compiler.h	定义了编译器的参数
EcuM.h	定义了 EcuM 模块的函数
EcuM_Callout.c	Ecu 启动程序

（续表）

文件名	描述
EcuM_Cfg.h	定义了 EcuM 的配置参数
EcuM_Generated_Types.h	定义了 ECU 的唤醒源、运行状态等参数
EcuM_Cbk.h	定义了 EcuM 模块的回调函数
Gpt.h	Gpt 模块的静态文件的头文件
Gpt_Cfg.h	Gpt 模块配置头文件
Gpt_PBCfg.c	Gpt 编译后由用户修改文件
Gtm.h	AURIX 的 Gtm 模块静态文件的头文件
Icu.h	Icu 模块头文件
Icu_17_GtmCcu6_Cfg.h	Icu 通道头文件
Icu_17_GtmCcu6_Cfg.c	Icu 通道配置文件
Irq.h	AURIX 的中断服务请求头文件
Irq.c	中断程序文件
Irq_Cfg.h	中断配置头文件
MemMap.h	定义了所有模块的地址分配及报错参数
Os.h	定义了 OS 的函数接口
Os_Cfg.h	定义了 OS 的配置参数
osek.h	定义了 OSEK OS 的函数接口
osMultiCore.h	定义了多核 OS 的函数接口
Platform_Types.h	定义了处理器的参数
Rte_MemMap.h	定义了 RTE 参数的地址分配
Rte_main.h	定义了 BSW 模块的主程序周期参数
Rte.h	定义了 RTE 层的 API 函数的 ID 和报错信息
Rte_Type.h	定义了数据信息、数据结构、RTE 内部变量、RTE 初始化状态等信息
Std_Types.h	定义了 AUTOSAR 版本信息参数
Tcb.h	OS 任务配置头文件

图 3.59 和表 3.5 中仅对部分文件进行描述，利用 DaVinci 和 EB_Tresos 生成的动态文件，会自动包含所需要的静态文件的头文件，当文件缺少时，TASKING 会出现错误提示，从而方便用户对工程的修改。修改过程这里不做赘述。

本 章 小 结

本章以嵌入式实时操作系统出发介绍 AUTOSAR 的特点和发展过程。AUTOSAR OS 是对 OSEK OS 的继承和发展，后者的属性是前者属性的子集，故本章先论述 OSEK OS 的特性，再论述 AUTOSAR OS 在 OSEK OS 基础上的扩展的特性、AUTOSAR 多核 OS 在单核 OS 之上扩展的特性，分析了其相互之间的差异性，总结了多核 OS 应用部署的注意事项。

此外，本章介绍 AUTOSAR 架构下的软件开发过程，详细介绍了应用层、RTE、OS、微控制器抽象层之间的关系，重点介绍了操作系统的设计过程，包括任务、报警、事件、中断、调度表、资源、自旋锁、核间通信等所有 OS Object 的设计过程。还介绍了微控制器抽象层的相关设计，包括 Mcu、中断的具体实现等。最后介绍了软件的集成环境和文件结构，在此基础上生成了可执行文件。

本章是第 4 章的理论依据。

4

第 4 章 多核操作系统的监控

4.1 电机控制器软件架构实现

电机控制器应用层的软件架构较为复杂，主要包括 PMSM（Permanent-Magnet Synchronous Motor）的矢量控制算法。根据 PMSM 的控制算法，对算法中的软件功能进行分析，将其划分为若干个软件模块，即可得到电机控制器的软件架构，并按照上述方法创建软件架构所需使用的各个软件组件。几个主要的软件组件及其功能见表 4.1，其内部具体内容这里不再赘述。

表 4.1 软件模块功能

软件组件名称	功能	软件组件名称	功能
MDCC	电流控制，Motor Drive Current Control	MDSM	状态管理，Motor Drive State Management
MDCM	电流管理，Motor Drive Current Management	MDSP	信号处理，Motor Drive Signal Process
MDFM	故障管理，Motor Drive Fault Management	MDST	信号传输，Motor Drive Signal Transmission
MDPM	上下电管理，Motor Drive Power Management	Resolver	旋变解码

根据所设计的电机控制器的功能，完成各个软件组件之间通信端口的设计，将各个软件组件连接起来，即可得到软件架构，如图 4.1 所示。这里的软件架构只是一个框架，对控制

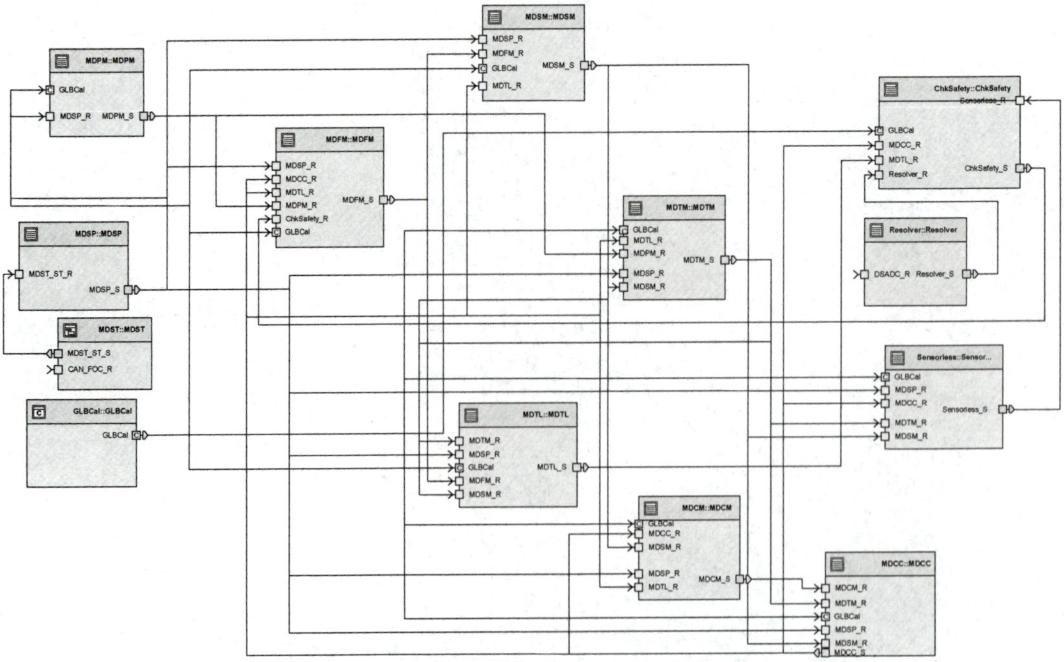

图 4.1 电机控制器软件架构

器算法的功能模块进行了划分,对其软件组件之间的通信内容进行了定义,但是软件组件内部并没有具体的功能。

电机控制器的软件架构通过 DaVinci Developer 工具进行设计配置;在进行设计时,首先需要明确每个软件模块的功能作用,选择合适的软件组件类型;而由于软件组件之间需要进行通信,因此需要给软件组件添加合适的通信端口,明确是 S/R 还是 C/S 端口,或是其他类型的端口,以及通信使用的数据类型;而最后需要对每个软件组件进行相关的功能设计,创建软件的功能实现最小单元——Runnable,实现电机控制器的预期功能。

4.1.1　软件组件设计

在 DaVinci Developer 中,提供了一个库(Library),库中包含各种应用组件类型、数据类型、通信端口和常量等设计软件架构所需的元素。在 Application Component Types 上右击,即可创建软件组件,如图 4.2 所示。

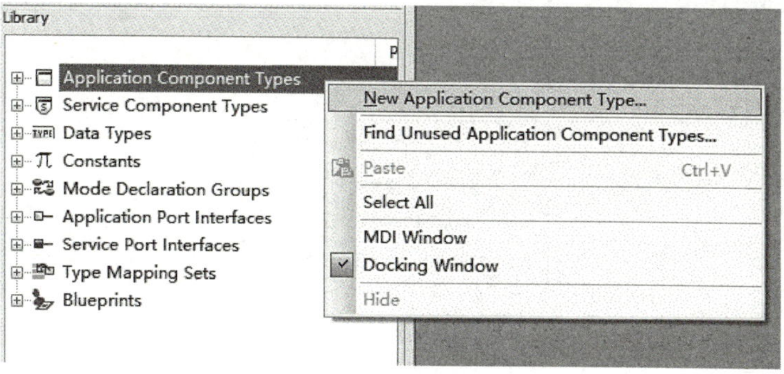

图 4.2　创建软件组件

软件组件主要有 Composition 和 Atomic 两种类型,这是 AUTOSAR 规范中规定的软件组件类型。Composition 是一个逻辑上的集合,可以将某些以实现特定功能的联系较为紧密软件组件放入同一个 Composition 中,便于开发。Atomic 类型的软件组件又可分为如图 4.3 所示的几种类型,其中,Application 用于应用软件算法的执行,SensorActuator 主要用于传感器和执行器相关功能的软件,这两种类型的软件组件足以应付大部分的使用场景。

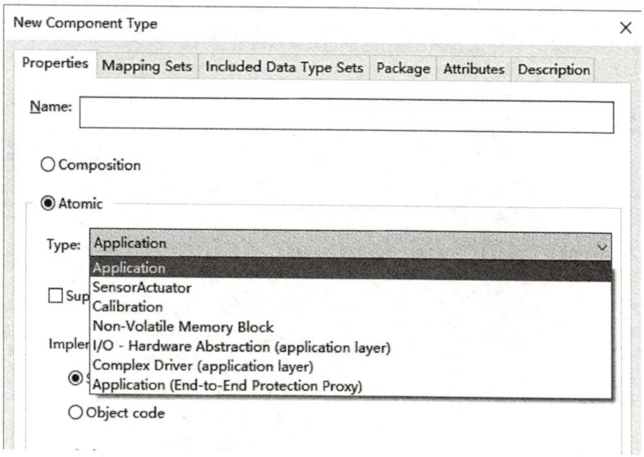

图 4.3　组件属性对话框

4.1.2 通信端口设计

由于各个软件组件之间要进行数据的交互，因此需要对这些软件组件进行通信端口(Port)的设计。

在图 4.2 所示的库中，右击 Application Port Interfaces，可以新建 S/R 端口接口。以用于电流控制的软件组件 MDCC 的发送端口为例，在 Interface 中，可以新建多个数据元素(Data Element)，如图 4.4 所示。需要注意每个数据元素都要有相应的数据类型。

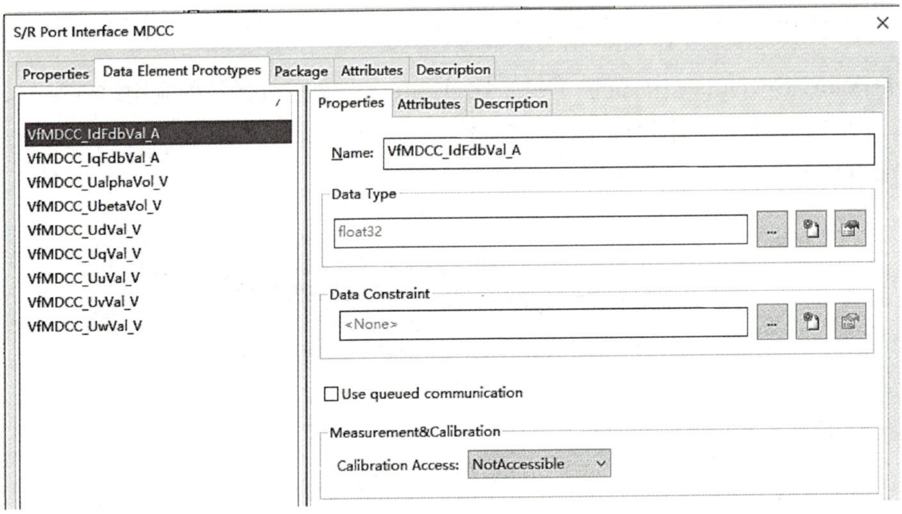

图 4.4　创建 S/R 端口的 Interface

当为软件组件添加通信端口时，所添加的端口为 Port Prototype，是以 Port Interface 为模板创建的。在软件组件上右击，即可新建端口，如图 4.5 所示。点击新建发送端口(Sender Prototype)，会弹出如图 4.6 所示的对话框，列出了所有的 Interface，在这里选择相应的 Interface，即可完成端口和接口的关联。

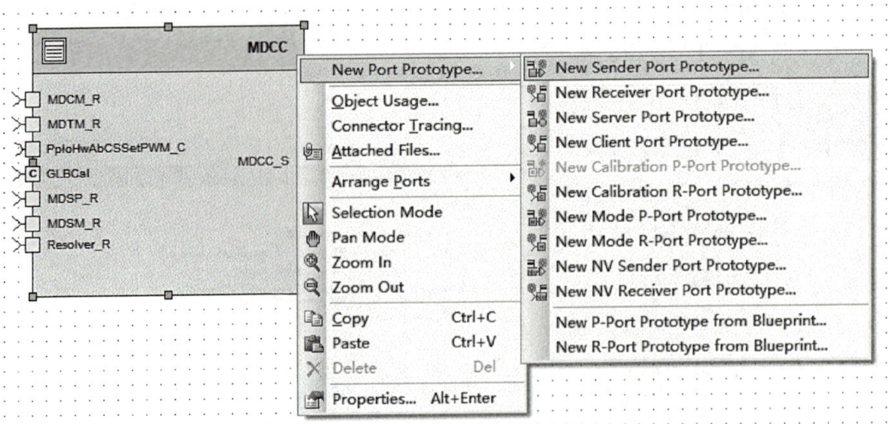

图 4.5　创建 Sender 端口的 Prototype

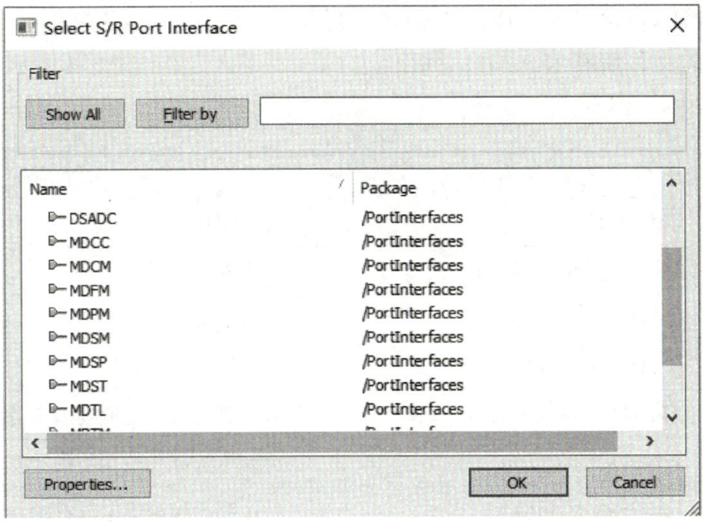

图 4.6　端口 Interface 选择

4.1.3　可运行实体设计

为了实现软件组件具体的功能，需要向其中分配功能实现的最小单元——可运行实体，也即 Runnable。Runnable 需要被映射到操作系统的 Task 中。点击软件组件，在中间的运行实体列表处即可进行 Runnable 的配置，如图 4.7 所示。

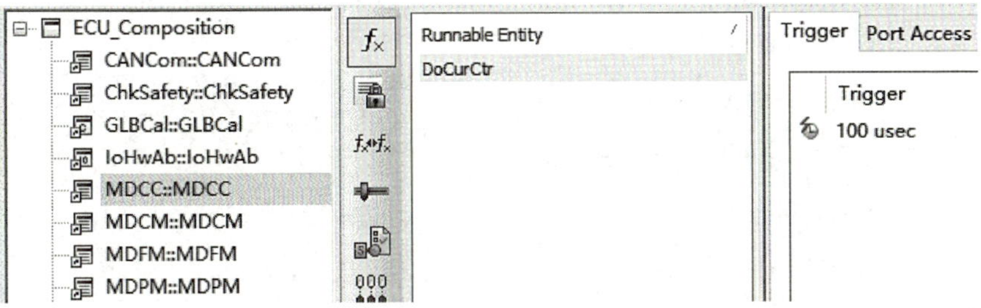

图 4.7　Runnable 配置

Runnable 由 RTE 事件触发，其触发形式有多种，例如初始化触发、周期事件、数据收发相关事件和操作调用事件等，如图 4.8 所示。

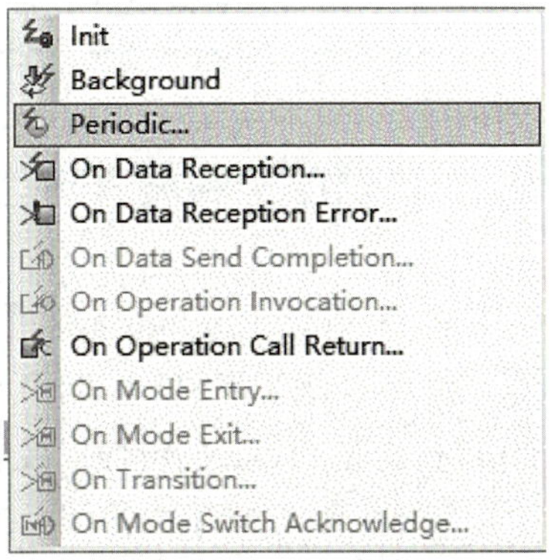

图 4.8　Runnable 的触发方式

软件组件 MDCC 用于电流闭环控制，其中的 Runnable 为 DoCurCtr，该 Runnable 的功能为计算出控制电压，得到三相导通时间，需要每 100 μs（PWM 周期）触发一次，因此选择周期性触发。

表 4.2 中列出了电机控制器软件架构中部分软件组件所包含的一些运行实体名称及其对应功能。MDFM 为

故障管理相关模块，包含母线电压过压和欠压判断、电机超速、过温判断等 Runnable。由于篇幅原因，未在表中将所有 Runnable 列出。

表 4.2　各软件组件内部 Runnable

软件组件	Runnable	功能描述
MDCC	DoCurCtr	电流闭环控制
MDCM	MDCM_DoCurManage	电流管理
MDPM	CalMDPMResult	系统上下电管理
MDSM	CalMDSMResult	系统运行状态管理
MDSP	FilterDCLink_Current	对计算的母线电流物理量滤波
	FilterDCLink_Voltage	对计算的母线电压物理量滤波
	FilterSys_Voltage	对计算的控制板电压物理量滤波
	FilterKL15_Voltage	对计算的点火信号电压物理量滤波
	FilterMotor_Speed	对计算的电机转速物理量滤波
	FilterMotor_PhaseCurrent	对计算的三相电流物理量滤波
MDST	ParseDCLinkCurrent	将母线电流 AD 值转化为物理值
	ParseDCLinkVoltage	将母线电压 AD 值转化为物理值
	Parse12VVoltage	将控制板电压 AD 值转化为物理值
	ParseKL15Voltage	将点火信号 AD 值转化为物理值
	CalMotorPhUCurADCFilteredVal	将采集的三相电流 AD 值进行滤波，具体为去掉最大值和最小值后求平均
	CalMotorPhVCurADCFilteredVal	
	CalMotorPhWCurADCFilteredVal	
MDTL	DoTrqLimit	对扭矩指令值进行限制
MDTM	MDTM_CalTorqueCmd	转速闭环，计算扭矩指令值
	MDTM_DoPWMScaling	根据电机转速分配低速、中速及高速段的转速环及电流环 PI 值
Resolver	DoResSWDcoder	旋变软件解码，得到电机位置及转速

4.2　电机控制器 OS 实现

在 DaVinci Configurator 中，可以进行电机控制器基础软件部分的配置，包括 OS、通信等。由于本例 PMSM 控制算法中的运行实体繁多，因篇幅所限，本节只简要阐述 OS Application，Task 的特性以及它们与各 Runnable 之间的相互关系。

图 4.9 所示为与整个 OS 相关的通用属性，包括其可剪裁类、硬件所使用的 CPU 数量、调度类型是非抢占抑或全抢占、编译器类型，以及一些 API 函数。本例中，使用 SC3 的操作

系统，且单片机的 CPU 数量为 3。

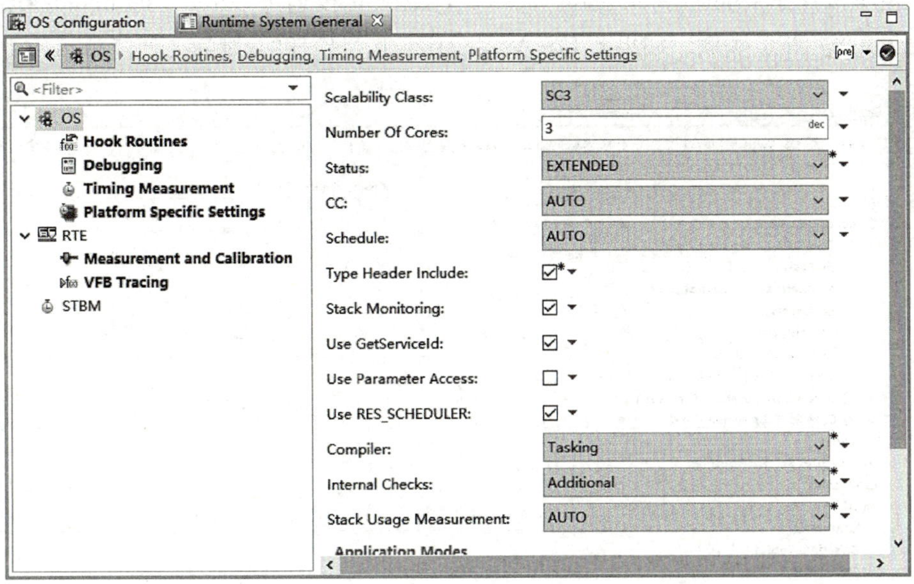

图 4.9　OS 通用配置

在 OS 的钩子函数(Hook Routines)配置界面图 4.10 中，可以使能操作系统所需的一些 Hook 函数。其中，Startup Hook 程序在操作系统的启动阶段被调用，也即在调用 StartOS()之后和启动第一个任务之前；当操作系统中的函数返回的错误码不为 E_OK 或者操作系统内部错误被检测时，Error Hook 被调用；而 Shutdown Hook 在调用 ShutdownOS()期间被调用。

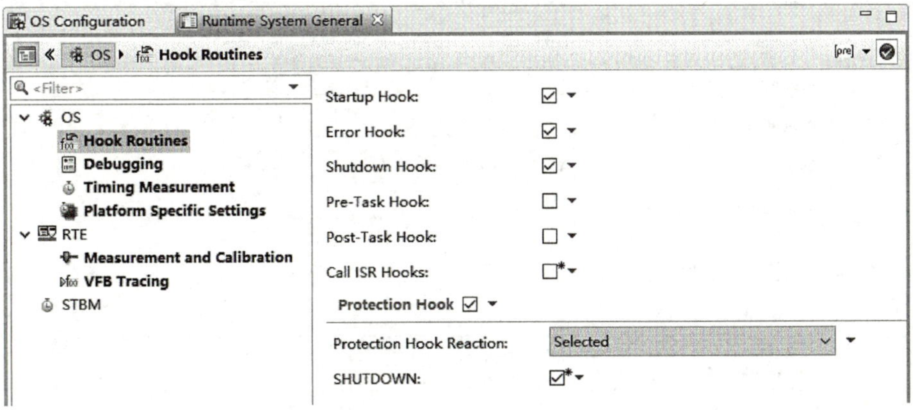

图 4.10　Hook 函数配置

Protection Hook 在出现保护错误时被调用，如果将 SHUTDOWM 使能，则 Protection Hook 会返回一个 PRO_SHUTDOWN。

在 OS Configuration 配置界面，右击 OS Applications，选择“Add”，可以添加 OS

Application，如图 4.11 所示。每个 OS Application 有各自的任务、中断、Alarm、计数器和调度表。由于该操作系统运行在三核的 TC275 上，因此需要通过 Core Assignment 来将该 OS Application 与 CPU 关联。如果此 OS Application 是受信任的，则需要使能 Trusted 选项。

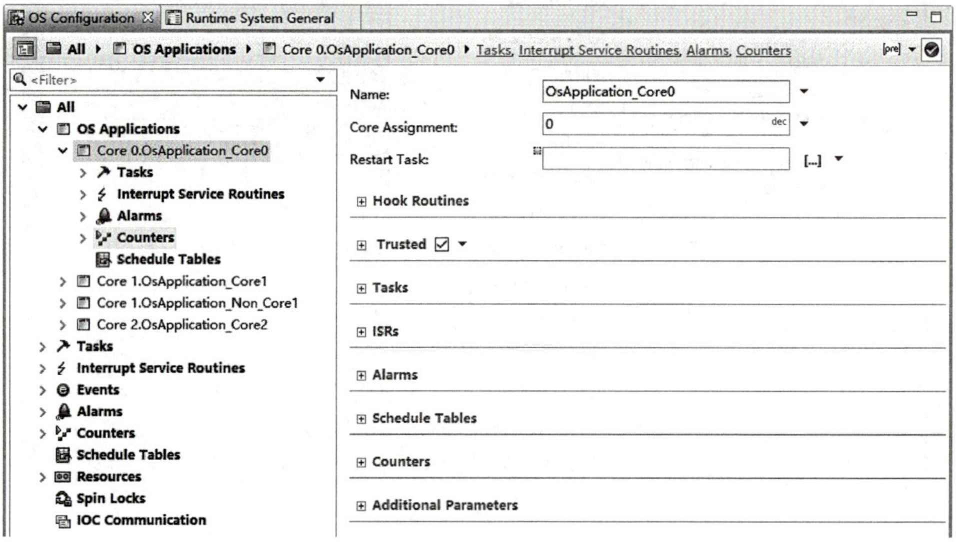

图 4.11　OS Application 配置

在某个特定的 OS Application 下，右击 Task，可以进行任务的创建。操作系统中任务的相关属性包括其调度方式（非抢占/全抢占）、优先级、任务类型（基本任务/扩展任务）、堆栈大小以及是否自启动等。以空闲任务 Idle Task 为例，具体内容如图 4.12 所示。

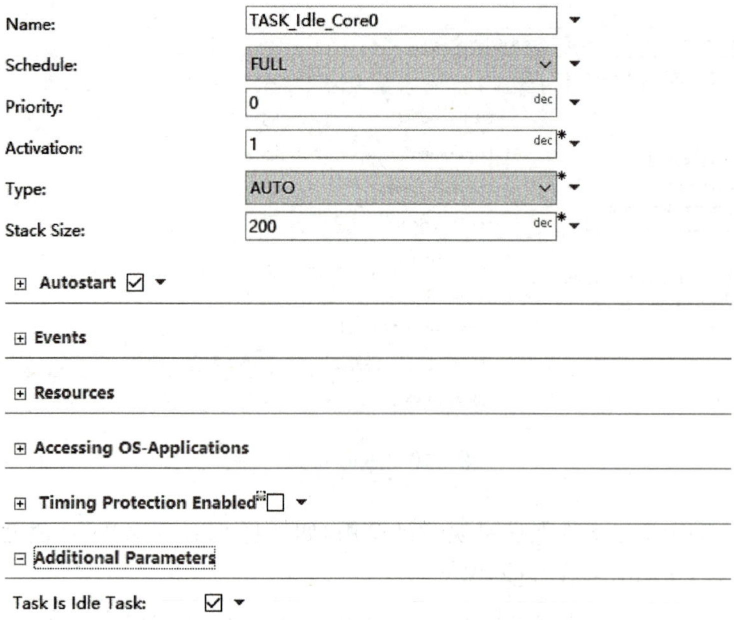

图 4.12　Task 配置

如果任务的调度方式为全抢占式，那么，较低优先级的任务在运行状态下，若较高优先级的任务被激活，则调度程序将调度较高优先级的任务运行。任务堆栈大小的设置需要考虑该任务的复杂情况，确保不会溢出。

空闲任务是 AUTOSAR 操作系统中规定的，每个 OS Application 都需要有一个空闲任务，该类型任务的优先级最低，且需要使能 Task is Idle Task。

此时，OS Application 和 Task 的基本框架已经搭建完毕，但是，Task 中没有具体的任务代码。因此，需要将 Runnable 添加到相关的 Task 中，如图 4.13 所示。

Task Mapping Assistant

Select Function Trigger

☐ Show unmapped functions only
☐ Don't show functions where mapping is optional

Triggered Function	Trigger Categc	Trigger	Owner	Task
BswM_MainFunction	Periodical	0.01 s	Service Compone...	TASK_BSW_MainFunction_Core0
BswM_MainFunction	Periodical	0.01 s	Module BswM	TASK_BSW_MainFunction_Core0
Cal12VADCFilteredVal	Periodical	0.001 s	Component MDST	TASK_1MS_Core2
CalDcLinkCurADCFilteredVal	Periodical	0.001 s	Component MDST	TASK_1MS_Core2
CalDcLinkVolADCFilteredVal	Periodical	0.001 s	Component MDST	TASK_1MS_Core2
CalDrvBdTempADCFilteredVal	Periodical	0.01 s	Component MDST	TASK_10MS_Core2
CalIGBTPhUTempADCFilteredVal	Periodical	0.01 s	Component MDST	TASK_10MS_Core2
CalIGBTPhVTempADCFilteredVal	Periodical	0.01 s	Component MDST	TASK_10MS_Core2
CalIGBTPhWTempADCFilteredVal	Periodical	0.01 s	Component MDST	TASK_10MS_Core2
CalKL15ADCFilteredVal	Periodical	0.001 s	Component MDST	TASK_1MS_Core2
CalMDPMResult	Periodical	0.005 s	Component MDPM	TASK_5MS_Core2
CalMDSMResult	Periodical	0.005 s	Component MDSM	TASK_5MS_Core2

0 of 268 elements selected. Sorting by <Triggered Function>

图 4.13　Runnable 到 Task 的映射

至此，完成了电机控制器操作系统的实现，具体的任务分配如图 4.14—图 4.16 所示。

Name	Schedule	Priority	Activation	Type	Stack Size	Autostart
TASK_Idle_Core0	FULL	0	1 *	AUTO *	200 *	true
TASK_BSW_MainFunction_...	FULL	10	1 *	AUTO *	1024	false
TASK_SafeTlib_Core0	NON	20	1 *	AUTO *	200 *	false
TASK_WdgM_Core0	NON	40	1 *	AUTO *	200 *	false
TASK_Daq2_Core0	FULL	60	1 *	AUTO *	200 *	false
TASK_Daq1_Core0	FULL	70	1 *	AUTO *	200 *	false
TASK_Daq0_Core0	FULL	80	1 *	AUTO *	200 *	false
TASK_CANCom_Core0	FULL	90	1 *	AUTO *	1024	false
TASK_Init_Core0	NON	100	1 *	BASIC	1024	true

图 4.14　Core0 任务配置

Name	Schedule	Priority	Activation	Type	Stack Size	Autostart
TASK_Idle_Core1	FULL	0	1 *	AUTO *	200 *	true
TASK_BSW_MainFunction_...	FULL	10	1 *	AUTO *	512	false
TASK_SafeTlib_Core1	NON	20	1 *	AUTO *	200 *	false
TASK_WdgM_Core1	NON	40	1 *	AUTO *	200 *	false
TASK_Init_Core1	NON	100	1 *	AUTO *	1024	true

图 4.15　Core1 任务配置

Name	Schedule	Priority	Activation	Type	Stack Size	Autostart
TASK_Idle_Core2	FULL	0	1 *	AUTO *	200 *	true
TASK_BSW_MainFunction_...	FULL	10	1 *	AUTO *	512	false
TASK_SafeTlib_Core2	NON	20	1 *	AUTO *	200 *	false
TASK_IoHwAb_Core2	FULL	30	1 *	AUTO *	200 *	false
TASK_WdgM_Core2	NON	35	1 *	AUTO *	200 *	false
TASK_10MS_Core2	FULL	40	1 *	AUTO *	1024	false
TASK_5MS_Core2	FULL	50	1 *	AUTO *	1024	false
TASK_1MS_Core2	FULL	60	1 *	AUTO *	1024	false
TASK_ISR_1MS_Core2	FULL	70	1 *	AUTO *	1024	false
TASK_ISR_MidPWM_Core2	NON	80	1 *	AUTO *	1024	false
TASK_ISR_102US_Core2	NON	90	1 *	AUTO *	200 *	false
TASK_Init_Core2	NON	100	1 *	AUTO *	1024	true

图 4.16　Core2 任务配置

完成了电机控制器应用层软件架构配置和基础软件层的配置，接下来就是生成相应代码集成到编译器中，具体步骤在第 3 章末尾有详细描述，这里不再赘述。集成完代码后生成可执行文件，烧录到相应的硬件平台中，电机控制器的软件也就完成了。

4.3　系统监控的目标

任务是操作系统的基本调度单位，也是汽车软件应用程序功能实现的重要载体，任务在操作系统中的运行情况将直接影响汽车软件应用程序功能的实现情况。因此，监控操作系统中任务的运行情况能够有效地帮助汽车软件工程师开发软件系统、校验软件系统功能以及排查系统错误等。此外，任务运行情况还会影响系统中的其他指标，其中之一就是处理器核心负载率。它是衡量系统调度性的关键参数，同时，核心负载率也被用来衡量硬件系统的大致寿命。

从上一节叙述的操作系统的配置中可以看出，Vector 公司的 MICROSAR 解决方案提供了针对操作系统本身的一些简单的接口 Hook 函数，其中系统启动和关闭 Hook 可以有效地了解操作系统的整体运行，而错误处理 Hook 则是密切关注操作系统内部运行是否出现问题。对于任务的相关监控问题，只规定了两个 Hook，涵盖了任务上下文切换的一种情况，还有很多其他情形并没有在标准中给出规定。

4.3.1　任务的状态机

任务是操作系统中的一个重要对象，OSEK 操作系统标准对任务有详细的规定。标准规定操作系统的任务只有一个固定的优先级(除非在某些特定情况)，操作系统以优先级为驱动对任务进行调度，即决定哪个任务可以被处理器执行，哪些任务需要等待。这样一来，任务在操作系统中的状态是在不断变化的。此外，标准定义了基础任务(Basic Task)和扩展任务(Extended Task)两类任务。对于基础任务来说，只有在自身执行完成、被高优先级任务或者中断打断才会释放对处理器核心的占用，而扩展任务还可能是因为等待任务执行所需的条件而释放对处理器核心的占用。

AUTOSAR 规范关于任务的定义几乎完全继承了 OSEK 操作系统标准，因此，基础任务和扩展任务的概念可以沿用。两种任务在操作系统的中状态是会发生变化的，可以用任务的状态机模型进行描述，具体内容本书的前面几个章节已进行了详细叙述，这里不再赘述。

扩展任务比基本任务多出了一个等待(Waiting)状态，这是扩展任务在运行时(Running)由于缺少特定的事件(Event)而进入的状态。进入此状态后，扩展任务可以被其他低优先级任务抢占，而在特定事件发生后，扩展任务从等待状态被激活进入就绪状态，经过操作系统调度后，可以再次运行。

每个时刻，操作系统中的任务都处在图 4.17 中所示的一种状态或是状态切换之中，一段时间内每个内核各个时刻的所有任务所处的状态以及状态切换就构成了这段时间的多核操作系统的任务时序。而针对任务的监控功能的目的就是将这段时间内多核操作系统的任务时序信息尽量精确地采集出来，为此需要监测操作系统内每个时刻任务的状态信息。

下面以两个周期性任务为例，解释操作系统中任务状态切换的具体情形，具体流程如图 4.17 所示。

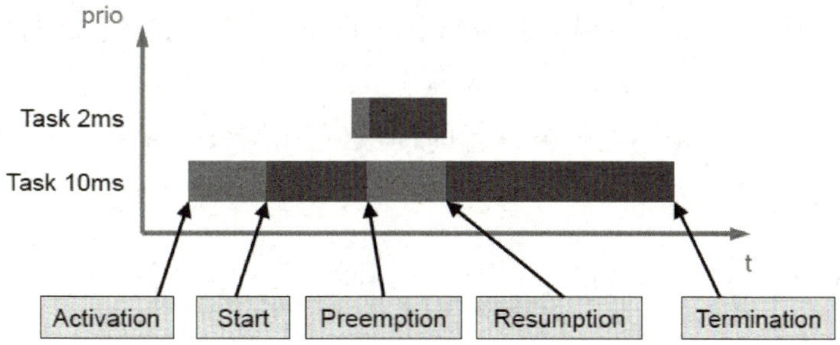

图 4.17　任务状态切换过程

如图 4.17 所示，假设操作系统内有两个周期性任务，周期分别为 2 ms 和 10 ms，2 ms 任务优先级高于 10 ms 任务。可以看出，任务要运行首先要经过激活过程，激活过后的任务进入就绪状态。操作系统经过调度发现当前没有优先级更高的任务，于是启动(Start)任务，任务进入运行状态。一段时间后，2 ms 任务被激活进入就绪状态，由于 2 ms 任务优先级高于 10 ms 任务，所以，2 ms 任务被启动，同时，10 ms 任务被保存上下文后放回到就绪列表，这个过程称为 10 ms 任务被 2 ms 任务抢占(Preemption)。直到 2 ms 任务结束，进入挂起状态，10 ms 任务才会重新进入运行状态，这个过程称为 10 ms 任务被恢复(Resumption)。一段时间后，10 ms 任务执行结束，进入挂起状态。

4.3.2　任务相关的服务函数

上一节描述了任务在操作系统中的状态变化，而任务状态的改变是需要借助操作系统中的相关服务函数的。接下来介绍用于任务状态切换的操作系统服务函数。

首先是激活任务(ActivateTask)函数，该函数是用来激活处于挂起状态的任务的，其函数定义原型如下：

```
StatusType ActivateTask ( TaskType<TaskID> );
```

该服务函数用来将任务从挂起状态改变成就绪状态，调用该函数后的任务编号将会被放入就绪列表中。如果该任务未处于挂起状态，却调用该函数对任务进行激活，则把该激活记录下来，在任务处于挂起状态后进行激活，操作系统确保从第一条语句开始执行任务代码。需要注意的是，当扩展任务从挂起状态转移到就绪状态时，其所有事件都将被清除。

结束任务(TerminateTask)函数用来处理任务执行完毕，返回到挂起状态的过程。其函数原型如下：

```
StatusType TerminateTask (void);
```

此服务函数将任务从运行状态转移到挂起状态，如果该任务具有多个激活请求，那么，在终止该任务时，会自动将同一任务置于就绪状态。该服务函数会自动释放分配给任务的相关内部资源。如果任务还占用其他资源，应该在调用该函数之前就释放完毕。如果资源仍处于被占用状态，则调用该函数可能导致操作系统处于不确定的状态。在任何情况下，任务只有在调用结束任务函数或者链式任务(ChainTask)函数才能终止运行，否则，任务不得终止，强行终止任务也会使系统处于不确定状态。

链式任务函数也是用来终止任务运行的，但是它比结束任务函数的功能要复杂一些。其函数原型如下：

```
StatusType ChainTask (TaskType 〈TaskID〉);
```

此服务函数会导致调用的任务终止。但该调用任务终止后，将激活任务编号为〈TaskID〉的后续任务。使用此服务函数，可以确保后续任务在调用任务终止后最早开始进入就绪状态，这样一来，可以利用这个函数进行简单任务激活与运行次序的设置。如果后续的任务与当前任务是同一个任务，则任务不会被转移到挂起状态。即使后续任务与当前任务相同，分配给调用任务的内部资源也会被自动释放。在调用该服务函数之前，也要释放任务占用的其他资源。否则，会导致操作系统处于不确定状态。

调度(Schedule)服务函数是用来进行任务上下文切换的。其函数原型如下：

```
StatusType Schedule (void);
```

调用该服务函数时，如果有较高优先级的任务已准备就绪，则释放当前正在运行任务的内部资源，将当前任务置于就绪状态，保存其上下文并执行较高优先级的任务。否则，当前调用的任务将继续运行。调度服务函数和其他服务函数的联系十分紧密，当调用了激活任务函数成功后，会触发调度服务函数的调用，这个过程称为再调度(Rescheduling)，这样做的目的是为了将就绪列表中更高优先级的任务及时地执行。不仅仅是激活任务函数，当结束任务函数和链式任务函数调用成功时，也会触发再调度过程。

以上就是和任务状态转移有关的操作系统服务函数，这些服务函数相关协同，使得操作系统内部任务得以高效有序运行。

4.3.3　任务周期性事件

对于汽车软件系统来说，其中的任务大多是周期性的，而在 AUTOSAR 操作系统中，任务是由若干可运行实体组成的。也就是说，任务中的可运行实体也是周期性的。在 AUTOSAR 操作系统的开发流程中，可运行实体是在 RTE 配置阶段映射到任务中去的，任务中可运行实体的执行是由 RTE 层的相关事件触发的，这些事件被称为 RTE 事件(RTE Event)。AUTOSAR 规范支持的 RTE 事件有多种，例如数据接收事件(Data Received Event)、数据接收错误事件(Data Receive Error Event)、数据发送完成事件(Data Send Completed Event)以及时间事件(Timing Event)。这些事件通常都是通过 AUTOSAR 操作系统事件来完成，除了时间事件。

AUTOSAR 操作系统中任务的周期性执行是靠时间事件来驱动的。时间事件的产生要依靠操作系统警报(OS Alarm)、计数器(Counter)以及计时器(Timer)，三者之间的关系如图 4.18 所示。

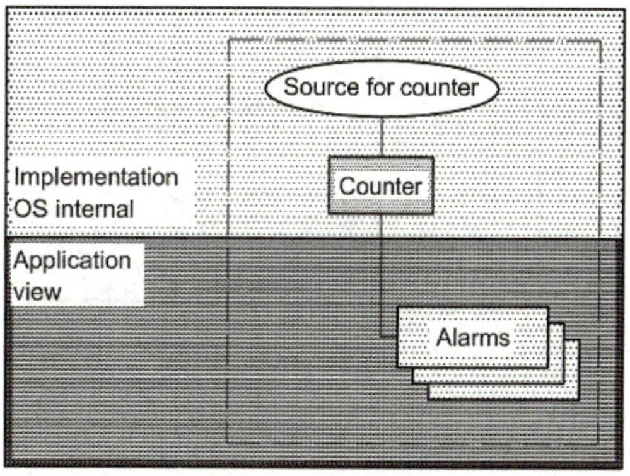

图 4.18　警报管理结构

图 4.18 中的用于计数器的资源是指计时器，计数器用于记录时间的变化。操作系统一般会给计数器分配一个硬件或软件计时器，用来驱动计数器累加，这样，计数器数值的累加就代表着相应时间的变化，计数器的数值是以“tick”为单位进行度量的。当计数器的数值到达某一事先预设的值时就会触发警报，警报可以驱动特定任务的执行，也可以执行其他自定义的操作。从图 4.18 中可以看出，一个计数器可以驱动多个警报，警报可以设置成单次的，也可以是循环的。当循环警报驱动任务执行的时候，该任务就是周期性执行的任务。

4.3.4　时序监控指标

在详细了解了操作系统内部任务执行的相关状态切换过程以及中断对任务运行时序的影响后，需要用一些指标来描述任务的运行情况。相关研究文献曾用最坏执行时间 WCET (Worst Case Execution Time)来表述任务的一种时间属性，也用响应时间 RT(Response Time)来描述任务完成请求所需要的时间。本书在总结相关文献和对任务运行状况的研究基础上提出了以下描述任务时序的指标，见表 4.3。

表 4.3　指标的缩写和解释

Abbreviation	Explanation	Abbreviation	Explanation
IPT	Initial Pending Time	PER	Period
CET	Core Execution Time	ST	Slack Time

（续表）

Abbreviation	Explanation	Abbreviation	Explanation
GET	Gross Execution Time	PRE	Preemption
RT	Response Time	DL	Deadline
DT	Delta Time	NST	Net Slack Time

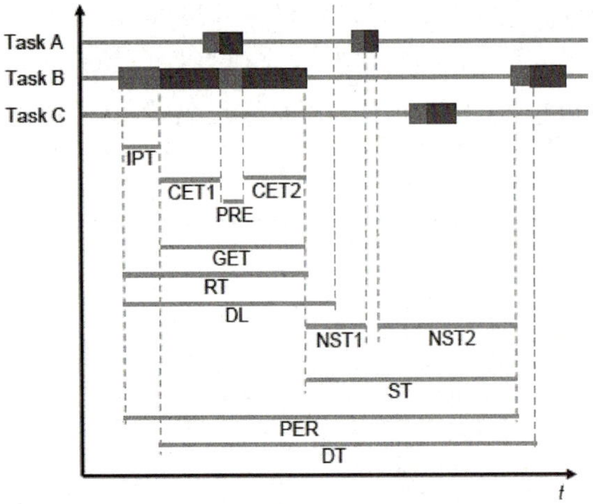

图 4.19　任务时序指标的物理意义

这些指标的具体物理意义要结合任务的运行时序进行阐述，指标在任务运行过程的物理意义如图 4.19 所示。

从图 4.19 中可以看出各个指标的物理意义。其中，IPT 是指任务被激活后到开始执行所需要的时间；CET 表示任务的执行时间，即任务实际处于运行状态的时间，也是内核执行该任务功能代码的时间。对于被抢占的任务来说，会有多个 CET，多个 CET 累加才是该任务的总执行时间。任务的周期（PER）是指相邻两次任务激活时刻的间隔，这一般是由软件工程师根据功能进行设置的。PRE 指任务被抢占的时间，即任务由于被更高优先级任务抢占而重新进入就绪状态持续的时间。任务的响应时间（RT）是指任务从激活到结束所需的时间，响应时间一般被用来衡量操作系统的实时性。它不得大于截止时间（DL），否则，操作系统会被认为不符合实时性要求。

4.4　不同的监控方法

目前，汽车行业中有专门监测操作系统运行情况的硬件测试设备，PLS 公司生产的 UAD 调试设备，还要借助英飞凌单片机的 ED 芯片才能对操作系统进行测量。而软件测试方法主要有 Gliwa 公司的 T1 工具、MICROSAR 操作系统自带的 RTM 模块以及基于 WdgM 模块的监控方法等。在监测性能相差不大的情况下，软件监测方法要比硬件设备经济许多。未来，软件监测方法会成为行业的主流。

以上的三种对多核操作系统的监控方法，后两种方法是基于 MICROSAR 操作系统本身特定的模块自己手动开发的，其中利用 AMD 的方法需要手动添加测量的起始点和结束点，不够简洁方便，功能也太过单一，只能针对任务的时间特性。而基于 WdgM 的监控方法则偏向于检查任务的功能是否正常，诸如活跃性、截止时间以及逻辑等，并不能够给出任务具体的相关时序信息。与这二者相比，T1 工具则显得简洁化许多，软件工程师不需要太过于关注相关监控方法的软件开发，只要集成进入自身的软件工程就可以获取操作系统的大量信息，该工具还有一个显著的优点就是拥有可视化界面，可方便工程师查看和对工程进行校验。

下面就以 Gliwa 公司的 T1 工具为主，对多核操作系统的监测方法与原理进行简单的描述以及讲解 T1 工具和其他两种方法的具体使用方法。

4.5　T1 工具监控的原理

上文介绍了操作系统中任务的相关状态机和任务运行的调度过程，为阐述操作系统监控的原理进行了铺垫。监控的主要目标是获取任务的时序信息和测量 CPU 负载率，由于本书中监控的实现方案是特定于具体操作系统和硬件平台的，故而在阐述系统监控的原理的过程中涉及了相关操作系统的软件结构和硬件平台的信息。

4.5.1　时序监控原理

通过上文的描述可以发现，操作系统任务时序监控的关键点落在任务状态切换过程上。只要能精确测量每个任务运行流程中任务状态切换的激活点、开始点、抢占点、恢复点和结束点的时间，就能精确反映操作系统任务运行时序。上述监控流程如图 4.20 所示。

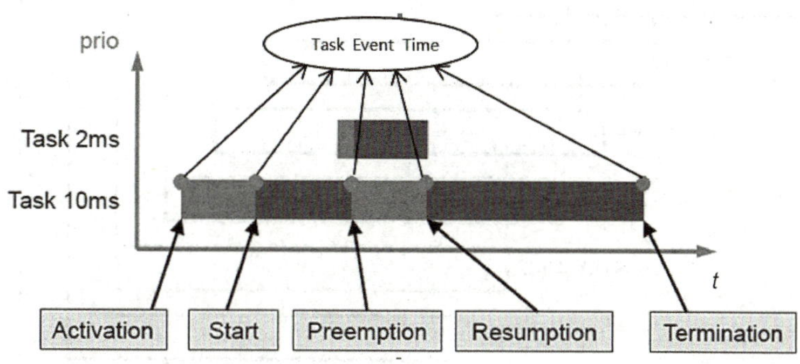

图 4.20　任务时序的监控流程

从图 4.20 中看出，监控过程归纳总结为提取三类信息。首先是任务的识别信息，由于每个内核中分配的任务可能不止一个，所以要判断当前获取的是哪一个任务的信息，通常用任务标识符 TaskID 来识别该任务。其次是具体的事件信息，这是指当前的时刻发生的是任务激活到任务结束这五种事件中的哪一种事件。最后是时间信息，也就是当前发生的事件点的时间值，该信息的获取一般取决于硬件类型。将这三类信息的数据组合在一起，形成一个监控数据，存储在一个特定的位置。当然，在针对多核操作系统的监控方案中也要识别当前任务所在的内核，因此还要将内核识别信息 CoreID 也提取出来，将上述的监控数据依据内核的不同存储在不同数组或结构体中。

从图 4.20 中也可以看出，所有的任务运行时序情况大致如下：

① 所有任务的激活时刻(包括扩展任务的设置事件时刻)。

② 所有任务的开始时刻。

③ 高优先级任务抢占了低优先级任务的抢占时刻(包含中断打断任务运行的时刻)。

④ 高优先级任务完成后低优先级任务的恢复时刻(包含中断服务后恢复任务运行的时刻)。

⑤ 所有任务的结束时刻(包括扩展任务等待事件时刻)。

这些信息的获得方式根据硬件类型和实时操作系统的不同而不同,本书的实现方案为:以英飞凌公司的 AURIX 系列单片机作为硬件平台,操作系统则采用 Vector 公司的符合 AUTOSAR 规范的 MICROSAR 操作系统。

时间值的获取与硬件平台的类型有关,一般来说,所有的单片机都会有一个专门的计数器,用来表示相对的时间变化。本方案使用的硬件平台——AURIX 系列单片机中包含了系统计时器(System Timer,STM)这一模块,该模块的具体组成如图 4.21 所示。

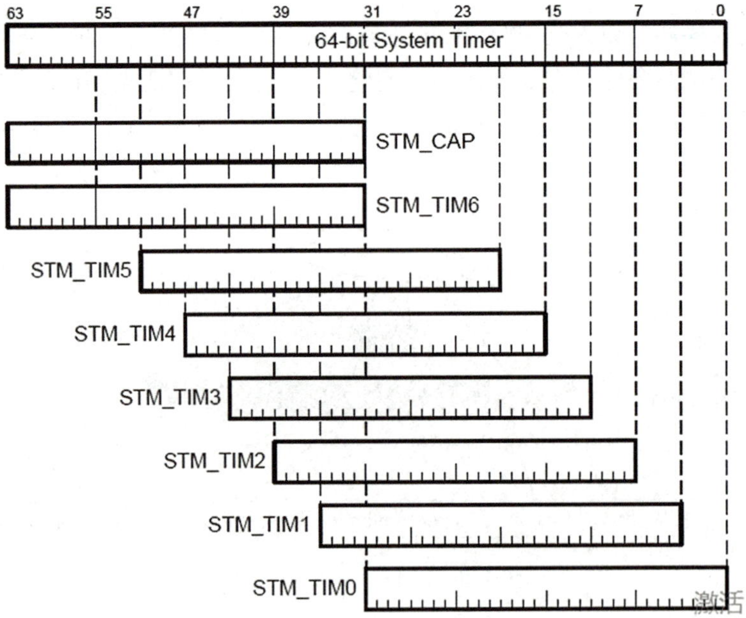

图 4.21　系统计时器模块的构成

从图 4.21 可以看出,该模块有一个 64 位寄存器作为计时器,该寄存器会在单片机上电后,以一定的频率进行累加,以此来表示时间的流逝。当寄存器溢出时,寄存器会重新从 0 开始累加,因此,该计时器是有一个固定周期的。由于 AURIX 系列单片机是 32 位单片机,因此,64 位寄存器的值要以一定间隔映射到若干 32 位寄存器上,例如寄存器 STM_TIM0,STM_TIM1 等。这些 32 位寄存器就组成了若干个精确度不同、周期不同的计时器。要获取当前时间值,只要读取这些寄存器的值即可。

任务的监控流程的关键在于要能够"知道"任务运行的各个关键事件发生点,并在事件发生的时间点进行关键信息的提取。例如,当任务被激活的瞬间,监控功能能够立即执行,获取关键的信息。因此，对任务运行关键点的捕捉与具体操作系统的软件机制有很大关系。

在 OSEK 操作系统的国际标准中规定了一组任务运行流程中状态切换的接口——PreTaskHook 和 PostTaskHook，通过这些接口，用户可以捕捉到一些任务运行的关键时间点。但是，标准规定的这两个接口并不能完成全部的监控功能。首先，它不能涵盖任务被激活的时间点捕捉；其次，它们没有包含任务被抢占的情况下抢占时间点和任务恢复时间点的捕捉，它们只包含了任务执行结束后与新的任务开始执行之前的切换时间点。

首先来看任务时序监控的第一种情况，即监控所有任务的激活时刻。OSEK 操作系统的国际标准规定，所有任务的激活都需要通过调用操作系统服务函数 ActivateTask 来完成。操作系统服务函数 ActivateTask（TaskType〈TaskID〉）将标识符为 TaskID 的任务的状态从挂起状态改变为就绪状态，此时，任务被写入就绪列表中。因此，只要操作系统调用了该服务函数，就说明有任务被激活，在该服务函数调用时获取任务编号、事件类型、当前时间值和内核编号，这样就能组成一个任务激活的监控数据。一般，上述过程的代码是用户在操作系统提供的接口中自定义实现的，但是 ISO 17356-3 标准没有规定针对任务激活服务函数的接口，通过研究 MICROSAR 操作系统发现，该操作系统在自己的软件代码中提供了用于任务激活过程中的接口——OS_VTH_ACTIVATION。该接口以宏定义的形式命名，其原型如下：

```
# define OS_VTH_ACTIVATION(TaskId, DestCoreId, CallerCoreId)   \
  OS_IGNORE_UNREF_PARAM(TaskId);                                \
  OS_IGNORE_UNREF_PARAM(DestCoreId);                            \
  OS_IGNORE_UNREF_PARAM(CallerCoreId);
```

该接口函数传递的参数中包含了 TaskId，DestCoreId 和 CallerCoreId。其中，TaskId 表示被激活的任务的编号；DestCoreId 表示将要执行该任务的内核的编号；CallerCoreId 表示调用该接口函数的内核的编号。这个接口函数只是一个没有功能的空函数，具体的功能需要用户自己定义。因此，在该接口函数中实现上述任务激活时刻监控的功能即可。该过程实现的伪代码如下：

```
伪代码 4.1 Activation Trace
1. 输入:TaskId,DestCoreId, CallerCoreId
2. 输出:void
3. 提取当前时间值 Timestamp;
4. 事件 EventId = TASK_ACTIVATION;
5. 监控数据 TraceData = Combine(TaskId, EventId, Timestamp);
6. i++;
7. TraceBuffer[DestCoreId][i] = TraceData;
   8. end
```

剩下的四种情况其实可以归为一大类，它们都与任务的运行(Running)状态有关。而一个 CPU 内核同一时间只能执行一个任务或中断，因此涉及任务运行状态的变化就一定会有上下文的切换。当然，第一个任务的开始运行也包含在内。OSEK 操作系统的国际标准关于任务或中断上下文的切换规定了一个服务函数 Schedule，该服务函数主要是为了调度任务的运行，当有较高优先级的任务已处于就绪状态，则释放当前任务的内部资源，将当前任务置于就绪状态，并保存其上下文，之后执行较高优先级的任务。而 MICROSAR 操作系统针对该服务函数提供了一个功能强大的接口——OS_VTH_SCHEDULE。因此，在操作系统中，该接口会在任务之间或任务与中断之间在切换的时候被调用，这为开发监控功能提供了很大的方便。MICROSAR 操作系统中以宏定义的形式来定义该接口，其原型如下：

```
#   define OS_VTH_SCHEDULE (FromThreadId, FromThreadReason, ToThreadId,
ToThreadReason, CallerCoreId) \
      OS_IGNORE_UNREF_PARAM(FromThreadId)     ;          \
      OS_IGNORE_UNREF_PARAM(FromThreadReason);          \
      OS_IGNORE_UNREF_PARAM(ToThreadId)       ;          \
      OS_IGNORE_UNREF_PARAM(ToThreadReason)   ;          \
      OS_IGNORE_UNREF_PARAM(CallerCoreId)     ;
```

该函数传递的参数如上所示，其中参数 FromThreadId 指的是内核的上一个运行的线程的标识符，即直到切换发生之前一直在运行的线程，该标识符可以是任务的编号，也可以是中断的编号。参数 FromThreadReason 表示上一个运行的线程被切换的原因，也就是上文所说的任务运行过程中的事件。系统以宏定义的形式列举出了这些事件，具体定义如下：

```
#define OS_VTHP_TASK_TERMINATION  1
#define OS_VTHP_ISR_END           2
#define OS_VTHP_TASK_WAITEVENT    4
#define OS_VTHP_THREAD_PREEMPT    16
```

第一个宏表示任务完成执行后调用了该接口函数；第二个宏表示中断执行结束；第三个宏则表示扩展任务在等待相关事件时导致的线程切换；最后一个宏表示有更高优先级的线程请求执行，前一个线程被抢占。为了方便下文叙述，将上述宏定义的集合命名为 FrThReason[i]。

参数 ToThreadId 表示要切换到的目标线程的编号，可以是任务或者中断。参数 ToThreadReason 表示切换到目标线程的原因及切换过程中发生的事件，具体定义如下：

```
#define OS_VTHP_TASK_ACTIVATION  1
#define OS_VTHP_ISR_START        2
#define OS_VTHP_TASK_SETEVENT    4
#define OS_VTHP_THREAD_RESUME    16
```

第一个宏表示高优先级的任务被激活导致的切换；第二个宏表示有中断请求需要处理导致的切换；第三个宏指的是扩展任务在等待的事件被设置导致的切换；最后一个宏表示被抢占的线程恢复运行状态。将上述宏的集合命名为 ToThReason[i]。形参 CallerCoreId 则表示切换动作发生的内核的编号。

了解了这个接口函数的功能之后，只要在系统调用该接口的时候判断切换的原因，获取当前时间值并与事件标识符和内核编号组成一个监控数据即可。上述过程实现的伪代码如下：

```
伪代码 4.2 Schedule Trace
1. 输入:FromThreadId, FromThreadReason, ToThreadId, ToThreadReason, CallerCoreId
2. 输出:void
3. if FromThreadReason = = FrThReason[i];i = 0,1,2,3
   a) 提取当前时间值 Timestamp;
   b) 事件 EventId = FromThreadReason;
   c) 监控数据 TraceData = Combine(TaskId, EventId, Timestamp);
   d) i + +;
   e) TraceBuffer[CallerCoreId][i] = TraceData;
4. if ToThreadReason = = ToThReason[i];i = 0,1,2,3
   a) 提取当前时间值 Timestamp;
   b) 事件 EventId = FromThreadReason;
   c) 监控数据 TraceData = Combine(TaskId, EventId, Timestamp);
   d) i + +;
   e) TraceBuffer[CallerCoreId][i] = TraceData;
5. end
```

这样，就能完成任务、中断的切换过程的监控。至此，关于任务时序监控功能的大致实现方案叙述完毕。

4.5.2　CPU 负载率监控原理

处理器内核用于执行任务或者中断等功能代码，是硬件平台上一个十分重要的资源。CPU 的状态只有两种：一种是没有代码处理，CPU 处于空闲状态，此时 CPU 的瞬时负载率是 0；另一种是有代码需要处理，CPU 处于忙碌状态，此时 CPU 的瞬时负载率是 100%。因此，讨论 CPU 在某一时刻的瞬时负载率多大是没有意义的，本书讨论的 CPU 负载率指的是对一个时间段内处理器 CPU 使用状况的统计指标，可以说是 CPU 在一段时间内的平均负载率。

CPU 负载率主要用来衡量在一段时间内 CPU 被占用情况，如果 CPU 的负载率一直处于过高的状态，则说明操作系统的空闲时间很少。一旦某些任务的执行时间稍微延长或中断请求频繁，便很可能造成接下来的任务或中断不能正常执行的情况，这样就不能满足系统实时性的要求。同时，CPU 长时间超负荷运作也会损害控制器的硬件。因此，必须将 CPU 的负载率控制在一定的范围内，以保证系统能够稳定运行，满足实时性的要求。

1. CPU 负载率的计算方法

CPU 的负载率可以用 CPU 的一段工作时间与该时间段内被占用时间的比值来计算。CPU 被占用的时间记为 t_{load}，CPU 的运行总时间记为 t_{total}。则 CPU 的负载率可以按式(4.1)计算：

$$CPU_{\mathrm{load}} = t_{\mathrm{load}} / t_{\mathrm{total}} \tag{4.1}$$

由上文的描述可知，处理器 CPU 的负载率是由于 CPU 执行代码造成的，而在部署了操作系统的单片机中，CPU 被占用主要是用来执行任务代码、中断服务的代码或者操作系统调度功能的代码。因此，可以说 CPU 负载率主要是操作系统中的任务的运行或者中断请求导致的，将总的任务执行时间记为 t_{task}，总的处理中断请求所需时间记为 t_{ISR}，总的操作系统调度所需时间记为 t_{sch}，则式(4.1)变为式(4.2)

$$CPU_{\mathrm{load}} = (t_{\mathrm{task}} + t_{\mathrm{ISR}} + t_{\mathrm{sch}}) / t_{\mathrm{total}} \tag{4.2}$$

由于中断请求处理的都是少数十分重要的操作，而且静态操作系统的调度所需的时间开销很小，因此，一般情况下，将式(4.2)中的 t_{sch} 和 t_{ISR} 忽略不计。此外，操作系统中的周期性任务在一个超周期(即系统中所有任务的周期的最小公倍数)内的运行情况几乎是不变的。因此，理论上，CPU 负载率应该近似为操作系统内所有周期性任务的运行时间之和与这些任务的超周期的比值，即式(4.3)：

$$CPU_{\mathrm{load}} = \frac{\sum_{i=1}^{n} CET_i}{T_{\mathrm{HP}}} \tag{4.3}$$

其中，CET_i 是操作系统中第 i 个周期性任务的 CPU 运行时间，T_{HP} 是所有周期性任务的超周期。

这样一来，CPU 负载率就简化成了任务的执行时间与任务的超周期之间的关系。其中，T_{HP} 又是一个固定的常量，一旦操作系统中任务的周期确定，超周期也就确定不变了。但是，这种方法没有考虑到中断请求的周期性和操作系统调度的频繁度，尽管中断请求的处理一般十分简短，不会占用 CPU 太多的执行时间，但是，如果中断请求是周期性的话，还是会对 CPU 负载率的计算造成一定影响的。同样，如果操作系统在运行中需要频繁地调度任务切换，其时间开销也会变得无法忽略。因此，本书选择从式(4.1)出发，提出了一种更精确的测量 CPU 负载率的方法。

在该方法中，计算 CPU 被占用的时间和 CPU 的运行总时间是监控 CPU 负载率的关键。具体如何测量这两个时间的值，要先了解 AUTOSAR 操作系统中的任务组成结构。在

AUTOSAR 规范中，除了软件工程师配置的实现汽车电子软件具体功能的任务，还规定了一种没有任何具体功能的特殊任务，名为空闲任务(Idle Task)。规范中规定操作系统中空闲任务的优先级最低，没有固定周期，可以不执行任何功能程序，当系统中没有其他任务要运行或中断请求时，操作系统会自动跳转到空闲任务，并且一直在执行空闲任务。空闲任务在操作系统中的运行情况如图 4.22 所示。

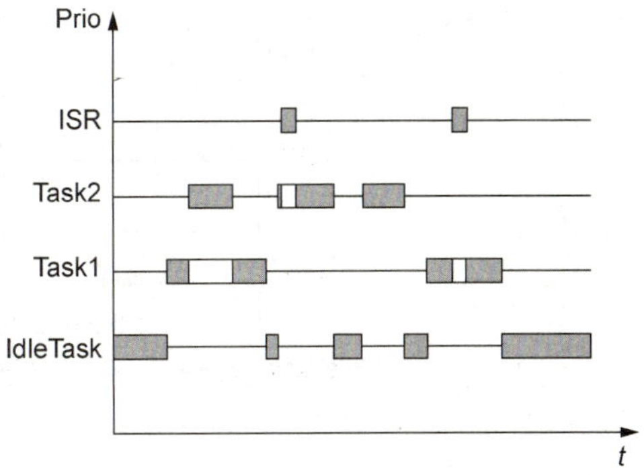

图 4.22　空闲任务的运行

从图 4.22 中可以看出，当 CPU 不被占用时，会一直执行空闲任务。因此，空闲任务的运行时间即可作为 CPU 的空闲时间，将该时间记为 t_{idle}，则可得式(4.4)：

$$t_{total}=t_{load}+t_{idle} \tag{4.4}$$

那么，CPU 的负载率的计算式(4.1)可以扩展成如下：

$$CPU_{load}=t_{load}/t_{total}=(t_{total}-t_{idle})/t_{total} \tag{4.5}$$

这样，就将一段时间内 CPU 的总运行时间分成空闲时间和忙碌时间，而忙碌时间中包含了占用 CPU 的任务的运行时间，也包含了 CPU 处理中断请求的时间。CPU 负载率计算的重点就是利用 AUTOSAR 操作系统的空闲任务机制获得一段时间内 CPU 的空闲时间或者是 CPU 的忙碌时间。下面介绍获取两种时间各自的实现方法。

2. 实现方法的设计思路

对于 AURIX 系列单片机，可以使用单片机内部的 STM 模块进行计时。该类型单片机的 STM 模块虽然拥有 64 位的寄存器，但一次只能读取 32 位的数据。在接下来的说明中，假设 STM 模块的工作频率为 f_{STM}，单位为 Hz。计算空闲任务执行时间的思路是：在空闲任务中添加一个循环，循环开始时读取当前 STM 模块寄存器的值(Current STM Value)，并和上一次循环读取到的 STM 值(Last STM Value)相减，即为两次循环的时间间隔(Interval)。由于空闲任务一直在执行，所以，两次循环的时间间隔就是空闲任务的执行时间。把所有的时间间隔相加，即为空闲任务总的运行时间。然而，空闲任务的优先级最低，会被其他任务或中断打断。当空闲任务被打断后，当前循环的 STM 值与上次循环的 STM 值之差就不再是空闲任务的执行时间了，而是其他任务或中断的执行时间，即 CPU 的忙碌时间。两种情况的区别如图 4.23 所示。

图 4.23 中循环表示两次 STM 时间值的差值 Interval。可以看到，当空闲任务连续运行计算得到的时间间隔和空闲任务被打断后计算得到的时间间隔代表的含义是不同的。

因此，需要一种方法来判断空闲任务在当前循环执行中是否被其他任务或中断请求所打断。在 AUTOSAR 操作系统中，当较低优先级的任务在执行时，如果激活了高优先级的任务，同时低优先级任务是可抢占类型的任务的话，操作系统会停止执行低优先级的任务，

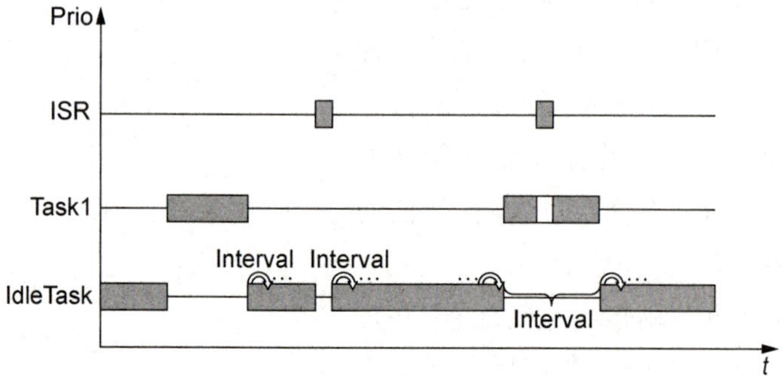

图 4.23　两种时间获取的不同情况

转而执行高优先级的任务。这一过程需要操作系统进行调度，执行调度代码会占用 CPU 一段时间。根据调度情况的不同，操作系统每次调度任务运行所需的时间也不同，本书假设一个比操作系统最小的调度时间还要小的调度时间阈值 t_s。也就是说，当操作系统从空闲任务跳转到其他高优先级任务或者中断，再跳转回空闲任务时，即使高优先级的任务或者中断服务函数不执行任何的代码，时间间隔也会大于 t_s。

因此，时间间隔值的大小可以作为判断上一次空闲任务的执行是否被打断的依据。当时间间隔小于 t_s 时，说明没有发生操作系统调度，此时的时间间隔为空闲任务的执行时间。当时间间隔大于 t_s 时，说明已经发生了任务切换，此时的时间间隔为其他高优先级任务或者中断服务函数的执行时间，即为 CPU 被占用的时间。因此，将所有大于 t_s 的时间间隔相加，就可以得到 CPU 被占用的总时间。

CPU 的负载率一般是实时变化的，因此，每经过一段时间，就应该计算出相应的负载率，即负载率应该周期性地进行计算。而 CPU 负载率算法运行的周期应该根据操作系统中所有任务的周期确定，一般来说，算法运行的周期定为所有任务的超周期 T_{HP}。而在实际操作中，算法的周期是靠 STM 模块计时器的溢出值来决定的，由于计时器分辨率的原因，往往实际的算法周期只能在超周期 T_{HP} 附近。假设选取 STM 计时器的低 b_{STM} 位用来计时。STM 的工作频率为 f_{STM}，这样，b_{STM} 位计时器的溢出值为 $2^{b_{STM}}-1$，溢出时间为 $t_o=(2^{b_{STM}}-1)/f_{STM}\approx T_{HP}$。此时，算法程序每过时间 t_o 就会计算一次 CPU 的负载率，CPU 的运行总时间即为时间 t_o，CPU 被占用的时间为所有大于 t_s 的时间间隔之和。在每次 b_{STM} 位计时器溢出时计算 CPU 的负载率，并在计算完成后将累计的时间间隔清零以便于下一次计算。

以上的过程针对的是一个内核，而本书的目标是在多核操作系统中进行内核负载率的测量，因此需要判断当前算法在哪个内核中运行，操作系统中有相应的服务函数可以获取当前的内核编号。以 AURIX TC275 系列单片机为例，该系列单片机具有 3 个核，每个核都需要计算其负载率。因此，在进入空闲任务后要先获取 CoreID，每个核都会根据 CoreID 值分别计算各自的 CPU 负载率。算法逻辑框图如图 4.24 所示。

3. 算法运行流程

首先获取内核编号，根据内核编号值进入不同核的代码。然后读取当前的 STM 计时器的值，并取出 b_{STM} 位作为当前的 STM 值，再判断当前 STM 值是否大于等于上次得到的 STM 值。如果是。则说明 b_{STM} 位 STM 计时器未溢出，还在当次的内核负载率计算中，继续进行时间间隔的累加计算。否则，说明 b_{STM} 位 STM 计时器已溢出，则计算当前的内核负载率，并清零累计的时间间隔。当 STM 未溢出时，需要根据当前的 STM 值与上次 STM 值之差计算出时间间隔。如果时间间隔大于 t_s，则将时间间隔累加到总的内核被占用的时间中。

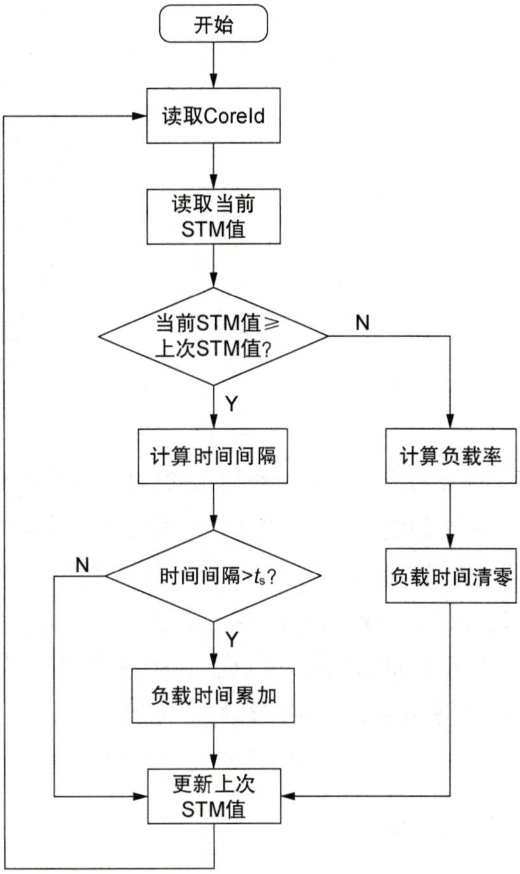

图 4.24　负载率计算流程逻辑图

4.5.3　监控方法评价

前文描述了多核操作系统监控的大致实现原理，接下来要描述操作系统监控方法的评价指标。总的来说，监控功能是一种对操作系统的测量方法，而任何测量方法都会对测量对象造成一定影响，本小节在这一影响方面对监控功能实现的优劣进行评价。

一般来说，主要从两方面对某一种监控方法进行评价。一方面，是从这一套监控方法所要占用的内存大小来评价，即内存开销；另一方面，要从执行具体监控代码所需的时间多少来评价，即时间开销。内存是硬件平台的一种宝贵的硬件资源，主要是用来存储功能代码以及一些变量，监控功能实现所需内存越小，表明测量方法对系统功能影响越小，是我们希望达到的目标。此外，内核的运行时间也是系统的重要资源，如果一套监控方法的代码执行需要消耗太多时间，那么将大大增加 CPU 负载率，不利于系统重要功能任务的运行。因此，这两个指标越小，该监控方法就越良好。具体评价将基于下一节的不同产品分别给出。

4.6　T1 监控工具的使用方法

前文阐述了监控功能的大致原理与评价方法等，接下来将以一个具体的产品为例，叙述多核操作系统监控功能的实现。本例的硬件平台采用的是 Infineon 公司的单片机，操作系统是 Vector 公司的相应版本的 MICROSAR 操作系统，监控软件采用 Gliwa 公司的产品，编译器是 Altium 公司的 TASKING 系列编译器，调试器由 PLS 公司提供。相关产品具体名称见表 4.4。

表 4.4　多核 OS 监控涉及的产品名称

序号	类型	名称
1	硬件平台	AURIX TC275
2	操作系统	MICROSAR OS
3	监控软件	GLIWA T1
4	编译器	TASKING
5	调试器	UDE/PLS

4.6.1　监控工具集成

在前文介绍的所有使用的软件中，监控功能是由 T1 工具链提供的。这里着重介绍 T1 工具链的使用。T1 软件分为相对独立的两个部分：一部分是在单片机上运行的目标板软件 T1-TARGET-SW；另一部分是在上位机 PC 上运行的软件 T1-HOST-SW。软件 T1-TARGET-SW 负责监控功能的实现以及监控数据初步处理；软件 T1-HOST-SW 主要负责接收单片机的数据，并将其以可视化界面的形式呈现给用户。这两个软件之间可以通过 CAN 总线或以太网进行数据交互。

为了集成 T1 软件，首先要获得 Gliwa 公司提供的配置文件以及相应的生成脚本，这些文件名称见表 4.5。

表 4.5　Gliwa T1 的配置文件

序号	类型	名称
1	配置文件	T1_UserCfg.inv
2	配置文件	T1_Cfg.inv
3	批处理	T1_projGen.bat
4	生成的头文件	T1_config.h
5	生成的源文件	T1_configGen.c
6	生成的工程文件	T1_project.t1p

它们包含了用户特定的一些配置信息，而生成脚本则是一些 Perl 语言文件以及一个批处理文件。用户只要在配置文件中设置好自己的参数，点击批处理文件就能生成相应的头文件和源文件，将它们加入 T1 的代码文件夹中和 MICROSAR 操作系统的源代码一起集成编译就能生成可执行文件了，之后将可执行文件烧录进目标板即可。整体文件配置流程如图 4.25 所示。

配置文件 T1_UserCfg 是对整体系统进行描述的文件。该文件大致结构首先是对 T1-TARGET-SW的整体描述，有哪些源代码、生成文件等，接下来是对每个内核的描述，包括每个内核的名称、任务名称、监控数据存储的容量大小等。用户主要是根据自己需求和硬

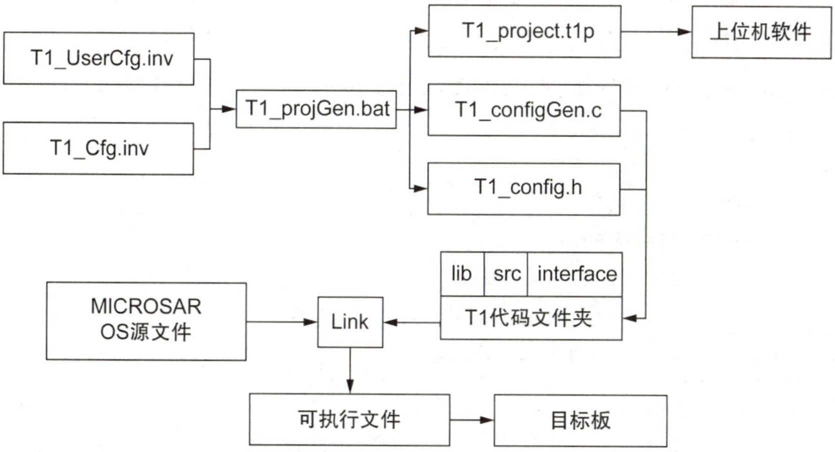

图 4.25　T1 集成代码文件

件资源更改数据存储的容量，容量的大小决定能够存储的最大监控数据的量。

配置文件 T1_Cfg 是对一些关键配置进行描述的文件。该文件大致结构首先是对上位机软件和目标板软件之间通信的整体描述，包括通信类型、通信的地址等，接下来是对每个内核的描述，主要是每个内核的操作系统类型，以及采集数据所有的计时器的地址以及计时器工作频率等信息，用户主要修改的计时器地址和工作频率。

这里要注意，T1 软件使用 16 位时间戳，虽然本例使用的 TC275 的 STM 模块有 64 位计时器，T1 只会读取其低 16 位。在定时器从 0000 数到 FFFF 的过程中，T1 要求能追踪到至少一个事件，这个事件可以是任何一个 T1 记录到的事件(TraceEvent)，比如任务激活、开始或者结束。否则的话，如果定时器从 0000 数到 FFFF 的过程没有记录到任何事件而在下一轮 0000 数到 FFFF 的过程中记录到了某个事件，由于 T1 并未监测出上次定时器已经溢出了，那记录当前事件的时候标注的时间就是错误的。例如任务的最小周期是 1 ms，定时器每个 Tick 是 25 ns，那么，16 位定时器溢出时所需的时间就是 $2^{16}\times25$ ns=1.6384 ms，由于 1 ms 任务的存在，所以这个 25 ns 的步长是没有问题的。

完成配置后，运行批处理文件 T1_projGen，则会自动生成更新的配置文件。每次生成修改的是生成头文件 T1_config 和生成的源文件 T1_configGen 以及相应生成的工程件 T1_project。头文件和源文件是给编译器用的，编译后在目标板上运行，后一个文件则是 T1 上位机软件需要的工程文件，是为了解析从目标板软件发来的数据。

完成配置文件的生成后，接下来就是将目标板软件 T1-TARGET-SW 集成到整体的系统软件中。本例使用 MICROSAR 操作系统生成工具搭建了一套操作系统软件代码，该代码经过编译器编译后在 AURIX 系列单片机 TC275 上运行，TC275 有 3 个内核，每个核都被操作系统设置了一些中断和周期性任务。T1 软件的集成操作主要在编译器 TASKING4.3r3上进行，首先将目标板软件的代码文件夹拷入 TC275 的操作系统工程中。Gliwa 公司提供的目标板软件是一个命名为 T1 的代码文件夹，该文件夹包含 interface, lib, src 三个部分，interface 文件夹中是根据 T1 各个模块的功能提供的接口函数定义文件，lib

文件夹是实现 T1 各个功能的函数库文件，src 文件夹则是一些配置文件和提供给操作系统软件使用的接口函数文件。将该文件夹的文件路径包含到工程项目中，并将 lib 文件夹里的文件添加到库函数里。T1 的目标板的监控软件要嵌入到操作系统中需要借助 Hook 接口，具体操作如图 4.26 所示。

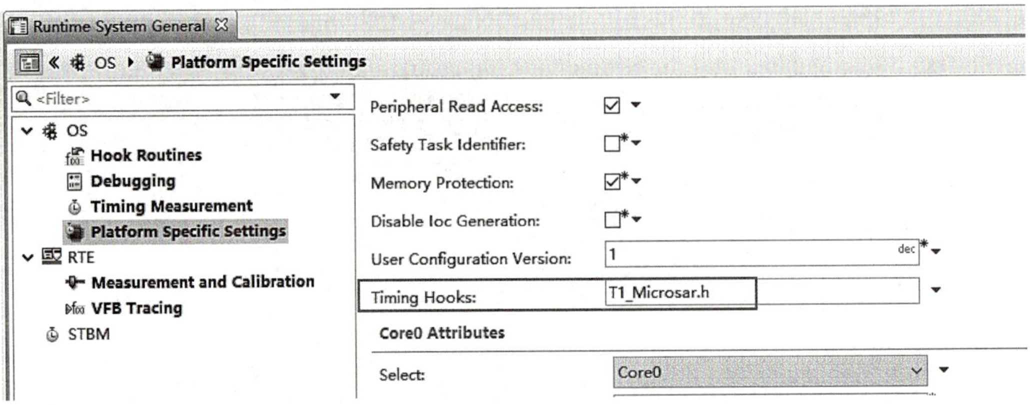

图 4.26　Timing Hook 头文件

图 4.26 中显示的是操作系统配置软件工具里专门添加 Timing Hook 的栏目，会在生成操作系统代码时将该头文件名包含到特定位置，T1 的软件代码文件夹中包含有该头文件，并在头文件中对监控代码所需的 Hook 接口进行具体定义，以实现操作系统监控功能。

将 T1 软件嵌入到操作系统中后还没有实现监控功能，需要对 T1 的软件代码进行调整后才能进行编译与执行。

在 T1 的软件代码中设置了一个宏开关，用于打开和关于整个 T1 软件的功能。为了打开 T1 软件功能，需要定义宏开关。具体代码如下：

```
#define T1_ENABLE (1)
```

在项目中，操作系统启动之前，所选计时器启动之后，需要调用 T1_AppInit 函数，该函数是初始化 T1 软件用到的各种变量。需要注意的是，每个核都要调用该初始化函数，必须在 RAM 数据区初始化完成后调用。具体代码如下：

```
T1_AppInit();
EcuM_StartOS(EcuM_GetDefaultAppMode());
```

上述第二行代码是启动操作系统的函数，执行完该函数后，操作系统就会开始运行了。接下来把 T1_AppHandler 函数放到周期性任务中执行，该函数主要负责将目标板软件得到的数据发送给上位机软件。本例中将其放入 10 ms 任务中，保证每 10 ms 都能运行该函数。具体代码如下：

```
TASK(OsTask_Sch_10ms_CoreY)
{
   T1_AppHandler();
   (void)TerminateTask();
}
```

上述代码的“Y”代表内核编号，范围为 0～2，每个核里都有一个如上所示的 10 ms 任务。

把函数 T1_AppBackgroundHandler 放到空闲任务里面去执行，该函数负责初步处理 T1 软件得到的数据。具体代码如下：

```
OS_FUNC_ATTRIBUTE_DEFINITION(OS_LOCAL_INLINE void, OS_CODE, OS_ALWAYS_
INLINE, Os_CoreIdle, (void))
{
while(Os_CoreGetTrue() = = TRUE)
  {
        T1_AppBackgroundHandler();
  }
}
```

完成初步集成后，接下来要设置与 T1 软件相关的代码和变量的放置位置，这是与硬件平台的多核结构有关的。TC275 的系统结构图如图 4.27 所示。

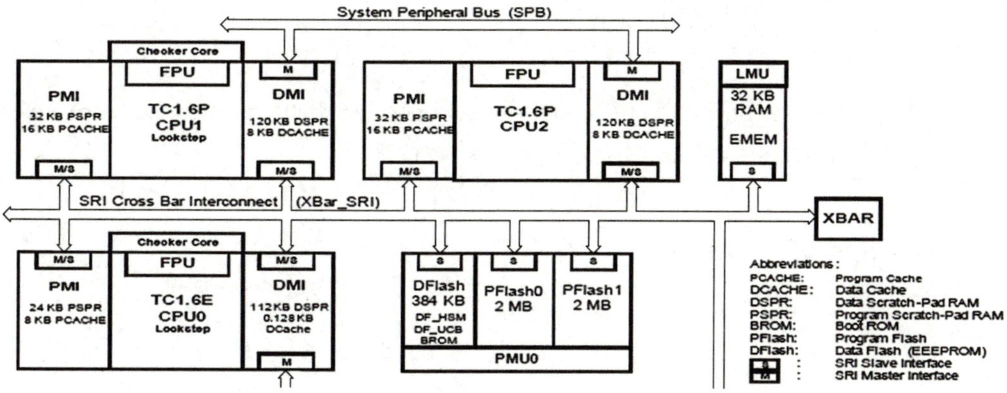

图 4.27　TC275 系统结构图

从图 4.27 中可以看到，每个 CPU 都有自己的数据 RAM(Data Scratchpad RAM, DSPR)和程序 RAM(Program Scratchpad RAM, PSPR)以及相应的本地内存单元(Local Bus Memory Unit, LMU)。当 CPU 对自己本地的 DSPR 和 PSPR 操作时，需要的时间最短，当 CPU 跨越总线访问另一个 CPU 的相应 RAM，消耗的时间将大幅度增加，这样就会增加代码执行所需要的时间。尤其是对于监控代码这种以系统测量为目的的代码来说，减小代码执行的 CPU 时间开销尤为重要。因此，直接将每个 CPU 需要执行的代码和相应数据放到 CPU 本地的 RAM 中。

在 TASKING 编译器中，有一个专门的文件用于指定变量和代码存储位置，名为 Link 文件。本例的 Link 文件具体代码如下：

```
section_layout :vtc:linear
{ group T1Code(run_addr = mem:mpe:pflash0,ordered,contiguous,attributes = x)
  {select ".T1_code";
      select ".T1_codeFast";
      select ".T1_const";
  }
  group T1Code _ CoreY ( run _ addr = mem: mpe: psprY, ordered, contiguous,
  attributes = x)
  {  select ".T1_codeCoreY";
  select ".T1_codeDMSCoreY";
  }

  group T1Data _ CoreY ( run _ addr = mem: mpe: dsprY, ordered, contiguous,
  attributes = rw, align = 32)
  {  select ".T1_bssCoreY";
          select ".T1_traceBufferCoreY";
     select ".T1_bssDCXCoreY";
     }
  group T1Data _ Share ( run _ addr = mem: mpe: lmuram0/not _ cached, ordered,
  contiguous, attributes = rw, align = 32)
     {
     select ".T1_bss";
     }
  }
```

上述代码中的“Y”表示 CPU 的编号，取值范围是 0～2。从代码中可以看出，将 T1 的相关代码放到每个 CPU 的 PSPR 中，将相关数据放到 CPU 的 DSPR 中，共享的数据放在共享 RAM 里，这样，CPU 在执行监控功能代码时的时间开销会大大缩短，提高了代码运行效率。

至此，有关 T1 监控功能的调整就完成了，接下来要建立目标板和上位机之间的通信连接。连接情况如图 4.28 所示。

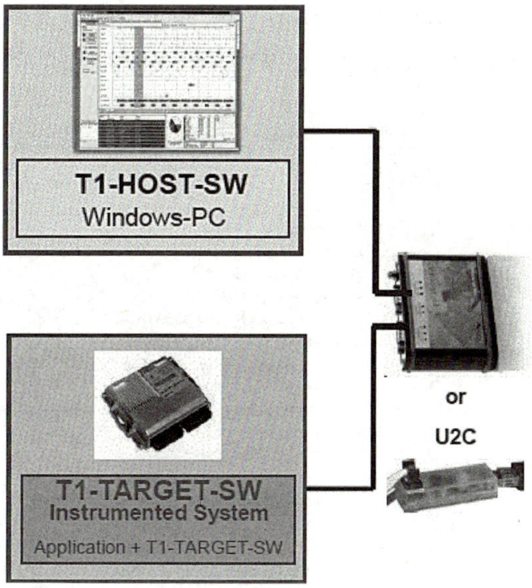

图 4.28　T1 上位机与目标板通信连接图

上位机软件与目标板软件是通过总线通信连接的，目的是为了将目标板采集到的监控数据发送给上位机，由上位机处理生成可视化界面。通信连接是双向的，不仅目标板会向上位机发送监控数据，上位机也会向目标板发送控制数据。T1 上位机支持多种类型的总线通信，例如 CAN 通信、FlexRay 通信、以太网通信等，本例采用的是 CAN 通信。要完成 CAN 通信还需要配置相关的 CAN 驱动和操作系统应用层程序，这里不再赘述。CAN 通信上位机和目标板 ID 信息在配置文件 T1_Cfg 设置。CAN 通信的集成主要是需要完成 T1_Transmit 函数以及确保当目标板收到上位机的消息时，T1_AppRxCallback 函数要被调用以及参数正确传递。

T1_Transmit 函数在 T1_AppHandler 函数被调用，是为了将目标板数据发送给上位机，T1 _ AppRxCallback 函数是为了处理上位机发送给目标板的数据。修改 T1_AppInterface.c中的 T1_Transmit 函数，具体如下：

```
T1_status_t T1_CODE T1_Transmit( T1_rawData_t const T1_FARPTR pData )
{
    T1_status_t retVal  = T1_OK;
    uint8 Status_u8;

    PduIdType T1TxPduId  = CanIfConf_CanIfTxPduCfg_CanIfTxPduCfg_T1_TxMsg;
    PduInfoType T1TxPduInfo;

    T1TxPduInfo.SduDataPtr  = (uint8 * )pData;
    T1TxPduInfo.SduLength  = 8;

    Status_u8  = CanIf_Transmit(T1TxPduId,&T1TxPduInfo);
    if(Status_u8 = = E_NOT_OK)
    {
    retVal  =.T1_FAILED;
    }

    return retVal;
}
```

当目标板接收到上位机发送的消息时，需要调用 T1_AppRxCallback 函数。在 CAN 通信配置时需要添加一个数据接收的 Callout 函数，如图 4.29 所示。

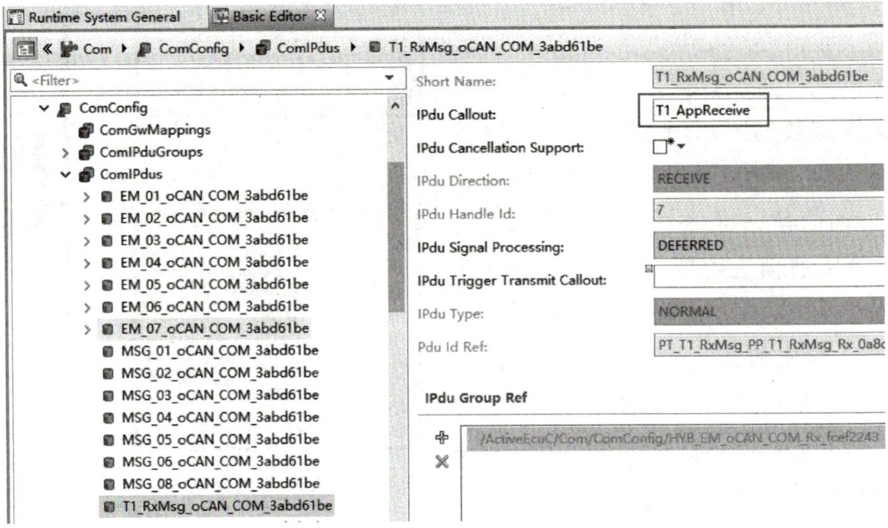

图 4.29　目标板接收数据的 Callout 函数

在该 Callout 函数中，实现 T1_AppRxCallback，代码如下：

```
FUNC(boolean, COM_APPL_CODE) T1_AppReceive(PduIdType PduId, P2CONST
(PduInfoType, AUTOMATIC, COM_APPL_DATA) PduInfoPtr)
{
    T1_AppRxCallback( PduInfoPtr->SduDataPtr );
}
void T1_CODE T1_AppRxCallback( T1_uint8_t const *pRxData )
{
#   if defined T1_ENABLE
rxBuffer.d.u8[0] = pRxData[0];
rxBuffer.d.u8[1] = pRxData[1];
rxBuffer.d.u8[2] = pRxData[2];
rxBuffer.d.u8[3] = pRxData[3];
rxBuffer.d.u8[4] = pRxData[4];
rxBuffer.d.u8[5] = pRxData[5];
rxBuffer.d.u8[6] = pRxData[6];
rxBuffer.d.u8[7] = pRxData[7];

if( T1_OK != T1_RxCallback( &rxBuffer ) )
```

```
    {
            INC_T1_ERROR_COUNT( T1_commsCoreOffset );
        }
    #   endif
    }
```

到此为止,T1 软件的集成工作基本完成,接下来进行监控结果的测试。

4.6.2 监控结果测试

关于监控结果的测试,主要从两方面开始,首先是检测目标板的监控功能是否实现,这一点主要是通过调试器来观察的。在验证完监控功能后,就要将目标板与上位机连接,通过 CAN 通信,查看上位机的连接是否正常、功能能否实现。

将上述工程编译,把可执行文件下载到目标板 TC275 上,用 UDE 调试器观察监控数据的情况,如图 4.30 所示。

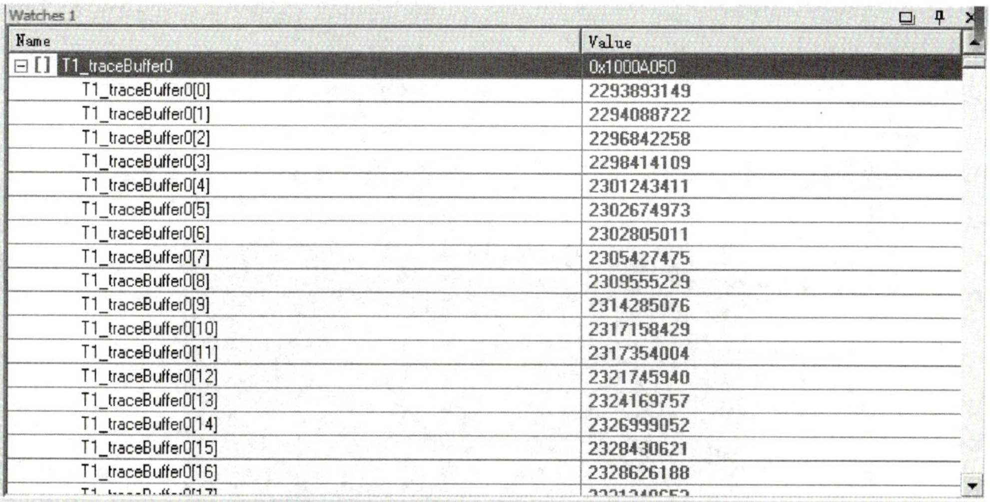

图 4.30 调试器监控数据观察

这里要说明目标板软件的监控数据存储在 T1_traceBuffer 结构体数组中,该数组是三维的,对应目标板的三个内核,每一维结构体数组用来存储一个内核的监控数据,数组大小设为 4 000。从图 4.30 中可看出,监控数据在不断更新中,其他几个结构体数组也一样在更新,说明三个内核都在实时监控过程中。接下来就要将目标板和上位机进行连接了。

在上位机电脑上打开 T1 上位机软件,导入之前生成配置文件时一起生成的.t1p 文件,在 base 一栏中选择通信方式为 CAN 通信,在保持目标板软件持续运行情况下,点击上位机 Link 按钮,此时,代表三个内核状态的图标会显示正在连接。具体情况如图 4.31 所示。

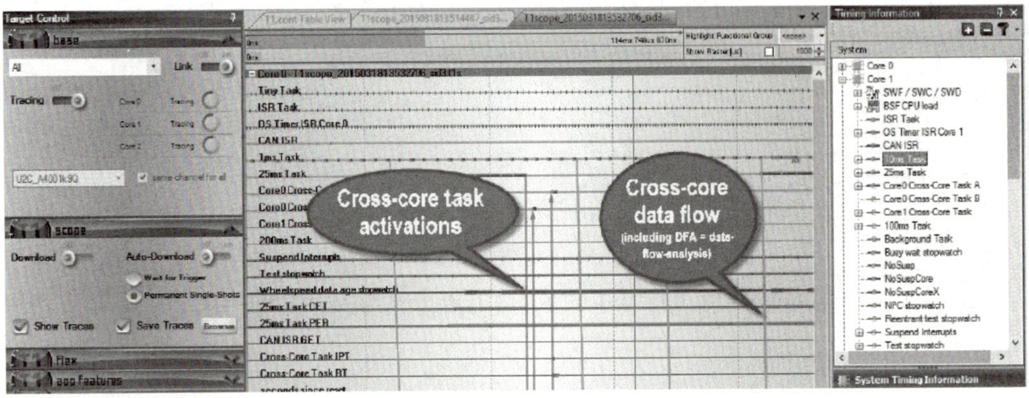

图 4.31　调试器监控数据观察

从图 4.31 中可以看出，T1 上位机和目标板成功连接，连接成功后，T1 会自动进行 Tracing 状态，表示正在实时监控操作系统三个内核的运行。图 4.31 中界面显示的是 T1 的一个功能模块——cont 模块。

T1 功能模块 cont 可以显示不同内核中所有任务的各个时间指标，例如各任务的内核运行时间 CET、任务的响应时间 RT 等。此外，cont 模块可以实时显示各个内核 CPU 负载率信息，显示模式除了平均值，也可以显示 CPU 负载率随时间变化的曲线图像，如图 4.32 所示。

图 4.32　T1 软件 CPU 负载率实时曲线

图 4.32 中下方曲线显示的就是实时的 CPU 负载率变化曲线。可以看出，图中所在时间段，CPU 负载率小幅度升高了一点。

scope 模块是将一段时间操作系统每个核中每个任务的运行时序以甘特图的形式呈现。具体操作是经过一段时间监控后，点击 download 按钮，T1 软件会自动跳出 scope 界面。具体界面如图 4.33 所示。

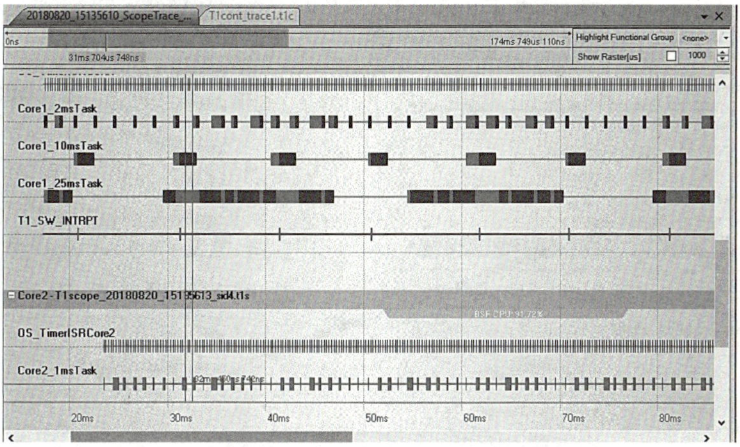

图 4.33　T1 软件 scope 模块界面

在图 4.33 中，可以清晰看出各个任务的运行时序，横向是时间的增加，纵向则是按照优先级从高到低顺序排列的任务的名称。任务所在的有色长条中，浅灰色部分表示被其他任务或中断打断了，深灰色部分则表示该任务正在运行中。中断由于优先级高于所有任务，故在所有任务的上方。这样，软件工程师在开发阶段就能清楚地了解操作系统内部任务运行顺序是否正确，极大地方便了工程师的软件开发过程。

flex 模块是为了实现一些复杂的监控功能，可以方便地测量分析任意函数的运行时间、访问频率、调用者，可以测量分析任意代码块的运行时间，任意数据访问，包括跨核数据的访问。

flex 模块中的 SWC(Stopwatch on Code)功能可以测量分析任意函数开始/结束时间、运行时间(CET/GET)及所占用负载等，也可在 T1.cont 中设置限定条件(constrain)并进行长时间连续监控。通常，用它来测量分析可运行实体。具体情况如图 4.34 和图 4.35 所示。

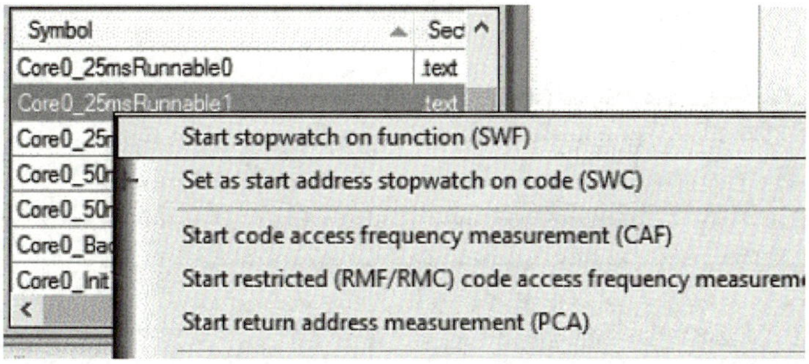

图 4.34　SWC 功能的选择

flex 模块的 SWD(Stopwatch on Data)功能可以分析测量某个变量的从被写到被读之间的时间间隔，支持跨核读写时间测量，可用于分析数据安全。具体实施过程如图 4.36 所示。

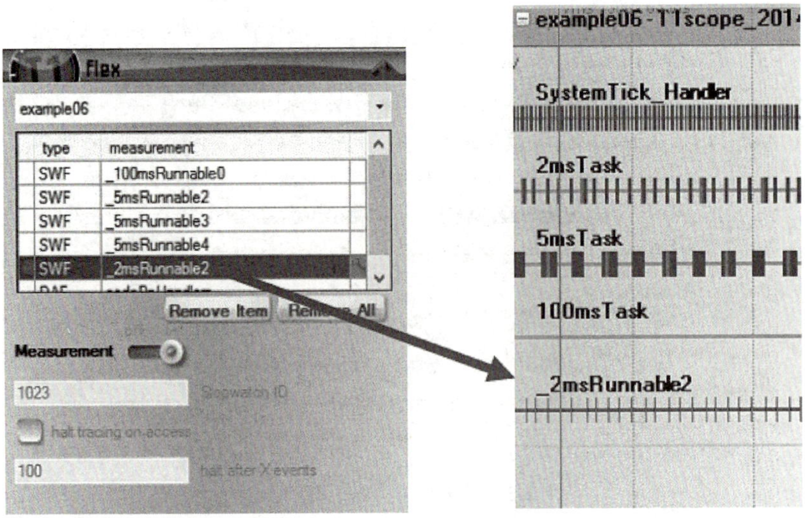

图 4.35　Runnable 的测量结果

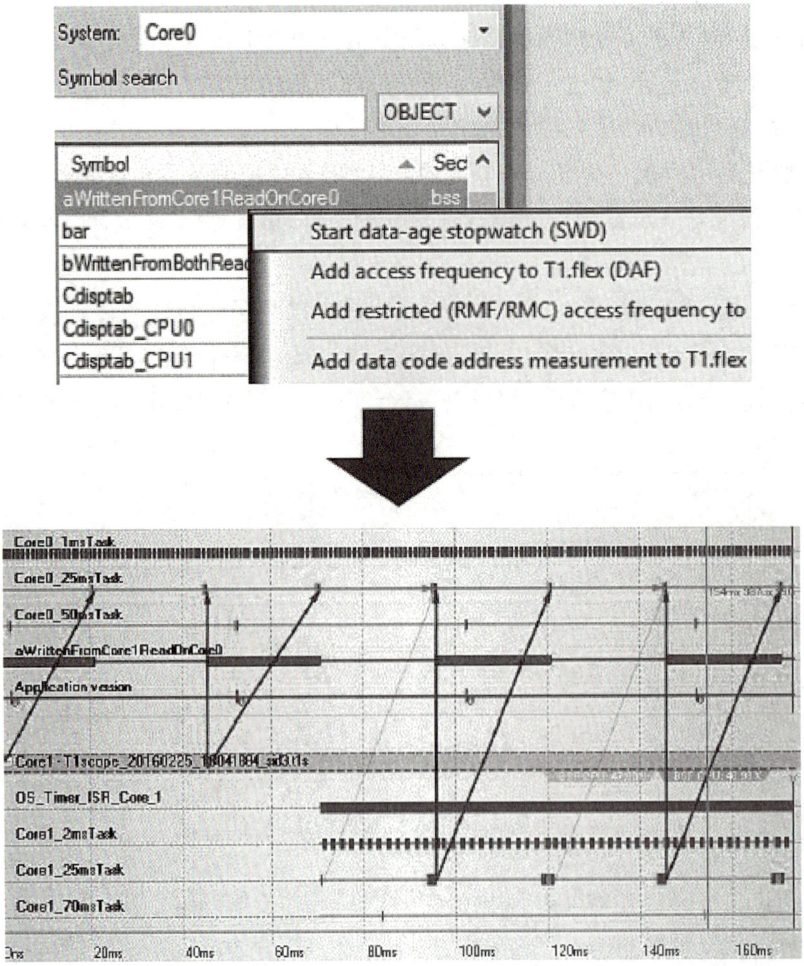

图 4.36　SWD 软件数据流监控

图 4.36 中，箭头表示所监控的数据的读写操作，箭头的起始点表示该任务在该时刻对该数据进行了写入操作，箭头指向的任务表示该任务在该时刻对该数据进行了读取操作。这样一来，工程师可以清楚明白地了解该数据被读写操作的具体情况，极大地方便了软件开发工作。

此外，flex 模块还有 DAF（Data Access Frequency），UED(User Event)，DCA(Data Code Address）和 DAI（Data Access Inspector）功能。DAF 用来测量变量在每个核中的读写频率；UED 标记变量的访问，可同时设定访问该变量时停止追踪；DCA 测量分析变量被谁读写；DAI 可以监视任意变量的访问，以确保其数据的安全性。可以设定限定条件，如定义合法或者非法访问函数，如果触发预设条件，可暂停 T1 追踪，以便使用 T1.scope 详细分析。

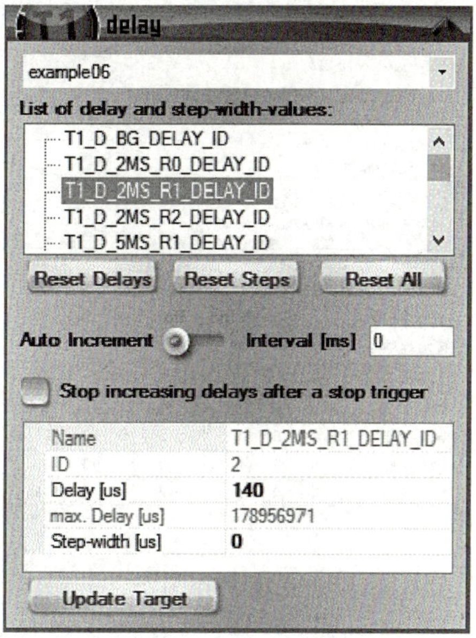

图 4.37　delay 模块操作界面

T1 的功能模块 delay 在特定位置产生延迟，以人为增加 CPU 负载，延迟长度可由 T1 上位机方便控制，支持延迟长度按照设定的规律自动增加，可用于检验系统安全性及冗余情况。其操作界面如图 4.37 所示。

T1 的功能模块 diff 用于比较两个或多个 T1 项目文件中所存储的时序分析结果，并可以将分析结果图形化显示(图 4.38)。

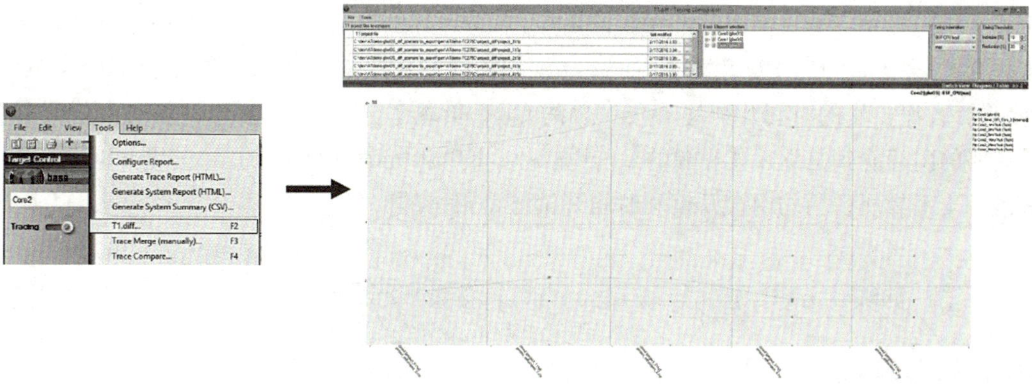

图 4.38　diff 模块结果显示

T1 的功能模块 mod 用来读取目标板中的变量，不需要调试器，可以读取自定义地址段(图 4.39)。

T1 的功能模块 T1.test 及 T1.api 使用脚本或 http 指令代替使用者手动操作，实现 T1 全自动控制，可用于长时间的台架测试以及 HIL 测试，并自动生成报告，全程无须人为干预。

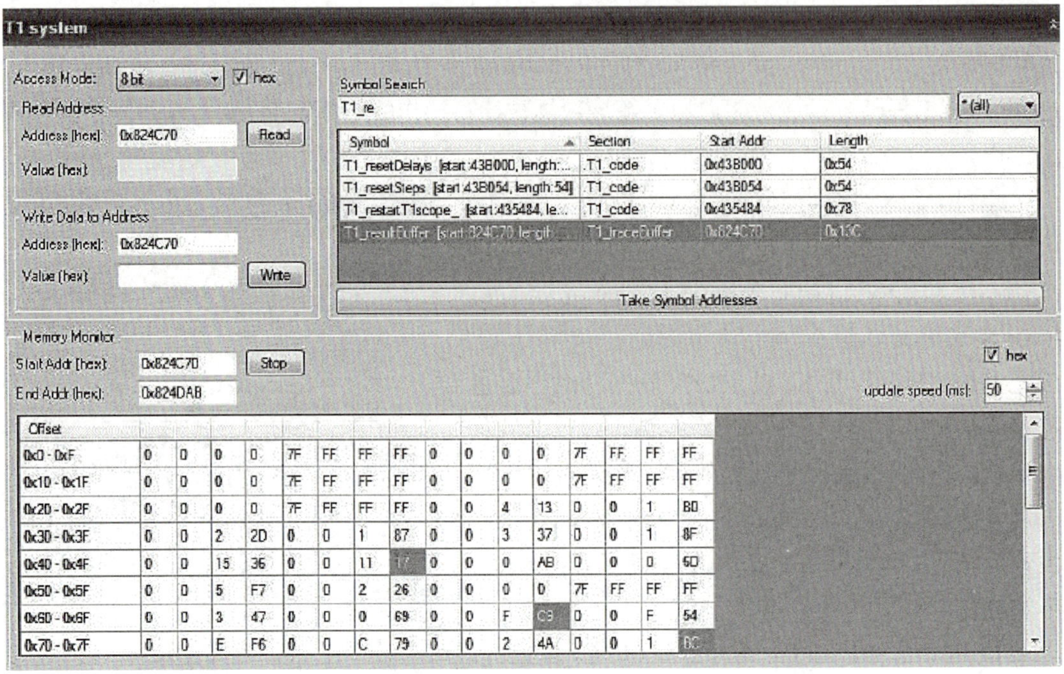

图 4.39　mod 模块结果显示

T1 的功能模块 T1.stack 主要基于静态分析(Static Analysis),通过分析.elf 文件,确定各个函数之间的调用关系,构建函数的 Call Tree,从而计算每个函数调用所需堆栈。对于每个 Indirect Call,由于不能通过静态分析确定函数走向,除业内通用的标定注释的办法外,T1 可以使用 T1.flex 测量函数调用关系,实现静态分析与动态测量相结合,从而达到最好效果。

在介绍完 T1 上位机软件的便捷的功能后,要简要评价一下 T1 目标板软件的优劣。在相关文档中提到,T1 目标板软件在监控任务、中断等对象的运行情况时,占用的时间开销大概是 0.2%～0.5%的 CPU 负载率,而 cont 模块需要的数据是目标板软件在空闲任务中计算得出的,大概占用的时间开销是 3%～5%的 CPU 负载率。T1 目标板软件的所有代码和变量需要的内存开销是 RAM 资源的 2～4 Kbyte,ROM 资源(Flash)的 20～30 Kbyte。总的来说,T1 工具所占用的内存开销和时间开销还是很小的。

4.7　MICROSAR 操作系统 AMD 监测方法

4.7.1　AMD 的实现

使用 CANoe.AMD 对操作系统任务执行时间进行观测的基本原理如图 4.40 所示。在 ECU 代码中,Start 处开始测量,Stop 处停止测量,通过 XCP 将测量结果发送到上位机。在软件中,可以根据需要添加任意的 Start-Stop 测试点。

要实现 AMD 的时间测量功能,首先需要在 DaVinci Configurator 中添加 RTM (RunTime Measurement)模块,设置其主函数周期时间以及测量精度等,并添加测试点,如

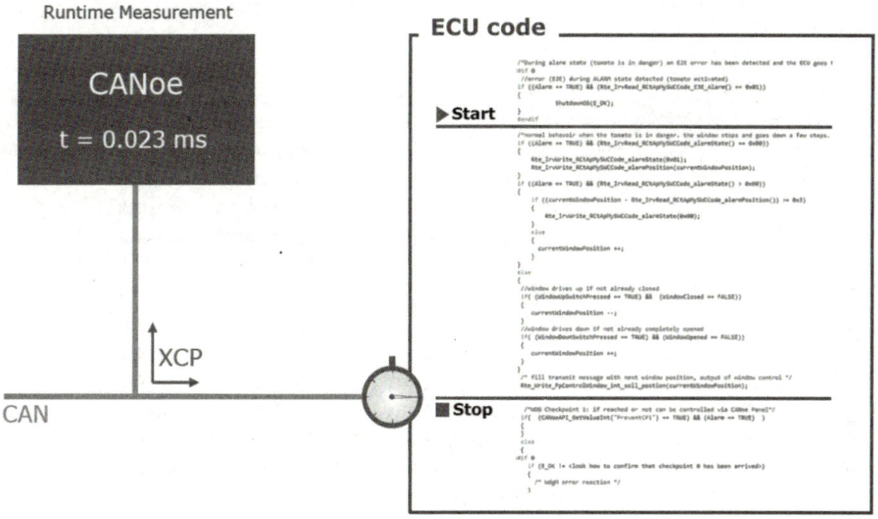

图 4.40　CANoe.AMD 工作原理

图 4.41 所示。添加完 RTM 模块后，软件会自动生成一个 XCP 事件通道 Rtm_Evt，该通道由 Rtm_MainFunction()调用。

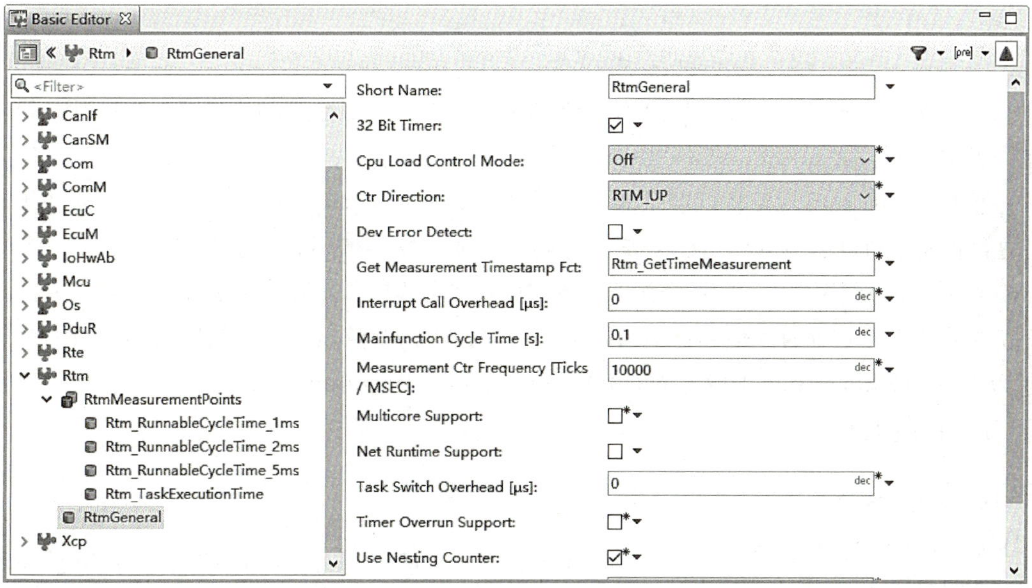

图 4.41　RTM 的相关配置

在使用 Configurator 进行代码生成时，软件会生成一个 A2L 文件模板，将该 A2L 模板与工程编译生成的.elf 文件相关联，并将 RTM 测量的相关变量添加到该 A2L 文件中，以便上位机使用，如图 4.42 所示。

AMD 的作用之一就是尽量简化开发测试过程，使其不用再借助专门的调试工具。本例中使用 CANoe 上位机软件来对 AMD 进行测试，因此需要在上位机对 XCP 传输的变量进

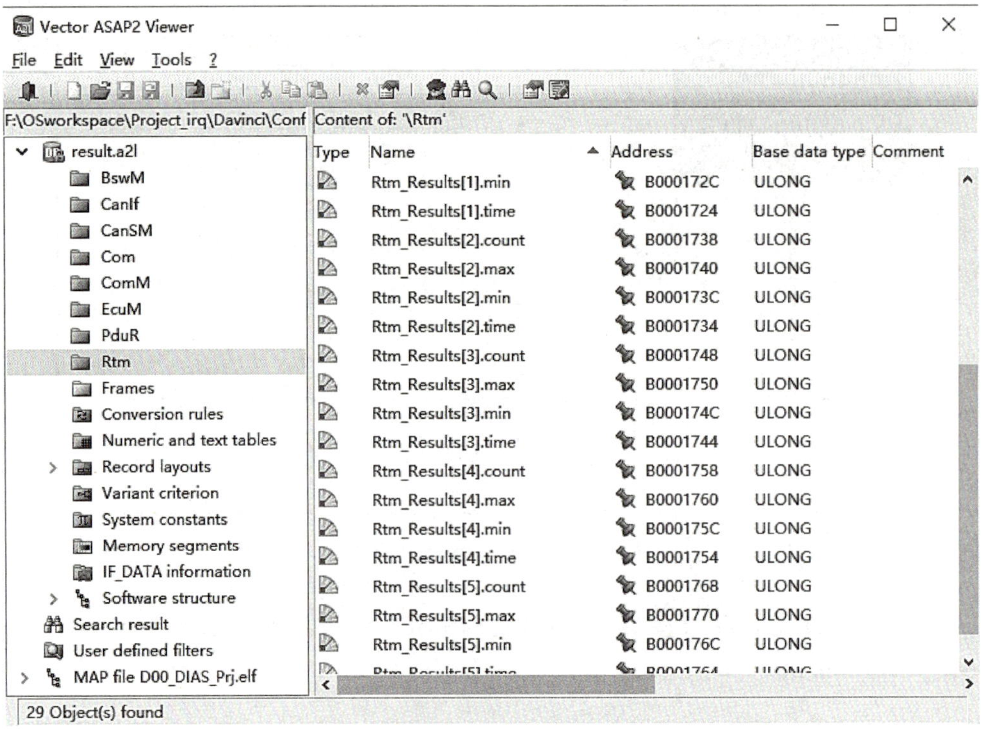

图 4.42　A2L 中添加变量

行一定的处理再输出。在 CANoe 中，需要使用 CAPL 语言编写脚本进行测试，CAPL 语言是一种类 C 语言。

至此，AMD 的实现流程已经较为清晰：先使用 Rtm_Start()和 Rtm_Stop()记录在测量点之间的运行时间，对测量次数进行计数，并对每次的时间进行累加；再通过 Rtm_Mainfunction()调用 XCP 事件通道，将设置测量的时间值和计数值传递给上位机 CANoe，上位机将每次接收到时间值和计数值减去上一次接收到的值，获得当前整体运行时间，并根据 DaVinci Configurator 中设置的时间精度以及 Rtm_Mainfunction()的调用周期，计算出运行时间的平均值。

4.7.2　AMD 的测试

AMD 能够对 OS 任务的某些时序信息进行监测，下面以任务的执行时间测量为例进行说明。

在某一个正常运行的任务中，首尾各添加一个 Runnable，用于进行 AMD 的开始与停止，如图 4.43 所示。理论上，Rtm_Start()和 Rtm_Stop()测试点可以插在程序的任意位置，这里为其设计专门的 Runnable 是为维持 AUTOSAR 代码风格的统一，方便后期维护与修改。

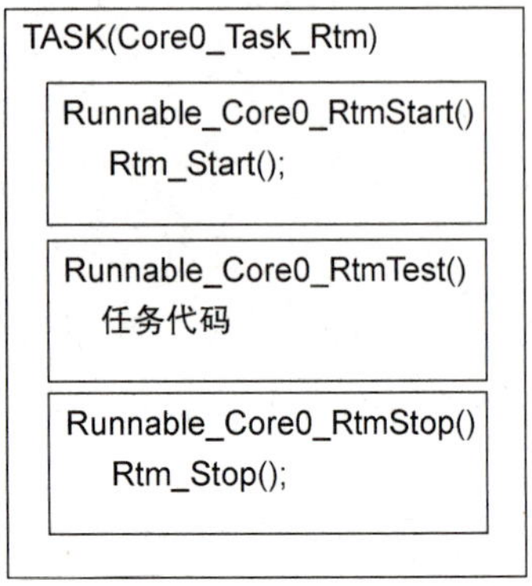

图 4.43　AMD 测试方案

4.8　基于 WdgM 模块的任务时序监控方法

MICROSAR 操作系统除了使用 AMD 对任务时序进行监测外，还可以使用 WdgM 模块对任务的相关时序进行监控。

AUTOSAR 架构服务层的基础软件模块看门狗管理器（Watchdog Manager，WdgM）可以用于对软件运行的时序和状态进行监督，在状态发生切换时及时通知应用层。如果程序执行与预期时间或逻辑配置不一致，它会采取一系列安全措施来覆盖这些故障。

被监督的逻辑单元称为监督实体（Supervised Entity，SE），一般指的是安全相关的软件组件或复杂驱动中具有严格执行时间要求并且具有特定功能的代码段。监督实体中一些重要的部分称为检查点（Checkpoint），用于获取程序执行过程中的时间点（定时器值），相当于一个数组，其个数（数组长度）需要根据需求进行设置。监督实体的代码与看门狗管理器的函数调用相交错，这些函数调用用于通知看门狗管理器代码已运行至检查点。如图 4.44 所示，通过在安全软件组件或安全复杂驱动中设置检查点，并根据实际需求在安全看门狗管理器模块中配置检查点的到达次数、时间和顺序，能够有效地对软件执行时序进行监督。如果监督实体运行出现异常情况，看门狗管理器指示看门狗接口不再触发硬件看门狗。如果硬件看门狗发生超时，看门狗会重启 ECU 或 MCU，这会导致 ECU 或 MCU 硬件以及整个软件重新初始化。

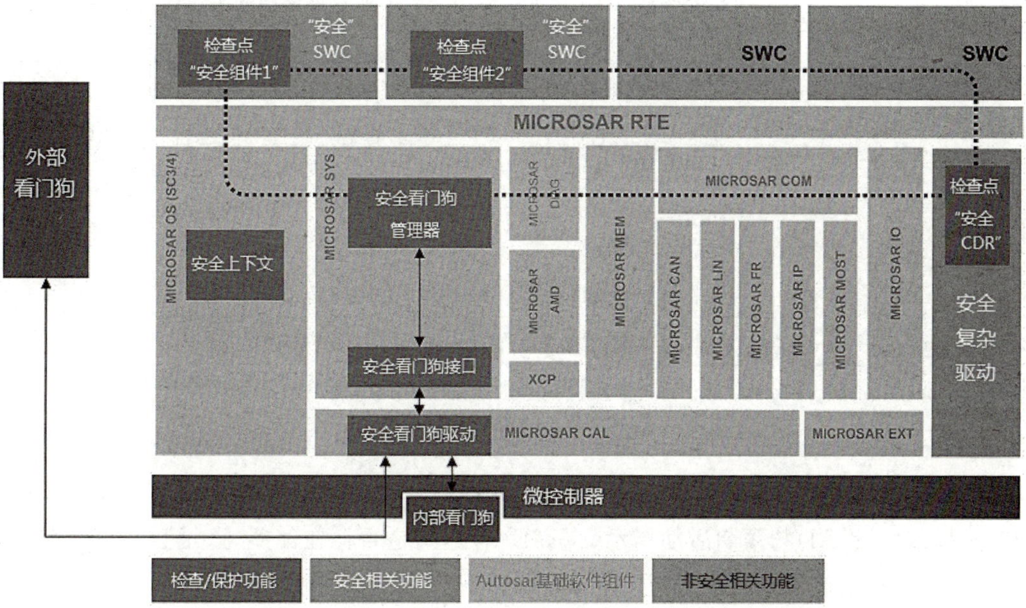

图 4.44　安全看门狗管理器

看门狗管理器提供三种监督机制对应用程序的运行时序进行监督：

● 活跃监督；

- 截止时间监督；
- 逻辑监督。

对程序序列的时间和逻辑监控的组合可以达到较高的诊断覆盖率。下面分别对这三种机制进行详细介绍。

4.8.1 活跃监督

活跃监督用来周期性地检查一个或多个监督实体在周期和最大超时周期条件下运行的可靠性。周期性的监视实体对其运行的周期存在约束，通过在周期性任务中设置检查点，在软件运行监控中，看门狗管理器周期性检查是否在限定的时间中到达监视实体的检查点，从而能够监控该任务是否正常执行且执行周期是否在容忍度范围内。

活跃监督的每个检查点都有一系列参数需要进行设置，见表 4.6。这些参数的设置取决于看门狗管理器的运行模式。该机制下的检查点不带转移，即监督实体只存在一个检查点或者即使存在多个检查点，但这些检查点之间是相互独立的。

表 4.6　活跃监督参数

参数	描述
Alive Indication	活跃监督指示，简称 AI。它由监督实体的检查点提供，用于向看门狗管理器报告监督实体的活动状态
Alive Counter	活跃计数器，简称 AC。程序每次到达检查点时，该计数器都会加 1，它与活跃监督指示数 AI 对应，并在一个监督参考周期内对计数器是否正确递增进行检查
Supervision Cycle	监督周期，简称 SC。它表示看门狗管理器运行监督算法的周期
Supervision Reference Cycle	监督参考周期，简称 SRC。它表示的是对监督实体进行状态计算的周期，一般它是监督周期的整数倍，计算完成之后向看门狗管理器报告计算结果
Expected Alive Indication	期望活跃监督指示，简称 EAI。它表示在一个监督参考周期内，指定的检查点到达的次数
MinMargin	在监督参考周期内允许的未执行的检查点次数
MinMaxgin	在监督参考周期内允许的多执行的检查点的次数
Failed Supervision Reference Cycle Tolerance	允许的失败监督参考周期，简称 FSRCT。它表示监督实体从失败状态到过期状态所允许的监督参考周期个数

应用层通过调用检查点到达函数 WdgM_CheckpointReached()检测监督实体中检查点的实际指示数量(AI)与预期活动指示数量(EAI)之间是否存在偏差，该函数通过监督实体和检查点的 ID 确定唯一的检查点。如果 AI 和 EAI 不存在偏差或有偏差但偏差在(EAI-MinMargin，EAI+MaxMargin)范围内，看门狗管理器认为任务属于正常(OK)运行状态；否则，为失败(FAILED)状态。而在监督参考周期中，这种失败次数未超过允许的失败监督参考周期值，则保持在失败状态；否则，进入过期状态(EXPIRED)。以上算法在看门狗管理器模块的 WdgM_MainFunction()中执行，部分参考代码如下：

```
    if ((AliveCounter >= (uint16) (ExpectedAliveIndications - MinMargin))
    && (AliveCounter <= (uint16) (ExpectedAliveIndications + MaxMargin)))
        {
          /* The amount of alive indications is within the configured margins */
            Result_t = WDGM_LOCAL_STATUS_OK;
        }
    else
        {
           /* Either to much or to less alive indications for the evaluated
Supervised Entity */
            Result_t = WDGM_LOCAL_STATUS_FAILED;
    }
if   (FailedSupervisionReferenceCycleCounter < FailedSupervisionReferenceCycle
Tolerance)
    {
        /* Keep the current Local Status FAILED */
          FailedSupervisionReferenceCycleCounter_lu8++;
        }
        /* Failed Supervision Reference Cycle Tolerance is exceeded */
    else
        {
        LocalStatus_t = WDGM_LOCAL_STATUS_EXPIRED;
        }
```

对于活跃监督参数的设置，需要提供一种用于检测不匹配的监督实体的定时限制算法，根据该算法参数之间能形成一种约束关系，从而能够为参数的明确配置提供指导。具体监督算法为

$$\begin{cases} n(AI)-n(SC)+f(EAI,\ SRC)\leqslant \text{MaxMargin} \\ n(AI)-n(SC)+f(EAI,SRC)\geqslant -\text{MinMargin} \end{cases}$$

其中，$n(AI)$，$n(SC)$分别表示在一个监督参考周期内活跃指示大小和监督周期大小，且

$$f(EAI,\ SRC)=SRC-EAI$$

一般，为简单起见，也可以将 MinMargin 和 MaxMargin 同时设为 0，即形成以下算法：

$$n(AI)-n(SC)+f(EAI,\ SRC)=0$$

4.8.2　截止时间监督

在嵌入式软件开发过程中，可能会遇到任务的执行存在时间冲突或代码运行进入无限

循环的情况，尤其对于执行时间要求比较严格的代码段，比如制动、发动机控制等，如果出现运行异常，将可能导致系统出现严重后果。安全行为要求必须对这些代码块进行执行时间的监督，如果出现运行异常，能够及时报告错误，采取相应措施使系统进入安全状态。

AUTOSAR 的基础软件模块看门狗管理器提供了一种用于检查监督实体暂时的、动态的行为，它可以对监督实体的执行时间加以限定，能够极大地增加探测随机跳转或者无规则更新时间基准的概率。如果在预期时间内监督实体未完成执行，将被视为错误监督并向看门狗管理器报告错误。这样的监督机制称为截止时间监督。

对于非周期监督实体的时间限制，可以通过截止时间监督机制进行检查。在这样的监督实体中，如果某一事件发生后，紧接着即将要发生的事件会有一定的发生时间限制，这样的时间限制会在预设的最大截止时间与最小截止时间之内，可以通过检查点来刻画事件。与活跃监督实体中不带转移的独立检查点不同，截止时间监督实体中的检查点之间必须存在转移，即至少存在两个检查点并且这两个检查点之间存在时序关系。最先到达的检查点称为起始检查点，最后到达的检查点称为结束检查点。最简单的情况则是在监督实体 SE1 中只存在起始和结束两个检查点 CP1-1 和 CP1-2，如图4.45 所示。但为了能够比较清楚地了解代码结构，一般会在监督实体中设置多个检查点。

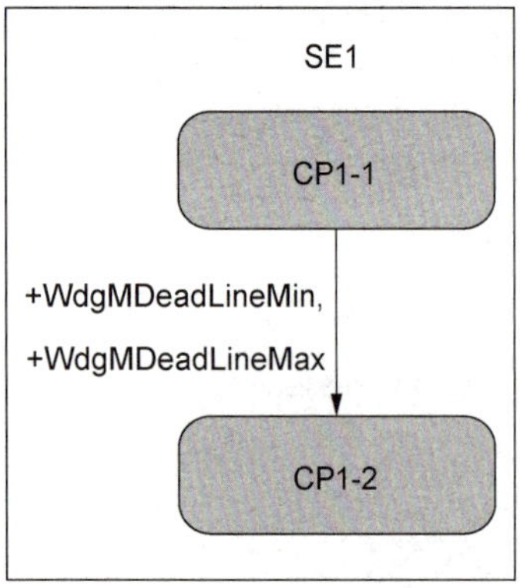

图 4.45　最简程序流图

截止时间监督有两个重要参数需要进行设置，分别为 WdgMDeadLineMin 和 WdgMDeadLineMax，即截止时间的最小值和最大值。对于两个检查点，从一个检查点转移到另一个检查点所用的时间介于截止时间的最大值和最小值之间。检查点和检查点之间的转移就构成了程序流图。在监督实体中可以存在多个转移，从而与检查点之间构成链形结构，也可以形成若干独立的程序流图，如图 4.46 所示。

截止时间监督是一系列带有时间约束的检查点之间的转移，一个转移可以定义两个参考的检查点，即起始截止时间检查点和结束截止时间检查点。

对于每个起始截止时间检查点，当程序到达该检查点时，看门狗管理器会记录对应的时间戳。时间戳可以通过读取操作系统的 ticks 来获取。当到达某个检查点并且该检查点处于活跃模式时，监督实体会调用看门狗管理器提供的服务函数 WdgM_CheckpointReached()，表明监督实体开始进行截止时间监督，记录当前检查点对应的时间戳并将其作为下一个检查点的参考时间。

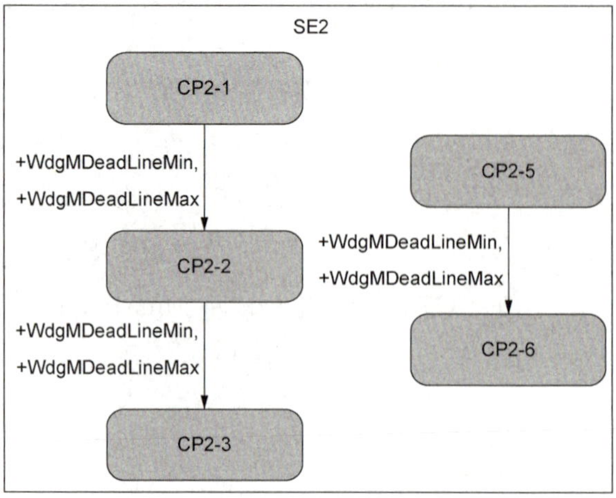

图 4.46　独立程序流图

当到达下一个检查点且该检查点处

于活跃模式时，再次记录其对应时间戳。如果上一个检查点的时间戳不为零，服务函数 WdgM_CheckpointReached()会测量两个时间戳的差值，从而计算出二者之间的时间间隔并比较其与最大截止时间、最小截止时间的大小，判断截止时间监督是否与预期设置一致。当然，如果上一个检查点的时间戳恰好为零，则无须计算二者差值。

如果时间差值介于预先设定的截止时间的最小值与最大值之间，看门狗管理器不会报告错误；如果时间差值超出此范围，则被视为错误的截止时间监督。以上算法在 CheckDeadlineViolation()函数中实现，部分参考代码如下：

```
curr_trans_time = current_tick_count - RememberedCheckpointTime;
        /* Check if the current transition time is within the configured tolerance */
if ( (curr_trans_time < WdgMDeadlineMax) && (curr_trans_time >WdgMDeadlineMin))
        {
           /* current transition time is within the configured tolerance */
           Result_t = WDGM_LOCAL_STATUS_OK;
        }
else
        {
/* Update deadline violation counter if current transition time is out of configured border */
           current_entity_ptr->EntityStatusLRef->DeadlineViolationCnt++;
        }
```

4.8.3　逻辑监督

对于嵌入式系统，时序是其重要的指标。活跃监督和截止时间监督都是对监督实体执行时间方面的监督，这只是满足了时间要求。对于执行顺序的错误，安全行为也要求对其进行监督。

AUTOSAR 基础软件看门狗管理器也提供了一种对程序流的监督机制，称为逻辑监督。逻辑监督关注程序流的错误，这些错误会导致在应用程序无错误执行期间与有效的程序序列产生偏差。如果一个或多个程序指令以不正确的顺序处理，或者根本没有处理，就会出现不正确的控制流。控制流错误可能导致数据损坏或单片机重置。

逻辑监督有两种类型，分别为内部流图监督和外部流图监督。内部流图指的是所有的检查点属于同一个监督实体并且这些检查点由内部转移进行连接，如图 4.47 所示。在监督实体 SE3 中，检查点 CP3-1 和 CP3-6 分别为起始检查点和结束检查点，而检查点 CP3-2 中包含多个检查点，这些检查点之间构成一种循环逻辑关系。每个监督实体中可以没有内部流图或有多个内部流图。

外部流图是指至少存在两个检查点属于不同的监督实体，检查点由外部转移连接，如图4.48 所示。其中检查点 CP4-1—CP4-4 均属于监督实体 SE4，检查点 CP5-1—CP5-2 属于监督实体 SE5，但 CP4-4 和 CP5-1 存在转移关系，因此，该流图为外部流图。

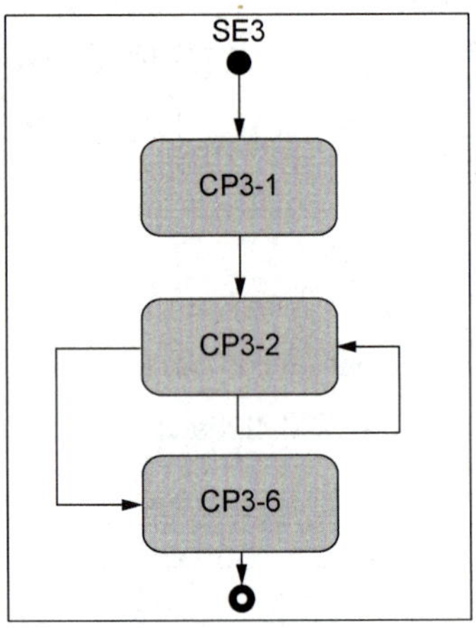

图 4.47　内部流图

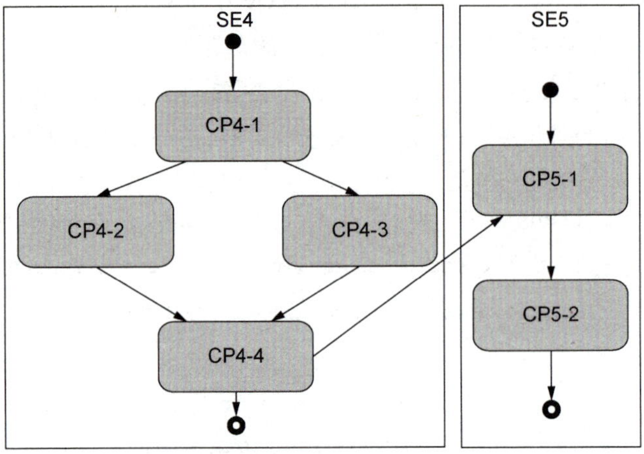

图 4.48　外部流图

每个内部流图代表一种逻辑监督，如果一个监督实体存在多个内部流图，则会产生多个逻辑监督结果。同理，外部流图也代表一种逻辑监督，它可能连接多个监督实体。假设多个外部流图跨越一个监督实体，则该监督实体也将产生多个逻辑监督结果。

为了验证转移有效，看门狗管理器需要存储上一次到达的检查点信息，该信息中包含检查点的时间戳，因此，根据时间戳就可以判断程序运行至不同检查点的时间，从而得出代码的执行顺序。判断原理与截止时间监督类似，只是根据时间大小判断软件执行顺序。如果 WdgM_CheckpointReached()函数的调用顺序与预期配置一致，则本次监督实体状态为正常状态，否则视为失败状态，同时，计数器 ProgramFlowViolationCnt 记录失败次数。如果在监督参考周期内，失败次数未超过所配置的允许失败次数，监督实体状态保持在失败状态，否则视为过期状态。

同理，该算法同样适用于判断外部流图的检查点。以上要求表明如果存在错误的内部转移，那么，向看门狗管理器报告的那个错误检查点所在的监督实体的逻辑监督是错误的。

本 章 小 结

本章在以一个具体的电机控制器为例，介绍了软件架构的开发过程，并在此基础上，阐述了多核操作系统监控的相关概念。之后重点介绍了 Gliwa 公司的 T1 监控工具的集成和相关软件的功能模块，并简单描述了 AMD 和基于 WdgM 的操作系统监控方法，以及这几种方法的对比分析。

5

第 5 章 多核操作系统的建模、仿真与优化

5.1 概述

5.1.1 时序模型的含义及其背景

嵌入式多核程序的时序模型是一类能够反映各 Task(任务)的运行时长和运行时序的模型。其中,运行时长主要包括 Task 平均响应时间、Task 最差情况下响应时间;运行时序则主要反映任务被抢占的情况:Task 被高优先级 Task 或中断抢占,导致响应时间被延长。通过建立时序模型,可以更方便地量化程序运行中与时间相关的数据,更直观地反映各个任务的运行时长和时序。

多核 MCU 有多种架构,比如多核同构架构、多核锁步架构和多核异构架构等。每种架构都有其独特的特性,甚至在其上运行的操作系统也不尽相同。引入多核 MCU 后,庞杂的程序、复杂的多核架构使得软件的开发难度再一次呈指数型上升,开发人员面临巨大的挑战。对此,AUTOSAR 联盟给出了标准的开发流程,其高级成员 Vector 公司、EB 公司、ETAS 公司等,都结合该标准开发了符合 AUOSAR 规范的多核操作系统。国内众多整车厂和零部件商,如上汽捷能、蔚来汽车、华为等引进了 Vector 公司的 AUTOSAR 多核操作系统 MICROSAR OS。AUTOSAR 规范下的操作系统,虽然可以保证任务按照一定的规则执行,但是,整个程序的最终执行时序却并不能被准确预测。在程序的开发过程中,经常会遇到控制器 CPU 负载率过高、关键 Task 响应时间过长、无法按照预期完成控制功能等问题。归根结底,都是因为程序的过于复杂以及实际执行情况无法准确预估。

在以往程序开发中,实时性评估一般通过使用黑盒测试获得软件的失效历史数据,并采用统计的方式来预测和评估软件的实时性。该工作主要发生在软件的测试阶段,通过测试发现软件中的缺陷,并对其中的错误进行修改,然后再测试,做出评估再修改。这种通过反复修改、测试、评估来提高软件实时性的方法称之为“增长模型”。

这种增长模型的优化方法费时费力,业内开发者都希望能有一种可以直观反映运行时间的模型,在程序开发阶段指导设计软件架构,缩短开发周期。为了能够高效优化多核程序,最理想和有效的办法就是建立一个模型,进行离线仿真,依靠计算机的强大算力来快速、多次、多样地模拟嵌入式多核程序的运行。时序模型就是在这种背景下提出的。

5.1.2 时序模型的优化目标和优化方法

所有对于程序在实时性和效率方面的要求,都是时序模型的优化目标。主要包括减少 Task 的被抢占时间、降低 CPU 负载率和缩短重要 Task 最差响应时间。基于真实的运行时间信息,时序模型可以拟合出更多与时间相关的数据,更直观地反映各个任务的运行时间和时序。通过基于时序模型的离线仿真,可以产生大量的仿真数据,具象化地分析不同输入参数对运行情况的影响。

因此,所有输入参数都可以作为一种被优化项,通过模型仿真获得最佳值,以此来提高

Task 的实时性，降低程序的负载率，提高运行效率。

基于时序模型优化嵌入式程序的方法，与前文提到的"增长模型"类似。区别在于用时序模型替代了真实的硬件测试，提高了效率。

因为嵌入式程序是离线静态配置程序，所以，各个 Task 的运行时序是可预测的。通过采集程序真实运行情况下的时间信息来补充时序模型，可以模拟嵌入式程序的运行。因此，可以改变程序的静态配置策略，并对改进后的程序进行模拟运行，通过设定相应的约束条件、对重要时间参数给予权重来评估可靠性、实时性和有效性。通过大规模模拟仿真，计算出最合理的静态配置策略，本书称之为"离线静态配置优化方法"。具体操作办法包括改变 Task 到多核的映射、Runnable 到 Task 的映射、偏置周期任务以及拆分 Task 等。

离线静态配置优化方法的具体步骤如下：

第一步，确定建立时间模型所需的基本参数、基于硬件信息、AUTOSAR 多核操作系统的固有架构以及被优化程序的软件信息，搭建时间模型，用于预估 CPU 负载率、程序的执行时序及各任务(Task)的执行时间。

第二步，用调试器实时追踪程序的真实运行情况，记录各个 Task 的触发、执行、终止时间，为后续模型融合做准备。

第三步，融合第二步记录到的数据到第一步所建立的时间模型中，通过真实运行信息来辅助建模，使模型更加接近真实情况，并通过调节不同输入信息进行仿真优化，在优化结果中筛选出有效优化。

第四步，将优化后的程序重新在控制器中测试，分析对比优化结果。

5.2　表征时序模型性能的重要参数

5.2.1　Task 中 Runnable 的静态排布

时序模型的一个基本参数是 Task 中 Runnable 的静态排布，基于 AUTOSAR 规范的应用程序以软件组件(Software Component，SWC)为基本单位，其内包含若干个 Runnable(可运行实体)，SWC 作为一个具有独立功能的应用程序封装体，不仅内部结构复杂，而且也不能在系统中直接运行。在基础软件层，SWC 内的 Runnable 需要映射到 Task 中，重新组成可以供操作系统调度的整体。这个过程称为 Runnable 到 Task 的映射，最终的分布称为 Task 中 Runnable 的静态排布。

Runnable 到 Task 的映射不仅需要分析 Runnable 之间的通信关系，而且需要考虑 Runnable 的执行特点和调度策略，用以优化组合后的 Task 的运行效率。

时序模型必须基于嵌入式多核程序的 Task 静态排布来生成，能够真实反映程序 Task 中 Runnable 的运行顺序。

5.2.2　Task 的多核分配

时序模型的一个基本参数是 Task 的多核分配。

Task 映射到核中的分布称为 Task 的多核分配。近年来，多核架构已经被广泛采用，多处理器控制器的 Task 分配方法也多种多样。总的分类为离线静态配置方法和在线动态配置方法两种。离线静态配置方法有线性规划法、基于图论的分割方法以及其他一些启发式方法，如遗传算法、变领域搜索算法、模拟退火算法等。这些方法或以降低核间通信量为目标，或以平衡各个处理器的负载为目标。

在线动态配置方法则多考虑系统中每个任务的执行效率。例如，基于博弈论的纳什均衡法，以每个任务的响应时间作为优化目标，为每个任务寻求最优解，而不是寻找系统整体的最优解。

以上介绍了一些 Task 的多核分配方法，本书选用的 MICROSAR OS 是基于离线静态配置方法分配 Task 的，建立时序模型，必须将 Task 的多核分配在时序模型中表征出来。

5.2.3 Task 优先级和中断优先级

嵌入式多核程序中 Task 和中断都具有优先级，如表 5.1 和表 5.2 所示。

表 5.1 Task 的优先级

Task 名称	优先级	Task 名称	优先级
IdleTask_OsCore0	0	OsTask_Rte_100ms_Core0	57
IdleTask_OsCore1	0	OsTask_Rte_100ms_Core2	52
IdleTask_OsCore2	0	OsTask_Rte_10ms_Core0	38

Task 的优先级决定了 Task 在并发时的优先运行权。优先级高的 Task 会在并发仲裁中获得运行(run)的权力，而优先级低的 Task 会被抢占，进入挂起状态。IdleTask_OsCore0(后台任务)的优先级为 0，是最低的 Task 优先级，故当其他 Task 被触发时，如果发生仲裁，总能抢占 IdleTask。OsTask_Rte_100ms_Core0 优先级为 57，OsTask_Rte_10ms_Core0 优先级为 38，这意味着如果这两个 Task 出现并发情况，OsTask_Rte_100ms_Core0 会优先执行。注意，这里，100 ms 周期 Task 优先级高于 10 ms 周期 Task，如果 100 ms 周期 Task 运行时间超过 10 ms，则必然造成 10 ms 周期 Task 无法在下次触发前被响应。这样的问题经常会在软件设计中遇到。当然，这里所举例子过于极端，一般不会出现执行时间长达 10 ms 的任务。

表 5.2 各中断的类型和优先级

中断名称	中断类型	中断优先级
AdcIsr_G0	OSEK Category 1	80
AdcIsr_G1	OSEK Category 1	81
AdcIsr_G2	OSEK Category 1	82
CanIsr_0	OSEK Category 2	10
CanIsr_1	OSEK Category 2	11

表 5.2 示例了一些中断。其中，Adc 采样中断为一类中断，不受操作系统调度，Can 中断为二类中断。二类中断均由操作系统调度。如果中断执行过程中触发了另一中断，会进行仲裁，优先级高的中断会获得优先执行的权力。

Task 的优先级、中断的类型和优先级，决定了执行 Task 和中断的先后顺序。确立了 Task 和中断的优先级，时序模型才能在仿真时判断出执行时序，这是建立时序模型的基本参数。

5.2.4　Task 的运行时长

时序模型的第四个基本参数是每个 Task 的运行时长。从该 Task 被触发到执行完毕所花费的时间，包括被其他高优先级 Task 抢占和中断抢占的时间。该时间信息必须取自程序真实的运行状态，是作为时序模型进行仿真运行所必需的重要参数。

Task 每一次的运行时长都不尽相同，原因有二。第一，真实的控制器程序会有非周期性的触发事件，触发不同的 Task 和中断。每一次的运行都有可能被不同的 Task 和中断所打断，因此，最终的执行时长是不一样的。第二，Task 中所排布的 Runnable 有各自的触发条件，并不是每一次 Task 运行都会调用相同的 Runnable，因此，即便没有第一种原因所述情况，Task 本身的执行时长也不尽相同。

5.3　TA 工具简介

自 2018 年起，TA Tool Suite 成为 Vector 系列产品大家庭中的一员。TA Tool Suite 在嵌入式多核实时系统的设计、仿真和验证方面，为用户提供了友好性很强的配套工具(图 5.1)。在汽车电子软件的整个开发周期中，TA Tool Suite 能够处理开发过程中的非功能性需求——“时序”，并根据时序需求提供统一的解决方案，且支持针对时序行为进行更深入的分析。此外，TA Tool Suite 简化了多核 ECU 中不同内核上应用软件的分配过程，提高了

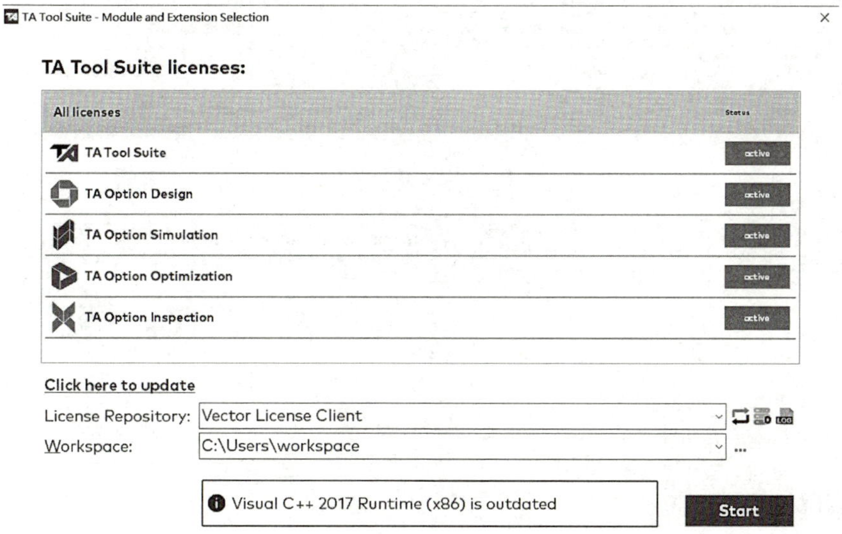

图 5.1　TA 工具开始界面

多核实时系统的效率和响应性能。

借助 TA Tool Suite，项目经理、系统架构师、开发人员和集成工程师可将多核技术发挥到极致。

5.3.1 优势概述

- 支持从单核软件架构到多核芯片或多 CPU 芯片架构的迁移。
- 通过图形可视化功能，提高对多核系统的分析中的人机友好度。
- 早期评估系统利用率并评测硬件资源。
- 在早期开发阶段模拟 ECU 系统设计的不同可行方案。
- 评测基于软件实时性和多核性能的应用程序软件集成可行方案。
- 通过可视化观察和数据分析，分析目标的时序追踪以验证时序行为是否满足需求。
- 支持导入 AUTOSAR 和 AMALTHEA 格式的系统描述文件。
- 支持硬件调试器或时序采集工具（比如 1.vRTM+CANOE.AMD 2.VX1000）所采集的时序信息。

5.3.2 TA Tool Suite 的选项

模块化的 TA Tool Suite 工具套件为 ECU 软件开发验证 V 模型的每个步骤都提供了专用的软件产品，包括对时序要求的详细规定与设计、软件架构设计分析以及目标系统时序行为的验证。

TA Tool Suite Base 包括项目资源管理器和时序模型创建。它支持数据的导入、导出和对系统时序要求的规定和设置。

在 TA Tool Suite Base 模块之外，TA Tool Suite 另有四个扩展选项，如图 5.2 所示。

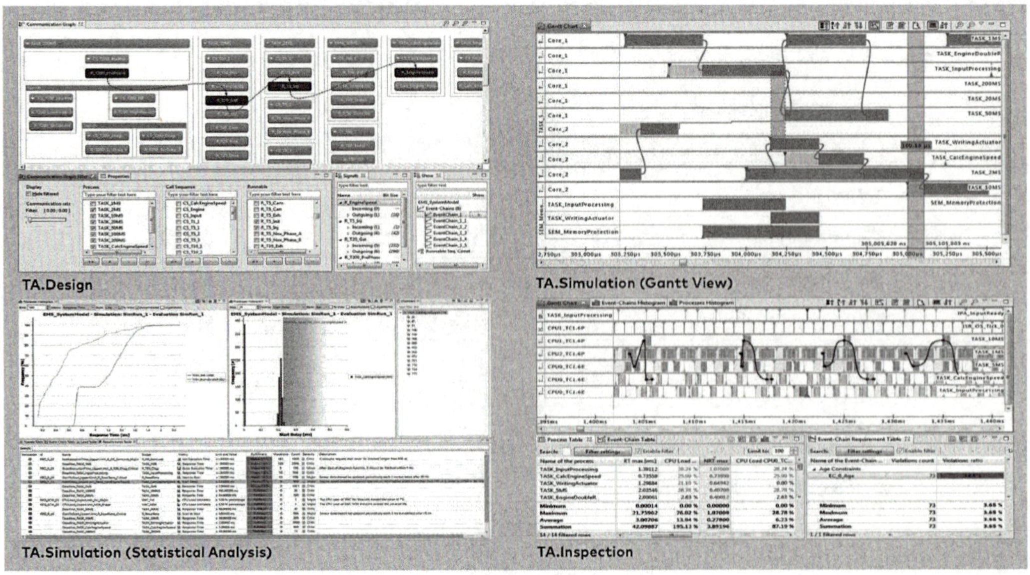

图 5.2 TA 工具的不同扩展选项

- TA.Design：通过交互式界面，对高度集成的多功能软件系统中的应用层软件进行动态可视化地定义与设计，以满足其复杂的时序要求。
- TA.Simulation(statistical Analysis/Ganttview)：基于模型的 ECU 时序行为仿真以及基于时序度量的复杂图形表格评估，用于分析不同细致程度的系统时序行为。
- TA.Inspection：验证应用程序软件和操作系统的时序行为，通过 VX1000 或其他第三方工具记录的时序追踪测量数据导入 TA Tool Suite Inspection。分析系统在响应时间、利用率和其他相关指标的时序信息。

5.3.3 特殊功能

TA Tool Suite 包含一些增强功能以支持不同类型的项目需求。

1. 接口导入/导出

TA Tool Suite 提供通用交互文件格式的接口。模块选项 TA.Design 和 TA.Simulation 使用 AUTOSAR 和 AMALTHEA 格式的系统描述文件以及时序追踪日志等作为数据源。TA.Inspection 则使用来自各种调试器的 trace 和其他分析程序提供的时序追踪日志作为数据源。

2. 处理器模型

可以使用特定处理器模型，以利用其派生的运行属性和存储器行为来提高 TA.Simulation 的精度，以此对处理器运行效果进行更详细准确的分析。

有关支持的处理器型号列表，请访问 www.vector.com/ta-tool-suite。

3. 操作系统模型

操作系统模型通过复制相应操作系统的动态调度行为来提高 TA.Simulation 的准确性。目前，对于 Vector 公司的 MICROSAR.OS 和 EB 公司的 tresos OS 支持自动创建模型，其他操作系统则需要手动创建模型。

4. 工作流程编辑器

工作流程编辑器是一个 TA Tool Suite 中应用自动化流程的图形化工具，可以为用户在工作流程分析上节省大量时间。例如，它整合了各种系统描述文件中的信息，因此，TA Tool Suite 可以访问先前未使用过的数据源，轻松快捷地定义和执行诸如创建时序模型、开始模拟、跟踪验证和创建分析报告等常规任务。另外，TA Tool Suite 还提供与 DaVinci Configurator Pro 的直接交互接口。

5.4 使用 TA 工具构建基于真实工程的时序模型

为了能够模拟出程序运行的时序，必须首先采集 5.2 节所说的重要参数：

① Task 中 Runnable 的静态排布。

② Task 的多核分配。

③ Task 优先级和中断优先级。

④ Task 的运行时长。

其中，第①—③个参数都可以从程序的配置文件中提取，第④个参数需要从第 4 章所描述的 trace 文件中提取。下面详细描述每一个参数的提取。

5.4.1 提取 Task 中 Runnable 的静态排布

首先，为模型建立硬件定义，即 3 个内核和中断的定义：EcucCoreDefinition_TS 是对运行 Task 的核的硬件定义，EcucCoreDefinition_IRC 是对运行中断的核的硬件定义，如图 5.3 所示。

Name	EcucCoreDefinition_Core0	EcucCoreDefinition_Core1	EcucCoreDefinition_Core2	Algorithm Type
EcucCoreDefinition_Core0_IRC	X			PriorityBased
EcucCoreDefinition_Core2_IRC			X	PriorityBased
EcucCoreDefinition_Core1_IRC		X		PriorityBased
New Interrupt Controller				

Task Schedulers

type filter text

Name	EcucCoreDefinition_Core0	EcucCoreDefinition_Core1	EcucCoreDefinition_Core2	Algorithm Type
EcucCoreDefinition_Core0_TS	X			AUTOSAR
EcucCoreDefinition_Core1_TS		X		AUTOSAR
EcucCoreDefinition_Core2_TS			X	AUTOSAR
New Task Scheduler				

图 5.3 硬件定义

将第 4 章所说的 DaVinci Developer 中的所有底层服务调用接口和 Function 调用接口同步到模型中，供下一步模型仿真时调用，这是模型能够尽可能真实反映程序运行情况的重要因素。

除此外，需要把第 3 章所创建的 Application，Task，Runnable 以及中断，同步整合到模型中去。图 5.4 所示为 Task 中 Runnable 的调用顺序，从上往下依次调用RCtApVMS_10ms，RCtApVMS_RX_10ms，RCtApVMS_TX_10ms。

type filter text

Name
CS_OsTask_Rte_10ms_Core2

type filter text

Name	Type	Condition
RCtApVMS_10ms	Runnable Call	[...]
RCtApVMS_RX_10ms	Runnable Call	[...]
RCtApVMS_TX_10ms	Runnable Call	[...]

图 5.4 Task 中 Runnable 的排布

每个 Task 的调用由 Alarm 或者事件触发，然后进入 Task，而在 Task 当中，会通过接口调用不同的 Runnable，这时，程序的 Runnable 功能均在这之中完成，因为本书中的多核 OS 使用非协同机制，所以，Runnable 不会被打断，每一次抢占或中断会在当前 Runnable 运行完后，再进行切换；该 Task 中所有 Runnable 运行完后，Task 最后调用 Terminate 函数来终止 Task。

5.4.2　提取 Task 的多核分配信息

模型的第二个重要参数是 Task 的分配信息，示例程序的软件架构和相应的接口调用关系如图 5.5 所示，图中连线代表着核间通信。

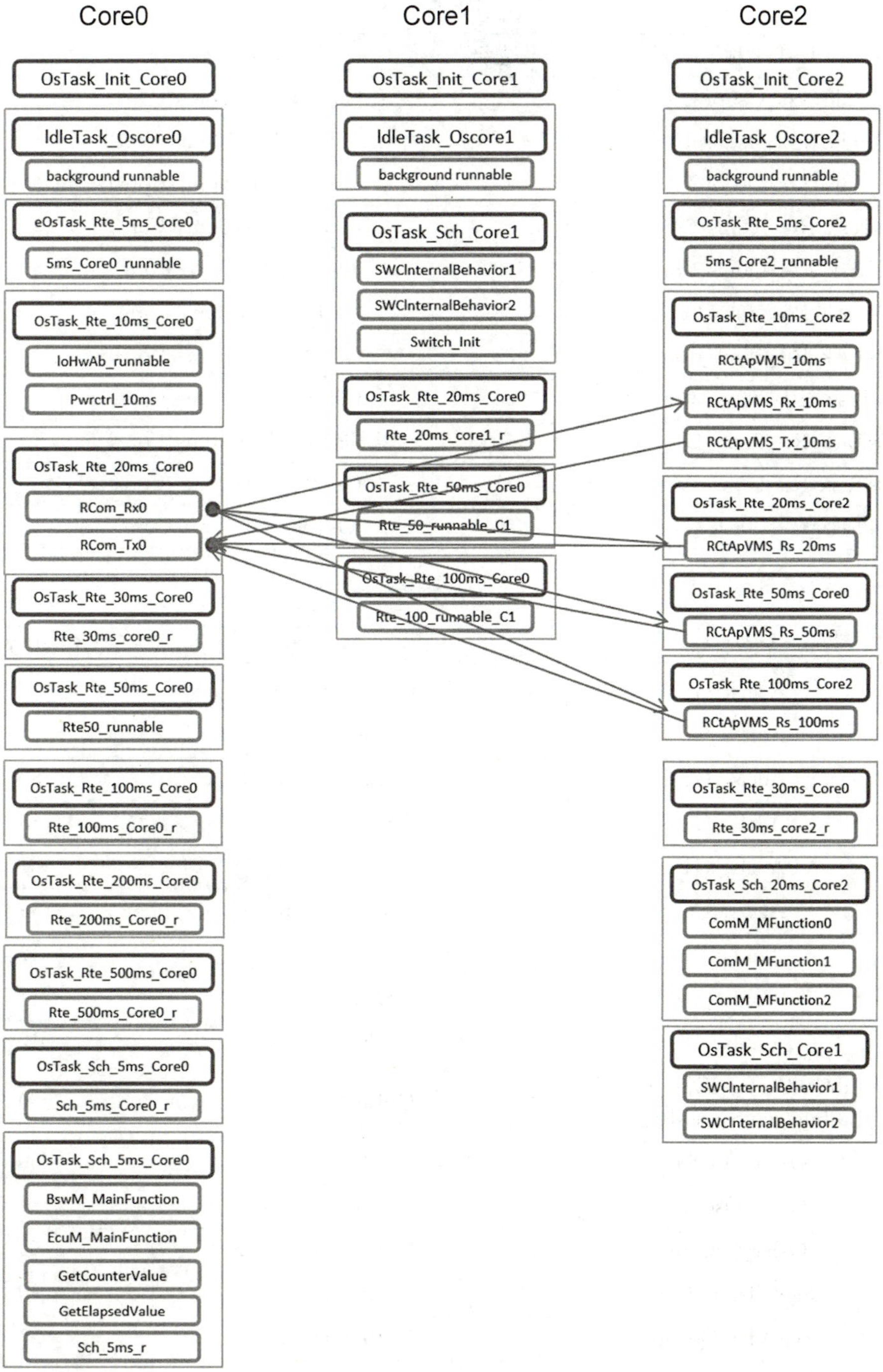

图 5.5　Task 间接口调用关系

5.4.3 Task 优先级和中断优先级

从基础工程中可以方便地提取 Task 的优先级以及中断的类型和优先级，具体信息整理见表 5.3 和表 5.4。

表 5.3 各 Task 的优先级

Task 名称	优先级	Task 名称	优先级
IdleTask_OsCore0	0	OsTask_Rte_30ms_Core2	36
IdleTask_OsCore1	0	OsTask_Rte_500ms_Core0	54
IdleTask_OsCore2	0	OsTask_Rte_50ms_Core0	58
OsTask_Rte_100ms_Core0	57	OsTask_Rte_50ms_Core2	35
OsTask_Rte_100ms_Core2	52	OsTask_Rte_5ms_Core0	59
OsTask_Rte_10ms_Core0	38	OsTask_Rte_5ms_Core2	39
OsTask_Rte_10ms_Core2	38	OsTask_Sch_10ms_Core0	48
OsTask_Rte_200ms_Core0	53	OsTask_Sch_10ms_Core1	50
OsTask_Rte_20ms_Core0	60	OsTask_Sch_10ms_Core2	50
OsTask_Rte_20ms_Core2	37	OsTask_Sch_20ms_Core0	47
OsTask_Rte_30ms_Core0	50	OsTask_Sch_5ms_Core0	49

表 5.4 各中断的类型和优先级

中断名称	中断类型	中断优先级
AdcIsr_G0	OSEK Category 1	80
AdcIsr_G1	OSEK Category 1	81
AdcIsr_G2	OSEK Category 1	82
AdcIsr_G3	OSEK Category 1	83
AdcIsr_G4	OSEK Category 1	84
AdcIsr_G5	OSEK Category 1	85
CanIsr_0	OSEK Category 2	10
CanIsr_1	OSEK Category 2	11
CanIsr_2	OSEK Category 2	12
EthIsr_EthCtrlConfig_IECU_City_D0320_EthInterruptServiceRoutine	OSEK Category 2	30
OsIsr_OsCore0	OSEK Category 2	50
OsIsr_OsCore1	OSEK Category 2	51
OsIsr_OsCore2	OSEK Category 2	52
XSignalIsr_OsCore0	OSEK Category 2	40
XSignalIsr_OsCore1	OSEK Category 2	40
XSignalIsr_OsCore2	OSEK Category 2	40

Task 和中断的优先级决定了并发时执行 Task 的先后顺序。确立了 Task 和中断的优先级，模型才能在仿真时判断出执行时序，这是建立时序模型的基本要素。

本章前 3 小节的 AUTOSAR 操作系统配置信息，均需导入 TA 工程中，具体操作如图 5.6 所示。

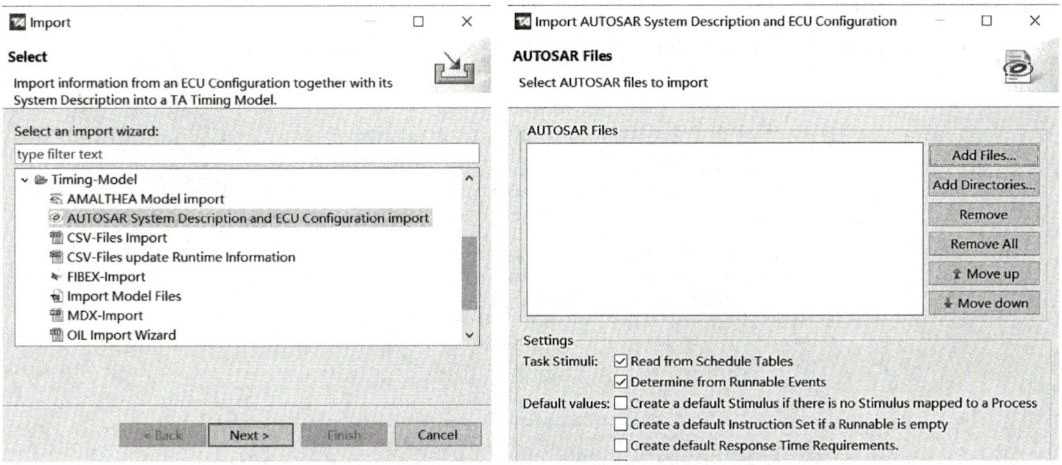

图 5.6　TA 工程导入 AUTOSAR 操作系统配置信息

正确导入工程后，TA 工具会建立工程文件.tam(Timing Architecture Model)，如图 5.7 所示。

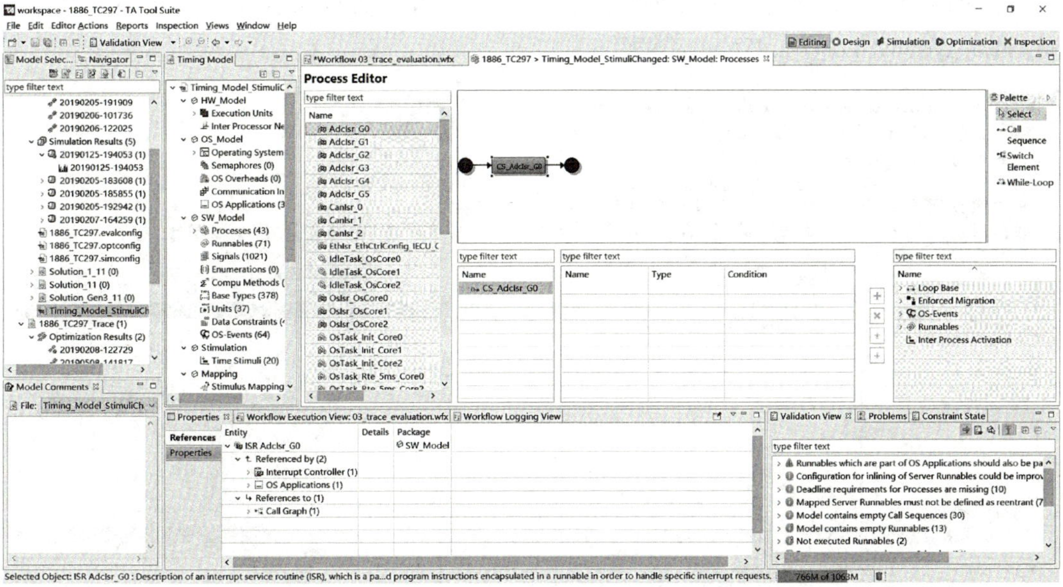

图 5.7　TA 工程编辑界面

从图中可以直观地看到系统内部配置的所有任务、可运行实体、中断等系统对象，其信息均导入 TA 工具中，并被正确识别。

5.4.4 提取 Task 的运行时长信息

第四个模型的基本要素是每个 Task 的运行时长。该信息的提取方法有很多，本书的做法是通过调试器追踪真实的程序运行时序，记录该时序信息并保存为 BTF 文件。

具体步骤如下：

① 用编译器编译所要 trace 的工程，链接成 elf 文件(图 5.8)。

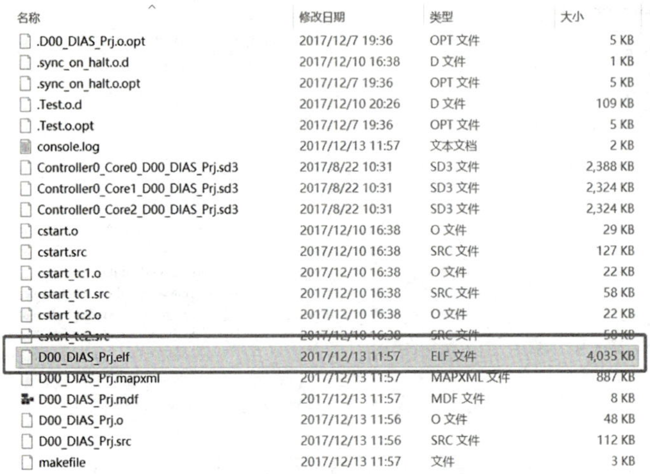

图 5.8　选取目标工程的可执行文件

② 打开 UDE 调试工具，观测内置的变量，检查程序是否成功运行，之后导入 ORTI 文件，自动配置 MCD 选项，开始 trace(图 5.9 和图 5.10)。

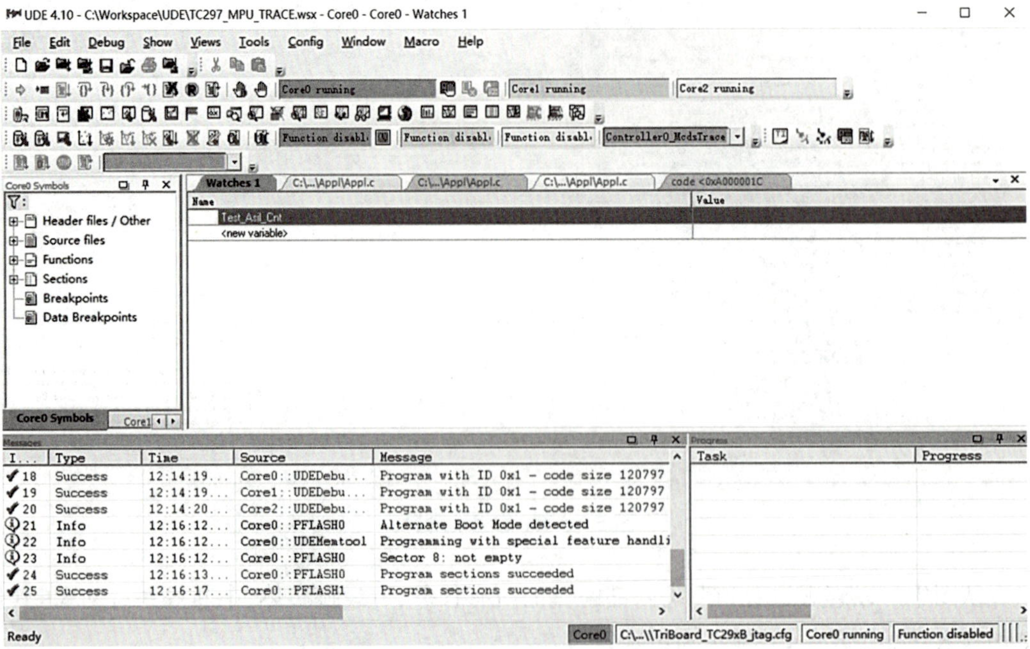

图 5.9　Watch 窗口添加变量

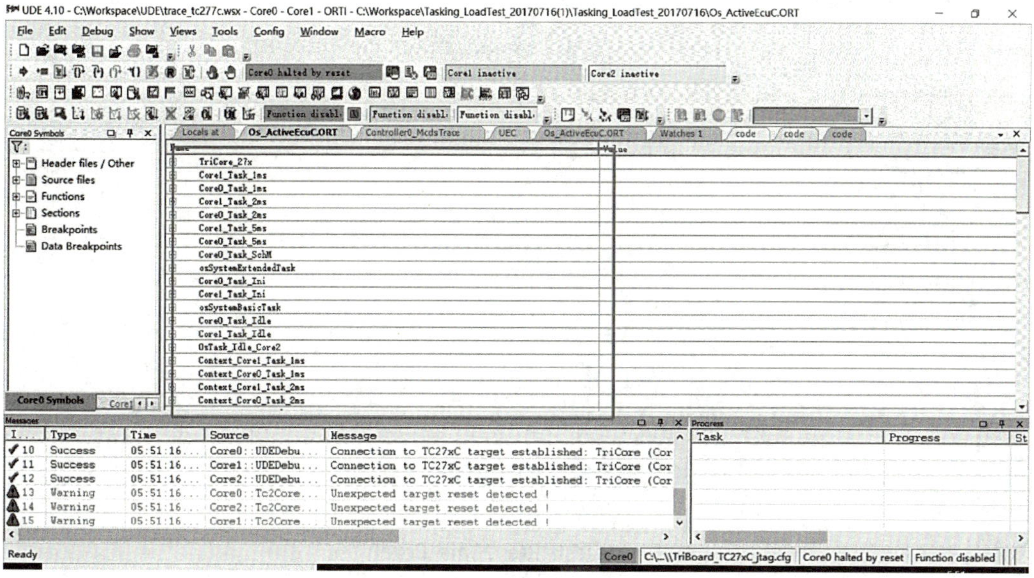

图 5.10　配置 MCD

③ 将 trace 信息导出为 BTF 文件或者 CSV 文件(图 5.11)。

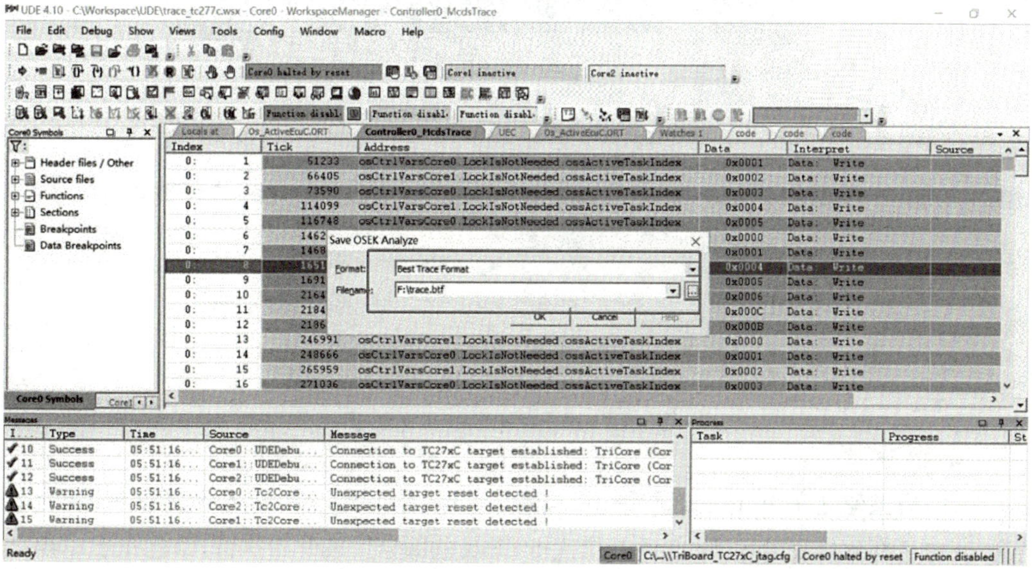

图 5.11　导出 trace 信息为 BTF 文件

④ 将.btf 文件导入到 TA 工程中(图 5.12)。

将 BTF 文件中的真实运行信息进行运算,计算出每个 Task 的运行时间,将其拟合为韦布尔分布,添加到模型中去。比如,计算追踪文件中 OsTask_Rte_20ms_Core0 的执行时间后,得到的韦伯尔分布,将其与时序模型结合后,最终的 Task 时间模型如图 5.13 所示。

将所有 Task 按照此模型建立,合并后,可以得到模拟的时序甘特图,如图 5.14 所示。

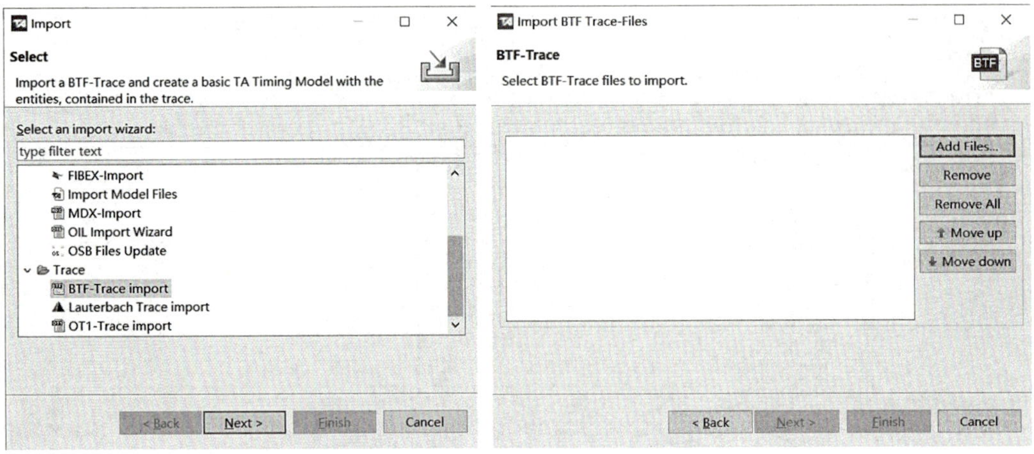

图 5.12　导入 BTF 文件到 TA 工程

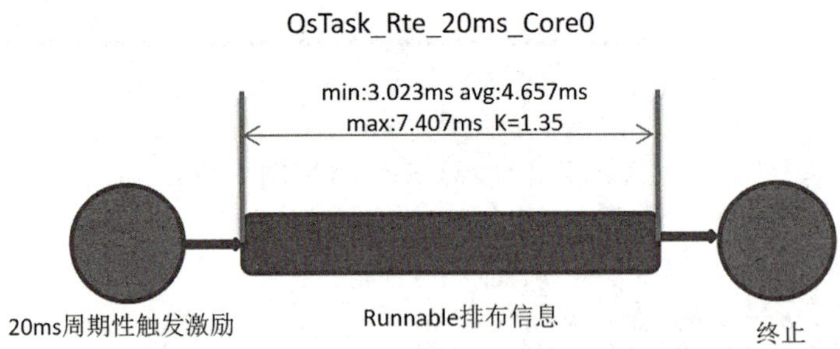

图 5.13　Task 模型

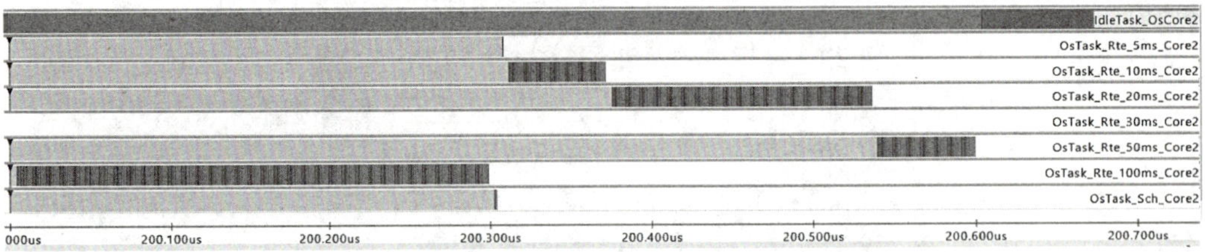

图 5.14　模拟结果的时序甘特图

至此，模型建立完毕，仿真运行图中，右侧是 Task 的名称，各个条形图是该 Task 的运行情况，灰白色部分代表触发 Task 后等待执行，深灰色部分代表开始执行，颜色介于二者之间的浅灰色部分代表被抢占。

5.4.5　TA 软件自动实时仿真和执行时间测量

TA Workflow 是 TA 工具套件中的自动化运行环境，具有与 DaVinci Configurator Pro 和 iSYSTEM 的 winIDEAProfiler 的接口。TA Workflow 允许将 TA 工具套件中的手动步骤及其与其他开发工具的手动配置接口自动化，标准化的命令块可以将 TA 工具套件中的项目配置成自动化过程。

此处介绍的 TA Workflow 是基于已经通过与软件工具的接口获取已有数据的基础上，创建可模拟的时序模型，不断跟踪当前的程序运行状态。对于静态模型信息的导入，选择相应的 MICROSAR 项目就足够了。Vector 的 TA Workflow 和 DaVinci Configurator Pro 可确保自动处理参数。iSYSTEM Profiler 简化了 ECU 执行时间的测量与记录。调试和跟踪在与 MICROSAR.OS 操作系统的交互中进行。TA Workflow 工作流程如图 5.15 所示。

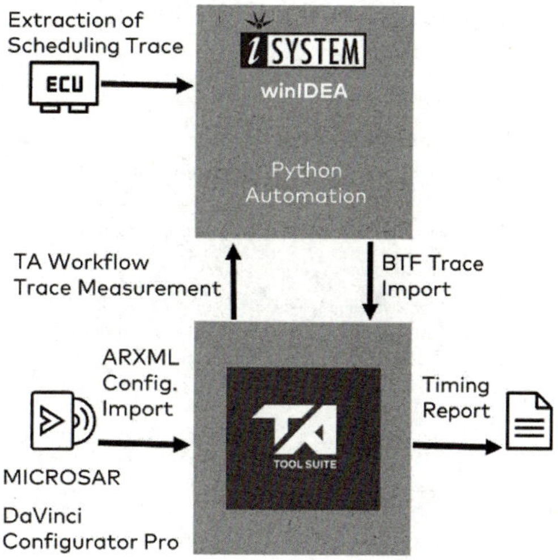

图 5.15　TA Workflow 工作流程简图

通过这种方式，TA Workflow 可以根据相应的 DaVinci Configurator Pro 配置，通过 iSYSTEM 从 ECU 提供的自动化接口中直接读取可运行程序的所有当前执行时间。

在建立导入了前文所述的一些操作系统配置信息和时长信息后，可以使用 TA 工具中的 Workflow 功能将时序模型的建立进行流程标准化，以简化开发人员的操作量。

如图 5.16 所示，流程分为如下几个步骤：

① Load Files：读取上一小节中 trace 生成的.btf 文件。

② BTF Trace Import：将读取的.btf 文件作为 trace 信息处理。

③ Load Timing Model：读取本章前 3 小节导入的操作系统配置文件，作为系统模型处理。

④ Append To Time Model：将步骤②和步骤③中的 trace 信息和系统模型合并，生成操作系统时序模型。

⑤ Save Timing Model：将生成的时序模型保存。

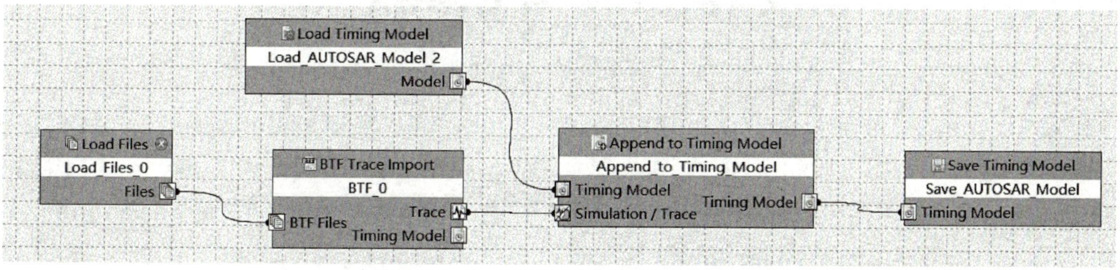

图 5.16　TA 软件 Workflow 流程图

5.5　时序模型的仿真运行

所有模型建立工作完毕后，进行程序的仿真运行。TA 工具的仿真过程配置如图 5.17

所示，仿真运行界面如图 5.18 所示。

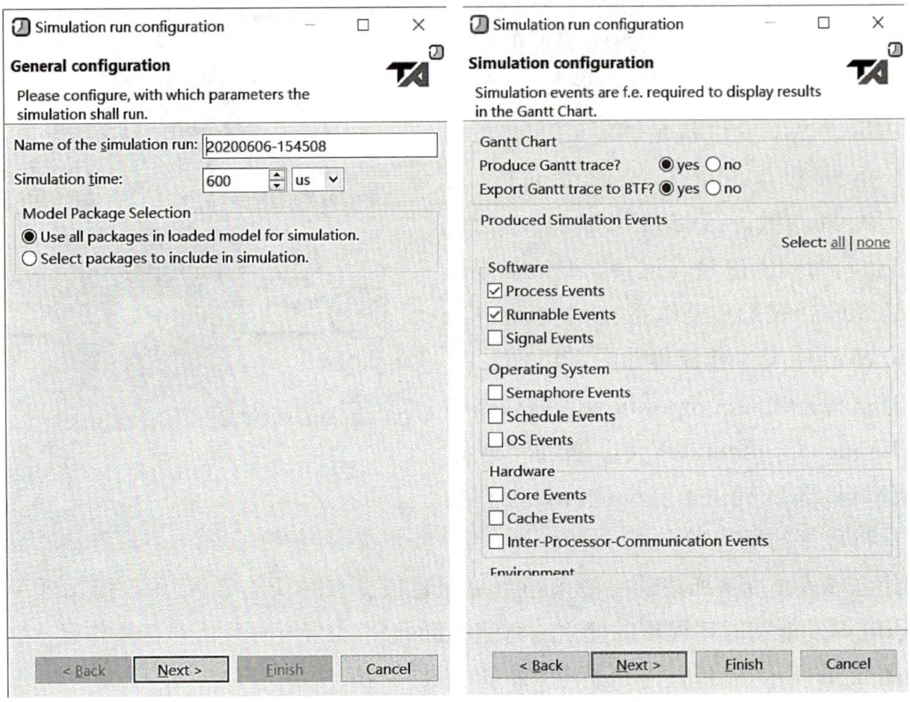

图 5.17　TA 工具仿真过程配置

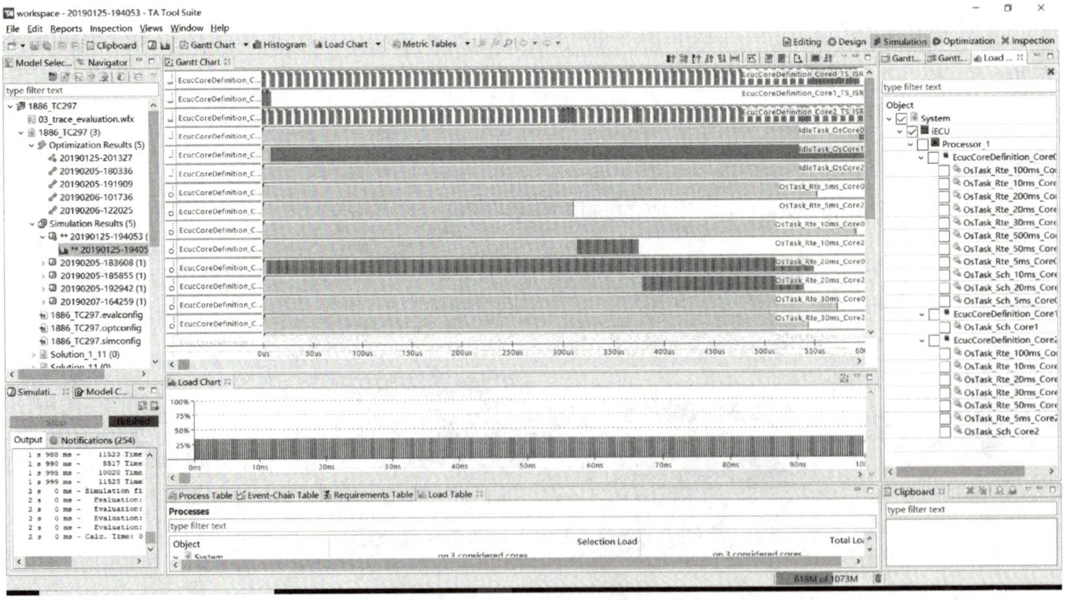

图 5.18　TA 软件仿真运行界面

本书设定仿真时间为 200 s，根据要求进行仿真运行，运行结果以甘特图的形式展现出来，如图 5.19 所示。因为设置的周期性任务多，可以看到任务起始点一致，整体密集而整齐。

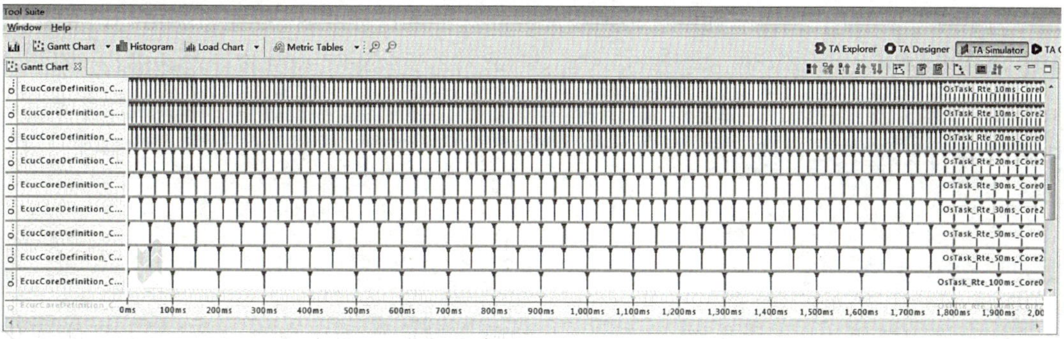

图 5.19　时序甘特图

将甘特图放大(图 5.20),去捕捉 Task 并行启动的瞬间,可以看到 Task 按照优先级的高低依次执行,但因为同时启动,Task 在激活后经过了较长的等待时期,尤其是 OsTask_Rte_10ms_Core0,因为优先级较低,被延迟甚至超过了下一次触发时间,这是不满足实时性要求的。

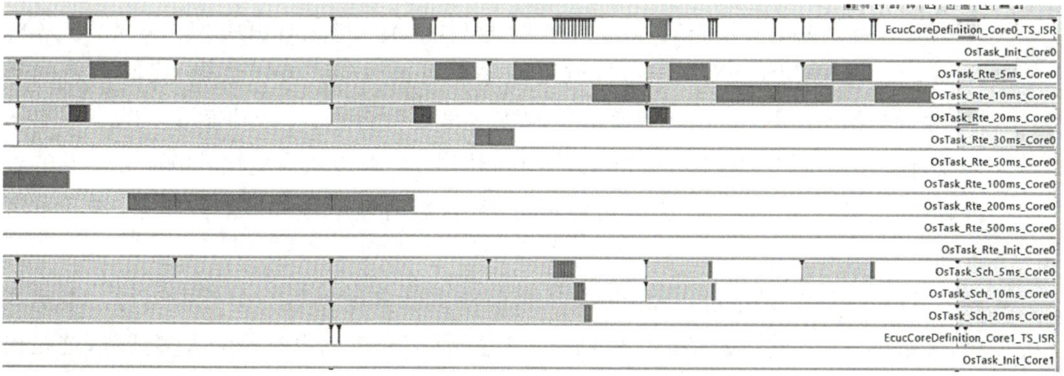

图 5.20　放大的时序甘特图

程序有太多周期性任务会遇到某些时刻点并发任务过多的情况,此时有可能出现低优先级任务被抢占时间过长的问题。对于 MICROSAR 操作系统,有四类剪裁版。其中,SC2 和 SC4 都带有时间保护,见本书第 3 章所述。时间保护的本意是防止某些 Task 因为死锁或其他原因导致无法中止或响应时间过长,对控制器的关键 Task 产生影响。在成熟的批量生产的控制器中,添加此类保护是十分常见的。但是,如果因为周期性触发过多 Task 导致单个 Task 的运行时间超过了预设值,这时,操作系统会调用钩子函数(Hook),由于出错原因并未被检测到,因此,操作系统采取的措施无法有效解决问题,甚至强行终止当前运行的 Task 或者复位重启控制器,这时时间保护反而造成了更严重的错误(图 5.21)。

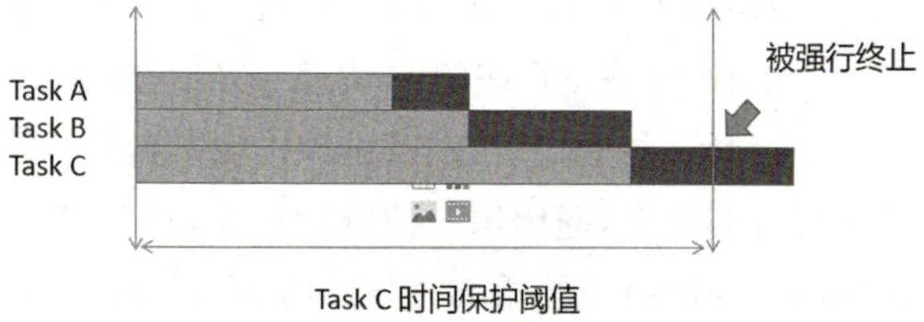

图 5.21　时间保护造成 Task 误终止

为了符合实时性要求，本程序也必须添加时间保护来保证 Task 的正常激活与终止。通过上述的模型仿真，已经发现其中某几个 Task 响应延迟的问题，后续将针对此进行优化。

5.6 时序模型的优化

5.6.1 优化策略

本示例以降低 CPU 负载率、降低 Task 的响应时间作为优化方向，以下为具体优化步骤。

为了能够达到预期目标，必须拟定一套策略去修改原程序。本示例中应用的策略是：①改变 Runnable 排布；②改变 Task 分配；③偏置周期性任务；④分割 Task 为多个子 Task 并行运行在不同的核上。

参照多核 OS 程序时间模型，对四种优化策略进行解释。

- 改变 Runnable 排布。是指在同一个 Task 中，Runnable 的调用顺序允许发生改变。比如图 5.13 所示 Task 模型，三个 Runnable(RCtApVMS_10ms，RCtApVMS_RX_10ms，RCtApVMS_TX_10ms)的调用顺序是可更改的。按照逻辑，我们当前的排序：运行 VMS→接收信号→传递信号的顺序是更为合理、符合功能要求的。但对一些没有特别的逻辑性的 Runnable，改变其调用顺序，可以获得更快的响应和更低的处理时间，就可以通过枚举法去遍历各种可能性，然后显示各种可能的结果，供开发者去筛选。
- 改变 Task 分配。是指可以将 Task 从当前核重新分配到另一个核中运行。本示例中，多数的 Task 放到了 Core0 和 Core2 中去，而 Core1 则没有分配太多任务，这是出于初始设计时认为两个核完全能够满足需求，且两核间的核间通信比三核要容易设计得多，且可靠。
- 偏置周期性任务。是指周期性触发的任务其触发激励的周期不变，但初次触发时间偏移。比如 Task A 的 10 ms 激励正常触发，Task B 的 10 ms 激励其第一次触发时间延后 200 Tick，这样，每过 10 ms，A 和 B 都到了新的周期要触发激励时，A，B 之间总会有 200 Tick 的间距，不会同时触发。
- 分割 Task 为多个子 Task 平行运行在不同的核上。目的就是分割比较大且内部有无关联 Runnable 的 Task，防止其运行时间过长。这种 Task 切分后，平行运行在其他核上时，整体程序的效果与运行在单核是一致的。

设定好这些优化策略后，通过优化工具对程序进行优化，优化工具将会对所有可修改变量进行排列组合，遍历每一种可行方案，将其结果以甘特图和数据图的表现形式呈现，并将优化所作的修改反馈给 DaVinci Configurator，在源代码层级进行修改。下面举两个优化后的工程实例来加以阐述。

［**示例 1**］ 改变 Runnable 的调用顺序。通过改变 DaVinci 中的 Runnable 执行顺序，进

而改变源代码，比如在 Rte_SystemApplication_OsCore0.c 中 OsTask_Rte_20ms_Core0，改变其 Runnable 顺序，左边是原工程，右边是优化后的工程，具体情况如图 5.22 所示。

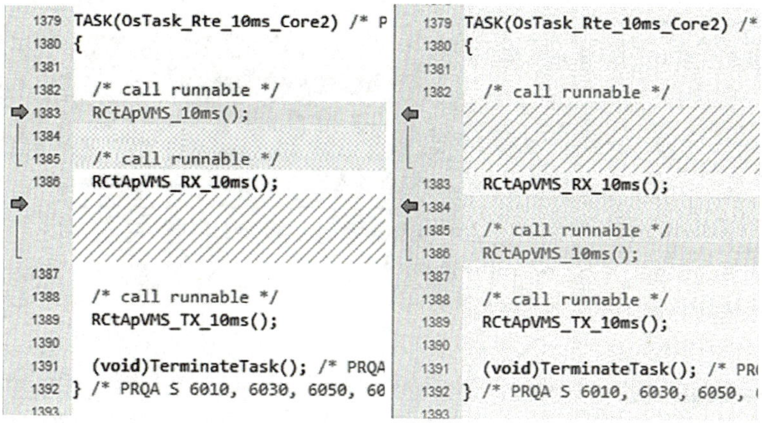

图 5.22　修改 Runnable 顺序的示例

［**示例 2**］　将 Task 切分为多个子 Task。先在 Os_Types_Lcfg.h 中将原先的任务切分为多个子任务，并定义，之后改变 TaskID，将 Runnable 重新分配，链接新的链接文件。

比如，将 OsTask_Rte_10ms_Core0 再切分出两个子任务：

```
OsTask_Rte_10ms_Core0_Child_1
OsTask_Rte_10ms_Core0_Child_2
```

在定义 Task 的.c 文件中添加其定义，重新编写其 Runnable 的信息，映射到核中即可。

按照上述方法进行优化后，下一步便是确定优化方案优劣的评判标准。为了将有效的优化识别出来，本书采取了加权平均的比较方法，选定各个 Task 的响应时间为权一，权重为 0.5，适应性评估数值记为 G，记 Solution 的总个数为 M，Solution 的 id 记为 y，y 为整数，$y\in[1, M]$，第 y 个 Solution 的 Task 响应时间适应性数值为 G_y，Task 的 id 依然记为 x，x 为整数，$x\in[1, N]$；处理器的负载率为权二，权重为 1，适应性数值用 $Load_{\mathrm{CPU}}$ 代替；对权一权二进行加权平均，将最终的适应性评估数值表示为 F。第 y 个 Solution 的适应性评估数值记为 F_y，第 y 个 Solution 的 Task 的响应时间适应性数值记为 G_y，第 y 个 Solution 的处理器负载率记为 $Load_{\mathrm{CPUy}}$。

$$G_y=\frac{1}{N}\sum_{x=1}^{N}\frac{Solution_y \text{ 的 } Task_x \text{ 最坏情况下响应时间}}{Solution_y \text{ 的 } Task_x \text{ 响应时间的平均值}} \tag{5.1}$$

$$F_y=(G_y\times 50\%+Load_{\mathrm{CPUy}})/2 \tag{5.2}$$

5.6.2　TA 软件时序模型优化操作步骤

本小节举例说明在 TA 工具中进行优化的操作步骤。

① 假设优化目标为降低图 5.23 所示 Task 的响应时间(SchMTask_Core1 的 response time),预期将 Max Response Time 从当前的 13 μs 降低到 8 μs 以内(图 5.23)。

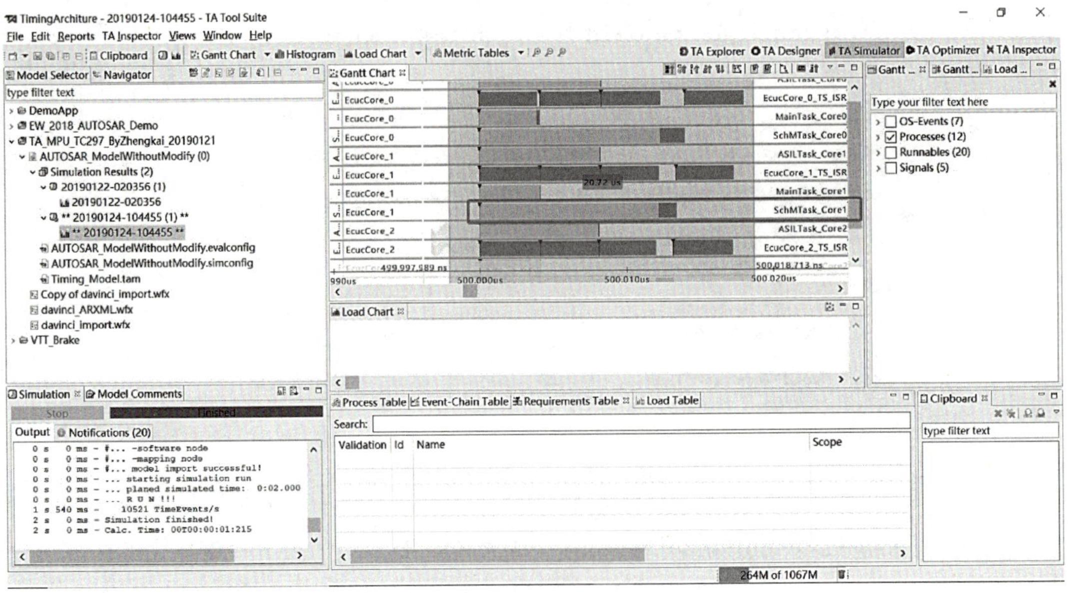

图 5.23　SchMTask_Core1 的 Response Time

② 在 TA Explorer 设置时间约束条件:SchMTask_Core0 的 Response Time 最高为 3 μs(图 5.24)。

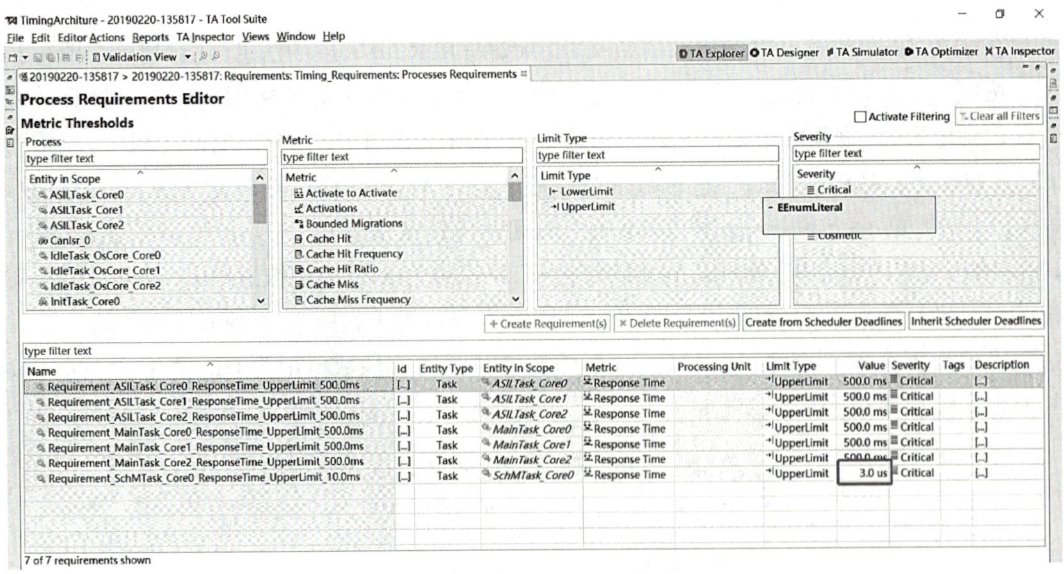

图 5.24　设置时间约束条件

③ 优化选项,模拟优化 10 s,以 Response Time 作为唯一优化指标(图 5.25)。

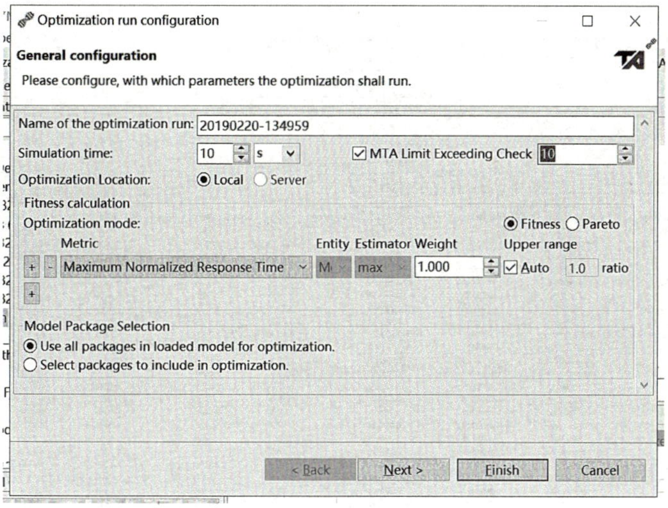

图 5.25 设置优化目标

④ 允许重新排布 Runnable(图 5.26)。

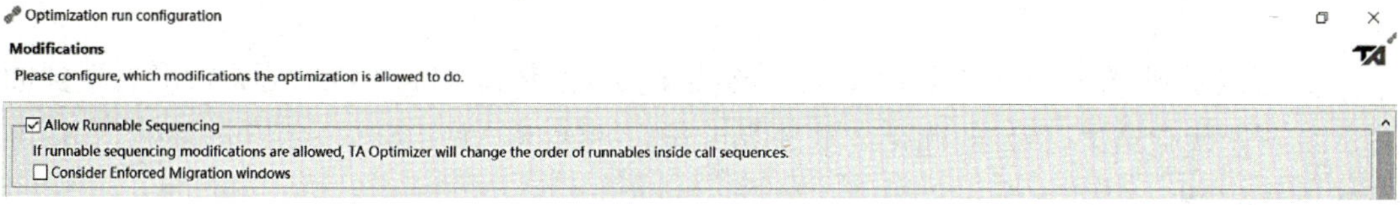

图 5.26 勾选允许重新排布 Runnable

⑤ 开始优化,结果如图 5.27 和图 5.28 所示。图中 TA 工具可以直观地查看优化后的各个参数,对比蜘蛛图以及多种优化方案的不同评价指标对比表格,开发人员可根据具体需求进行选取。

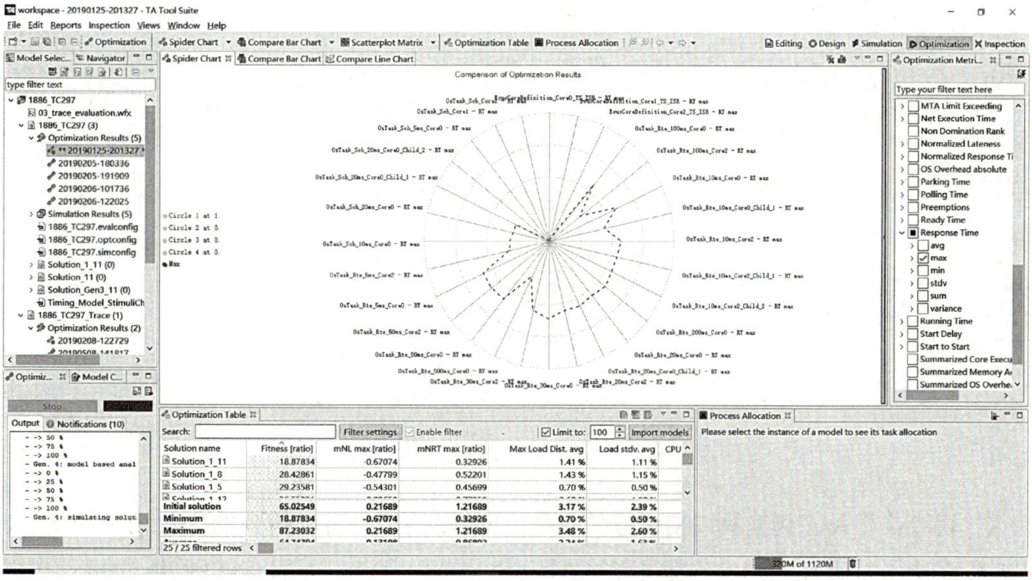

图 5.27 将优化结构用蜘蛛图展示

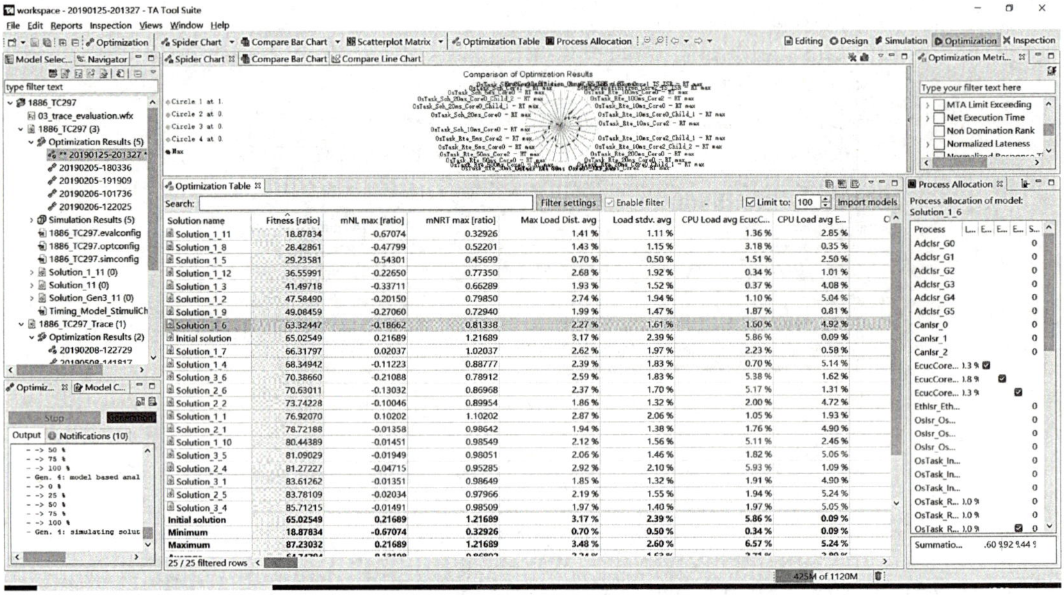

图 5.28　优化结果

⑥ 可以看到，允许 TA 工具改变 Runnable 的分配(Runnable Relocation)，可以得到如图 5.29 所示优化结果，最好的优化方案 Solution1_9 可以将 Max Response Time 从 13 μs 降低至 9.5 μs(图 5.29)。

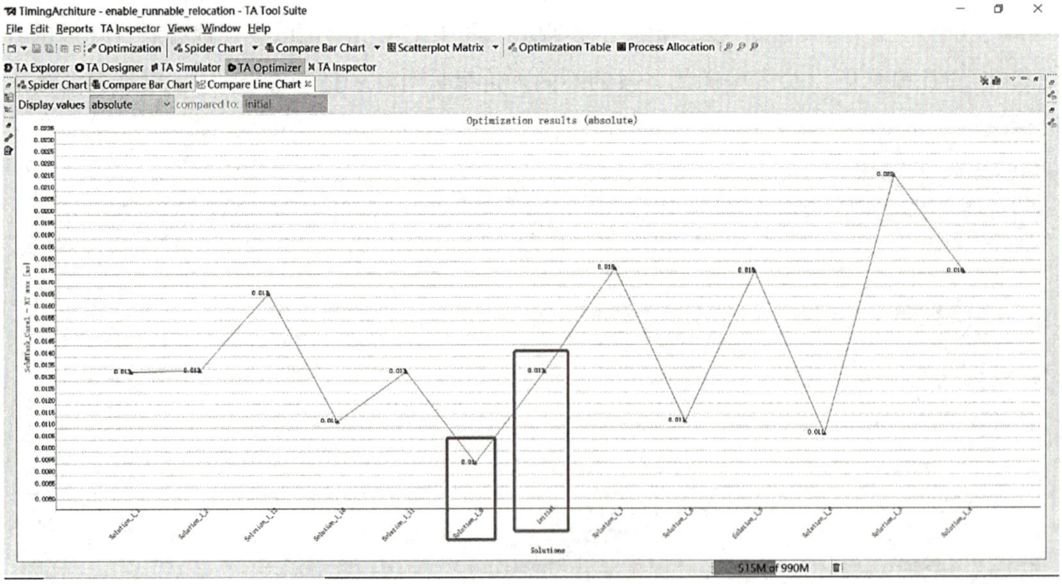

图 5.29　不同优化方案下的 Max Response Time

⑦ 再允许 TA 工具偏执周期任务的起始时间(图 5.30)，可以得到的优化结果如图 5.31 和图 5.32 所示。所有 Solution 都可以将 Max Response Time 从 13 μs 降低到 6 μs 以内，其

中，Solution2_2 是所有方案中优化结果最佳的，可以降低到 540 ns。

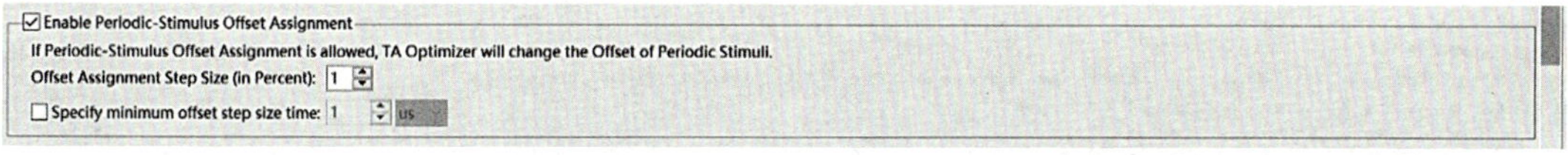

图 5.30　勾选允许偏执执行起始时间

Max Response Time 的优化结果十分明显：从 14.2 μs 降低到了 6 μs 以内。

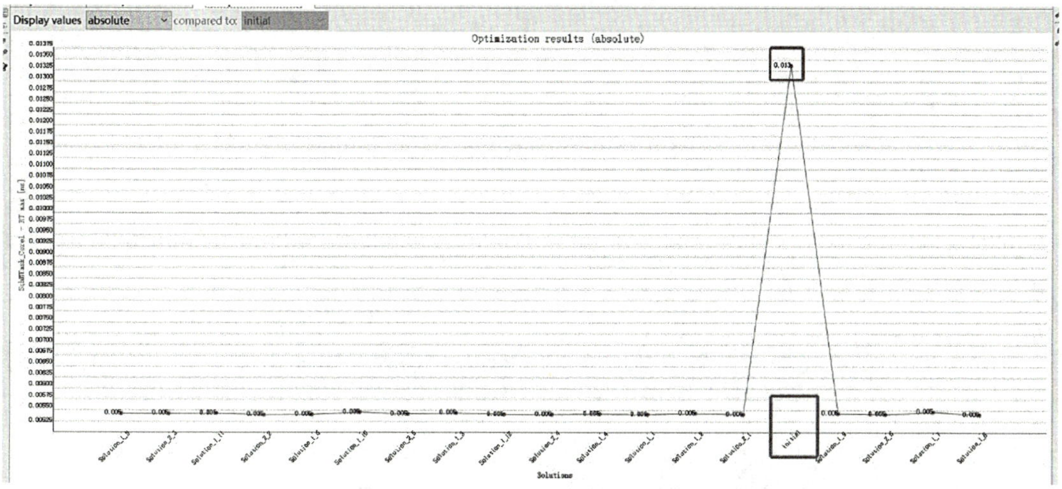

图 5.31　不同优化方案下的 Max Response Time (1)

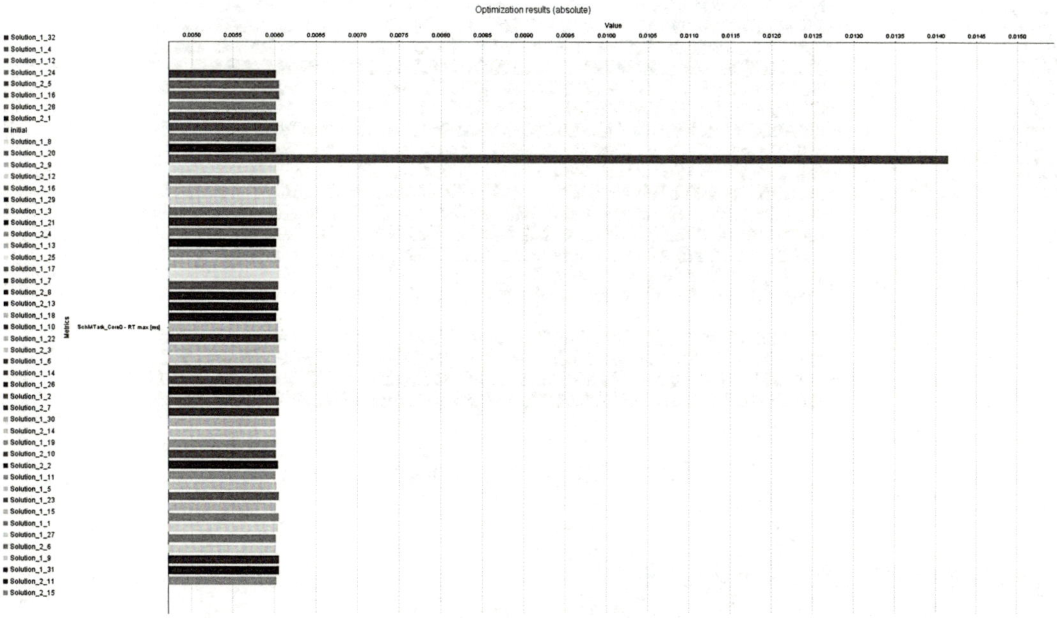

图 5.32　不同优化方案下的 Max Response Time (2)

Average Response Time 的优化结果从 5 900 ns 降低到了 5 750 ns(图 5.33 和图 5.34)。

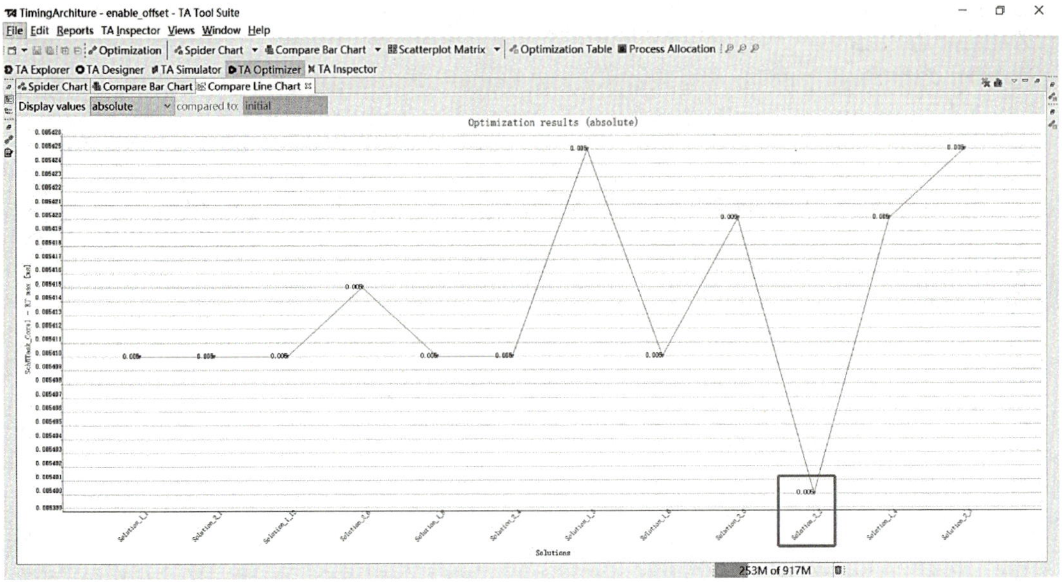

图 5.33　不同优化方案下的 **Average Response Time（1）**

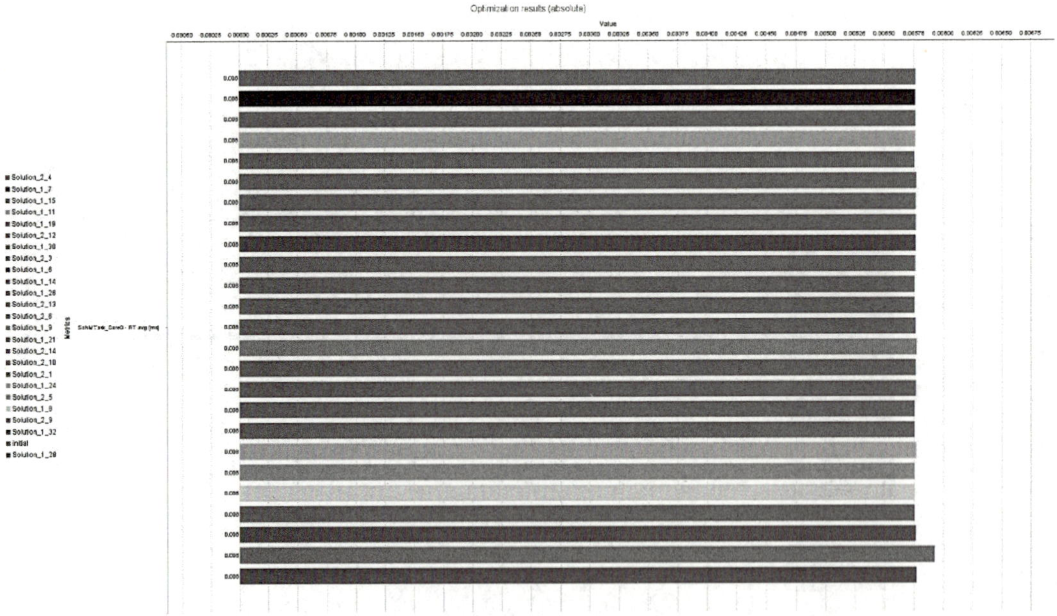

图 5.34　不同优化方案下的 **Average Response Time（2）**

5.6.3　优化 CPU 负载率和实时性

在 Task 离线静态配置策略的基础上，采用不同的 Runnable 到 Task 和 Task 到核的映射方法，总计得到了 32 个可用的优化方案。结果方案按照优化仿真的时间顺序命名，按照不同的权重对优化结果进行加权平均，F 数值最低的即为最优解决方案。最终结果见表 5.5。

表 5.5　各优化方案加权平均排名表

Solution 名称	CPU Load avg	G	F
Solution_31	38.91%	117.72%	97.77%
Solution_20	38.48%	118.75%	97.85%
Solution_14	40.45%	115.32%	98.11%
Solution_12	40.17%	118.27%	99.31%
Solution_17	40.48%	118.98%	99.97%
Solution_29	40.21%	119.52%	99.98%
Solution_3	40.22%	119.95%	100.19%
Solution_28	39.71%	121.32%	100.37%
Solution_25	40.21%	120.72%	100.57%
Solution_9	40.47%	120.23%	100.58%
Solution_5	39.34%	122.77%	100.73%
Solution_1	42.27%	116.95%	100.74%
Solution_18	39.92%	121.66%	100.75%
Solution_15	39.15%	123.21%	100.76%
Solution_8	39.76%	122.15%	100.84%
Solution_27	40.12%	121.92%	101.08%
Solution_13	39.88%	122.48%	101.12%
Solution_19	39.48%	124.17%	101.56%
Solution_4	38.58%	125.96%	101.56%
Solution_23	39.86%	124.14%	101.93%
Solution_2	39.91%	124.35%	102.09%
Solution_7	39.60%	125.50%	102.35%
Solution_16	39.71%	125.87%	102.65%
Solution_11	40.19%	125.02%	102.70%
Solution_30	39.75%	127.20%	103.35%
Solution_21	41.27%	124.46%	103.50%

(续表)

Solution 名称	CPU Load avg	G	F
Solution_10	41.56%	125.55%	104.33%
Solution_24	39.42%	130.65%	104.74%
Solution_26	40.02%	129.93%	104.99%
Solution_22	39.19%	141.88%	110.12%
Solution_6	41.34%	139.06%	110.87%
Solution_32	40.98%	143.67%	112.82%
Initial solution	39.91%	356.43%	218.12%

Solution_31 实现了这么大幅度的优化是通过以下方法得以实现的：

① 将 OsTask_Rte_10ms_Core0 进行了部分拆分，分出子 Task 到 Core1 中。

② 迁移 OsTask_Rte_20ms_Core0，OsTask_Rte_20ms_Core2，OsTask_Rte_50ms_Core2，OsTask_Rte_100ms_Core2 到 Core1 中。

③ 改变 Task 中 Runnable 的排布。

通过这些方法使任务更合理和均衡地分配到三个核中，既平衡了三个核的负载率，又减少了核间通信，降低了 CPU 负载率。原程序和 Solution_31 的所有发生了变化的 Task 均在表 5.6 中列了出来。

表 5.6　原程序和 Solution_31 的 Task 分布

	原程序				Solution_31		
Task 名称	Core0	Core1	Core2		Core0	Core1	Core2
OsTask_Rte_10ms_Core0	•			OsTask_Rte_10ms_Core0	•		
				OsTask_Rte_10ms_Core0_Child_1		•	
OsTask_Rte_20ms_Core0	•			OsTask_Rte_20ms_Core0		•	
OsTask_Rte_20ms_Core2			•	OsTask_Rte_20ms_Core2		•	
OsTask_Rte_50ms_Core2			•	OsTask_Rte_50ms_Core2		•	
OsTask_Rte_100ms_Core2			•	OsTask_Rte_100ms_Core2		•	

重新映射过后的程序，其 Task 排布变化如图 5.35 所示，通过移动耦合性较高的 Task 到同一核上减少了核间通信，提高了程序的运行效率。

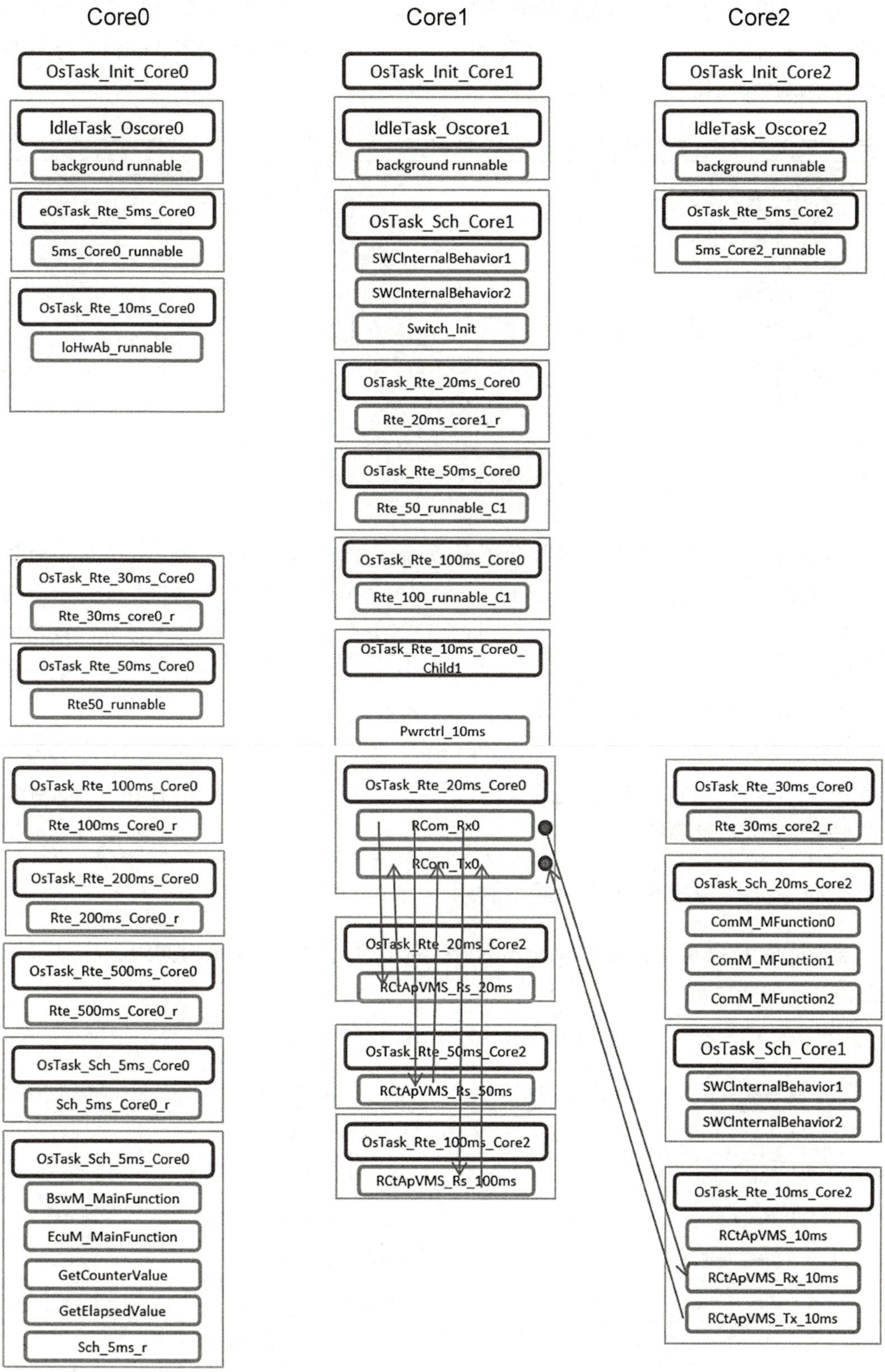

图 5.35　优化后程序的架构图

通过 UDE 将优化好的程序重新烧写测试，可以看到真实情况下其 CPU 负载率得到优化：Core0 降低到了 23.02％，Core1 降低到了 56.35％，Core2 降低到了 36.49％，总负载率降低到了 38.62％，如图 5.36 所示。

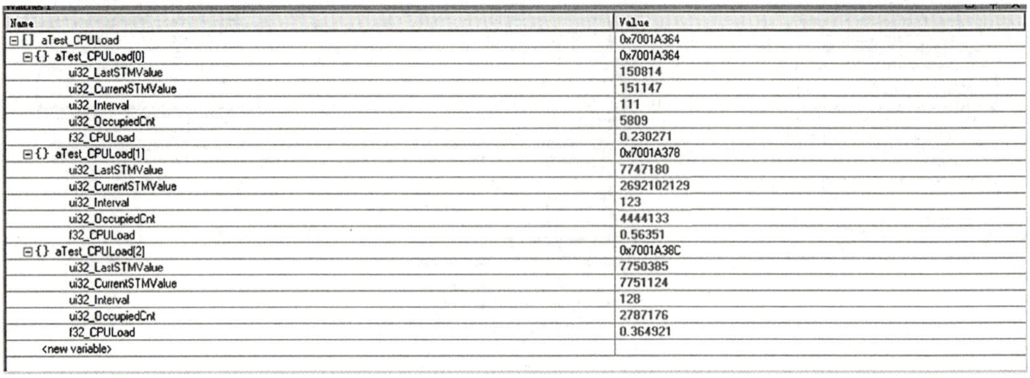

Name	Value
⊟ [] aTest_CPULoad	0x7001A364
⊟ {} aTest_CPULoad[0]	0x7001A364
ui32_LastSTMValue	150814
ui32_CurrentSTMValue	151147
ui32_Interval	111
ui32_OccupiedCnt	5809
f32_CPULoad	0.230271
⊟ {} aTest_CPULoad[1]	0x7001A378
ui32_LastSTMValue	7747180
ui32_CurrentSTMValue	2692102129
ui32_Interval	123
ui32_OccupiedCnt	4444133
f32_CPULoad	0.56351
⊟ {} aTest_CPULoad[2]	0x7001A38C
ui32_LastSTMValue	7750385
ui32_CurrentSTMValue	7751124
ui32_Interval	128
ui32_OccupiedCnt	2787176
f32_CPULoad	0.364921
<new variable>	

图 5.36　优化过后的 CPU 负载率

至此，通过优化成功降低了 CPU 负载率，完成了预设目标，在域控制器上实际运行程序的 CPU 负载率从初始值 40.48％降低到了 38.62％（Solution_31 仿真结果是 38.91％，与真实情况非常接近），通过这一参数的优化，将原先集中在 Core0 和 Core2 的任务比较均匀地分配到了三个核中，使得单个核的平均负载率降低，这可有效避免单个核过长时间的处于高负荷状态，避免过多达到算力极限，提高了其可靠性。

总结出多核程序设计的第一条建议：拆分内部 Runnable 无关联的过大的任务为多个子任务，均匀分配任务到多个核中，避免某一核负载率过高，或某一任务运行时间过长，导致程序的安全性和实时性降低。

5.6.4　优化 Task 的最坏情况响应时间

通过记录 Task 的运行时序，制定出本程序的 Task 最坏情况响应时间阈值，见表 5.7，按照阈值从低到高排列。

表 5.7　Task 的最坏情况响应时间阈值

Task 名称	最坏情况响应时间阈值	Task 名称	最坏情况响应时间阈值
Ostask Rte 5ms Core0	5 ms	Ostask Sch 20ms Core0	20 ms
Ostask Sch 5ms Core0	5 ms	Ostask Rte 20ms Core2	20 ms
Ostask Sch 5ms Core2	5 ms	Ostask Rte 20ms Core0	20 ms
Ostask Rte 10ms Core0	10 ms	Ostask Rte 30ms Core2	30 ms
Ostask Rte 10ms Core2	10 ms	Ostask Rte 30ms Core0	30 ms
Ostask Sch 10ms Core2	10 ms	Ostask Rte 50ms Core0	50 ms
Ostask Sch 10ms Core1	10 ms	Ostask Rte 50ms Core2	50 ms

（续表）

Task 名称	最坏情况响应时间阈值	Task 名称	最坏情况响应时间阈值
Ostask Sch 10ms Core0	10 ms	Ostask Rte 100ms Core2	100 ms
Ostask Rte 100ms Core0	100 ms	Ostask Rte 200ms Core0	200 ms
Ostask Rte 500ms Core0	500 ms		

按照表 5.7 的阈值测试原程序，得到如图 5.37 所示结果。第一列为是否满足约束条件，第二列为 Task 名称，第三列为最坏情况响应时间阈值，第四列为超时比例，第五列为超时的次数，第六列为测试的总次数。

Validation	Id	Scope	Limit and Value	Fulfillment	Violations	Count
☑		OsTask_Init_Core1	≤ 0.30000 ms	Fulfilled	0	1
☑		OsTask_Init_Core0	≤ 0.30000 ms	Fulfilled	0	1
☑		OsTask_Init_Core2	≤ 0.30000 ms	Fulfilled	0	1
☒		OsTask_Rte_5ms_Core0	≤ 5.00000 ms	Misses 8.9 %	9	101
☒		OsTask_Sch_5ms_Core0	≤ 5.00000 ms	Misses 22.8 %	23	101
☑		OsTask_Rte_5ms_Core2	≤ 5.00000 ms	Fulfilled	0	101
☒		OsTask_Sch_10ms_Core0	≤ 10.00000 ms	Misses 19.6 %	10	51
☑		OsTask_Sch_10ms_Core1	≤ 10.00000 ms	Fulfilled	0	26
☒		OsTask_Rte_10ms_Core0	≤ 10.00000 ms	Misses 29.4 %	15	51
☑		OsTask_Sch_10ms_Core2	≤ 10.00000 ms	Fulfilled	0	51
☑		OsTask_Rte_10ms_Core2	≤ 10.00000 ms	Fulfilled	0	51
☑		OsTask_Rte_20ms_Core0	≤ 20.00000 ms	Fulfilled	0	51
☒		OsTask_Sch_20ms_Core0	≤ 20.00000 ms	Misses 15.4 %	4	26
☑		OsTask_Rte_20ms_Core2	≤ 20.00000 ms	Fulfilled	0	26
☑		OsTask_Rte_30ms_Core2	≤ 30.00000 ms	Fulfilled	0	17
☒		OsTask_Rte_30ms_Core0	≤ 30.00000 ms	Misses 5.9 %	1	17
☑		OsTask_Rte_50ms_Core0	≤ 50.00000 ms	Fulfilled	0	11
☑		OsTask_Rte_50ms_Core2	≤ 50.00000 ms	Fulfilled	0	11
☑		OsTask_Rte_100ms_Core2	≤ 100.00000 ms	Fulfilled	0	6
☑		OsTask_Rte_100ms_Core0	≤ 100.00000 ms	Fulfilled	0	6
☑		OsTask_Rte_200ms_Core0	≤ 200.00000 ms	Fulfilled	0	3
☑		OsTask_Rte_500ms_Core0	≤ 500.00000 ms	Fulfilled	0	2

图 5.37　原程序各 Task 的实时性测试结果

该测试结果表明，当前程序不符合实时性标准，有 6 个 Task 都出现了超时的情况，其中 OsTask_Rte_10ms_Core0 在 51 次调用中，出现了 15 次超时，超时情况严重。将该测试结果汇总，结果如表 5.8 所示，方便后续优化和计算。

表 5.8　Task 的最坏情况响应时间测试结果

Task 名称	超标次数	测试总次数	超时比例
Ostask Rte 5ms Core0	9	101	8.91%
Ostask Sch 5ms Core0	23	101	22.77%
Ostask Sch 5ms Core2	0	101	合格
Ostask Rte 10ms Core0	10	51	19.61%
Ostask Rte 10ms Core2	0	26	合格

（续表）

Task 名称	超标次数	测试总次数	超时比例
Ostask Sch 10ms Core2	15	51	29.41%
Ostask Sch 10ms Core1	0	51	合格
Ostask Sch 10ms Core0	0	51	合格
Ostask Sch 20ms Core0	0	51	合格
Ostask Rte 20ms Core2	4	26	15.38%
Ostask Rte 20ms Core0	0	26	合格
Ostask Rte 30ms Core2	0	17	合格
Ostask Rte 30ms Core0	1	17	5.88%
Ostask Rte 50ms Core0	0	11	合格
Ostask Rte 50ms Core2	0	11	合格
Ostask Rte 100ms Core2	0	6	合格
Ostask Rte 100ms Core0	0	6	合格
Ostask Rte 200ms Core0	0	3	合格
Ostask Rte 500ms Core0	0	2	合格

将优化好的程序运行后通过 UDE 调试器追踪实时运行数据，然后以甘特图的形式表现出来，与原程序做对比。如图 5.38 和图 5.39 所示，图中每一行代表了一个 Task 的运行时序信息。

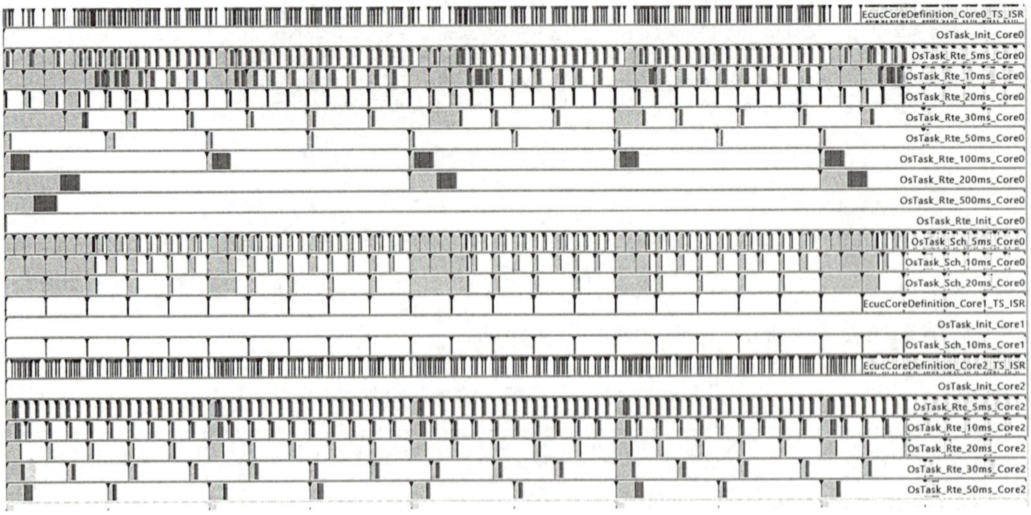

图 5.38　原程序的 Task 时序甘特图

二者的 Task 运行周期是相同的，但是起始时间不同，优化过后的方案如图 5.39 所示，Task 错落有致，不再出现大面积的等待状态，代表着 Task 的等待时间缩短。

再局部放大同样的 Task，对比观测其运行时序。

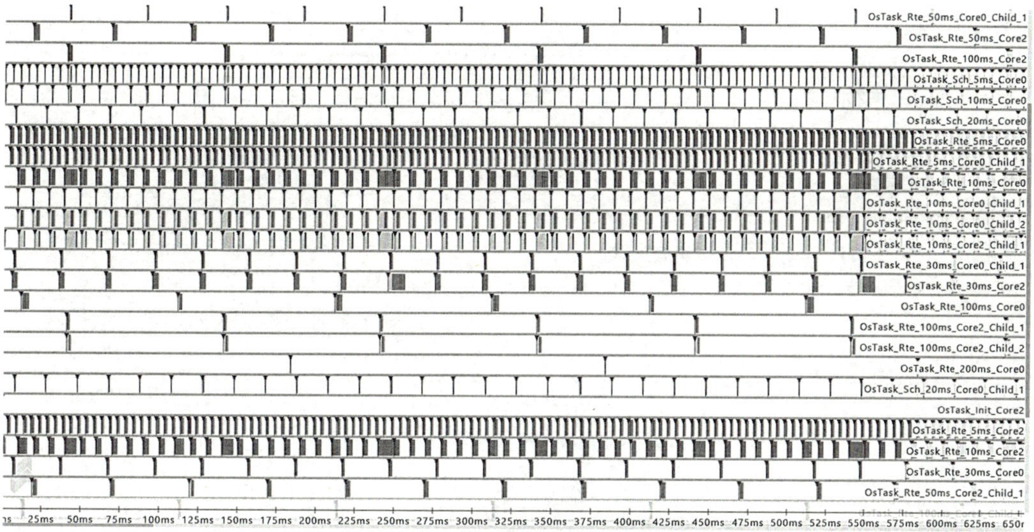

图 5.39　Solution_31 的 Task 时序甘特图

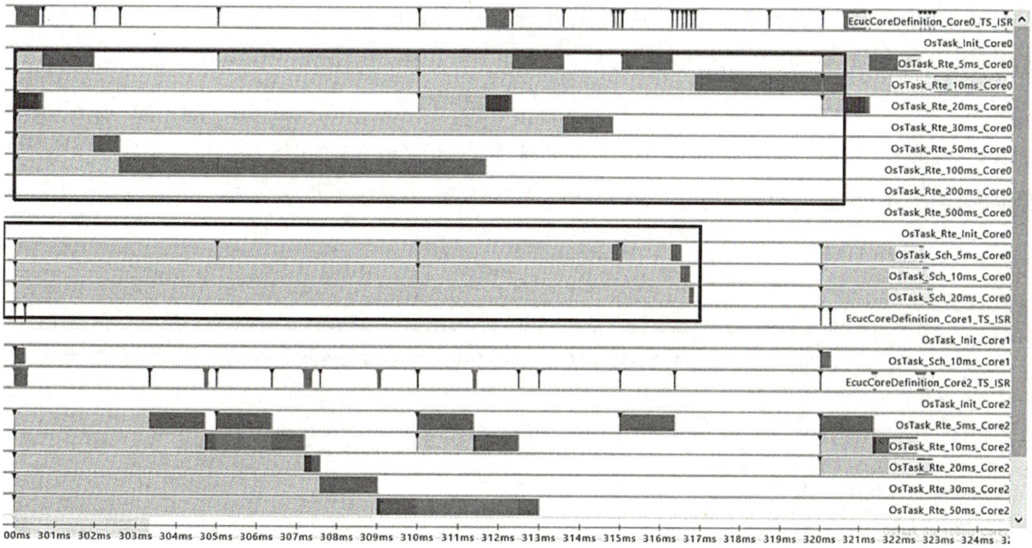

图 5.40　原程序的 Task 时序甘特图

原程序的执行过程如图 5.40 所示，灰白色区域非常多，一些激励周期较小，执行的 Runnable 较为简单的 Task，因为优先级低被延迟，其中 OsTask_Sch_10ms_Core0 本身的触发周期为 10 ms，却被延迟超过 10 ms 以上。

图 5.41 中所示 Solution_31 在对应区域的运行状态明显好于原程序，因为在对应处偏置了触发激励，可以观察到所有的 Task 的运行时间都因为抢占次数的减少而减少，不再导致某一瞬时，触发响应过多 Task 造成延时。其中 OsTask_Sch_10ms_Core0 能够在下一次触发前完成本次的任务。

图 5.41　Solution_31 对应区域的执行情况

选择优化效果最明显的 Solution_31 与原方案做比较，如图 5.42 所示。图中每一个数轴代表 Task 的最坏情况响应时间，对于每个 Task，下侧的柱形代表优化方案，上侧的柱形表示原程序。可见，优化方案的柱形长度明显要短于原程序，将其结果转换为蜘蛛图，如图 5.42 所示，原程序所围成的多边形其面积显著大于 Solution_31 所围成的面积，这代表该方案的 Task 最坏情况时响应时间较短，最明显的是 OsTask_Rte_5ms_Core0，最坏情况响应时间从 12.613 ms 降低到了 1.403 ms，缩减了 89%。从整个工程角度看，除了 Os_Sch_10m_Core1(柱状图最下方一行)的最坏情况时响应时间增加了，其余的 Task 最坏情况时响应时间都大幅度降低。

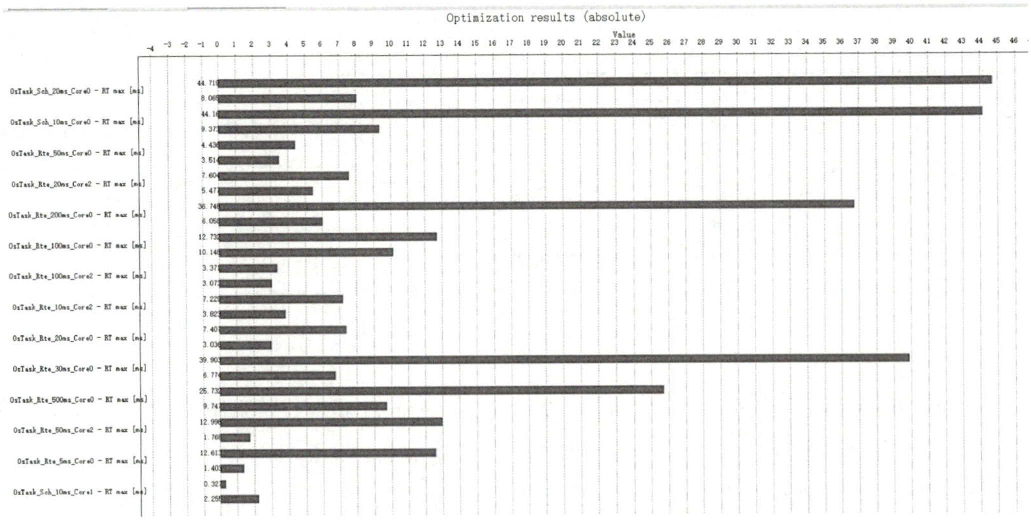

图 5.42　Solution_31 与原程序在最坏情况时响应时间上的对比

测量每个 Task 的运行时间，设定测量值为响应时间 Response Time，阈值根据 Task 运行时间的不同分别设计，其结果如图 5.44 所示，所有的 Task 均可以在阈值时间内执行完毕，程序的实时性得到了提高。

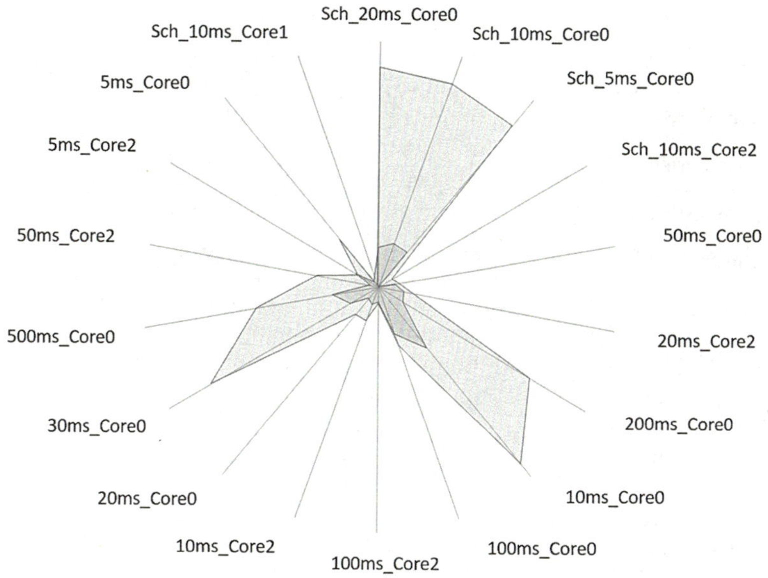

图 5.43　将其对比结果转换为蜘蛛图

图 5.44 中，第一列为 Task 名称，第二列为最坏情况时响应时间阈值，第三列为超时比例，第四列为超时的次数，第五列为测试的总次数。

Name	Limit and Value	Fulfillment	Violations	Count
ResponseTime_UpperLimit_OsTask_Init_Core0_Critical	≤ 0.30000 ms	Fulfilled	0	1
ResponseTime_UpperLimit_OsTask_Init_Core1_Critical	≤ 0.30000 ms	Fulfilled	0	1
ResponseTime_UpperLimit_OsTask_Init_Core2_Critical	≤ 0.30000 ms	Fulfilled	0	1
ResponseTime_UpperLimit_OsTask_Rte_5ms_Core0_Critical	≤ 5.00000 ms	Fulfilled	0	400
ResponseTime_UpperLimit_OsTask_Rte_5ms_Core2_Critical	≤ 5.00000 ms	Fulfilled	0	400
ResponseTime_UpperLimit_OsTask_Rte_10ms_Core0_Critical	≤ 10.00000 ms	Fulfilled	0	200
ResponseTime_UpperLimit_OsTask_Rte_10ms_Core2_Critical	≤ 10.00000 ms	Fulfilled	0	200
ResponseTime_UpperLimit_OsTask_Rte_20ms_Core0_Critical	≤ 20.00000 ms	Fulfilled	0	200
ResponseTime_UpperLimit_OsTask_Rte_20ms_Core2_Critical	≤ 20.00000 ms	Fulfilled	0	100
ResponseTime_UpperLimit_OsTask_Rte_30ms_Core0_Critical	≤ 30.00000 ms	Fulfilled	0	67
ResponseTime_UpperLimit_OsTask_Rte_30ms_Core2_Critical	≤ 30.00000 ms	Fulfilled	0	67
ResponseTime_UpperLimit_OsTask_Rte_50ms_Core0_Critical	≤ 50.00000 ms	Fulfilled	0	40
ResponseTime_UpperLimit_OsTask_Rte_50ms_Core2_Critical	≤ 50.00000 ms	Fulfilled	0	40
ResponseTime_UpperLimit_OsTask_Rte_100ms_Core0_Critical	≤ 100.00000 ms	Fulfilled	0	20
ResponseTime_UpperLimit_OsTask_Rte_100ms_Core2_Critical	≤ 100.00000 ms	Fulfilled	0	20
ResponseTime_UpperLimit_OsTask_Rte_200ms_Core0_Critical	≤ 200.00000 ms	Fulfilled	0	10
ResponseTime_UpperLimit_OsTask_Rte_500ms_Core0_Critical	≤ 500.00000 ms	Fulfilled	0	4
ResponseTime_UpperLimit_OsTask_Sch_5ms_Core0_Critical	≤ 5.00000 ms	Fulfilled	0	400
ResponseTime_UpperLimit_OsTask_Sch_10ms_Core0_Critical	≤ 10.00000 ms	Fulfilled	0	200
ResponseTime_UpperLimit_OsTask_Sch_20ms_Core0_Critical	≤ 20.00000 ms	Fulfilled	0	100
ResponseTime_UpperLimit_OsTask_Sch_Core1_Critical	≤ 10.00000 ms	Fulfilled	0	100
ResponseTime_UpperLimit_OsTask_Sch_Core2_Critical	≤ 10.00000 ms	Fulfilled	0	200

图 5.44　优化后程序的 Task 最坏情况响应时间测试结果

将测试结果汇总，见表 5.9。表中，第一列为 Task 名称，第二列为超过阈值的次数，第三列为测试总次数，第四列为超时比例。表中加粗字体所突出的 Task 是在表 5.8 中超标的 Task，在优化过后，它们的最坏情况时响应时间都小于了规定阈值。

表 5.9 优化后程序的 Task 最坏情况时响应时间测试结果

Task 名称	超标次数	测试总次数	超时比例
Ostask Rte 5ms Core0	0	400	合格
Ostask Sch 5ms Core0	0	400	合格
Ostask Sch 5ms Core2	0	400	合格
Ostask Rte 10ms Core0	0	200	合格
Ostask Rte 10ms Core2	0	100	合格
Ostask Sch 10ms Core2	0	200	合格
Ostask Sch 10ms Core1	0	200	合格
Ostask Sch 10ms Core0	0	200	合格
Ostask Sch 20ms Core0	0	200	合格
Ostask Rte 20ms Core2	0	100	合格
Ostask Rte 20ms Core0	0	100	合格
Ostask Rte 30ms Core2	0	67	合格
Ostask Rte 30ms Core0	0	67	合格
Ostask Rte 50ms Core0	0	40	合格
Ostask Rte 50ms Core2	0	40	合格
Ostask Rte 100ms Core2	0	20	合格
Ostask Rte 100ms Core0	0	20	合格
Ostask Rte 200ms Core0	0	10	合格
Ostask Rte 500ms Core0	0	4	合格

从表 5.8 和表 5.9 两个测试结果表的对比中，可以看到原程序因为有太多并发 Task，以及高优先级 Task 执行时间过长的问题，导致所有周期性 Task 的响应时间都严重滞后，而汽车域控制器实时性要求很高，这样的程序设计是不能满足要求的。再经过四步骤法的优化后，Task 的响应时间被缩短，尤其是图 5.40 和图 5.41 中方框标记出的 Task，实现了不改变 Task 优先级的情况下成功地满足实时性要求。如表 5.9 所示，表中所有 Task 完全处于阈值范围内。

至此，Task 的响应时间通过优化成功降低，完成了预设目标，程序可以在此基础上添加时间保护功能，提高功能安全性。通过本参数的优化过程，总结出多核程序的第二条设计建议：偏置周期性触发任务，避免低优先级的任务被延迟过长。

本书所述的优化方法是基于软件体系结构建模，通过评估出每个软件组件对程序实时性和可靠性的影响来进行程序的评估和优化，对软件设计和系统配置有一定的帮助。因此，该方法符合汽车电子程序构件化、系统软件模块化的发展趋势。通过该方法，可以规避大量的测试工作，减少开发人员的工作量，缩短开发周期。

本 章 小 结

本章针对嵌入式系统对于程序执行实时性要求和程序执行时间在多核系统中难以预估的矛盾，在前述对多核嵌入式程序研究的基础上，设计了一套针对嵌入式多核程序的优化方案。该方法可以规避大量的测试工作，减少开发人员的工作量，缩短开发周期。

关于该方法的主要研究工作总结如下：

① 建立了嵌入式多核程序的时序模型，模拟程序的运行情况，直观地展现程序的时序信息，并且通过离线动态优化，获得不同配置策略下的优化后模型。

② 确立评估方案优劣的适应性函数，通过不同的优化策略，进行大量的模拟优化，筛选出有效方案。

③ 基于优化后的模型修改原程序，在控制器上实测，验证有效性。

上述工作在真实车载域控制器上成功实现了对 CPU 负载率的优化以及对 Task 响应时间的优化。

通过这些工作，本章总结出四条多核程序设计建议：

① 拆分过大且内部 Runnable 关联性较低的任务为多个子任务，均匀分配任务到多个核中，避免某一核负载率过高，或某一任务运行时间过长，导致程序的安全性和实时性降低。

② 合理偏移周期性触发任务的激励，避免低优先级的任务被延迟过长。

③ 合理迁移 Task，均匀分配到每个核上，使每个核的负载率较为均匀，避免某一核负载率过高。

④ 尽量减少核间通信，减少因为读取数据造成的任务阻塞情况。

参考文献

[1] Simon Fürst. Challenges in the Design of Automotive Software[J]. Design, Automation & Test in Europe Conference & Exhibition, 2010.

[2] AUTOSAR 4.3.0. Layered Software Architecture. Document ID 053. http://www.autosar.org/standards/classic-platform/release-43/software-architecture/general/

[3] Infineon Technologies AG. TC3xx User's Manual. 2019.

[4] Infineon Technologies AG. TriCore_TC162P_core_architecture. 2017.

[5] AUTOSAR Administration. Specification of Operating System AUTOSAR Release 4.2.2 [S/OL] http://www.autosar.org/standards/classic-platform/release-4.2/software-architecture/system-services/

[6] AUTOSAR Administration. Specification of ECU State Manager AUTOSAR Release 4.2.2 [S/OL] http://www.autosar.org/standards/classic-platform/release-4.2/software-architecture/system-services/

[7] AUTOSAR Administration. Specification of Basic Software Mode Manager AUTOSAR Release4.2.2[S/OL] http://www.autosar.org/standards/classic-platform/release-4.2/software-architecture/system-services/

[8] ISO17356-3, Road Vehicles-Open interface for embedded automotive applications-OSEK/VDS Operating System(OS)[S],2005.

[9] 英飞凌汽车电子生态圈.英飞凌 32 位微控制器第二代 AURIX™ 系列产品 AURIX 2G 正式发布[EB/OL].[2018-11-07].https://www.infineon-autoeco.com/news/detail/96.

[10] 李超.基于 AUTOSAR 多核操作系统的任务调度与监控的研究[D].上海:同济大学,2017.

[11] 赵靖.基于 AUTOSAR 的软件安全机制研究与应用[D].上海:同济大学,2019.

[12] 王磊.基于 AUTOSAR 规范的电机控制器软件开发[D].上海:同济大学,2018.

[13] 郑凯.AUTOSAR 多核操作系统在车辆域控制器中的应用研究[D].上海:同济大学,2019.

[14] 李超.基于 AUTOSAR 多核操作系统任务调度与监控的研究[D].上海:同济大学,2017.

[15] 朱元,陆科,吴志红.基于 AUTOSAR 规范的车用电机控制器软件开发[M].上海:同济大学出版社,2017.

[16] 苏培华.嵌入式操作系统的发展现状[J].电子世界,2012(06):19-20.

[17] 陈文智,王总辉.嵌入式系统原理与设计[M].北京:清华大学出版社,2017.